# O TERMO DE AJUSTAMENTO DE GESTÃO COMO FORMA DE TUTELA DE DIREITOS SOCIAIS

PATRÍCIA VERÔNICA NUNES CARVALHO
SOBRAL DE SOUZA

*Prefácio*
Carlos Pinna de Assis

*Posfácio*
Ricardo Maurício Freire Soares

# O TERMO DE AJUSTAMENTO DE GESTÃO COMO FORMA DE TUTELA DE DIREITOS SOCIAIS

Belo Horizonte

2022

© 2022 Editora Fórum Ltda.

É proibida a reprodução total ou parcial desta obra, por qualquer meio eletrônico, inclusive por processos xerográficos, sem autorização expressa do Editor.

### Conselho Editorial

Adilson Abreu Dallari
Alécia Paolucci Nogueira Bicalho
Alexandre Coutinho Pagliarini
André Ramos Tavares
Carlos Ayres Britto
Carlos Mário da Silva Velloso
Cármen Lúcia Antunes Rocha
Cesar Augusto Guimarães Pereira
Clovis Beznos
Cristiana Fortini
Dinorá Adelaide Musetti Grotti
Diogo de Figueiredo Moreira Neto (in memoriam)
Egon Bockmann Moreira
Emerson Gabardo
Fabrício Motta
Fernando Rossi
Flávio Henrique Unes Pereira
Floriano de Azevedo Marques Neto
Gustavo Justino de Oliveira
Inês Virgínia Prado Soares
Jorge Ulisses Jacoby Fernandes
Juarez Freitas
Luciano Ferraz
Lúcio Delfino
Marcia Carla Pereira Ribeiro
Márcio Cammarosano
Marcos Ehrhardt Jr.
Maria Sylvia Zanella Di Pietro
Ney José de Freitas
Oswaldo Othon de Pontes Saraiva Filho
Paulo Modesto
Romeu Felipe Bacellar Filho
Sérgio Guerra
Walber de Moura Agra

**FÓRUM**
CONHECIMENTO JURÍDICO

Luís Cláudio Rodrigues Ferreira
Presidente e Editor

Coordenação editorial: Leonardo Eustáquio Siqueira Araújo
Aline Sobreira de Oliveira

Av. Afonso Pena, 2770 – 15º andar – Savassi – CEP 30130-012
Belo Horizonte – Minas Gerais – Tel.: (31) 2121.4900 / 2121.4949
www.editoraforum.com.br – editoraforum@editoraforum.com.br

Técnica. Empenho. Zelo. Esses foram alguns dos cuidados aplicados na edição desta obra. No entanto, podem ocorrer erros de impressão, digitação ou mesmo restar alguma dúvida conceitual. Caso se constate algo assim, solicitamos a gentileza de nos comunicar através do *e-mail* editorial@editoraforum.com.br para que possamos esclarecer, no que couber. A sua contribuição é muito importante para mantermos a excelência editorial. A Editora Fórum agradece a sua contribuição.

Dados Internacionais de Catalogação na Publicação (CIP) de acordo com ISBD

| | |
|---|---|
| S729t | Sobral de Souza, Patrícia Verônica Nunes Carvalho |
| 2021-4755 | O Termo de Ajustamento de Gestão como forma de tutela de direitos sociais / Patrícia Verônica Nunes Carvalho Sobral de Souza. - Belo Horizonte : Fórum, 2022. 372p. ; 14,5cm x 21,5cm. Inclui bibliografia e apêndice. ISBN: 978-65-5518-320-7 1. Direito. 2. Direito Administrativo. I. Título. CDD 341.3 CDU 342.9 |

Elaborado por Vagner Rodolfo da Silva - CRB-8/9410

Informação bibliográfica deste livro, conforme a NBR 6023:2018 da Associação Brasileira de Normas Técnicas (ABNT):

SOBRAL DE SOUZA, Patrícia Verônica Nunes Carvalho. *O Termo de Ajustamento de Gestão como forma de tutela de direitos sociais*. Belo Horizonte: Fórum, 2022. 372p. ISBN 978-65-5518-320-7.

## AGRADECIMENTOS

*A gratidão é o único tesouro dos humildes.*

(William Shakespeare, 2018, s/n)

Nada mais justo do que expressar meus agradecimentos a Deus, pela saúde, inspiração e determinação a mim dispensadas ao longo desta caminhada.

A todos os meus familiares, por entenderem a importância deste trabalho em minha vida, especialmente à minha mãe-avó, Lourdes, mulher admirável, símbolo de bondade; ao meu irmão Léo; à Evellyn Ribeiro; Beatriz Carvalho; Bruna Nunes; Lilian Nunes; minha Tia Selma, por todo incentivo que serviu de base para a minha trajetória.

Aos meus filhos, Romeu Neto e Carlos Alberto Filho, por darem sentido à minha vida. Vocês são o melhor presente que recebi de Deus.

Ao meu esposo, incentivador e amigo de todas as horas, Carlos Alberto Sobral de Souza, Conselheiro do Tribunal de Contas do Estado de Sergipe, homem público de valor inestimável, pelo carinho e privilégio de poder partilhar dos seus vastos conhecimentos.

Aos Professores Dr. Ricardo Maurício Freire Soares, pelo profissionalismo ímpar e zelosa orientação, Dr. Dirley Cunha, Dr. Jaime Barreiros, Dr. Lucas Gonçalves e Dra. Angélica Guimarães pelo incentivo e auxílio no aprimoramento deste livro.

Ao Procurador do Ministério Público Especial junto ao Tribunal de Contas do Estado de Sergipe, Doutor João Augusto Bandeira de Mello, que dedicadamente se debruçou sobre o presente texto, incentivando-me com pertinentes reflexões.

Aos eminentes Conselheiros Carlos Pinna de Assis (prefaciador da obra), Flávio Conceição de O. Neto, Ulices Andrade, Luiz Augusto Ribeiro, Luis Alberto Meneses, Susana Azevedo e Angélica Marinho, por respaldarem este projeto e entenderem que os TAGs aperfeiçoam a atuação dos órgãos de controle e é caminho inevitável a ser seguido.

Aos estimados colegas do Tribunal de Contas do Estado de Sergipe, pela amizade e valiosa contribuição na coleta de dados dos

TAGs junto ao sistema do Tribunal de Contas de Sergipe. Aos colegas dos Tribunais de Contas do Brasil que cooperaram com suas indagações e respostas ao questionário.

Ao Grupo Tiradentes, pelo expressivo apoio na persecução das minhas lides acadêmicas. Aos alunos do grupo de pesquisa que lidero: Direito Público, Educação Jurídica e Direitos Humanos na Contemporaneidade (GP-DPEJDH/ UNIT/CNPq), que, com as profícuas discussões, solidificaram pontos de vista na seara do Direito Público.

Aos confrades e confreiras das colendas Academias Sergipana de Letras, Sergipana de Ciências Contábeis, Sergipana de Educação, Itabaianense de Letras, pelo constante incentivo e aprofundados debates de caráter científico e literário.

A todos os amigos que, de uma forma ou de outra, contribuíram incentivando à elaboração desta obra, em especial aos empresários Luciano Barreto e Alberto Carvalho, líderes empresariais que, com suas visões, difundem a importância do controle externo como rumo certo para colocar o Brasil no seu devido patamar.

Que Deus faça florescer permanentemente dentro do meu coração o sagrado dom da gratidão.

*Devemos promover a coragem onde há medo, promover o acordo onde existe conflito, e inspirar esperança onde há dúvidas.*

(Nelson Mandela, 2018, s/n)

## LISTA DE ABREVIATURAS E SIGLAS

| | |
|---|---|
| ADI ou ADIN | Ação Direta de Inconstitucionalidade |
| ALESE | Assembleia Legislativa do Estado de Sergipe |
| ANATEL | Agência Nacional de Telecomunicações |
| ANEEL | Agência Nacional de Energia Elétrica |
| ANS | Agência Nacional de Saúde |
| ANTT | Agência Nacional de Transportes Terrestres |
| ATRICON | Associação dos Membros dos Tribunais de Contas do Brasil |
| CF | Constituição Federal |
| CF/88 | Constituição Federal de 1988 |
| CMA | Câmara Municipal de Aracaju |
| CNPJ | Cadastro Nacional de Pessoas Jurídicas |
| COAF | Conselho de Controle de Atividades Financeiras |
| CPC | Código de Processo Civil |
| CPF | Cadastro de Pessoas Físicas |
| CRFB/88 | Constituição da República Federativa do Brasil de 1988 |
| CVM | Comissão de Valores Mobiliários |
| ENCCLA | Estratégia Nacional de Combate à Corrupção e à Lavagem de Dinheiro |
| FMI | Fundo Monetário Internacional |
| LAI | Lei de Acesso à Informação |
| LC | Lei Complementar |
| LCE | Lei Complementar Estadual |
| LRF | Lei de Responsabilidade Fiscal |

| | |
|---:|:---|
| ONU | Organização das Nações Unidas |
| PCB | Partido Comunista Brasileiro |
| PSD | Partido Social Democrático |
| PTB | Partido Trabalhista Brasileiro |
| RGF | Relatório de Gestão Fiscal |
| RI-TCE-SE | Regimento Interno do Tribunal de Contas do Estado de Sergipe |
| RREO | Relatório Resumido da Execução Orçamentária |
| SCIELO | Biblioteca Científica Eletrônica Virtual |
| STF | Supremo Tribunal Federal |
| SIC | Serviço de Informação ao Cidadão |
| SISAP | Sistema de Auditoria Pública |
| STF | Supremo Tribunal Federal |
| TAC | Termo de Ajuste de Conduta |
| TAG | Termo de Ajustamento/Ajuste de Gestão |
| TAP | Termo de Adoção de Providências |
| TC/DF | Tribunal de Contas do Distrito Federal |
| TCE | Tribunal de Contas do Estado |
| TCE/AC | Tribunal de Contas do Estado do Acre |
| TCE/AL | Tribunal de Contas do Estado de Alagoas |
| TCE/AM | Tribunal de Contas do Estado do Amazonas |
| TCE/AP | Tribunal de Contas do Estado do Amapá |
| TCE/BA | Tribunal de Contas do Estado da Bahia |
| TCE/CE | Tribunal de Contas do Estado do Ceará |
| TCE/ES | Tribunal de Contas do Estado do Espírito Santo |
| TCE/GO | Tribunal de Contas do Estado de Goiás |
| TCE/MA | Tribunal de Contas do Estado do Maranhão |
| TCE/MG | Tribunal de Contas do Estado de Minas Gerais |

| | |
|---|---|
| TCE/MT | Tribunal de Contas do Estado de Mato Grosso |
| TCE/MS | Tribunal de Contas do Estado de Mato Grosso do Sul |
| TCE/PA | Tribunal de Contas do Estado do Pará |
| TCE/PB | Tribunal de Contas do Estado da Paraíba |
| TCE/PE | Tribunal de Contas do Estado de Pernambuco |
| TCE/PI | Tribunal de Contas do Estado do Piauí |
| TCE/PR | Tribunal de Contas do Estado do Paraná |
| TCE/RJ | Tribunal de Contas do Estado do Rio de Janeiro |
| TCE/RN | Tribunal de Contas do Estado do Rio Grande do Norte |
| TCE/RO | Tribunal de Contas do Estado de Rondônia |
| TCE/RR | Tribunal de Contas do Estado de Roraima |
| TCE/RS | Tribunal de Contas do Estado do Rio Grande do Sul |
| TCE/SC | Tribunal de Contas do Estado de Santa Catarina |
| TCE/SE | Tribunal de Contas do Estado de Sergipe |
| TCE/SP | Tribunal de Contas do Estado de São Paulo |
| TCM | Tribunal de Contas do Município |
| TCM/SP | Tribunal de Contas do Município de São Paulo |
| TCM/RJ | Tribunal de Contas do Município do Rio de Janeiro |
| TCMs/BA | Tribunal de Contas dos Municípios do Estado da Bahia |
| TCMs/CE | Tribunal de Contas dos Municípios do Estado do Ceará |
| TCMs/GO | Tribunal de Contas dos Municípios do Estado de Goiás |
| TCMs/PA | Tribunal de Contas dos Municípios do Estado do Pará |
| TCs | Tribunais de Contas |
| TCU | Tribunal de Contas da União |
| TIC | Tecnologia de Informação e Comunicação |
| TSE | Tribunal Superior Eleitoral |
| UDN | União Democrática Nacional |

## LISTA DE GRÁFICOS

Gráfico 1 – Distribuição dos Cargos nos Tribunais Investigados ..................208

Gráfico 2 – Distribuição da Área de Formação nos Tribunais Investigados ..............................................................................209

Gráfico 3 – Respostas referentes à Questão 1 ....................................................210

Gráfico 4 – Respostas referentes à Questão 2 ....................................................211

Gráfico 5 – Questão 3 ..............................................................................................212

Gráfico 6 – Questão 4 ..............................................................................................213

Gráfico 7 – Questão 5 ..............................................................................................214

Gráfico 8 – Questão 6 ..............................................................................................215

Gráfico 9 – Questão 7 ..............................................................................................216

## LISTA DE QUADROS

Quadro 1 – Principais aspectos da Democracia Representativa
e da Democracia Deliberativa ............................................................51

Quadro 2 – Conceitos fundamentais para a ideia de consenso
de Habermas ....................................................................................187

Quadro 3 – Compilado em categorias/*status* dos TAGs ..................................236

Quadro 4 – Avaliação dos Portais da Transparência 2016-2018 .....................237

Quadro 5 – Compilado dos Tribunais de Contas que adotaram o TAG
por (Leis, Resoluções e Regimento) e os que não o utilizam.....313

# SUMÁRIO

PREFÁCIO
Carlos Pinna de Assis ..................................................................................21

INTRODUÇÃO ............................................................................... 23

CAPÍTULO 1
PLURALISMO POLÍTICO, REPUBLICANISMO E
MAXIMALISMO DEMOCRÁTICO: FUNDAMENTOS
DA CONSTITUIÇÃO DE 1988 ..................................................................31

1.1 A origem da democracia: os modelos clássicos ..................................32
1.1.1 Os tipos de Democracia Liberal: Democracia Protetora
e Democracia Desenvolvimentista ...................................................... 35
1.1.2 A Democracia Direta sob o viés da definição marxista ........................... 39
1.2 Modelos contemporâneos de democracia ............................................. 40
1.2.1 A Democracia Competitiva, Procedimental e Minimalista:
o embate entre a Democracia Minimalista e a Maximalista ................41
1.2.2 A Democracia Pluralista .................................................................. 44
1.2.3 A democracia legal e participativa ...................................................... 45
1.2.4 A democracia representativa em tempos de democracia
participativa e deliberativa ..................................................................47
1.3 A democracia no Brasil: a evolução das constituições .......................51
1.3.1 Percurso da (anti)democracia ao longo das Constituições
Brasileiras ..............................................................................................52
1.3.2 A Constituição Brasileira de 1988: aproximação entre
a sociedade e o Estado? ...................................................................... 64
1.4 Resumo do capítulo 1 ..............................................................................69

CAPÍTULO 2
ATIVISMO COMO MEIO DE EFETIVAÇÃO DE POLÍTICAS
PÚBLICAS VOLTADAS À PROMOÇÃO DA DEMOCRACIA ............71
2.1     O ativismo e a promoção da democracia................................................ 72
2.1.1   O ativismo judicial e o poder criativo do julgador ............................... 83
2.1.2   A separação dos Poderes: vantagens e desvantagens do ativismo
        judicial..........................................................................................................93
2.2     Pontes entre o ativismo judicial e o exercício da soberania
        popular.......................................................................................................111
2.3     Resumo do capítulo 2 ..............................................................................113

CAPÍTULO 3
A JURISDIÇÃO NO ÂMBITO JURÍDICO-ADMINISTRATIVO
E O ATIVISMO DOS TRIBUNAIS DE CONTAS .........................................119
3.1     Origem, evolução e competência dos Tribunais de Contas...............125
3.1.1   Origem e evolução dos Tribunais de Contas ........................................125
3.1.2   Competências constitucionais dos Tribunais de Contas ...................128
3.2     Formas de controle exercidas pelos Tribunais de Contas..................132
3.3     O ativismo de contas além do mister constitucional..........................139
3.4     Resumo do capítulo 3 ..............................................................................150

CAPÍTULO 4
O TERMO DE AJUSTAMENTO DE GESTÃO (TAG) COMO
NOVA FORMA DE PENSAR DOS TRIBUNAIS DE CONTAS...........155
4.1     O TAG e a tutela de direitos sociais ......................................................157
4.2     TAG: mecanismo de negociação, de conciliação ou de mediação?...159
4.3     Conceito, finalidades e natureza jurídica do TAG ..............................162
4.4     O TAG como instrumento do ativismo de contas...............................170
4.5     Previsão legal............................................................................................175
4.6     A ideia do consenso e o Termo de Ajustamento de Gestão
        à luz da teoria de Habermas...................................................................180
4.7     Resumo do capítulo 4 ..............................................................................193

## CAPÍTULO 5
## TERMO DE AJUSTAMENTO DE GESTÃO: VANTAGENS E DESVANTAGENS ..................197
5.1   Os Tribunais de Contas que adotaram o TAG e os que não o utilizam ........................ 204
5.2   Da análise dos dados coletados e dos resultados ........................207
5.3   Da análise do questionário ........................ 209
5.4   Resumo do capítulo 5 ........................216

## CAPÍTULO 6
## CASOS DE APLICABILIDADE DO TAG PELO TRIBUNAL DE CONTAS DO ESTADO DE SERGIPE ........................221
6.1   O TAG na visão do TCE/SE ........................ 222
6.1.1   O Portal de Transparência como instrumento de concretização do direito à informação ........................ 228
6.1.2   Considerações sobre a educação como direito fundamental e social ........................232
6.2   Resultado e discussão dos dados ........................ 235
6.2.1   Resultados dos TAGs em relação ao acesso à informação (Portal da Transparência) ........................ 238
6.2.2   Resultados do TAG em relação à educação ........................243
6.2.3   Resultados do TAG em outras áreas ........................246
6.3   Análise dos TAGS sob a perspectiva da estratégia e da tática ..........247
6.4   Resumo do capítulo 6 ........................ 255

## CAPÍTULO 7
## PERGUNTAS E RESPOSTAS SOBRE O TERMO DE AJUSTAMENTO DE GESTÃO (TAG) ........................259

## CONSIDERAÇÕES FINAIS ........................279

## POSFÁCIO
**Ricardo Maurício Freire Soares** ........................291

## REFERÊNCIAS ........................ 297

APÊNDICE A   QUESTIONÁRIO PARA OS TCs
             QUE NÃO ADOTARAM O TAG.......................................... 309

APÊNDICE B   COMPILADO DOS TRIBUNAIS DE CONTAS
             QUE ADOTARAM O TAG POR (LEIS, RESOLUÇÕES
             E REGIMENTO) E OS QUE NÃO O UTILIZAM............... 313

APÊNDICE C   LISTA GERAL DE TAGs FIRMADOS
             PELO TCE/SE (2014-2019)....................................................315

ANEXOS

ANEXO A    MODELO DE TERMO DE AJUSTAMENTO
           DE GESTÃO...........................................................................325

ANEXO B    LEI ORGÂNICA E REGIMENTO INTERNO
           DO TCE/SE (ARTIGOS RELATIVOS AO TAG)..................337

ANEXO C    RESOLUÇÃO TCE/SE SOBRE O PORTAL
           DA TRANSPARÊNCIA – RESOLUÇÃO Nº 311
           DE 17 DE MAIO DE 2018 ...................................................... 349

ANEXO D    ORIENTAÇÃO TÉCNICA Nº 01/2019....................................359

# PREFÁCIO

É grande o crédito da Professora Patrícia Verônica Nunes Carvalho Sobral de Souza com os que vivemos neste mundo do Direito Público brasileiro, especialmente na área do controle das contas públicas, tão carente de novos estudos e de produção original de pesquisa e doutrina gerados no seio dos Tribunais de Contas.

O crédito da Autora foi se formando com tempo e trabalho incessantes, através de livros pioneiros na agenda nacional da luta contra a corrupção e a improbidade, trazendo à pauta do Direito Administrativo mais atual a relevante questão da Segurança Jurídica no Processo Administrativo Disciplinar, para afinal enfrentar temas inéditos na doutrina nacional, como o da "Escola de Contas e o Controle Social na Formação Profissional" e, agora, este enfoque conclusivo do novo instrumento dos Tribunais de Contas brasileiros, que é o Termo de Ajustamento de Gestão.

A modernidade da produção de literatura jurídica dessas obras não é apenas um patrimônio que se vem ampliando ao longo de mais de uma década. É, também, decorrência lógica da natureza mesma do Direito Público como sede de convergência do sistema legal com o sistema consuetudinário. Do Direito Administrativo brasileiro jamais codificado e, todavia, construído incessantemente pela jurisprudência dos Tribunais.

Assinale-se que o sucesso editorial de suas obras anteriores não acomodou a Autora. Ao contrário, os novos desafios que foram enfrentados com proficiência a estimularam, como é o caso deste que cuida do "Termo de Ajustamento de Gestão como Forma de Tutela de Direitos Sociais", nascido como tese de doutoramento e agora transformado em livro, e que destarte circulará no campo da boa doutrina jurídica, como exemplo virtuoso do saber vivido, transformado em ciência conquistada nos cânones da carreira acadêmica.

O tema do Termo de Ajustamento de Gestão é novo e instigante.

Mesmo para nós que trabalhamos há décadas no processo contínuo de aperfeiçoamento do Sistema de Controle das Contas Públicas do Brasil, que, embora de origem mais que centenária, tem sido burilado a partir de órgãos de idade heterogênea e de circunstâncias diversificadas nesta nossa vasta geografia.

É verdade que nos socorre neste ambiente exuberante a matriz constitucional do sistema que atualmente estabelece similitudes organizacionais e de conteúdo jurídico, capazes de congregar os modos e resultados para o efeito comum de eficiência e eficácia que a sociedade almeja para a Administração Pública.

Os resultados do controle das contas públicas, porém, nutrem-se, também e conclusivamente, na boa Doutrina que esclarece o argumento e o debate e suscita Jurisprudência qualificada, como indica a substância desta obra agora posta a serviço de todos.

Seguro nas fontes e profundo no conhecimento prático da aplicação de institutos que se realizam na concretude da vida real, este livro que temos agora diante de nós realiza o destino dos documentos de importância e permanência. Importância no que traz de ensinamento; permanência, enquanto produto sólido de operação da inteligência em favor das instituições e dos homens e mulheres que as habitam.

Mais do que lê-la, devemos estudar esta obra da Professora Doutora Patrícia Verônica Nunes Carvalho Sobral de Souza, pois o que temos em mãos não é apenas um livro de leitura. É muito mais: é pedra angular que marcará o âmago e o rumo da construção do novo Direito no Brasil, a partir da vivência pessoal e alicerçado em base científica irrefutável.

**Carlos Pinna de Assis**
Conselheiro do Tribunal de Contas de Sergipe.
Corregedor do Tribunal de Contas do Estado de
Sergipe. Ex-Presidente da ATRICON.

# INTRODUÇÃO

No vórtice sócio-histórico e político-econômico vivenciado pelo Brasil, conceitos, definições e instituições requerem novos e reflexivos olhares em busca da compreensão e da interpretação de fatos que se sucedem cotidianamente. Este estudo quer deter o olhar, aprofundar e tentar desvelar a correlação do Termo de Ajustamento de Gestão (TAG) e a sua tutela quanto a direitos sociais fundamentais e, no mais específico, examinar se o TAG se manifesta como prática ativista dos Tribunais de Contas. Além disso, procura buscar um significado para a possibilidade de sua aplicação no âmbito jurídico-administrativo do controle externo, através do consenso, pelas Cortes de Contas brasileiras com os seus jurisdicionados, expondo casos do uso deste instrumento pelo Tribunal de Contas do Estado de Sergipe (TCE/SE).

Claro está que viver em uma democracia exige o compartilhamento, o solidarizar-se, o estar presente e a participação nos contextos definidores dos destinos do país, mormente quanto ao controle externo, restritamente, no que concerne às Cortes de Contas nacionais. O nível de esclarecimento popular aumentou a olhos vistos; os sujeitos sociais, alfabetizados ou não, querem saber o que se faz com o dinheiro público, examinando se o que se faz é correto, lícito, eficaz e, neste contexto, se os Tribunais de Contas (TCs) estão atuando adequadamente quanto às suas atribuições, estabelecidas pela Constituição Federal de 1988 (CF/88), ou se vão além, utilizando de prática ativista, por meio do TAG, com vistas à promoção de uma boa Administração Pública, mais justa e proficiente, em prol da sociedade.

Com a atenção direcionada ao Estado brasileiro, o viés ideológico da Constituição Republicana de 1988 manifesta-se através de um texto de conteúdo programático, futurista, que ratifica a dignidade da pessoa humana como condutora da atuação estatal, de elaboração legislativa e hermenêutica, sem, diante de tais fatores, abandonar o sistema capitalista na concretude dos direitos de propriedade e da livre iniciativa (princípio fundamental do liberalismo) e, inserindo, para a efetivação do desenvolvimento econômico, um rol de direitos sociais e individuais.

Desde a redemocratização do país, com efeito, os termos "Constitucionais" e "Estado de Direito" continuam sendo pedras fundamentais da cidadania, propulsoras da participação, da transparência e do ativismo, ou seja, o cidadão ativista é aquele que age no social. O termo ativista empregado aqui não é essencialmente voltado ao ativismo político-partidário.

O termo ativismo vem do latim *activus*, de *actus*, "algo feito", de *agere*, "[...] agir, realizar, fazer, colocar em movimento", e tem relação direta com ativar, fazer funcionar, impulsionar uma ação, tornar algo eficaz, movimentado, vivo e palpitante. É também uma palavra ligada visceralmente à palavra ação (de agir, fazer acontecer, produzir ações), em movimento contínuo. Muitas vezes confundido intencionalmente, o termo ativismo é utilizado para minimizar as forças da ação, também trocam o seu significado, fazendo-o sinônimo de baderna, anarquismo, terrorismo ou militância partidária.

A perspectiva do ativismo é a de estar vivo, presente em todos os campos do saber e do fazer humano. Onde houver atividade laboral/intelectual, o sujeito, o cidadão, ali estará, no seu cerne, como a mais pura tradução do ativismo. Pode-se exemplificar o ativismo na área educacional, nos campos do Direito, da Medicina, da Física ou em outra área equivalente.

Em relação ao ativismo judicial, é inegável a afirmação de que a sua presença ocorre nas mais nobres casas da Lei, o que não incorre em pecado moral ou ético. Todavia, não se pode esquecer que existem limites aos ativistas institucionais, justamente os que escapam da rota correta e invadem a competência de outro poder, chegando-se à importância deste estudo no tocante ao ativismo dos TCs.

A estrutura deste livro está desenhada a partir de sete seções, inicialmente, demonstrando, na fase introdutória, a metodologia aplicada nesta linha de pesquisa. A primeira seção, intitulada como *Pluralismo Político, Republicanismo e Maximalismo Democrático: fundamentos da Constituição de 1988*, aborda a definição e a evolução da Democracia no Brasil e divide-se nas seguintes subseções: A origem da democracia: os modelos clássicos, que aborda os tipos de Democracia Liberal: Democracia Protetora e Democracia Desenvolvimentista; A Democracia Direta, sob o viés da definição marxista; adiante, alude sobre os Modelos contemporâneos de democracia, quais sejam: A Democracia Competitiva, Procedimental e Minimalista: o embate entre a Democracia Minimalista e a Maximalista; A Democracia Pluralista; A democracia Legal e Participativa; A democracia representativa em tempos de democracia participativa e deliberativa; por fim, aborda a democracia no Brasil, através da evolução das Constituições; o Percurso da (anti)democracia ao longo das Constituições Brasileiras; e a Constituição Brasileira de 1988: aproximação entre a sociedade e o Estado? A segunda seção apresenta *O ativismo judicial como meio de efetivação de políticas públicas voltadas à promoção da Democracia*, e se subdivide em: O ativismo judicial e a promoção da Democracia; O ativismo judicial e o poder criativo do julgador; A separação dos Poderes: vantagens e desvantagens do ativismo judicial; Pontes entre o ativismo judicial e o exercício da soberania popular. A terceira seção desenvolve o contexto da *Jurisdição no âmbito jurídico-administrativo e o ativismo dos Tribunais de Contas,* que trata de toda situação de ordem jurídica, tendo em vista o direito vigente, e se fragmenta nas subseções elencadas como Origem, evolução e competência dos Tribunais de Contas; Origem e evolução dos Tribunais de Contas; Competências constitucionais dos Tribunais de Contas; Formas de controle exercidas pelos Tribunais de Contas; O ativismo de contas além do mister constitucional. A quarta seção ocupa-se do *Termo de Ajustamento de Gestão (TAG) como nova forma de pensar dos Tribunais de Contas,* que remete às subseções elencadas como O TAG e a tutela de direitos sociais; TAG: mecanismo de negociação, de conciliação ou de mediação?; Conceito, finalidades e natureza jurídica do TAG; O TAG como instrumento de ativismo de contas; Previsão legal; A ideia do consenso e o Termo de Ajustamento de Gestão à Luz da Teoria de Habermas. A quinta seção aborda o *Termo de Ajustamento de Gestão: vantagens e desvantagens*; Os Tribunais de Contas que adotaram o TAG e os que não o utilizam; Da análise dos dados coletados e dos resultados; Da análise do questionário. A sexta seção analisa e apresenta resultados sobre os Casos de aplicabilidade do TAG pelo Tribunal de Contas de Sergipe; O TAG na visão do TCE/SE; O Portal de Transparência como instrumento de concretização do direito à informação; Considerações sobre a educação como direito fundamental e social; Resultado e discussão dos dados; Resultados do TAG em relação ao acesso à informação (Portal da Transparência); Resultados do TAG em relação à educação; Resultados do TAG em outras **áreas** e Análise dos TAGs sob a perspectiva da estratégia e da tática. A última seção foi direcionada a *Perguntas e respostas sobre o Termo de Ajustamento de Gestão (TAG)*, com o intuito de elidir dúvidas do leitor, para que este reflita sobre o assunto e se envolva, ainda mais, com a temática.

A expectativa que se alimenta não é apenas a de expandir o que se sabe (o que se sabe é sempre pouco), mas de contribuir para a reflexão de pesquisadores, professores, técnicos/analistas de controle dos Tribunais de Contas e graduandos na área do Direito quanto ao que representa o TAG para a boa aplicação das verbas públicas.

Destarte, a presente pesquisa tem como objeto de estudo o Termo de Ajustamento de Gestão (TAG) e sua aplicação por alguns Tribunais de Contas pátrios como possibilidade de prática ativista de controle externo e de tutela de direitos sociais.

A justificativa para esta investigação teórica se encontra na evidente importância dos aspectos de controle externo exercidos pelos Tribunais de Contas quando se utiliza do TAG, apresentando uma abordagem preventiva e pedagógica. Trata-se de uma reflexão de ordem científica e de valor social, pois contribui para o esclarecimento do leitor e dos que se interessarem pelo tema. O valor acadêmico também se sobressai, especialmente, pela necessidade de se vencer obstáculos postos à consolidação da democracia-cidadã, a verdadeira democracia, que inexiste sem a cidadania e vice-versa, além de expor todos os questionamentos que possam emergir sobre elas, aliadas com a transparência no gerir a *res publica,* transferindo o poder para o "ente abstrato": o povo.

Em conformidade com o objeto de estudo e com a justificativa mencionada, apresenta-se como objetivo geral deste livro desvelar o Termo de Ajustamento de Gestão (TAG), quanto à tutela de direitos sociais fundamentais.

Os objetivos específicos cuidam de: 1) Explorar a temática do TAG, esclarecendo seus conceitos e significados, sob o amparo democrático, como instrumento de controle dos Tribunais de Contas, através do consenso; 2) Examinar se o TAG se manifesta como prática ativista quanto às Cortes de Contas e suas funções de controle externo; 3) Analisar criticamente se os TAGs firmados com os entes/órgãos jurisdicionados sergipanos tutelam direitos sociais, sob o prisma de táticas e estratégias.

Gil[1] realça o fato de que o objeto de estudo é caracterizado pelo exame amplo de um ou vários aspectos, de modo detalhado, sobre uma problemática detectada. Assim, defende-se a hipótese de que o TAG é constitucional, representado como uma prática ativista de suma importância para o controle da Administração Pública.

No que se refere ao problema que se apresenta, este consubstancia-se na análise de estudo de caso dos TAGs firmados no TCE/SE quanto à tutela de direitos sociais fundamentais. Definida a razão do estudo, é essencial frisar que a pesquisa não deve ser entendida tão somente como a procura da verdade, mas sim, como a busca das respostas para as questões propostas, fazendo-se uso dos métodos científicos.[2] Isso posto, tem-se como elemento principal dessa metodologia, a descrição das características da presente pesquisa.

A metodologia aplicada é de abordagem qualitativa, por se entendê-la como uma relação dinâmica entre o mundo objetivo e o sujeito, permitindo compreender o significado e o processo de suas abordagens. Utiliza-se da pesquisa de caráter exploratório e descritivo, a fim de aguçar a capacidade crítica do leitor para compreender e questionar sobre os Termos de Ajustamento de Gestão, através do procedimento técnico de revisão bibliográfica e documental, uma vez que permite sumarizar e aprofundar o objeto de estudo através da leitura, dos processos e documentos oriundos da Corte de Contas sergipana.

Nessa perspectiva, estabelece-se como conceito basilar o ativismo, discute-se as vantagens e desvantagens do ativismo judicial e de contas como forma de se implementarem políticas públicas, adotando procedimentos de leitura/releitura e a interpretação de fontes sobre o tema proposto, que serve para reflexão de uma nova forma de pensar dos Tribunais de Contas, em que são apresentadas suas diversas nuances, como origem, evolução, competência e as formas de controle exercidas por essas Cortes. Em especial, examina-se o Termo de Ajustamento de Gestão como nova forma de atuação democrática das Cortes de Contas, expondo a sua aplicabilidade. Aborda-se, ainda, a aplicação do TAG pelo Tribunal de Contas do Estado de Sergipe, sob o aspecto da proteção de direitos sociais.

---

[1] GIL, Antônio Carlos. *Como elaborar projeto de pesquisa*. 5. ed. São Paulo: Atlas, 2010. p. 63.
[2] BARROS, Aidil de Jesus Paes de; LEHFELD, Neide Aparecida de Souza. *Projeto de pesquisa*. Petrópolis – RJ: Vozes, 2011. p. 14.

A amostra foi composta por fontes bibliográficas e documentais por intermédio de diversos documentos oriundos do Tribunal de Contas do Estado de Sergipe; da aplicação de questionário e de entrevistas junto aos Tribunais de Contas pátrios; da Constituição Federal do Brasil, que abarca os direitos fundamentais, e de outras normas. E, ainda, vale-se de alguns autores, como Borba, Barroso e, especialmente, Habermas e Certeau,[3] bases essenciais para o deslinde deste trabalho, com pauta na esfera pública, através de suas teorias.

Vale ressaltar que se recorreu ao uso de materiais como: livros, doutrinas, legislações, artigos e periódicos, como também aos bancos de dados processuais e documentais físicos e indexados em websites, a fim de buscar elementos legais e doutrinários, organizar, compor o material selecionado e alcançar os objetivos previamente estabelecidos.

É relevante acrescentar que Yin[4] conceitua o protocolo de estudo como um instrumento que tem a finalidade de maximizar a confiabilidade do estudo de caso, bem como orientar o pesquisador da maneira como se deve conduzir a análise. Com base na conceituação do autor, na realização da coleta de dados foram observadas as seguintes etapas: 1) Seleção das fontes de pesquisa; 2) Elaboração das categorias analíticas estudadas; 3) Oficialização, junto à instituição, para realização da pesquisa; 4) Levantamento dos documentos na instituição; 5) Descrição e estudo das informações disponibilizadas durante a coleta de dados; 6) Elaboração estrutural do roteiro das informações coletas; 7) Descrição e análise das informações; 8) Apresentação do resultado da análise; 9) Apresentação de perguntas e respostas sobre o TAG. 10) Conclusão.

No âmbito da unidade e universo da pesquisa, Ubirajara é categórico ao afirmar que "[...] a unidade se refere ao local onde a investigação do estudo de caso foi realizada".[5] Nessa reflexão, o local

---

[3] BORBA, Joselita Napuceno. Repensando o termo de ajustamento de conduta (TAC): vicissitudes de sua desconstituição. *Revista LTr – legislação do trabalho e Previdência Social*, São Paulo, v. 76, n. 11, p. 1.299-1.307, nov. 2012; BARROSO, Luís Roberto. *Constituição, democracia e supremacia judicial*: direito e política no Brasil contemporâneo. 2015. Disponível em http://www.oab.org.br/editora/revista/revista_11/artigos/constituicaodemocracia esupre maciajudicial.pdf. Acesso em 25 out. 2015; e especialmente HABERMAS, Jürgen. *Teoria do agir comunicativo*: racionalidade da ação e racionalização social. (Trad. Paulo Astor Soethe). São Paulo: WMF Martins Fontes, 2012. v. 1 e CERTEAU, Michel de. *A invenção do cotidiano*: artes de fazer. (Trad. Ephraim Ferreira Alves). 3. ed. Petrópolis/RJ: Editora Vozes, 1998.

[4] YIN, Robert K. *Estudo de caso*: planejamento e métodos. (Trad. Ana Thorell. Revisão técnica Cláudio Damacena). 4. ed. Porto Alegre: Bookman, 2010. p. 22-24.

[5] UBIRAJARA, Eduardo. *Guia de Orientação*. Aracaju: FANESE, 2013. p. 125.

é o Pretório de Contas de Sergipe, cujo recorte temporal refere-se ao período de 2014 a 2019.

Sobre essa questão, a escolha da instituição analisada decorreu da acessibilidade e experiência profissional desta Autora, que atua no campo do controle externo junto ao Tribunal de Contas de Sergipe há mais de vinte anos e tem interesse pelo tema em questão, por ser relevante, de caráter atual e social, uma vez que o Termo de Ajuste de Gestão passou a ser um assunto que reflete não somente na comunidade acadêmica, mas também na sociedade em geral.

Parte-se de uma conjectura que sonda as possibilidades de o Termo de Ajustamento de Gestão, no ambiente dos Tribunais de Contas, mostrar-se benéfico ou não à sociedade, através da prática consensual, onde se indaga se seria possível e necessário comprovar que o Termo de Ajustamento de Gestão beneficia efetivamente a sociedade, como instrumento de tutela de direitos fundamentais sociais.

Em relação à análise e interpretação dos dados, Andrade,[6] referindo-se à análise de dados, a define como uma organização, apresentação e descrição dos resultados da pesquisa que visa a responder uma problemática ou encontrar soluções para esta.

Inicialmente, partiu-se da análise do levantamento de dados no Tribunal de Contas de Sergipe e, em seguida, no acervo pessoal da pesquisadora e na Biblioteca Científica Eletrônica Virtual (SCIELO). Na biblioteca virtual foi feita uma busca, utilizando as palavras-chave: Ativismo de Contas. Consensualidade. Direito Público. Direitos Sociais Fundamentais. Tribunais de Contas. Termo de Ajustamento de Gestão (TAG). Com a leitura das informações obtidas em livros, revistas, artigos e periódicos, foram feitos fichamentos e a compilação das publicações e informações, através da exposição do pensamento de autores e doutrinadores, organizando diversas opiniões, em diferentes contextos jurídicos. Após, procedeu-se a sua análise, a partir do arcabouço jurídico delimitado e pesquisado.

Nesse passo, foi necessário interpretar criticamente os TAGs firmados com os entes/órgãos jurisdicionados sergipanos, com base na teoria de Certeau e de Habermas, demonstrando a eficácia da sua adoção em prol do controle do patrimônio público e do erário, com vistas à boa Administração Pública.

---

[6] ANDRADE, Maria Margarida de. *Introdução à metodologia do trabalho científico*: elaboração de trabalhos na graduação. 10. ed. São Paulo: Atlas, 2010. p. 92-93.

Esta análise tem o condão de proporcionar uma ampliação dos conhecimentos sobre a atuação dos Tribunais de Contas, demonstrando a plausibilidade de se empregar o TAG para um melhor aperfeiçoamento de sua atuação, podendo contribuir para um mais eficiente desempenho do seu mister quanto ao controle. Logo, aqui se visa a demonstrar a substancialidade do Termo de Ajustamento de Gestão, evidenciar as dificuldades enfrentadas para a sua implementação, seu efetivo funcionamento, e avaliar o benefício em prol da sociedade, que é mantenedora e principal usuária dos serviços públicos.

Nas Considerações Finais é demonstrada a necessidade de se (re)pensar a gestão pública, ultrapassando os limites das tradicionais técnicas do direito administrativo, onde se afirma o caráter educativo/pedagógico do TAG, como prática preventiva ou saneadora de irregularidades. É assinalada também a premência de um maior dinamismo na ação e solução de conflitos, que não tenham como última finalidade a sanção, e sim a recomposição, a reorganização da gestão, buscando a correta implementação de políticas públicas que se revertam, efetivamente, em resultados concretos para a coletividade.

Portanto, o TAG revela-se como um instrumento consensual, decorrente de inspeções e auditorias realizadas pelas Cortes de Contas. No caso do TCE/SE, foram firmados 89 (oitenta e nove) TAGs com órgãos municipais/estaduais, na perspectiva de se corrigir rumos junto à Administração Pública. À vista disso, espera-se que esta obra sirva de reflexão sobre os Tribunais de Contas, sua atuação voltada aos seus jurisdicionados e à sociedade, avaliando o TAG como mecanismo de controle preventivo eficiente, com o propósito de tutelar direitos sociais fundamentais.

CAPÍTULO 1

# PLURALISMO POLÍTICO, REPUBLICANISMO E MAXIMALISMO DEMOCRÁTICO: FUNDAMENTOS DA CONSTITUIÇÃO DE 1988

A democracia possui raízes nas expressões *demos* (povo) e *kratos* (governo), cuja origem remonta à Grécia antiga. Sua definição é entendida como um regime de governo no qual a vontade do povo prevalece e faz oposição às monarquias, às aristocracias, às autocracias etc. Nesse sentido, na democracia é possível a participação popular nas atividades estatais.

Existem duas perspectivas conceituais sobre a democracia: a primeira é conhecida como "concepção minimalista", que retira seus fundamentos nos pressupostos de Joseph Schumpeter,[7] relativos à definição de democracia real, compreendida como resultado de um ajuste bilateral entre as classes políticas, suas regras e procedimentos que produzam escolhas de natureza pacífica, por meio do voto e de eleições competitivas, inseridas na pluralidade de interesses presentes no ímpeto das sociedades. Por outro vértice, as concepções "maximalistas", reconhecidas pela doutrina, instituem que os regimes democráticos não podem ser condicionados a meios de escolhas eleitorais, nem como resultado da ação de mecanismos institucionais essencialmente políticos.

Os militantes da visão imperativa (maximalistas) reforçam a ideia de que a representação política se exprime pela representação de interesses. Nessa perspectiva, os eleitos deveriam ir além de somente decidir com base nos pensamentos de seus eleitores, ou seja, a própria

---

[7] SCHUMPETER, Joseph. *Capitalismo, Socialismo e Democracia*. (Trad. Ruy Jungmann). Rio de Janeiro: Fundo de Cultura, 1961.

cartografia das instituições representativas deveria espelhar a sociedade por elas representada. Em síntese, a democratização dos mecanismos de representação retrata a ampliação da esfera pública sobre o Estado, bem como auxilia na construção de uma cidadania ativa.

Ainda nesta direção, alguns autores apontam entendimentos distintos quanto à forma como deve ser construída e efetivada a representação política. Autores ligados a uma concepção republicana defendem a representação como o resultado de uma razão pública criada à luz de um ideal de bem coletivo por todos os cidadãos ou pela maior parte da sociedade. O espírito da filosofia política, sob essa ótica, consiste em os indivíduos buscarem, nas sociedades, a noção da política como *res publica*. Isso denota que a política, antes de ser um resultado das instituições, é consequência da "qualidade da virtude cívica" dos cidadãos no meio social.

Todavia, para aprofundar a visão sobre a democracia, torna-se necessário mostrar os caminhos trilhados pela mesma, através da descrição de seus principais modelos.

Para tanto, o presente estudo analisa os modelos de democracia da seguinte forma: inicialmente, perpassa pela origem da democracia e por seus modelos clássicos (a Democracia Protetora, a Democracia Desenvolvimentista e a Democracia Direta). Em segundo momento, aborda os modelos democráticos contemporâneos (A Democracia Competitiva, Procedimental e Minimalista; A Democracia Pluralista, a Legal e Participativa e a Representativa). Por último, faz um exame aprofundando da democracia no Brasil, apontando a evolução das Constituições e enfatizando o caráter democrático da Carta Magna de 1988.

## 1.1 A origem da democracia: os modelos clássicos

A democracia, cuja origem remonta à Grécia antiga, possui raízes na "cidade-estado" ou "polis". Foi em meio a uma população com indivíduos, econômica e militarmente independente, em comunidades integradas, onde os arranjos sociais e econômicos impunham uma influência latente e imediata, que a democracia foi fermentada.[8]

Apesar de sua forte relevância em Atenas, a democracia não possuía adeptos, impossibilitando, dessa forma, maior aprofundamento

---

[8] HELD, David. *Modelos de Democracia*. 1. ed. (Trad. Alexandre Sobreira Martins). Belo Horizonte: Paidéia, 1987. p. 14-15.

sobre o tema, em razão da quase ausência de obras que demonstrassem a sua efetividade durante a época mencionada. Existiam mínimas fontes, como: "[...] a obra de 'oposição' crítica e os achados de historiadores e arqueólogos".[9]

Na opinião de Dahl, a democracia em Atenas foi compreendida, à época, como um exemplo inicial de participação popular, uma espécie de "democracia participante".[10]

Péricles[11] expôs os ideais e os propósitos da democracia ateniense, esmiuçando a comunidade como o local em que "[...] todos os cidadãos poderiam e, na verdade, deveriam participar da criação e manutenção de uma vida em comum".[12] Destarte, não havia qualquer impedimento aos indivíduos, tanto de natureza econômica, quanto de ordem hierárquica, em participar das questões de ordem pública. A autoridade suprema, definida como "demos", possuía ampla liberdade de intervir nas atividades legislativas e judiciárias atenienses. Por isso, a definição de cidadania ateniense implicava o envolvimento dos cidadãos em assuntos do Estado e no que se referia às funções estatais.

Tal democracia devia respeito ao princípio da "virtude cívica", impondo diligência à "cidade-estado" republicana, bem como sujeição da esfera privada à esfera pública e ao bem comum. É dizer: o público e o privado estavam inter-relacionados num modelo de comunidade na qual os direitos e as obrigações dos cidadãos não eram impostos por cidadãos privados ou por um Estado protecionista de classes privilegiadas, respectivamente.[13]

Outro relevante aspecto desse período foi a vida pautada na liberdade e na igualdade. A liberdade sob os seguintes critérios: a) governar e ser governado; e, b) ter a faculdade para viver como desejar. A igualdade, por sua vez, age como a base da primeira, sob a sustentação de que a população deveria participar igualitariamente do governo, com fundamento nos critérios de governar e de ser governado.[14]

---

[9] HELD, David. *Modelos de Democracia*. 1. ed. (Trad. Alexandre Sobreira Martins). Belo Horizonte: Paidéia, 1987. p. 15.
[10] DAHL, Robert Alan. *Sobre a democracia*. (Trad. Beatriz Sidou). Brasília: Editora Universidade de Brasília, 2016. p. 22.
[11] Péricles, general e político, foi considerado, em seu tempo, um influente cidadão ateniense.
[12] HELD, David. *Modelos de Democracia*. 1. ed. (Trad. Alexandre Sobreira Martins). Belo Horizonte: Paidéia, 1987. p. 15-16.
[13] HELD, David. *Modelos de Democracia*. 1. ed. (Trad. Alexandre Sobreira Martins). Belo Horizonte: Paidéia, 1987. p. 17.
[14] HELD, David. *Modelos de Democracia*. 1. ed. (Trad. Alexandre Sobreira Martins). Belo Horizonte: Paidéia, 1987. p. 19-20.

Nos seus aspectos institucionais, a democracia grega se consubstanciava pela Assembleia, integrada pelo conjunto de cidadãos (quórum de 6.000 mil) que constituíam o corpo soberano de Atenas e se reuniam mais de 40 vezes ao ano para deliberar sobre as questões mais importantes, como finanças, taxas, manutenção da ordem pública, ostracismo, entre outras. Outro aspecto institucional se materializava no Conselho de 500, cuja responsabilidade era a de organizar e implantar as decisões públicas, tendo como auxiliar um comitê integrado por 50 cidadãos, com um Presidente (cargo ocupado somente por um dia). Já as funções executivas eram realizadas pelos "magistrados" com 10 cidadãos (cargos ocupados pelo período de um ano).[15]

Por outro lado, a democracia ateniense foi caracterizada por sua exclusividade, eis que a *polis* possuía unidade, solidariedade, participação e uma cidadania definida como restrita. Held afirma, destarte, que "[o] Estado tinha profunda influência nas vidas de seus cidadãos, mas abarcava apenas uma pequena parcela da população".[16] Dessa forma, os cidadãos, além de fazerem parte dos assuntos da Administração, da criação de leis, entre outros, também controlavam o acesso das pessoas que poderiam participar das questões do Estado. Quanto ao aspecto político, o poder não se baseava em uma conjuntura constitucional e governamental (interesse público), mas assumia uma postura de natureza intensa e competitiva, que se voltava a interesses pessoais ou de um determinado grupo.

Em crítica a este modelo, Platão sustentou que a democracia marginalizava o sábio, eis que a massa popular poderia ser manipulada. Para ele, inexistia a possibilidade de uma liderança adequada em tal modelo, na medida em que estes líderes necessitavam do favor popular, com vistas à manutenção de seu poder e liderança.[17]

Pontua-se que, no norte da Itália, por volta de 1100 d.C., o governo popular ressurgiu nas cidades-estados e era integrado somente por membros de famílias da classe superior, como nobres, proprietários influentes, entre outros. Em contraponto, as "classes médias" começaram a reivindicar a sua participação, entre eles, novos ricos,

---

[15] HELD, David. *Modelos de Democracia*. 1. ed. (Trad. Alexandre Sobreira Martins). Belo Horizonte: Paidéia, 1987. p. 20-21.
[16] HELD, David. *Modelos de Democracia*. 1. ed. (Trad. Alexandre Sobreira Martins). Belo Horizonte: Paidéia, 1987. p. 21.
[17] HELD, David. *Modelos de Democracia*. 1. ed. (Trad. Alexandre Sobreira Martins). Belo Horizonte: Paidéia, 1987. p. 29.

banqueiros e soldados, que, mediante movimentos, adquiriram tal direito participativo.[18]

## 1.1.1 Os tipos de Democracia Liberal: Democracia Protetora e Democracia Desenvolvimentista

Ultrapassada a exposição a respeito da democracia ateniense clássica, parte-se agora ao modelo voltado à Democracia Protetora.

A Idade Média não aprofundou em fortes reflexões relativas à comunidade política, pois não foram elaborados textos extensos que tratassem da filosofia política, nem tampouco sobre democracia. Até o advento da obra de São Tomás de Aquino, no século XIII, o que vigorava era a influência da Igreja e da Obra de Agostinho[19] sob os ditames políticos da época. Aquino descortinou este pensamento fundamentando que a monarquia não poderia ser detentora de uma autoridade ilimitada, deveria respeitar a lei natural, separando, assim, o panorama jurisdicional secular do panorama espiritual. Para ele, o governo limitado e constitucional deveria se coadunar com a visão cristã, o que desenvolveu a tradição liberal democrática, segundo Held.[20]

> A idéia de uma ordem política impessoal e soberana, ou seja, de uma estrutura legalmente circunscrita de poder, separada do governante e governado com jurisdição suprema sobre um território não poderia predominar à tradição religiosa e ao sistema feudal de direitos de propriedade. De forma similar, a idéia de que os seres humanos eram "indivíduos" ou "um povo", com direito a serem cidadãos de seu estado, não poderia se desenvolver sob a influência constritora do "círculo fechado" da vida intelectual medieval.[21]

---

[18] DAHL, Robert Alan. *Sobre a democracia*. (Trad. Beatriz Sidou). Brasília: Editora Universidade de Brasília, 2016. p. 25.

[19] A Obra de Santo Agostinho, denominada "Cidade de Deus", foi escrita entre 410 e 423, depois de Cristo e foi considerada a fonte com maior influência do poder eclesiástico sobre o secular. A declaração apontava a Igreja como a "Marcha de Deus no mundo", na qual seu seguidor não deveria se ater aos problemas "desta vida temporal" (HELD, David. *Modelos de Democracia*. 1. ed. (Trad. Alexandre Sobreira Martins). Belo Horizonte: Paidéia, 1987. p. 35).

[20] HELD, David. *Modelos de Democracia*. 1. ed. (Trad. Alexandre Sobreira Martins). Belo Horizonte: Paidéia, 1987. p. 35-36.

[21] HELD, David. *Modelos de Democracia*. 1. ed. (Trad. Alexandre Sobreira Martins). Belo Horizonte: Paidéia, 1987. p. 36.

Ocorreram transformações socioeconômicas e históricas que influenciaram modificações nos ideais medievais de política, como as batalhas entre os monarcas e barões pela soberania da autoridade legítima; os motins de camponeses em oposição à cobrança de impostos e obrigações sociais excessivas; a ampliação do comércio, bem como das relações de mercado; a chegada da cultura renascentista, com foco nas ideias políticas e ordem clássica; o fortalecimento das monarquias nacionais e do sistema estatal absolutista na Europa; a batalha entre a Igreja e o Estado. Nesta conjuntura, as tradições feudais foram perdendo força e cedendo lugar aos pensamentos políticos[22] europeus de limitação da autoridade política, da lei e da sujeição. Todavia, apenas no final do século XVI, a definição de Estado foi colocada como foco central do exame político.

Dentre os novos pensamentos políticos, Thomas Hobbes (1588-1679) emerge como o principal defensor da tradição liberal, militando pela transformação entre a obrigação com o Estado absolutista e a batalha pelo liberalismo em face da tirania. O liberalismo manifesta-se como a busca pela garantia dos valores de liberdade de escolher, raciocinar e tolerar a tirania e o Estado absolutista, através da separação dos Poderes do Estado e da conceituação de uma esfera unicamente privada e independente da atuação estatal. Em reforço ao pensamento de Hobbes, John Locke (1632-1704) defendeu que o estado político deveria respeitar os direitos naturais do indivíduo e que o governo deveria propiciar as condições de segurança, paz e liberdade.[23]

O Barão de Montesquieu (1689-1755), complementando a ideia de Locke sobre os princípios do governo, evidenciou a necessidade de novos contextos institucionais no alcance de um governo representativo reformado. Para ele, o governo constitucional devia ser um mecanismo central de garantia aos direitos do indivíduo. Ademais, Montesquieu separou, mais precisamente, os poderes do Estado em: executivo, legislativo e judiciário, acentuando que a liberdade só poderia ser argumentada sob o prisma da separação e harmonia institucionalizadas nos poderes do Estado, para limitar a autoridade centralizada e garantir que um "governo virtuoso" fosse menos dependente de cidadãos

---

[22] A Reforma Protestante teve grande influência nesses novos pensamentos, na medida em que enfrentou a jurisdição e a autoridade papais, bem como suscitou questões de obrigação política e de sujeição.
[23] HELD, David. *Modelos de Democracia*. 1. ed. (Trad. Alexandre Sobreira Martins). Belo Horizonte: Paidéia, 1987. p. 38-47.

entendidos como heroicos ou da disciplina cívica, e mais dependente de um conjunto de impedimentos e igualdades.²⁴ ²⁵

Cumpre mencionar que Montesquieu não prenunciou ou aprovou as posteriores evoluções teóricas e práticas da democracia, mas influiu, significativamente, nos constitucionalistas liberais.

Ocorre que nenhum desses pensadores formulou fundamentos com o pressuposto de que a garantia da liberdade requer um meio de igualdade política entre todos os cidadãos maduros e não chegou a cuidar da democracia como hoje existe. Eles apenas, repita-se, reformularam princípios que muito mais tarde possibilitaram a criação do Estado Democrático de Direito, nos moldes do Estado atual. A democracia protetora adveio quando esta noção foi desenvolvida de forma sistemática, por meio dos pensadores James Madison (1751-1836), Jeremy Bentham (1748-1832) e James Mill (1773-1836). Madison aludia às questões de princípios, procedimentos e instituições de governo dito como popular (somente caso inexistisse risco de transformação da maioria em ferramenta de uma política estatal em oposição ao favorecimento de uma minoria) e o anseio de assegurá-los em face de atuações inconsequentes. Para ele existia, ainda, um direito natural à propriedade privada. Bentham e Mill entendiam que a democracia liberal estava interligada a um sistema político para garantir a responsabilidade a cargo dos governantes ante os governados. Este modelo democrático, para eles, era um elemento lógico para governar uma sociedade livre do poder absoluto e da tradição, em que os cidadãos eram detentores de vontades restritas, criando um conjunto de consumidores em prol da maximização dos interesses particulares, utilizando a democracia como meio para consecução dessas finalidades.²⁶

Para Cunningham, advogado e funcionário público canadense, os elementos liberais precediam os elementos democráticos do século XX. Para ele, o pensamento de Mill, entusiasta e militante da participação direta, corrobora que a democracia "[...] representativa é não somente necessária, mas ainda um mal necessário", e afirma que o modelo de democracia possuía também elementos positivos e, caso fosse cabível, deveria ser conciliada à participação direta, na medida em que esta

---

²⁴ A questão da separação dos poderes será mais detalhada em tópico posterior.
²⁵ HELD, David. *Modelos de Democracia*. 1. ed. (Trad. Alexandre Sobreira Martins). Belo Horizonte: Paidéia, 1987. p. 51-52.
²⁶ HELD, David. *Modelos de Democracia*. 1. ed. (Trad. Alexandre Sobreira Martins). Belo Horizonte: Paidéia, 1987. p. 55-62.

fosse possível, almejada pelos teóricos defensores da democracia liberal, como Schumpeter e Robert Dahl.[27]

Para o filósofo Mill "[...] a ideia pura da democracia" é "[...] governo de todo o povo por todo o povo, igualmente representado", fato que pede uma representação equilibrada, o que resulta na possibilidade de um governo voltado às minorias.[28]

De forma concisa, a democracia protetora é aquela em que os cidadãos exigiam dos governantes e uns dos outros, maior amparo protetivo para que fossem adotadas formas consonantes com os anseios gerais da população.[29]

Os teóricos Machiavelli (1469-1527) e Hobbes (1588-1679) trouxeram os ideais de governo ao seu tempo, porém, tais noções, bem como o modelo de democracia protetora, opuseram uma nova postura, na qual dever-se-ia combinar uma nova percepção nas relações entre os cidadãos e o Estado, preocupando-se com a moral e a construção social da população.[30] No século XVIII, a obra de Rousseau (1712-1778) – compreendido este como o Machiavelli daquele século – trouxe uma inovação de visão acerca dos direitos e deveres dos indivíduos, influindo fortemente na teoria da democracia. Eis que neste contexto forma-se a democracia desenvolvimentista. A teoria rousseauniana preconizava que os indivíduos (exceto os pobres e as mulheres) deveriam estar diretamente inseridos na elaboração das leis que regulavam suas vidas, uma forma de autogoverno. Deste modo, o povo era considerado a autoridade soberana e deveria, através de reuniões entre si, criar as regras para sua sobrevivência, usufruir de igualdade política e econômica, em prol da isonomia entre os indivíduos, com independência no processo de construção coletiva, sem qualquer soberania.[31]

Outro precursor desse modelo foi John Stuart Mill (1806-1873), que suscitou grandes debates voltados à reforma das instituições do

---

[27] CUNNINGHAM, Frank. *Teorias da democracia*: uma introdução crítica. (Trad. Delamar José Volpato Dutra). São Paulo: Artmed, 2009.
[28] CUNNINGHAM, Frank. *Teorias da democracia*: uma introdução crítica. (Trad. Delamar José Volpato Dutra). São Paulo: Artmed, 2009. p. 41.
[29] HELD, David. *Modelos de Democracia*. 1. ed. (Trad. Alexandre Sobreira Martins). Belo Horizonte: Paidéia, 1987. p. 63.
[30] Tal panorama deu seus primeiros passos durante a Revolução Inglesa, nos programas igualitários e dos Diggers, que ganhou maior defesa nos séculos XVIII e XIX.
[31] HELD, David. *Modelos de Democracia*. 1. ed. (Trad. Alexandre Sobreira Martins). Belo Horizonte: Paidéia, 1987. p. 66-71.

governo britânico. Para ele, o modelo democrático deveria se pautar na centralização da vida política através de uma latente liberdade individual. Isso posto, a vida política não deveria ser marcada somente pela garantia dos interesses individuais, mas também pela elaboração de um conjunto de medidas para que os indivíduos detivessem as informações corretas, engajadas e em contínuo desenvolvimento, através da implantação de um governo representativo, eleito através de votação secreta, entre outras.[32]

Enfatize-se que a democracia desenvolvimentista seria uma forma de o cidadão utilizar a igualdade e o envolvimento político e econômico para obstar qualquer soberania de um cidadão perante o outro, de forma livre e independente. Realizando por este meio de ação o desenvolvimento coletivo.[33]

## 1.1.2 A Democracia Direta sob o viés da definição marxista

Karl Marx (1818-83) e Friedrich Engels (1820-95) eram contrários ao pensamento liberal neutro e à economia de mercado livre, calcados na ideia de que no Estado capitalista industrial inexiste a possibilidade de neutralidade e de economia livre. Para eles, o pensamento de Mill não procedia, na medida em que a segurança dos indivíduos seria contraria à realidade social de classes (da maioria dos ideais de vida do povo).[34] Nesse contexto aflora o modelo democrático direto.

Marx[35] pregava que o comunismo deveria substituir o meio de produção burguês ou capitalista, grande e último óbice para o alcance da nova ordem política e econômica, voltada aos ideais de liberdade e igualdade. Para ele, o governo democrático era incabível ante uma sociedade capitalista, impossibilitando a concretude de

---

[32] HELD, David. *Modelos de Democracia*. 1. ed. (Trad. Alexandre Sobreira Martins). Belo Horizonte: Paidéia, 1987. p. 77-94.
[33] HELD, David. *Modelos de Democracia*. 1. ed. (Trad. Alexandre Sobreira Martins). Belo Horizonte: Paidéia, 1987. p. 71-93.
[34] MARX, Karl Heinrich; ENGELS, Friedrich. *Manifesto do partido comunista*. Rio de Janeiro: Paz e Terra, 1979. p. 95-105.
[35] Marx, ao tratar das questões teóricas sobre o poder do Estado, foi influenciado através de um debate trazido por Hegel (1770-1831). Para Hegel, poderia o Estado dirimir conflitos entre a população por meio tanto de uma conjuntura racional, em prol da integração dos indivíduos na sociedade civil, quanto da possibilidade de participarem da elaboração da vontade política entendida como geral (HELD, David. *Modelos de Democracia*. 1. ed. (Trad. Alexandre Sobreira Martins). Belo Horizonte: Paidéia, 1987. p. 104).

uma regulação de linha democrática com as limitações pautadas nas relações capitalistas de produção, devendo findar a alienação entre o Estado e a sociedade civil, cujas decisões necessitavam ser realizadas pelos próprios cidadãos. Ao contradizer a fundamentação de Hegel, que a instituição mais relevante do Estado é a burocracia, na qual todos os anseios individuais estão sujeitos a um organismo hierárquico, especializado e coordenado, por um vértice; e de outro, sem olvidar da pressão, tanto interna, quanto externa, de competência e neutralidade. Marx argumenta que a burocracia é uma sociedade entendida como particular e restrita, inserida no Estado que amplia o poder através do segredo e do mistério.[36]

Este período foi marcado pela unidade das classes trabalhadoras, pela derrota da burguesia, pela extinção de benefícios classistas, pelo consenso como fundamento para as decisões de questões políticas e, principalmente, pela integração entre o Estado e a sociedade. Diante disso, a Democracia Direta foi marcada pelo livre desenvolvimento do indivíduo para que todos alcançassem este processo evolutivo. Deste modo, a liberdade significaria o término da exploração e, consequentemente, a igualdade nas esferas política e econômica.[37]

Entretanto, o que se viu na prática foi que as ideias de Marx e Engels geraram a ditadura comandada por uma sociedade clássica burocrática e de um partido único. A burguesia não foi derrotada. Apenas e, principalmente, na Rússia, ela ficou asfixiada e o Estado democrático de direito continuou a sua marcha para a sua autoafirmação, especialmente na Europa e nas Américas.

## 1.2 Modelos contemporâneos de democracia

Superada a exposição dos modelos democráticos clássicos, passa-se, oportunamente, a tratar dos modelos contemporâneos de democracia.

---

[36] MARX, Karl Heinrich; ENGELS, Friedrich. *Manifesto do partido comunista*. Rio de Janeiro: Paz e Terra, 1979. p. 95-105.
[37] MARX, Karl Heinrich; ENGELS, Friedrich. *Manifesto do partido comunista*. Rio de Janeiro: Paz e Terra, 1979. p. 123-124.

## 1.2.1 A Democracia Competitiva, Procedimental e Minimalista: o embate entre a Democracia Minimalista e a Maximalista

A definição de democracia é enxergada sob duas óticas: a primeira, designada como "minimalista", tem seus fundamentos amparados nas teorias de Joseph Schumpeter, que entende a democracia como resultante de um compromisso mútuo entre elites políticas, por meio do voto e de eleições competitivas dentro de uma sociedade com interesses plurais. Já a segunda ótica, conhecida como "maximalista", estabelece que os regimes democráticos não podem ser restritos a métodos de escolhas eleitorais,[38] nem, como já mencionado, a instrumentos institucionais especificamente políticos.

Certamente, um ideal otimista e progressista da evolução dos homens permeou os pensamentos de John Stuart Mill, Karl Marx e outros teóricos do século XIX, direcionados pela razão, pela ciência e pela filosofia. Todos militando em prol da autorregulamentação e da ampliação da capacidade de participação dos indivíduos na vida pública e social do Estado. Por outro lado, no final do século XIX e começo do século XX, surgiu o pensamento pessimista do futuro, fruto de visões negativas da vida; do desenvolvimento e avanço civilizatório e tecnológico e, também, de ações políticas, mesmo aquelas com boas intenções. Neste contexto, Max Weber (1864-1920) e Joseph Schumpeter (1883-1946) defenderam ideias convergentes sobre a vida política: estrita participação democrática e necessária evolução coletiva, fragilizada por forças sociais, através do elitismo competitivo e da visão tecnocrata. Para eles, deveria existir a escolha por parte dos indivíduos da tomada de decisões e a devida restrição de seus atos.[39]

Nessa ordem, emerge o modelo de democracia minimalista, competitiva e procedimental, definida por Schumpeter e oriunda do pensamento de Weber, sob os ditames da institucionalização do Estado, definido como racional-burocrático, inserido na evolução do sistema capitalista de produção. Sublinhe-se que para a coexistência democrática seria necessário o mínimo de comodidade material e de eficiência da máquina estatal, bem como uma participação social qualificada nos processos político e da Administração.

---

[38] Posto que estas podem ser fraudadas.
[39] HELD, David. *Modelos de Democracia*. 1. ed. (Trad. Alexandre Sobreira Martins). Belo Horizonte: Paidéia, 1987. p. 131.

Joseph Schumpeter, crítico da "teoria clássica",[40] unia o sistema político ao mercado econômico, como aspecto negativo ao anseio do bem comum, obstando uma boa escolha de liderança política em razão da influência deletéria do poder econômico. Assim sendo, para ele, os indivíduos inseridos nesse contexto democrático possuíam uma restrição quanto à sua possibilidade de participação política, representado pelo voto nos pleitos eleitorais e de se envolverem em instituições políticas, tais como os Partidos. Decerto, a democracia se faz através da forma de escolha dos dirigentes. Como afirmou Schumpeter: "[...] essa ação justifica-se pelo fato de que a democracia parece implicar um método reconhecido, através do qual se desenrola a luta competitiva, e que o método eleitoral *é* praticamente o *único* exequível, qualquer que seja o tamanho da comunidade".[41]

Enquanto Weber refutava a participação popular na direção da vida política através de sua conjuntura afetiva e passional, apresentando a forte relevância do Parlamento como um "[...] corretivo racional dos impulsos emocionais das massas", Schumpeter, por sua vez, apontava os cidadãos como particularizados e orientados por seus anseios individuais.

Nessa direção, Schumpeter, na década de 1940, por meio da obra "Capitalismo, Socialismo e Democracia", referenciou a democracia como um método, um procedimento no qual ocorre a escolha dos dirigentes políticos. Dessarte, a democracia é definida sob o aspecto procedimental, posto que é entendida como um conjunto de regras para a escolha de certos líderes que decidem politicamente e garantem ou não o bem comum da população que os escolheu, vez que o método democrático é um conjunto institucional para a tomada de decisões políticas, no qual o indivíduo detém o poder de decidir através um embate competitivo por votos do eleitor.[42] Posto isso, percebe-se que a democracia se consubstancia como um procedimento minimalista, com insignificante ou nenhum valor de caráter substantivo, correspondendo a um arranjo para concretizar as decisões coletivas mediante o voto popular.

---

[40] A Teoria Clássica estava centrada no fundamento de que o povo detém uma opinião final e racional sobre questões individuais e, para executar tal opinião, escolhiam determinados representantes políticos.

[41] SCHUMPETER, Joseph. *Capitalismo, Socialismo e Democracia*. (Trad. Ruy Jungmann). Rio de Janeiro: Fundo de Cultura, 1961. p. 329.

[42] SCHUMPETER, Joseph. *Capitalismo, Socialismo e Democracia*. (Trad. Ruy Jungmann). Rio de Janeiro: Fundo de Cultura, 1961. p. 328.

Decerto, a definição de democracia minimalista elaborada por ele, em crítica à teoria clássica, é um modelo essencialmente empírico, que busca a estabilidade do sistema político, levantando uma reflexão sobre os conceitos de bem comum e a partir da política como direitos, elementos essenciais para o exame da política contemporânea.

Em contrapartida, existem ideais compreendidos como "maximalistas", os quais estabelecem que os regimes democráticos não podem ser resumidos apenas a formas de escolhas eleitorais, como resultado da ação de métodos institucionais estritamente políticos. Os militantes do ideal maximalista corroboram a ideia de que a representação política significa revelar interesses, nos quais os eleitos deveriam não apenas decidir em conformidade com os anseios de seus eleitores, mas as instituições deveriam retratar a sociedade. A democratização dos meios de representação, nesta perspectiva, consiste na ampliação da esfera pública sobre o Estado e na criação de uma cidadania ativa.

Nesta acepção, é essencial apresentar os fundamentos existenciais de Habermas relativos ao tema. Para ele

> [...] não é realista a idéia segundo a qual todo comportamento social é concebido como agir estratégico, podendo ser explicado como o resultado de um cálculo egocêntrico de possíveis vantagens. A força sociológica desse modelo é visivelmente limitada: mesmo que haja o risco de um comportamento egoísta, o nível de sua presença efetiva varia muito. Grande parte da literatura relativa à escolha social e à escolha pública, que presume ser o comportamento universalmente oportunista, parece ter perdido o contato com um mundo real, onde se pode encontrar muita honestidade e senso de dever. Se as pessoas adotassem sempre um comportamento oportunista e o conseguissem impor, a civilização tal qual nós a conhecemos não existiria.[43]

Isso retrata que o autor se posiciona no sentido de que qualquer decisão humana, inclusive a política, envolve sensibilidade, razão e paixão existentes numa sociedade. Entretanto, a escolha racional vai adiante, preocupando-se com questões mais reais entre as relações individuais.

No pensar de Schumpeter, a democracia deveria ser utilizada como forma de escolher os governantes ante um sistema competitivo com eleições abertas. Contudo, esta escolha seria individual, uma

---

[43] HABERMAS, Jürgen. *Direito e Democracia*: entre facticidade e validade. (Trad. Flávio Beno Siebeneichler). Rio de Janeiro: Tempo Brasileiro, 1997c. p. 66.

escolha racional de cada indivíduo, que influiria fortemente no estudo do impacto da democracia política na sociedade. Logo, o panorama formalista, minimalista e procedimental de democracia trazido por Schumpeter influenciou e influencia a doutrina especializada, permanecendo ainda as características eleitoral e representativa como elementos essenciais dos indivíduos que buscam definir sistemas ou regimes democráticos.

### 1.2.2 A Democracia Pluralista

As políticas de grupos, ou seja, associações comunitárias, grupos religiosos, sindicatos, entre outros, não recebiam, na época, a adequada atenção. Eis que, por este motivo, criou-se a escola de analistas políticos, com teóricos democráticos empíricos ou "pluralistas" voltados a dirimir tal situação.

Não há dúvidas de que os pensamentos de Weber e Schumpeter foram de forte relevância para o desenvolvimento do pluralismo. Os pluralistas que defendiam o fundamento de Schumpeter (que os "métodos" de escolha dos líderes políticos diferenciavam as democracias), também desenvolveram os pensamentos de Weber e sustentavam, através do exame das ligações entre a disputa eleitoral e o exercício de grupos de interesse estruturado, que a política democrática moderna apresentava muita disputa, beneficiando demasiadamente os partidos políticos. Tais pensamentos deram suporte a duas correntes: a teoria democrática da América do Norte, de Madison, e as concepções utilitárias do esforço competitivo voltado à satisfação de interesses.[44]

A teoria clássica pluralista, que examinou o poder nas democracias ocidentais, foi aventada nas obras, em especial, de Truman e Dahl, através do emprego do "neo-pluralismo" ou "pluralismo crítico", definido como poder competitivo e sem hierarquias, com vistas ao alcance dos interesses das políticas de grupo.[45]

Dahl foi o que mais se aproximou da definição de "democracias pluralistas", ao assegurar que "[...] a teoria democrática está preocupada com processos pelos quais os cidadãos ordinários exercem um grau relativamente elevado de controle entre partidos, grupos e

---

[44] HELD, David. *Modelos de Democracia*. 1. ed. (Trad. Alexandre Sobreira Martins). Belo Horizonte: Paidéia, 1987. p. 169-170.
[45] HELD, David. *Modelos de Democracia*. 1. ed. (Trad. Alexandre Sobreira Martins). Belo Horizonte: Paidéia, 1987. p. 171-172.

indivíduos".⁴⁶ O autor, em posição contrária à de Schumpeter, evidencia que a natureza democrática é marcada pela pluralidade de grupos, como uma espécie de reconhecimento das múltiplas minorias, cuja política democrática deve fundar-se em valores que determinam os moldes da vida política. Em reforço ao pensamento de Dahl, outros estudiosos da tradição pluralista, como Almond e Verba (1963), arrazoam que a democracia deve ser aceita pelas elites, na medida em que um regime político somente sobrevive se aceito pelo povo como meio correto de governo.⁴⁷

Contudo, o pluralismo clássico foi mitigado no período de 1968-1969, fase em que surgiu o movimento em face da Guerra do Vietnã, que modificou o regime político, resultando numa maior polarização política, com a necessidade de paz para o alargamento dos direitos democráticos da esfera industrial e das comunidades locais, bem como pela aceitação das mulheres e a oposição ao racismo.

### 1.2.3 A democracia legal e participativa

As transformações ocorridas no século XX, com a consolidação das democracias na Europa e na América do Norte em contraposição aos regimes totalitários, ditos comunistas, ensejaram um mundo bipolar, onde o capitalismo reduziu em muito a força da classe laboral (operária), diminuindo, pois, a influência destes últimos na vida política do século em questão. Ao Estado foram cedidas mais competências diretivas, possibilitando a ele a construção de uma estrutura com temas políticos e econômicos. Nessas condições desenvolve-se o "tripartismo", manifestando-se na relação entre as organizações de empregadores, empregados e o Estado, substituindo as antigas organizações políticas, além de ocasionar o enfraquecimento paulatino das políticas parlamentares e partidárias, substituindo-as pelas formas funcionais de representação. Esta forma "tripartite" de relações ganhou mais força entre os anos 50 e 70 (século XX). Emerge, assim, uma concepção de bem-estar, ou "social democrática", ou "reformista" oriunda da democracia desenvolvimentista, com base numa linha intervencionista do Estado.⁴⁸

---

⁴⁶ HELD, David. *Modelos de Democracia*. 1. ed. (Trad. Alexandre Sobreira Martins). Belo Horizonte: Paidéia, 1987. p. 174.
⁴⁷ HELD, David. *Modelos de Democracia*. 1. ed. (Trad. Alexandre Sobreira Martins). Belo Horizonte: Paidéia, 1987. p. 175-179.
⁴⁸ HELD, David. *Modelos de Democracia*. 1. ed. (Trad. Alexandre Sobreira Martins). Belo Horizonte: Paidéia, 1987. p. 180-202.

Na década que sucedeu a Segunda Guerra Mundial houve um período concebido como de consentimento, crença na autoridade e legitimidade. Acreditava-se no mundo da "livre empresa", condicionado por um Estado intervencionista (decorrente do fascismo e nazismo na Europa Central e do Sul, bem como no comunismo da Europa oriental, direita e esquerda, respectivamente). Com o pós-guerra, precisamente no período da Guerra Fria, houve um direcionamento das políticas para o campo democrático.

Em meados dos anos 70, processou-se o rompimento do bem-estar social, diante do declínio da atividade econômica. O pleno emprego, as grandes oportunidades educacionais e ocupacionais ocasionaram nesta época a elevada mobilidade e o lento surgir das concorrências entre as massas.[49]

No final dos anos 70 e 80, os governos de Margaret Thatcher e Ronald Reagen militaram em prol do distanciamento do Estado, respaldado em fundamentos de teóricos defensores do governo sobrecarregado e da Nova Direita (ou neoliberalismo, ou neoconservadorismo), que atribuiu a noção de vida política e vida econômica como uma questão de liberdade e iniciativa individuais. Em 1974, Nozick[50] estabelece fundamentos com base no "Estado mínimo" e na "estrutura da utopia", que tratou da aproximação do poder político à defesa dos direitos individuais, que devem ser protegidos pelo Estado, por meio do monopólio da força. Contudo, Hayek[51] foi quem trouxe o real caráter da relação entre a liberdade individual, a democracia e o Estado, refutando a democracia de massas contemporâneas e reforçando a ideia de que a democracia deveria ter ações limitadas por regras de natureza geral. Para ele, deveria existir uma "democracia legal" como diretivo de uma sociedade de livre mercado e de um "Estado mínimo".[52]

Essencialmente, a democracia legal reproduz o princípio da maioria como meio efetivo de assegurar o direito à liberdade para a população, diante de um governo arbitrário. Para tanto, foi necessário,

---

[49] HELD, David. *Modelos de Democracia*. 1. ed. (Trad. Alexandre Sobreira Martins). Belo Horizonte: Paidéia, 1987. p. 201-213.

[50] Através da obra "Anarquia, Estado e Utopia". (Livre tradução da Autora).

[51] Foi considerado um dos maiores representantes da Escola Austríaca do pensamento econômico. Posteriormente, obteve a naturalização britânica.

[52] HAYEK, Friedrich August von. *New Studies in Philosophy, Politics, Economics and the History of Ideas*. Londres: Routledge and Kegal Paul, 1978. p. 220-225.

à época, um governo pautado na lei, para manter a prevalência do pensamento da maioria, de forma justa e sábia.

O modelo de democracia participativa, representado por Pateman,[53] Macpherson[54] e Poulantzas,[55] contribuiu fortemente para a modificação das noções da Nova Esquerda quanto à democracia e à liberdade. Esse modelo buscou promover a ideia maximalista de democracia, através de uma visão de participação que transpassasse o instituto do voto. A democracia participativa engloba diversos modelos democráticos, partindo da Atenas clássica até determinadas opiniões marxistas. A Nova Esquerda, nesse passo, argui o pensamento das democracias liberais contemporâneas, no qual os cidadãos são "livres e iguais", bem como analisa de forma transparente a separação entre a sociedade civil e o Estado, na medida em que este assume um papel de "juiz", ao qual o indivíduo deve obediência. No entanto, o Estado está intimamente ligado ao controle e à busca da redução das desigualdades sociais. Logo, a democracia participativa se sustenta no autodesenvolvimento. É dizer: numa sociedade participativa e produtora de eficácia política considerada imparcial, que se direcione a questões coletivas e, consequentemente, forme cidadãos com hábil conhecimento e competência para a se interessar pelo sistema de governo participativo.[56]

### 1.2.4 A democracia representativa em tempos de democracia participativa e deliberativa

A representação está presente nas relações de poder de toda a sociedade. Tal poder sobrevive através de uma harmonia instável que exige um governo organizado para manter um equilibrado convívio social. Dessa forma, a representação promove um novo espaço de compreensão por meio da inserção de atores que politicamente realizem os papeis dos polos sociais conflitantes.

---

[53] PATEMAN, Carole. *Participation and Democratic Theory*. Cambridge: Cambridge University Press, 1970; PATEMAN, Carole. *The problem of political obligation*: a critique of liberal theory. Cambridge: Polity Press, 1985; PATEMAN, Carole. *Participação e Teoria Democrática*. (Trad. Luiz Paulo Rouanet). Rio de Janeiro: Paz e Terra, 1992.

[54] MACPHERSON, Crawford Brough. *The life and times of liberal democracy*. Oxford: Oxford University Press, 1977.

[55] POULANTZAS, Nicos. *Rèperes, hier et aujourd'hui*: textes sur l'État. Paris: Maspero, 1980.

[56] HELD, David. *Modelos de Democracia*. 1. ed. (Trad. Alexandre Sobreira Martins). Belo Horizonte: Paidéia, 1987. p. 229-236.

Elabora-se, por conseguinte, um local de poder, não limitado por forças difusas da sociedade, mas um espaço politicamente organizado sobre a sociedade. O governo, nesse ínterim, não pode criar um espaço uno, mas meios para implementação dos objetivos dele esperados, e deve concretizar suas finalidades de promoção do sistema de qualidade do indivíduo que constitui a sociedade na qual exercerá o seu poder.[57]

Compreendida como meio de transformar em caminho consonante o conflito racional de interesses e opiniões axiológicas, a representação viabiliza a concretização do bem comum de uma sociedade. Não obstante, a representação não substitui a soberania popular, nem pode ser usada como instrumento de dominação de uma classe social sobre outra. Deve, pois, compatibilizar a participação democrática de todos no exercício do poder, respeitados os direitos da minoria. Mill,[58] cristalizando a compreensão citada, ensina que um "governo totalmente popular" é a única forma de reivindicar a concretização do exercício imaginativo do seu construtivismo, promovendo em grande quantidade as qualidades e condições indispensáveis ao melhoramento da vida comum.

O governo representativo é, pois, aquele no qual "[...] o povo inteiro ou uma parte numerosa dele exerce através dos deputados periodicamente eleitos pelo povo, o extremo poder controlador que, em qualquer constituição, deve residir em alguma parte".[59]

A crise e as restrições da democracia representativa, baseada em procedimentos, foram incapazes de sanar a questão do acesso dos diversos atores sociais ao debate público, não logrando êxito também em dispor meios alternativos ao problema da exclusão e da desigualdade social. Em decorrência disso, a democracia participativa aparece como um modelo de democracia alternativo em substituição ao representativo, destacando a participação como forma de sanar a exclusão social, sendo provedora da efetiva cidadania.[60]

O termo "participação" integrou-se ao vocabulário político popular mediante as manifestações da sociedade, principalmente aquelas implantadas pelos estudantes (nível superior), pela abertura de novos campos de participação e, ainda, por diversos grupos que almejavam a implementação de direitos que entendiam eles lhes

---

[57] MILL, John Stuart. *Considerações sobre o governo representativo*. São Paulo: Escala, 2006. p. 35.
[58] MILL, John Stuart. *Considerações sobre o governo representativo*. São Paulo: Escala, 2006. p. 54.
[59] MILL, John Stuart. *Considerações sobre o governo representativo*. São Paulo: Escala, 2006. p. 78.
[60] CUNNINGHAM, Frank. *Teorias da democracia*: uma introdução crítica. (Trad. Delamar José Volpato Dutra). São Paulo: Artmed, 2009. p. 11.

pertencer, questões estas que se intensificaram na década de 60 do século passado. Tais fatos influenciaram na configuração do modelo democrático atual, como uma consequência intelectual do século XX, na evolução da sociologia política e na redução de Estados considerados totalitários.[61]

Sem embargo, a participação deve ser limitada, com o intuito de manter o governo democrático, ou melhor, a máquina eleitoral em adequado funcionamento, devendo haver um nível de coerência "[...] entre a estrutura de autoridade do governo e as estruturas não governamentais".[62]

É preciso pontuar que a participação da sociedade civil nas decisões políticas é garantida dentro dos principais aspectos da democracia representativa. Porém, inexiste a ruptura com o modelo de representação político-eleitoral tradicional, donde o processo de democratização atual se consubstancia na passagem da democracia representativa para a democracia direta, ampliando o poder ascendente (de baixo para cima), da esfera da sociedade política para a esfera da sociedade civil, onde ocorre a abertura de novos campos para a democracia representativa.[63]

Os moldes participativos das instituições provocam resultados diversos no contexto democrático brasileiro. Por certo, os modelos apresentados até aqui não só demonstraram o conhecimento do quanto um governo é democrático, ou mais representativo na esfera eleitoral, mas até onde se ampliam os locais de representação não eleitoral na comunidade do país.

Nesse intuito, os padrões institucionais de cada espaço participativo se tornam insuficientes diante dos anseios sociais para a concretude da deliberação. Seria inegável a necessidade de um desenvolvimento analítico para examinar o nível das inovações institucionais já realizadas em prol da efetividade dos ideais democráticos de participação e deliberação.[64]

---

[61] PATEMAN, Carole. *Participação e Teoria Democrática*. (Trad. Luiz Paulo Rouanet). Rio de Janeiro: Paz e Terra, 1992. p. 09-10.
[62] PATEMAN, Carole. *Participação e Teoria Democrática*. (Trad. Luiz Paulo Rouanet). Rio de Janeiro: Paz e Terra, 1992. p. 25.
[63] MONTEIRO, Lorena Madruga; MOURA, Joana Tereza Vaz de; LACERDA, Alan Daniel Freire. Teorias da democracia e a práxis política e social brasileira: limites e possibilidades. *Revista Sociologias*, Porto Alegre, a. 17, n. 38, p. 156-191, jan./abr. 2015. p. 164-165.
[64] MONTEIRO, Lorena Madruga; MOURA, Joana Tereza Vaz de; LACERDA, Alan Daniel Freire. Teorias da democracia e a práxis política e social brasileira: limites e possibilidades. *Revista Sociologias*, Porto Alegre, a. 17, n. 38, p. 156-191, jan./abr. 2015. p. 181-182.

É indiscutível que a sociedade civil possui essencial função na teoria democrática deliberativa. A teoria, com início nos séculos XVIII e XIX, está ligada à sociedade burguesa, que define a democracia como *fórum*, local de debates. Dessa forma, questões de cunho normativo são inseridas no processo argumentativo que antecede o momento decisório e são utilizadas como meio de pressão.[65]

Nesta quadra, uma genuína opinião pública democrática se materializa quando as vozes dos cidadãos forem ouvidas concretamente, através de "mecanismos de representação, bem como da ampliação de instituições diretamente participativas".[66]

Ocorre que, com o desenvolvimento das estruturas sociais e da inovação na política, a sociedade civil ganhou um novo rumo. Dessa maneira, as associações e as organizações livres, com caráter não estatal e não econômico, alicerçam as estruturas de comunicação da esfera pública no centro institucional da sociedade civil, o que, consequentemente, a torna responsável pelo agir comunicativo, que resgata as questões controversas da esfera privada e as transfere para a esfera pública, por meio de debates, para resultar na deliberação decorrente da pressão do mundo sistêmico. Claro está que se busca assegurar formas de consciência e de bem-estar para salvaguardar as unidades da esfera pública e da sociedade civil. O agir comunicativo precisa dessas garantias para a concretude de um processo debatedor livre de mutações.[67]

Para ilustrar os apontamentos desse novo modelo de democracia, confira Quadro 1:

---

[65] HABERMAS, Jürgen. Justiça e Legislação sobre o papel e a legitimidade da jurisdição constitucional. *In*: HABERMAS, Jürgen. *Direito e democracia*: entre facticidade e validade. (Trad. Flávio Beno Siebeneichler). Rio de Janeiro: Tempo Brasileiro, 1997. v. 1, p. 91.

[66] SILVA, Lucas Gonçalves da; SILVA, Luciana Aboim Machado Gonçalves da; CERQUEIRA, Ermelino Costa. O papel prescritivo da opinião pública para as correntes democráticas procedimentalistas. *In*: SILVA, Lucas Gonçalves da; LIMA, Martonio Mont'alverne Barreto; ALBUQUERQUE, Newton de Menezes (Orgs.). *Teoria da Democracia*. Rio de Janeiro: Lumen Juris, 2015. p. 274.

[67] HABERMAS, Jürgen. Justiça e Legislação sobre o papel e a legitimidade da jurisdição constitucional. *In*: HABERMAS, Jürgen. *Direito e democracia*: entre facticidade e validade. (Trad. Flávio Beno Siebeneichler). Rio de Janeiro: Tempo Brasileiro, 1997. v. 1, p. 418-419.

**Quadro 1:** Principais aspectos da Democracia Representativa e da Democracia Deliberativa

|  | Representativa | Deliberativa |
|---|---|---|
| **Democracia** | Participação direta dos indivíduos na regulação de sua comunidade local e do seu ambiente de trabalho. | Fóruns públicos abertos a fundamentos contrários e a novos dados e informações. |
|  | Sistema político aberto ao autogoverno da população, com experimentos sem a mediação da representação. | Grupos elaborados para a proposta de políticas públicas, com abertura para transformação de opinião. |
|  | Partidos políticos com prestação de contas realizadas de forma direta com seus filiados. | Experiências com cidadãos escolhidos especificamente por amostragem representativa da população. |

Fonte: Monteiro, Moura e Lacerda.[68]

O que se extrai do quadro apresentado é a distinção entre os dois modelos democráticos. Apesar de ambos visarem intermediar os déficits das democracias liberais, ocorre uma lacuna, no âmbito participativo, de participação e incentivo político. De logo, percebe-se a necessidade de um modelo democrático que se harmonize entre os ideais representativos e os participativos, cujo escopo não é criar novos modelos teóricos analíticos, mas sim buscar uma análise que integre as questões sobre a inclusão e a representação social, com atenção especial ao debate e ao desenvolvimento social e político nos campos participativos.

## 1.3 A democracia no Brasil: a evolução das constituições

No que tange à democracia no Brasil, sua "reelaboração" efetivou-se mais fortemente após o término da ditadura militar, no

---

[68] MONTEIRO, Lorena Madruga; MOURA, Joana Tereza Vaz de; LACERDA, Alan Daniel Freire. Teorias da democracia e a práxis política e social brasileira: limites e possibilidades. *Revista Sociologias*, Porto Alegre, a. 17, n. 38, p. 156-191, jan./abr. 2015. p. 183, adaptado.

ano de 1985. Vale lembrar que a genuína democracia só se concretiza com o exercício da cidadania, cristalizando íntima relação entre as duas expressões.

A cidadania é a expressão de direitos voltados ao indivíduo para participar, de forma ativa, da vida governamental. Aquele que não possui cidadania está marginalizado ou excluído tanto da vida social, quanto da tomada de decisões em uma determinada sociedade.

Para o alcance da democracia no Brasil, é valioso expor, nos próximos tópicos, as principais considerações que tratam da cidadania e da democracia.

## 1.3.1 Percurso da (anti)democracia ao longo das Constituições Brasileiras

A democracia brasileira remonta ao período compreendido entre o ano de 1822 (Independência do Brasil) e o ano 1930 (término da Primeira República). O Brasil foi colonizado por Portugal entre 1500-1822, adquirindo não apenas unidade territorial, linguística, cultural e religiosa, mas também uma população analfabeta escravocrata, uma economia monocultora, latifundiária e um Estado absolutista. Após a sua independência, assumiu uma tradição cívica com natureza não muito alentadora, inexistindo cidadania e pátria brasileiras. A cidadania, durante o período da colonização, teve como maior obstáculo a escravidão,[69] pois os cativos não detinham quaisquer direitos civis que assegurassem a sua integridade física.[70]

Apesar da Independência, não ocorreram grandes mudanças nos moldes sociais, sob o contexto político de negociações entre a classe elitista nacional, a coroa portuguesa e a Inglaterra. Resultou, dessarte, em uma decisão de cunho monárquico e conservador (direção europeia) e não republicano (direção americana), pelo fato de que a elite existente à época acreditava que somente um rei poderia preservar a ordem social e a harmonia entre as províncias constituintes da antiga colônia.

---

[69] Os escravos começaram a entrar no país na segunda metade do século XVI, que perdurou até 1850. Estima-se que foram importados 3 milhões de escravos e na época da independência existiam mais de 1 milhão de escravos dentro de uma população estimada em 5 milhões de habitantes (CARVALHO, José Murilo de. *Cidadania no Brasil*: o longo caminho. 12. ed. Rio de Janeiro: Civilização Brasileira, 2009. p. 19).

[70] CARVALHO, José Murilo de. *Cidadania no Brasil*: o longo caminho. 12. ed. Rio de Janeiro: Civilização Brasileira, 2009. p. 7-21.

A interferência do povo apenas ocorreu em 1831, momento no qual o Imperador foi coagido a renunciar ao cargo. Nesse momento, o povo se reuniu no Rio de Janeiro para o provimento do ministério.[71]

Certamente, a escravidão era um grande óbice ao alcance da cidadania e da democracia. Apesar de a revolta republicana de 1817 ter intentado pela libertação dos escravos, este quadro ainda perdurou após a independência, o que limitava a aquisição de direitos civis.[72]

O novo modelo de monarquia constitucional, com forte influência do liberalismo francês pós-revolucionário, trouxe a exigência de participação popular para escolha de representantes e a separação dos Poderes. Neste viés, foi editada a primeira Constituição do Brasil, em 1824, que reproduziu os ideais presentes nas Constituições europeias (França-1791 e Espanha-1812), entre os mais importantes, a separação dos Poderes em Executivo, Legislativo e Judiciário, elaborando, ainda, como fruto do liberalismo, um quarto poder, exclusivo do Imperador, o Poder Moderador.[73]

Com a Independência do Brasil, a Assembleia Constituinte transformou-se na precursora do sistema legal do país, tendo como a primeira função editar a Constituição,[74] cujo projete elaborado, após dezenas de sessões e muitas discussões, contrariou as concepções do autocrata Dom Pedro I, que apesar de impedir sua proclamação, teve que outorgá-la mediante forte clamor popular. A Carta possuía 179 artigos, 11 reservados à família imperial e à sua dotação, 88 direcionados ao Poder Legislativo, porém, com valor iníquo, o parlamento permaneceu fechado por dois anos e meio, até sua abertura em 1826. Em relação ao Poder Judiciário, 14 artigos foram a ele reservados, com um forte viés limitador na atuação autônoma dos magistrados.[75]

Percebe-se que a Carta Magna de 1824 regeu os direitos políticos de forma liberal, estabelecendo quem poderia votar e ser votado, através

---

[71] CARVALHO, José Murilo de. *Cidadania no Brasil*: o longo caminho. 12. ed. Rio de Janeiro: Civilização Brasileira, 2009. p. 25-29.
[72] CARVALHO, José Murilo de. *Cidadania no Brasil*: o longo caminho. 12. ed. Rio de Janeiro: Civilização Brasileira, 2009. p. 28.
[73] CARVALHO, José Murilo de. *Cidadania no Brasil*: o longo caminho. 12. ed. Rio de Janeiro: Civilização Brasileira, 2009. p. 29.
[74] Com a eleição de 100 deputados: 20 de Minas Gerais, 13 de Pernambuco, 9 de São Paulo, 8 do Rio de Janeiro e 8 do Ceará. Com 26 bacharéis em Direito, 22 desembargadores, 19 clérigos e 7 militares (VILLA, Marco Antônio. *A história das constituições brasileiras*. São Paulo: Leya, 2011. p. 14).
[75] VILLA, Marco Antônio. *A história das constituições brasileiras*. São Paulo: Leya, 2011. p. 14-19.

de eleições indiretas em dois turnos, excluindo mulheres, escravos,[76] mendigos e membros de ordens religiosas. Todavia, sobre esse sistema eleitoral, Carvalho afirma que "[...] não se tratava do exercício de autogoverno, do direito de participar da vida política do país. Tratava-se de uma ação estritamente relacionada com as lutas sociais".[77]

O voto, então, era uma forma de obediência do votante ao chefe local. Esse formato de voto foi modificado em 1881, pela Câmara dos Deputados, determinando que o voto seria direto e aconteceria em apenas um turno, existindo, neste momento, apenas eleitores, extinguindo a figura de votantes. Mudou-se também o valor da renda[78] mínima para 200 mil-réis (artigo 94), excluindo os analfabetos e impondo a obrigatoriedade do voto.

Para Marco Antônio Villa, a definição de "cidadão", nesta época, era restrita, perdendo seu caráter geral como representante dos indivíduos com direitos de natureza democrática. Para ele, a democracia, na visão do Imperador "[...] era boa desde que controlada. O Senado seria eleito – de forma restrita, como estipulado –, mas os eleitores somente indicariam suas preferências ao imperador".[79] De fato, o autoritarismo prevalecia à época em que a democracia política remontava ao surgimento do país e era inadequada ao contexto social. A Carta Constitucional de 1824 foi a que obteve maior lapso temporal de vigência, em decorrência dos elementos do regime imperial assente no período.[80]

A escravidão foi gradativa e lentamente debatida, através de movimentos abolicionistas, oriundos da década de 1880, e ganhou maior ênfase no Ceará, onde se transformou em um movimento de massa, libertando 23 mil escravos, expandindo-se ao Amazonas e ao Rio Grande do Sul, com a libertação de 40 mil escravos. Outro avanço foi a libertação de todos os escravos maiores de 65 anos, alçada pela Lei Saraiva-Cotegipe, em 1885. Tal discussão acerca da abolição da

---

[76] À época poderia votar os homens a partir dos 25 anos com renda mínima de 100 mil-réis, e, a partir dos 21 anos, chefes de família, oficiais militares, bacharéis, clérigos, empregados públicos e os com independência econômica, sem limitação de renda, além destes os analfabetos também eram autorizados a votar. Já os escravos libertos só poderiam votar na eleição de natureza primária (VILLA, Marco Antônio. *A história das constituições brasileiras*. São Paulo: Leya, 2011. p. 29-30).

[77] CARVALHO, José Murilo de. *Cidadania no Brasil*: o longo caminho. 12. ed. Rio de Janeiro: Civilização Brasileira, 2009. p. 35.

[78] O critério era o censitário, no qual se baseava na renda de cada cidadão.

[79] VILLA, Marco Antônio. *A história das constituições brasileiras*. São Paulo: Leya, 2011. p. 18.

[80] VILLA, Marco Antônio. *A história das constituições brasileiras*. São Paulo: Leya, 2011. p. 20-23.

escravidão, ocorrida em 1888, tornou-se o mais importante objeto de debate político do Brasil e obteve sucesso com a sanção da Lei Áurea, pela Princesa Isabel, que deu fim à escravidão no país.[81]

Em sequência histórica, sucede a Proclamação da República (1889), a denominada "[...] república dos coronéis",[82] com fundamentos nos ideais da Revolução Francesa, em prol da instituição de um Estado direcionado à população, sem qualquer intervenção monárquica. Desta forma, foi introduzida a federação nos moldes dos Estados Unidos e a descentralização, porém, não concebeu a transformação do modelo eleitoral. A proclamação da Constituição de 1891 somente modificou e excluiu a renda mínima de 200 mil-réis. As mulheres apenas adquiriram o direito de voto em 1930.[83]

A Carta de 1891, sem referenciar a Deus, utilizou o modelo de "[...] representantes do povo brasileiro". Sua estrutura foi composta por 91 artigos, dos quais 8 cuidavam da eleição presidencial e de mais 8 disposições transitórias. Como fator marcante e inovador, a Carta trouxe a limitação e a previsão de atuação das Forças Armadas,[84] bem como a possibilidade de os cidadãos interagiam com o Estado, além do voto, através do serviço do júri, porém, somente os alfabetizados poderiam integrar o corpo de jurados.[85]

Alcançar uma autêntica democracia nos mesmos moldes da ateniense ou das pequenas comunidades norte-americanas configurava grande dificuldade para a população recém-saída de uma dominação colonial portuguesa. Foram obstáculos ao seu avanço, a escravidão, óbice do avanço da cidadania, apenas abolida em 1888, e a grande propriedade rural, devido ao controle que tinham os coronéis sobre ela.[86]

A urbanização no país teve evolução lenta e gradual. Em 1920, os principais centros urbanos se concentravam no Rio de Janeiro (790 mil habitantes), e em São Paulo (579 mil habitantes). Entre 1884 e 1920,

---

[81] VILLA, Marco Antônio. *A história das constituições brasileiras*. São Paulo: Leya, 2011. p. 22-23.
[82] O Coronel, assumindo a colocação mais alta da Guarda Nacional, era quem indicava o chefe político local. Ele era considerado o elo entre os chefes políticos e o Presidente da República e os presidentes dos estados. Este período foi marcado por grande violência contra os eleitores, que eram compelidos, comprados, ludibriados e excluídos.
[83] CARVALHO, José Murilo de. *Cidadania no Brasil*: o longo caminho. 12. ed. Rio de Janeiro: Civilização Brasileira, 2009. p. 38-42.
[84] VILLA, Marco Antônio. *A história das constituições brasileiras*. São Paulo: Leya, 2011. p. 32.
[85] CARVALHO, José Murilo de. *Cidadania no Brasil*: o longo caminho. 12. ed. Rio de Janeiro: Civilização Brasileira, 2009. p. 37.
[86] CARVALHO, José Murilo de. *Cidadania no Brasil*: o longo caminho. 12. ed. Rio de Janeiro: Civilização Brasileira, 2009. p. 43-56.

o país recebeu uma média de 3 milhões de estrangeiros, migrando 1,8 milhão para São Paulo. Sendo assim, 1920 foi a década na qual a industrialização centralizou-se nas capitais, especialmente, no Rio de Janeiro, que detinha 20% da classe operária, e em São Paulo, que detinha 31%. De tal modo, com o surgimento da classe operária urbana, operou-se uma multiplicidade tanto social, quanto política, em especial no que se refere aos direitos civis. A classe militava por seus direitos básicos e trabalhistas, entre eles o direito de organização, manifestação, livre escolha de trabalho, de greve, legislação trabalhista, aposentadoria, entre outros. Na esfera política, existiam as classes privilegiadas (os "amarelos") mais próximas do governo e as classes mais radicais, os anarquistas, que negavam qualquer ligação com o Estado e a política.[87]

A Constituição republicana de 1891, por certo, isentou o Estado de viabilizar a assistência social à população, proibindo qualquer intervenção do governo federal na elaboração de legislação trabalhista,[88] além de retirar o direito de educação primária, estabelecido na Constituição de 1824. Em 1926 ocorreu a reforma da Constituição e, no que se refere à liberação do governo em regulamentar as relações de trabalho, nada foi efetivamente realizado, continuando as relações entre empregadores e empregados mediadas pela polícia.

A década de 1920 trouxe a eclosão de movimentos militares nomeados como "rebeliões tenentistas", como exemplos: no Rio de Janeiro, em 1922; no Rio Grande do Sul e em São Paulo, em 1924.[89]

A Primeira República encerrou-se em 3 de outubro de 1930, com a retirada do então Presidente da República, Washington Luís, na chamada Revolução de 30. Neste ínterim, ocorreu uma progressão do país quanto às transformações sociais e políticas, em especial, resultando no rápido avanço dos direitos sociais, dando-se como exemplo a criação do Ministério do Trabalho, Indústria e Comércio, pelo governo revolucionário. Logo adiante, ocorreu a ampla regulamentação trabalhista e previdenciária, complementada pela Consolidação das Leis do Trabalho, em 1943.

Os direitos políticos obtiveram um avanço mais significativo, diante da promulgação da Nova Constituição de 1934, quando Getúlio

---

[87] CARVALHO, José Murilo de. *Cidadania no Brasil*: o longo caminho. 12. ed. Rio de Janeiro: Civilização Brasileira, 2009. p. 57-61.
[88] Em 1891 foi regulamentado o trabalho de menores. Mas esta lei ganhou efetividade através da aprovação de um Código dos Menores, em 1927.
[89] VILLA, Marco Antônio. *A história das constituições brasileiras*. São Paulo: Leya, 2011. p. 43.

Vargas foi eleito Presidente da República (1930-1934). No ano de 1945, por intervenção militar, Vargas perdeu o poder que exercia desde 1930.⁹⁰ Neste cenário:

> A Constituição de 1934 consagrou a competência do governo para regular as relações de trabalho, confirmou a jornada de trabalho de oito horas e determinou a criação de um salário mínimo capaz de atender às necessidades da vida de um trabalhador chefe de família. [...] A Constituição criou também a Justiça do Trabalho, que entrou em pleno funcionamento em 1941. Em 1943, veio a Consolidação das Leis do Trabalho, uma codificação de todas as leis trabalhistas e sindicais do período.⁹¹

A Carta de 1934 inovou ao distinguir a legislação ordinária da constitucional. Estruturalmente, a Carta possuía 187 artigos e 26 disposições transitórias. No campo democrático, ela restringiu os direitos fundamentais e enalteceu o nacionalismo (ordem econômica e social) e a definição de segurança nacional, como fruto do autoritarismo presente em 1930, a limitação da imigração, a autorização de técnicas para "melhoria da raça", bem como a citação da classe indígena.⁹²

Em oposição a Vargas, os comunistas faziam forte oposição ao regime militar, contudo, não obtiveram êxito. Vargas reprimiu qualquer contradição ao seu governo. Eis que em meio a esse panorama e próximo ao término de seu mandato, como demonstração de força, Vargas outorgou a Constituição de 1937 (conhecida como Polaca), como certificação e imposição de um direito contrário ao quanto instituído até o momento e um retrocesso quanto à efetividade das liberdades e da democracia. A nova Carta trazia um preâmbulo com 5 parágrafos e 187 artigos robustos de autoritarismo, dos quais 37 correspondiam à organização nacional, 17 se referiam à organização do Parlamento. Essa Carta, advirta-se, trouxe, pela primeira vez, a pena de morte ao país, de forma distinta às Cartas de 1891 e 1934, que somente a impunham em casos de guerras contra países estrangeiros.⁹³

---

⁹⁰ CARVALHO, José Murilo de. *Cidadania no Brasil*: o longo caminho. 12. ed. Rio de Janeiro: Civilização Brasileira, 2009. p. 87-89.
⁹¹ CARVALHO, José Murilo de. *Cidadania no Brasil*: o longo caminho. 12. ed. Rio de Janeiro: Civilização Brasileira, 2009. p. 113.
⁹² VILLA, Marco Antônio. *A história das constituições brasileiras*. São Paulo: Leya, 2011. p. 48-57.
⁹³ VILLA, Marco Antônio. *A história das constituições brasileiras*. São Paulo: Leya, 2011. p. 61-69.

Sem embargo, diante do insucesso do golpe, o governo editou a Lei Constitucional nº 1, em 1938, e mesmo diante da repressão imposta naquele momento, a nova Carta aprovou um programa em prol da legislação trabalhista. Já a Lei Constitucional nº 5, de 1942, fortaleceu a ditadura constitucional e expandiu a liberdade de Vargas, dando-lhe o poder de suspender qualquer artigo.[94]

A retirada de Vargas da presidência trouxe a necessidade de novas eleições presidenciais e legislativas (escolha de uma assembleia constituinte), ocorridas em 1945, com a posse de Eurico Gaspar Dutra, em janeiro de 1946.[95]

Após oito anos de ditadura, ressurgiu o Estado Democrático, em 2 de dezembro de 1945, com a escolha da nova Assembleia Constituinte (terceira desde a implantação da República), e do novo presidente da República, ocasião em que os comunistas puderam, de forma livre, apresentar seus candidatos.[96]

A Constituição de 1946, cuja promulgação ocorreu em 18 de setembro, conservou os ditames sociais anteriores e promoveu a tutela dos direitos civis e políticos tradicionais. A era Vargas influiu bastante neste período. O ex-presidente tornou-se senador e, em 1950, retornou à Presidência da República[97] por meio do voto popular, militando em prol da manutenção da política populista e nacionalista, com apoio dos trabalhadores e do sistema sindical, das esferas nacionalistas das forças armadas, dos setores nacionalistas do empresariado e da "intelectualidade", apoiado por seu partido, o PTB (Partido Trabalhista Brasileiro), em oposição à União Democrática Nacional (UDN) e a militares comunistas. Neste período, o direito do voto obrigatório e secreto foi estendido a todos os cidadãos, tanto homens quanto mulheres, com idade superior a 18 anos, e excluiu o direito ao voto de analfabetos e de soldados das forças armadas.[98]

A Carta, sob a denominação de "Estados Unidos do Brasil", como nas três anteriores, continha 218 artigos. Com maior destaque ao legislativo, dividiu o Congresso em duas casas. A Constituição trouxe

---

[94] VILLA, Marco Antônio. *A história das constituições brasileiras*. São Paulo: Leya, 2011. p. 71-73.
[95] CARVALHO, José Murilo de. *Cidadania no Brasil*: o longo caminho. 12. ed. Rio de Janeiro: Civilização Brasileira, 2009. p. 126-127.
[96] VILLA, Marco Antônio. *A história das constituições brasileiras*. São Paulo: Leya, 2011. p. 81.
[97] Fato marcante de seu mandato foi a luta pelo monopólio estatal do petróleo, que durou de 1951 a 1953.
[98] CARVALHO, José Murilo de. *Cidadania no Brasil*: o longo caminho. 12. ed. Rio de Janeiro: Civilização Brasileira, 2009. p. 126-128.

aspectos relevantes, como a nacionalidade e a cidadania, a vedação ao nepotismo, a alusão a crimes de responsabilidade praticados pelo Presidente da República, garantiu a liberdade de expressão, a tutela da propriedade e a expansão do programa trabalhista.[99]

A acirrada luta pelo populismo (sindicalismo) ficou destacada durante a gestão do então ministro do Trabalho, João Goulart, nomeado em 1953. Em 1954, o ministro propôs o aumento do salário-mínimo em 100%, o que resultou em diversas críticas e na demissão do ministro, momento no qual Vargas concedeu o referido aumento, afirmando aos trabalhadores em seu discurso que "[...] eles, no momento, estavam com o governo, mas no futuro seriam o governo".[100] Ocorreu, nesse contexto, a maquinação para derrubada e renúncia do Presidente, que ocasionou seu suicídio, em 24 de agosto de 1954, resultando ainda numa forte e grande comoção e tumulto social.

Juscelino Kubitschek, com o apoio do PTB (Partido Trabalhista Brasileiro) e do Partido Social Democrático (PSD), assumiu a presidência, em 1955, com 35,17% dos votos da população, dando sequência democrática à Era Vargas. Mesmo diante de diversos motins civis e militares, Kubitschek conduziu seu governo de forma mais democrática, republicana e desenvolvimentista, fomentando a indústria, chegando até a mudar a capital do Brasil (Rio de Janeiro) para o planalto central (Brasília). Sua gestão enfrentou a oposição dos nacionalistas à abertura do capital estrangeiro e à parceria com o Fundo Monetário Internacional (FMI).[101]

Sucedeu a Kubitschek, Jânio Quadros, eleito em 1960, com 48,3% dos votos. Não obstante, este renunciou em agosto de 1961, sob o fundamento de impossibilidade de governar. Tal renúncia eclodiu na oposição dos ministros militares à posse do vice-presidente, João Goulart, ocasionando uma crise política e institucional de dez dias, que foi solucionada pelo Congresso Nacional ao instituir o sistema parlamentarista, em substituição ao presidencialista, retornando este em 1963.[102]

---

[99] VILLA, Marco Antônio. *A história das constituições brasileiras*. São Paulo: Leya, 2011. p. 83-88.
[100] CARVALHO, José Murilo de. *Cidadania no Brasil*: o longo caminho. 12. ed. Rio de Janeiro: Civilização Brasileira, 2009. p. 130.
[101] CARVALHO, José Murilo de. *Cidadania no Brasil*: o longo caminho. 12. ed. Rio de Janeiro: Civilização Brasileira, 2009. p. 132-134.
[102] CARVALHO, José Murilo de. *Cidadania no Brasil*: o longo caminho. 12. ed. Rio de Janeiro: Civilização Brasileira, 2009. p. 134-136.

Este período abriu a promoção para a democracia, na qual o povo, através do voto, adquiriu papel importante no processo eleitoral, eclodindo na política populista. Sucedeu uma fortíssima movimentação política, atingindo diversos estados da federação e surgindo diversos partidos políticos, fato que durou até a implementação da nova ditadura militar, em 1964, que restringiu e suspendeu direitos sociais, como a liberdade de expressão.

Numa demonstração de regressão democrática, há de se observar a cassação do registro e impedimento de funcionamento do Partido Comunista Brasileiro (PCB), em 1947, sob o argumento de não poderem participar da vida política brasileira organizações contrárias ao regime democrático. Outro exemplo corresponde à decisão do Tribunal Superior Eleitoral (TSE) sobre a inelegibilidade de suboficiais e sargentos, no ano de 1963. Porém, as restrições não impediram o crescimento da participação popular na política e nas eleições, bem assim com relação à atuação política instituída em partidos, sindicatos, ligas camponesas e demais associações. Ocorria grande avanço quanto ao alcance de uma eleição correta e isenta de fraudes. Através do populismo, o eleitor colocou no poder Vargas, Kubitschek e Goulart. Certamente, o populismo pode ser definido como forma de manipulação política, utilizando a população como meio de articulação de lutas entre grupos dominantes. Sem embargo, tais líderes utilizavam formas simpáticas e paternalistas de angariar votos, e não através de meios coercitivos. Demonstra-se, dessarte, que, durante esse período, ocorreu o avanço da democracia, pelo crescimento das classes partidárias.[103] [104]

Ultrapassadas estas definições, resta a dúvida do que causou o golpe de 1964. Quanto a esta indagação, Carvalho afirma que

> a resposta pode estar na falta de convicção democrática das elites, tanto de esquerda como de direita. Os dois lados se envolveram em uma corrida pelo controle do governo que deixava de lado a prática

---

[103] Existiam 12 partidos políticos nacionais. O PSD, que reunia interventores dos estados e limitou-se às forças dominantes locais, e o PTB, com fundamentos na organização sindical corporativa, foram criados por Vargas e eram ditos como os partidos mais relevantes; a UDN, que abrangia a maioria da oposição com concepções de cunho liberal e no início de cunho socialista; os partidos menores se dividiam em PR (Partido Republicano), o PSP (Partido Social Progressista), o PSB (Partido Socialista Brasileiro); e o PDC (Partido Democrata Cristão) (CARVALHO, José Murilo de. *Cidadania no Brasil*: o longo caminho. 12. ed. Rio de Janeiro: Civilização Brasileira, 2009. p. 148).

[104] CARVALHO, José Murilo de. *Cidadania no Brasil*: o longo caminho. 12. ed. Rio de Janeiro: Civilização Brasileira, 2009. p. 145-148.

da democracia representativa. Direita e esquerda preparavam um golpe nas instituições. A direita, para impedir as reformas defendidas pela esquerda e para evitar o que achavam ser um golpe comunista-sindicalista em preparação. A esquerda, com Leonel Brizola à frente, para eliminar os obstáculos às reformas e neutralizar o golpe de direita que acreditavam estar em preparação.[105]

Decerto, a direita não detinha tradição democrática e, de fato, os liberais e conservadores lutaram pela extinção da política nacional de Vargas, sob a alegação de que o povo afrontava a boa regulação do regime democrático dos liberais. De igual forma, a esquerda não possuía tradição democrática, na medida em que esta apenas visava a concretude de poder.[106]

Como ofensiva ao acelerado crescimento da participação política, eclodiu mais um regime ditatorial em 1964, no qual os direitos civis e políticos foram condicionados ou mesmo suprimidos através da brutalidade. Aconteceu, dessa forma, a quebra da denominada república populista. Com a queda de Goulart e a assunção do poder pelo general Castelo Branco, iniciou-se a ditadura, que se estendeu de 1964 a 1984. A gestão do general Castelo Branco foi marcada pela latente repressão política e crise econômica, com alto índice de inflação, queda do salário mínimo e lento desenvolvimento em 1965. Através do Ato Institucional nº 2, extinguiu-se a eleição direta de Presidente da República e dissolveram-se a maioria dos partidos políticos formados a partir de 1945, restando apenas dois, o Arena e o MDB. O período de 1968 a 1974 abrangeu os anos mais cruéis da história do Brasil, com a redução do valor do salário mínimo, apesar do crescimento econômico, e a restrição dos direitos civis e políticos.

O Congresso, em obediência ao quanto exigido pelo general-presidente Castelo Branco, promulgou a Constituição de 1967, que excluiu a denominação "Estados Unidos do Brasil", definindo-o como uma República Federativa (art. 1º), mantendo-se, inicialmente, a eleição direta para governador e vice, e para prefeito e vice (arts. 13 e 16). Retirou da população o sufrágio direto do Presidente da República, que passaria a ser eleito pelo Colégio Eleitoral (membros do Congresso

---

[105] CARVALHO, José Murilo de. *Cidadania no Brasil*: o longo caminho. 12. ed. Rio de Janeiro: Civilização Brasileira, 2009. p. 150.
[106] CARVALHO, José Murilo de. *Cidadania no Brasil*: o longo caminho. 12. ed. Rio de Janeiro: Civilização Brasileira, 2009. p. 151.

Nacional e delegados escolhidos pelas Assembleias Legislativas dos Estados), em sessão pública e perante votação nominal (art. 76, §§1º e 2º).[107]

Em 3 de outubro de 1966, o Congresso colocou Costa e Silva à frente da Presidência da República, tomando posse em março do seguinte ano. Oportuno acrescentar que a Carta de 1967 somente vigorou por 20 meses, na medida em que com a edição do Ato Institucional nº 5, de 13 de dezembro de 1968, forneceu-se ao presidente da República amplos poderes e abandonou-se a maior parcela dos ditames da Constituição. Outro aspecto importante do período ocorreu em 1969, quando foram fechadas as assembleias legislativas da Guanabara, de Pernambuco, do Rio de Janeiro, de São Paulo, de Sergipe, de Goiás e do Pará. No final do mesmo ano, Costa e Silva, enfermo, fora substituído provisoriamente, em 31 de agosto, pela Junta Militar (composição dos ministros do Exército, da Marinha e da Aeronáutica), a qual adotou uma Lei de Segurança Nacional mais dura que aquela imposta por Castelo Branco.[108]

A última fase da ditadura compreendeu o período entre 1974 a 1985. Neste ínterim, houve um retorno da atenção aos direitos civis e políticos. A gestão do general Ernesto Geisel trouxe demonstrações de seu interesse no progresso gradual da democracia.[109]

Em 1979 e 1980, com a posse de João Batista Figueiredo, sobrevieram as "salvaguardas do Estado", através da Emenda Constitucional nº 11, revogando o AI-5 (ato maior do autoritarismo), e a anistia aos perseguidos pelo regime militar, resgatando-se, ainda, as imunidades parlamentares. No mesmo período, ocorreu o início da reforma política, extinguindo-se a pena de morte – exceto em caso de guerra externa – e regulando-se os estados de sítio e de emergência. Destarte, foram dados os primeiros passos para a redemocratização do país.[110]

Diante do extenso período militar (21 anos), a época foi marcada pela legalidade excessiva de seus atos e pelo grande número de decretos.

Neste contexto, como concretude para efetivação da redemocratização, em 1982 ocorrem as eleições diretas para os governos estaduais. Em 1985, Tancredo Neves foi eleito presidente, mas não

---

[107] VILLA, Marco Antônio. *A história das constituições brasileiras*. São Paulo: Leya, 2011. p. 96-98.
[108] VILLA, Marco Antônio. *A história das constituições brasileiras*. São Paulo: Leya, 2011. p. 100-105.
[109] VILLA, Marco Antônio. *A história das constituições brasileiras*. São Paulo: Leya, 2011. p. 157-173.
[110] VILLA, Marco Antônio. *A história das constituições brasileiras*. São Paulo: Leya, 2011. p. 107.

exerceu o cargo, posto que faleceu em 21 de abril do mesmo ano, assumindo José Sarney a presidência da República. A administração de Sarney foi marcada pela adoção do Plano Cruzado, pelo congelamento dos preços e dos salários, além da interferência na economia, o que resultou, após três meses, em diversos transtornos para a população, como altas cobranças de produtos alimentícios essenciais e indisponíveis à sociedade.

Em 22 de setembro de 1988, a Assembleia Nacional Constituinte aprovou[111] o texto final da nova Carta Magna, que foi promulgada em 5 de outubro do mesmo ano. Com 245 artigos e 70 disposições transitórias, manteve a nomenclatura "República Federativa do Brasil" e estabeleceu os princípios fundamentais de um Estado Democrático de Direito.[112]

Para Carvalho, a Assembleia Constituinte de 1988 "[...] redigiu e aprovou a constituição mais liberal e democrática que o país já teve, merecendo por isso o nome de Constituição Cidadã".[113]

O ponto mais importante da nova Lei Maior foi o fortalecimento do Estado Democrático de Direito, que deu poder ao povo, ficando assente a escolha de seus representantes, nos termos do seu art. 1º, parágrafo único, além de ter cuidado da proteção dos indígenas, da criminalização do racismo e da criação dos Estados de Tocantins, Roraima e Amapá, assim como elencado a garantia dos direitos à liberdade de manifestação, opinião e organização, anteriormente proibidos.[114]

Em relação à presidência da República, até a eleição de Tancredo, o presidente era escolhido por voto indireto de um colegiado restrito e o período de mandato era de 5 anos, tempo este que foi reduzido para 4, por meio da Emenda de revisão, sendo vedada a reeleição, somente restabelecida três anos depois, com a alteração do art. 14, §5º, da Constituição Republicana.[115] Já o artigo 86, que estabelece o crime de responsabilidade do Presidente da República, foi usado pela primeira vez no *impeachment* do Presidente Collor, em 1992. Outra característica

---

[111] Com 474 votos a favor e 15 contra, todos os opositores integravam a bancada do Partido do Trabalhadores (PT).
[112] VILLA, Marco Antônio. *A história das constituições brasileiras*. São Paulo: Leya, 2011. p. 111-117.
[113] CARVALHO, José Murilo de. *Cidadania no Brasil*: o longo caminho. 12. ed. Rio de Janeiro: Civilização Brasileira, 2009. p. 199.
[114] VILLA, Marco Antônio. *A história das constituições brasileiras*. São Paulo: Leya, 2011. p. 118-120.
[115] BRASIL. *Constituição Federal do Brasil (1988)*. São Paulo: Revista dos Tribunais, 2010.

relevante da nova Carta foi a autorização para que os analfabetos e maiores de 16 e menores de 18 anos votassem por livre escolha.[116]

Na conjuntura atual, a democracia é uma forma de atuação da função do governo, na qual o que se decide, através do Congresso Nacional, é a vontade soberana emanada do povo, direta ou indiretamente. Para Bonavides, nesse panorama, o povo deve sempre ser "[...] o titular e o objeto – a saber, o sujeito ativo e o sujeito passivo de todo o poder legítimo".[117] Assim, com a CF/88, o panorama democrático brasileiro se esteia em um novo formato, que converge para a participação popular.

### 1.3.2 A Constituição Brasileira de 1988: aproximação entre a sociedade e o Estado?

A Constituição de 1988 é o ápice do retorno da democracia ao País. Com efeito, nunca uma Constituição no Brasil conseguiu se aproximar das forças efetivas do poder. Paulo Bonavides assinala que o que ocorreu foi uma alteração de transição discricionária para transição constitucional. Desse modo, houve a transferência de um governo autoritário para um governo democrático, composto de três poderes.[118]

A Lei Maior, consequentemente, propiciou condições para que a democracia se consolidasse por meio de instrumentos como a participação popular, a igualdade de voto, a constituição de conselhos populares, a abertura de audiências públicas e a figura do orçamento participativo. Em reforço, na busca pela concretização de um Estado cada vez mais inserido numa esfera democrática, é de se trazer à baila o art. 43[119] da Lei nº 10.257/2001 (Estatuto da Cidade) como garantia da gestão democrática no âmbito municipal.

---

[116] VILLA, Marco Antônio. *A história das constituições brasileiras*. São Paulo: Leya, 2011. p. 121-123.

[117] BONAVIDES, Paulo. *A Constituição aberta*. 3. ed. São Paulo: Malheiros, 2004. p. 17.

[118] BONAVIDES, Paulo. *A Constituição aberta*. 3. ed. São Paulo: Malheiros, 2004. p. 154-156.

[119] Art. 43. Para garantir a gestão democrática da cidade, deverão ser utilizados, entre outros, os seguintes instrumentos:
I – órgãos colegiados de política urbana, nos níveis nacional, estadual e municipal;
II – debates, audiências e consultas públicas;
III – conferências sobre assuntos de interesse urbano, nos níveis nacional, estadual e municipal;
IV – iniciativa popular de projeto de lei e de planos, programas e projetos de desenvolvimento urbano;
V – (VETADO).

A Constituição de 1988 tem um modelo maximalista, distinto do modelo minimalista (meramente representativo), pois abre margens a outras formas de participação política além do voto, como, por exemplo, a ação civil pública, a ação popular, a lei de acesso à informação, as consultas públicas, a lei de responsabilidade fiscal e, em especial, o Termo de Ajustamento de Gestão (TAG), tema central desta obra.

Bonavides entende a democracia como um direito de quarta geração que compreende a própria democracia, como também o direito à informação e ao pluralismo, abrangendo ainda os direitos de primeira, segunda e terceira geração.[120] Ainda para o autor, a democracia participativa é uma teoria material da Constituição que possui restrição jurídica no tocante à sua eficácia e implementação, por meio de um controle mediado pela autoridade e a judicatura dos tribunais constitucionais, de um lado, e por outro, pela "[...] autoridade da cidadania popular e soberana exercitada em termos decisórios de derradeira instância".[121]

O autor também faz uma distinção pontual entre um Estado Social do marxismo e um Estado Social das democracias. O primeiro caracteriza-se pela imposição do dirigismo aplicado de cima para baixo, com a extinção da estrutura capitalista e da posse dos meios de produção. O segundo, por seu turno, apenas diferencia-se quanto à aplicação de um dirigismo consentido, de baixo para cima e guardião do capitalismo.[122]

Não resta dúvida de que a democracia do Estado Social, sob o caráter duplo de igualdade e liberdade, alcança um forte avanço quanto ao desenvolvimento dos direitos humanos. A partir da junção entre preceitos de justiça, igualdade, democracia, liberdade, fraternidade e pluralismo, o direito social resulta na representação de valores do Estado social, no seu âmbito de legitimação e teorização.[123]

A Carta Magna, em seu artigo 1º, estabeleceu princípios fundamentais, e dentre eles, a valorização e observância da cidadania é considerado o mais essencial. Nesse passo, o processo de democratização brasileiro teve como ponto alto a salvaguarda da democracia participativa, instituindo, para tanto, conselhos da sociedade para

---

[120] BONAVIDES, Paulo. *A Constituição aberta*. 3. ed. São Paulo: Malheiros, 2004. p. 161.
[121] BONAVIDES, Paulo. *Teoria Constitucional da democracia participativa*: por um Direito Constitucional de luta e resistência. Por uma nova hermenêutica. Por uma repolitização da legitimidade. São Paulo: Malheiros, 2001. p. 25.
[122] BONAVIDES, Paulo. *A Constituição aberta*. 3. ed. São Paulo: Malheiros, 2004. p. 145.
[123] BONAVIDES, Paulo. *A Constituição aberta*. 3. ed. São Paulo: Malheiros, 2004. p. 160-228.

apreciar o processo de gestão pública (políticas públicas) no Brasil. O Estatuto da Cidade, apropriadamente, preconiza o direito de voz participativa e ativa do indivíduo/cidadão no exercício do poder político, promovendo sua capacidade de opinar e expor suas ideias, disponibilizando meios para que estes possam reivindicar seus direitos garantidos constitucionalmente.

Esta legislação dispõe que os gestores públicos promovam à cidade a autossustentabilidade, dando aos cidadãos meios adequados de sobrevivência com dignidade. Dessa forma, a participação popular estabelecida pela lei é uma das mais relevantes formas de assegurar a gestão democrática, para garantir uma governabilidade hábil, assegurando aos cidadãos seus direitos e participação efetiva na sociedade.

Diante de uma Constituição aberta à instituição de um Estado Democrático de Direito, através de mecanismos democráticos representativos e participativos, possibilita-se aos cidadãos o exercício de um direito fundamental, qual seja, o direito de participação política. A atuação da cidadania ocorre em benefício de políticas públicas sociais para a efetividade de uma sociedade livre. Nesse ínterim, desponta a necessidade de meios que facilitam a concretude desse Estado democrático, entre eles, meios consensuais como o Termo de Ajustamento de Gestão.

Sem embargo, o princípio democrático não pode ser restritamente definido como apenas o desejo da maioria, posto que há de se preservar também o interesse das minorias, evidentemente que subordinado a uma satisfação social plena.

Ademais, trazendo à baila o filósofo Jürgen Habermas, grande defensor da democracia consensual, ele ilustra que uma democracia construída a partir da modernidade permite o diálogo e a participação em que os cidadãos, por meio da lógica, do exame e da análise das falas de seus discursos, conseguem elaborar consensos, resultando num sistema em prol do mundo da vida.[124]

Democracia remete ao processo de formação da cidadania, que pode ser expandido para além do exercício de direitos, gerando um sistema que integre direitos em harmonia com deveres, formatando uma relação de obrigações recíprocas, visando atender ao interesse de todos.

---

[124] HABERMAS, Jürgen. Justiça e Legislação sobre o papel e a legitimidade da jurisdição constitucional. *In*: HABERMAS, Jürgen. *Direito e democracia*: entre facticidade e validade. (Trad. Flávio Beno Siebeneichler). Rio de Janeiro: Tempo Brasileiro, 1997. v. 1, p. 418.

Contemporaneamente, ser cidadão significa ser sujeito de direitos e deveres.[125] Logo, a educação se insere como um dos elementos fundamentais para a igualdade entre todas as pessoas. Em reforço, Arroyo[126] reitera que a educação para cidadania está arrolada ao se educar para a colaboração com o bem-comum e para a superação do indivíduo passivo, numa unidade moral articulada do convívio social. Nesta senda, vale evocar a máxima de Marco Aurélio, na Roma Antiga, "[...] o que não é útil ao enxame não é útil à abelha".

A ideia de direitos fundamentais se articula com a cidadania. No entanto, não se pode perder de vista que referidos direitos envolvem uma gama de aspectos, e eles não foram reconhecidos de uma única vez, nem todos juntos. Logo, foram influenciados por diversos documentos, tais como: a Declaração do Bom Povo da Virgínia, a Declaração dos Direitos do Homem e do Cidadão,[127] a Convenção Interamericana dos direitos humanos e adotado pelo Brasil e o Pacto de São José da Costa Rica.

Ser cidadão não é apenas conhecer seus direitos e deveres, como o liberalismo apregoa, mas sim lutar para que o bem comum prevaleça, a despeito de forças contrárias, por isso o cidadão abdica de sua força pela possibilidade do diálogo.

Na concepção de Paulo Freire,[128] cidadão é aquele que tem uma consciência política que o habilita a transformar a si mesmo e a se engajar na luta por transformações sociais mais abarcantes ou adstritas, na sua escola, no seu bairro e no seu local de trabalho. A cidadania significa, portanto, a efetividade de todos os direitos do sujeito, grupo ou comunidade.

Neste ponto, José Murilo de Carvalho traz o conceito de "estadania" como a relação clientelista com o Estado, que estabelece historicamente relações entre o Estado e a Sociedade no Brasil e ocasionou, em meio a essa cultura, a inversão no panorama da aquisição dos direitos no país, através da concessão paulatina dos direitos sociais

---

[125] DAMATTA, Roberto. *A casa & a rua*: espaço, cidadania, mulher e morte no Brasil. 5 ed. Rio de Janeiro: Ed. Rocco, 1997.
[126] ARROYO, Miguel González. Educação de jovens-adultos: um campo de direitos e de responsabilidade pública. *In*: SOARES, Leôncio; GIOVANETTI, Maria Amélia G. C.; GOMES, Nilma Lino (Orgs.). Diálogos na educação de jovens e adultos. Belo Horizonte: Autêntica, 2005.
[127] Cf.: Declaração dos Direitos do Homem e do Cidadão. *Assembleia Nacional*, França, 1789. Disponível em: http://pfdc.pgr.mpf.gov.br/atuacao-e-conteudos-de-apoio/legislacao/direitoshumanos/declar_dir_homem_cidadao.pdf. Acesso em 15 jan. 2017.
[128] FREIRE, Paulo. *Educação como prática de liberdade*. Rio de Janeiro: Paz e Terra, 2010.

durante a ditadura, como meio de cooptação e soberania sobre a sociedade, obstando a efetividade da participação política nos muitos segmentos sociais, como ocorreu em outros países.[129]

Dessa forma, essa cultura direcionada mais para o Estado do que para a representatividade é o que pode ser denominado de "estadania", um real contraste à cidadania, no qual a representação política não supre a solução de conflitos da maior parte da população. Para tanto, a relação entre ela e o Estado é executada por meios pragmáticos, a fim de dirimir os problemas cotidianos de sobrevivência, fazendo com que a população adote um papel de cliente e não de cidadão, através da busca do que entendem ser os seus direitos, reduzidos a uma concepção minimalista dos meios de subsistência.[130]

Valorizar a noção de cidadania proporciona a redução das desigualdades, quando ao cidadão lhe é dada a consciência dos seus direitos e deveres. Por isso, é relevante a concentração dos ideais da participação social na discussão das acepções da democracia brasileira, que acarretam resultados efetivos no desenvolvimento social. Por um vértice, ter-se-á a inserção de grupos sociais na dialética sobre as políticas públicas e, por outro, haverá a gestão pública dialogando de forma aberta para reconhecer certos setores, bem como para implementar aquelas políticas. Destarte, o que se busca é um modelo de democracia não somente direcionado a um sistema de ideais, mas, sobretudo, referenciado através de um contexto real de sociedade ou inserido numa esfera de debate e modificação da sociedade, com a finalidade primordial de promover a construção de uma verdadeira cidadania e genuína democracia.

Depreende-se, por conseguinte, que a democracia, segundo Bonavides, "[...] é compreendida como palavra e está correlacionada com a verdade, ou seja, um veículo de pensamento que tem vida, poder e expressão".[131] Neste panorama, a sociedade só participa da vida governamental em sistemas democráticos. De tal sorte, foi vital perpassar sobre os percursos da democracia, seus modelos e os aspectos fundamentais da Carta Magna de 1988 para se compreender o ativismo como forma de efetivação de políticas públicas na próxima seção.

---

[129] CARVALHO, José Murilo de. *Cidadania no Brasil*: o longo caminho. 12. ed. Rio de Janeiro: Civilização Brasileira, 2009. p. 221.

[130] CARVALHO, José Murilo de. *Cidadania no Brasil*: o longo caminho. 12. ed. Rio de Janeiro: Civilização Brasileira, 2009. p. 226-228.

[131] BONAVIDES, Paulo. *A Constituição aberta*. 3. ed. São Paulo: Malheiros, 2004. p. 65.

## 1.4 Resumo do capítulo 1

Neste primeiro capítulo buscou-se analisar os modelos de democracia, iniciando-se pela sua origem e pelos modelos clássicos (Democracia Protetora, Democracia Desenvolvimentista e Democracia Direta); além de abordar os modelos democráticos contemporâneos (Democracia Competitiva, Procedimental e Minimalista, Democracia Pluralista, Legal e Participativa e Democracia Representativa), que permitiram um exame aprofundando da democracia no Brasil, apontando a evolução das Constituições, enfatizando o caráter democrático da Carta Magna de 1988.

Sabe-se que a origem da democracia remonta à Grécia antiga e possui raízes na "cidade-estado" ou "polis", podendo ser compreendida como um regime de governo no qual a vontade do povo prevalece e faz oposição às monarquias, às aristocracias, às autocracias, regimes nos quais não é possível a participação popular nas atividades estatais.

No que concerne aos modelos de democracia, entende-se como Democracia Protetora aquela em que os cidadãos exigiam dos governantes e uns dos outros, maior amparo protetivo para que o governante adotasse formas consonantes com os anseios gerais da população. Já a Democracia Desenvolvimentista é entendida como um modo no qual o cidadão utiliza a igualdade e o envolvimento político e econômico para impedir qualquer soberania de um cidadão perante o outro, de forma livre e independente. Por sua vez, a Democracia Direta consiste no livre desenvolvimento do indivíduo para que todos alcancem esse processo evolutivo.

Superada a exposição dos modelos democráticos clássicos, passou-se a tratar dos modelos contemporâneos da democracia.

Desta forma, a definição de democracia é realizada a partir de duas óticas: a "minimalista" e a "maximalista". A primeira possui fundamentos nas teorias de Joseph Schumpeter,[132] para quem a democracia é resultado de um compromisso mútuo firmado entre as elites políticas, através do voto e de eleições competitivas dentro de uma sociedade com interesses plurais. Já a segunda estabelece que os regimes democráticos não podem ser restritos a métodos de escolhas eleitorais nem a instrumentos institucionais especificamente políticos.

---

[132] SCHUMPETER, Joseph. *Capitalismo, Socialismo e Democracia*. (Trad. Ruy Jungmann). Rio de Janeiro: Fundo de Cultura, 1961.

A seu tempo, o termo "participação" faz parte do vocabulário político popular por meio das manifestações da sociedade, especialmente aquelas inseridas pelos estudantes de nível superior, pela abertura de novos campos de participação e, também, por diferentes grupos que buscavam a implementação de direitos que eles acreditavam lhes pertencer. Tais fatos se intensificaram na década de 60 do século passado e influenciaram diretamente a configuração do modelo democrático atual, como uma consequência intelectual do século XX.

Diversos foram os modelos de constituições presentes na história brasileira, desde constituições com poderes totalmente restritos, sem nenhuma participação popular, até o modelo atualmente adotado, tida como uma constituição cidadã.

Em relação à democracia no Brasil, sua "reelaboração" ocorreu mais fortemente em 1985, depois do término da ditadura militar. Cabe ressalvar que a democracia em sua genuinidade só se concretiza com o exercício da cidadania, cristalizando íntima relação entre as duas expressões. Assim, para o efetivo alcance da democracia no Brasil, faz-se necessário remontar as principais considerações que envolvem a cidadania e a democracia.

No contexto atual, a democracia é entendida como um modo de atuação da função do governo, na qual o que se decide é a vontade soberana emanada do povo, por meio do Congresso Nacional, de forma direta ou indireta. Assim, com a Lei Maior, o cenário democrático brasileiro se sustenta em um novo contorno que converge para a participação popular.

Diante disso, a noção de cidadania deve ser valorizada, o que promove a redução das desigualdades, quando se fornece ao cidadão a ciência dos seus direitos e deveres. Por conta disso, é saliente a união dos ideais da participação social no debate sobre as acepções da democracia brasileira, que geram resultados efetivos no desenvolvimento social.

Afinal, o objetivo derradeiro é um modelo democrático não apenas voltado a um sistema de ideais, mas, mormente, referenciado por meio de um panorama real de sociedade ou inserido em um contexto de discussão e transformação da sociedade, para promover a constituição de uma cidadania real e de uma democracia genuína, em respeito e para efetivação do princípio da eficiência na Administração Pública, como meio de se compreender o ativismo voltado à efetivação de políticas públicas, nos ditames da Carta Magna de 1988.

CAPÍTULO 2

# ATIVISMO COMO MEIO DE EFETIVAÇÃO DE POLÍTICAS PÚBLICAS VOLTADAS À PROMOÇÃO DA DEMOCRACIA

Como pensou Habermas, "[...] 'Política' é entendida como forma de reflexão de um contexto vital ético – como medida na qual os membros de comunidades solidárias, mais ou menos naturais",[133] vão se conscientizando de uma dependência entre eles que, na condição de cidadãos, dão prosseguimento e formam voluntariamente uma trama de relacionamentos. A partir desse ponto, a arquitetura liberal do Estado e da sociedade é submetida a passar para uma situação nova e relevante, aquela justaposta à

> [...] instância reguladora hierárquica do poder supremo do Estado e da instância reguladora descentralizada do mercado, portanto, ao lado do poder administrativo e do interesse próprio individual, e entrando em cena o aspecto solidário e orientador do [...] bem comum como uma terceira fonte da integração social.[134]

E é tão simples entender que o bem comum é o ideal de qualquer sociedade avançada, desenvolvida, responsável pelos seus deveres e respeitosa dos direitos da cidadania.

Dito desta maneira pode parecer que dois polos equidistantes se dispusessem a harmonizar-se, o que não é fácil, mas é possível, viável e natural aos povos com alto grau de civilização. Isso quer dizer que,

---
[133] HABERMAS, J. Três modelos normativos de democracia, *Revista Lua Nova*, n. 36, 1995, p. 95.
[134] HABERMAS, J. Três modelos normativos de democracia, *Revista Lua Nova*, n. 36, 1995, p. 95.

se todos pensam em todos e igualmente em si mesmos, a construção de uma sociedade integrada, democrática, humana, igualitária e justa torna-se amplamente alcançável.

Certamente, a cultura democrática é resultado do processo habitual das instituições democráticas e não consequência de um regime com certas características. A conceituação maximalista democrática assenta-se numa noção ampla de cidadania, significando igualdade de participação e de influência na esfera pública.

Frente à nova realidade de fato e de direito, a Lei Maior atinge uma colocação superior e hierárquica. Distintamente a outro momento, o ordenamento jurídico infraconstitucional ganha tal denominação, visto que a Constituição o norteia, de forma que tudo que emana do direito deve antes passar pela "filtragem constitucional".

Nesta circunstância, há de se observar que os Poderes Legislativo, Executivo e Judiciário devem se limitar pelo clássico sistema de freios e contrapesos, num Estado Democrático de Direito.

Outrossim, a Carta Magna firma uma obrigação com o povo e para o povo, e tal quadro ocasionou uma crise institucional, especialmente, no que tange à omissão do Poder Legislativo e do Poder Executivo para concretizar os direitos lá contidos.

Como forma de preencher as lacunas abertas por tais omissões, o Poder Judiciário é chamado/provocado a se manifestar e, em prol do fiel cumprimento da Lei Maior, intervém em políticas públicas e questões de natureza legislativa, chegando a decidir sobre casos que aludem a matérias políticas. Tal fenômeno é denominado de judicialização da política, uma resultante do neoconstitucionalismo.[135]

Por outro lado, o Poder Judiciário, ao praticar o ativismo judicial, abre uma forte discussão que trata da ampliação de atuação dos magistrados, colocando em debate se o ativismo judicial é realmente legítimo ou se gera uma crise democrática.

## 2.1 O ativismo e a promoção da democracia

A vida é um fenômeno de ativismo, de estar agindo e, esse estar em ação implica uma sucessão de mudanças, de alterações superficiais

---

[135] A propósito, o neoconstitucionalismo propõe refundar o direito constitucional com base em novas premissas, como a difusão e o desenvolvimento da teoria dos direitos fundamentais e a força normativa da Constituição, objetivando a transformação de um estado legal em estado constitucional.

e também profundas, em função do agir e do transformar. Na sociedade moderna, o homem civilizado age para continuar transformando a paisagem natural e social, ao tempo em que promove modificações, age racional e politicamente, cria motivos e adota critérios para se harmonizar consigo e com os seus pares nas células sociais.

A convivência social é regida por um inconsciente coletivo e por um conjunto de regras convencionais e sistematizadas em espécies de "livros sagrados", a exemplo das constituições, produtos de fazeres e refazeres de ativismos, de milhares de lutas, daqueles conglomerados sociais. E por mencionar livros sagrados, tem-se que o termo militante, que é ativista, tem sua origem no Latim *militantia*, de *militans*, particípio de *militare*, "servir como soldado", de *miles*, "soldado". De início, o termo era entendido como de fins eclesiásticos, para referir-se a um "militante da Igreja".[136]

Conteúdo débil, sim, tendo em vista que até hoje não se sabe porque é empregado o termo, como isto aconteceu e quando, em que momento sócio-histórico. Forte carga emocional também sim, principalmente neste momento histórico brasileiro, quando se entende como ativista apenas aquele sujeito estreitamente ligado à política partidária e que demonstra uma personalidade extravagante e fanática, em muitos casos. Fugídio, também sim, pois qualquer significado se modifica ao passar do tempo e ao sabor dos ventos.

Pensar em sociedade é pensar em acordar em função das regras elaboradas, aprovadas e em conjunto estabelecidas, e patrocinar o florescimento de uma mentalidade democrático-cidadã, ativa, compartilhada e militante.

O ativismo ou militância está por toda parte, mesmo que traduzido por muitos como manifestações rebeldes e isoladas de pequenos e não muito representativos grupos sociais. Também é confundido com a ação desordenada e de características anarquistas ou terroristas, especialmente no momento sócio-histórico-político vivenciado na atualidade no território brasileiro, quando cenas dantescas de vandalismo com a queima de pneus e de transportes coletivos inundam os noticiários. Registre-se o "boom" do ativismo digital advindo do crescimento e das mudanças impulsionadas pela realidade virtual, encabeçada pelas novas mídias e veiculadas especialmente nas redes sociais. Tome-se o caso do ativismo em defesa dos animais, do meio

---

[136] Cf.: Origem da Palavra. Site de Etimologia. *Militância*. 2017. Disponível em: http://origemdapalavra.com.br/site/?s=milit%C3%A2ncia. Acesso em 22 jul. 2017.

ambiente, das mulheres, dos índios, dos sem-teto, do movimento LGBTQIA+[137] e de mais tantos e quantos.

A sociedade tal qual se mostra no século XXI, com irrefreáveis mudanças, traz alterações nas relações com a democracia e a presença das novas tecnologias, principalmente as relacionadas ao universo da informação e comunicação, o que acaba provocando tomadas e retomadas de conceituações em torno dos fluxos de informações que envolvem a Administração Pública, o compartilhamento de experiências, a reconfiguração da dimensão espaço-tempo e outras características do mundo virtual em rede.[138]

Neste esforço para ampliar a compreensão sobre o ativismo/ativista/militância/militante, crescem as estatísticas, mas o que importa além dos números é abrir os horizontes sobre as acepções desses termos, o que nos levará a refletir sobre o ativismo judicial, este também entranhado no mundo virtual. Note-se que questões relativas ao direito ou às contas públicas é a ordem do dia nas páginas e nas telas midiáticas. Até mesmo órgãos como o Tribunal de Contas, o Ministério Público, o Supremo Tribunal Federal e mais outros, antes nos píncaros da indevassabilidade, se tornaram íntimos do aplauso ou da crítica da grande massa popular.

O ativismo, onde quer que seja analisado ou criticado, tem sempre uma significação político-partidária, de *polis*, de cidadania, de civilidade, de democracia, de lutas de classes, de movimentos e manifestações, de escolhas. Por outra parte, frise-se que o ativismo político é entendido comumente como a adesão de grupos sociais a ideologias político-partidárias. Geralmente, o ativismo político-partidário descamba para o irracional, o fanatismo, a falta de bom senso. Da mesma sorte como acontece no futebol, nas religiões e na idolatria de qualquer tipo. As mais recentes manifestações de rua nos Estados Unidos e na Espanha, inclusive no Oriente Médio e no Brasil, geraram uma bibliografia considerável tematizando a nova geração de "indignados" que devem aos meios midiáticos o acesso à livre participação social de maneira instantânea, em tempo real. São

---

[137] É o movimento político e social que defende a diversidade e busca mais representatividade e direitos para a comunidade.
[138] BERNARDES, Márcio de Souza; MONTEIRO, Manuela Cabral. Movimento ambientalista as novas mídias: ativismo ambiental na internet para a proteção jurídica do meio. *Anais 1º Congresso Internacional de Direito e Contemporaneidade – Mídias e Direitos da Sociedade em rede*. 30-31 mai., 01 jun. Santa Maria- RS: Universidade Federal de Santa Maria, 2012. p. 03.

movimentos virtuais capazes de promover agrupamentos de milhares de indivíduos, levando-os às ruas em protesto.[139]

A população brasileira tem experimentado o gosto amargo do ativismo político desorientado e desorganizado, por parte dos partidos, dos seus dirigentes, dos candidatos, dos eleitos, da imprensa e mídia em geral, dos governantes responsáveis pela condução dos três Poderes, e até dos eleitores, em meio a uma crise dita por alguns econômica e, por outros, política. Independentemente do que seja ou deixe de ser o motivo da crise, por conta do caos político partidário. As duas bandas (oposição e situação) se engalfinham e amigos de longas datas desfazem as amizades antigas e outras mais recentes, como as formadas nas redes sociais, a exemplo do *Facebook* e do *Instagram*. Grupos se ofendem mutuamente e constrangem-se entre si a oposição e a situação, alheios ao processo civilizatório; ao avanço das tecnologias; ao que seja ou deixe de ser o ativismo; e aos destinos da pátria; leigos quanto ao que são tribunais de contas e controle de gastos públicos. No contexto do ativismo político com ares de extremismo, há o indivíduo urbano caracterizado por um comportamento, muitas vezes, chegado à estupidez alimentada pela ausência do debate e centrado na ofensa gratuita do ódio. Na zona rural, a título de exemplo, estão muitos prefeitos corruptos e seus eleitores, bois de currais eleitorais, existentes em pleno século XXI.

Ora, é imprevisível computar a ambiguidade dos termos em língua portuguesa, isto deixando à parte a intencional dubiedade que usuários da língua/linguagem emprestam a determinados vocábulos, característica já apontada neste estudo sobre o termo *ativismo*, mormente no campo das concepções políticas. Assim, a leitura da argumentação de Koerner[140] é impactante e quase se torna um freio nesta tentativa de apurar o conceito mais objetivo do termo ativismo, que aflora a consciência das subjetividades no campo do Direito. Quanto à essência das palavras, Aristóteles postulava a ideia de que a linguagem concede o conhecimento "[...] desde que ela não seja contraditória e sim unívoca".[141]

---

[139] SORJ, Bernardo; FAUSTO, Sergio (Orgs.). *Ativismo Político em tempos de internet*. São Paulo: Edições Plataforma Democrática, 2016. p. 24.
[140] KOERNER, Andrei. O ativismo judicial como problema intelectual e político nos Estados Unidos: uma análise crítica. *Lua Nova*, São Paulo, n. 99, p. 233-255, 2016. p. 243-248.
[141] CUMPRI, Marcos Luiz. *Contribuições ao estudo da ambiguidade da linguagem*: uma proposta linguístico-educacional. 250f. Tese (Doutorado em linguística e Língua Portuguesa). Universidade Estadual Paulista, Faculdade de Ciências e Letras, 2012. p. 63.

Resta evidente que o Estado é formatado através da dialética entre o poder político e o direito. De origem grega, a palavra "democracia" significa o "governo do povo". No contexto atual, as funções do governo são exercidas por integrantes do povo "politicamente constituídos", através do processo eleitoral, é a denominada "[...] democracia representativa ou indireta".

Segundo Machado,[142] a democracia é definida como um governo da maioria ou um governo do povo para o povo. Refere-se a um princípio ratificador da democracia que se atrela à Constituição. A democracia compreende um governo para todos, isto é, "[...] é um governo do povo e para o povo".[143]

De fato, a expressão "de Direito", atrelada a "Estado Democrático", corresponde ao meio de atuação do direito que limita a atuação do poder estatal. No entanto, diante do Estado Democrático de Direito, somente o direito positivo poderá condicionar os ditames da atuação estatal e apenas ele poderá ser utilizado perante os tribunais para assegurar o "império da lei".

Decerto, a Constituição de um país estabelece os limites e normas para o exercício do poder pelo Estado, o que resulta no chamado "ordenamento jurídico", que nada mais é que o conjunto das leis que regulam determinada sociedade. Dessa forma, a Constituição é imprescindível à existência de um Estado democrático, posto que é limitadora das ações do Estado.

O Direito Brasileiro que se vincula ao aspecto atual da democracia resulta em um caráter humanista na busca da consolidação dos princípios da soberania popular e da cidadania, inseridos na manutenção dos processos nas decisões políticas estatais. A população, por meio da utilização do mecanismo de democracia participativa de acesso à Jurisdição Constitucional, almeja, gradativamente, que os poderes governamentais Legislativo, Executivo e Judiciário, integrantes do Estado Democrático de Direito, efetivem as políticas públicas que possibilitem a consolidação das condições mínimas de existência, com o objetivo precípuo de concretizar o primórdio da dignidade da pessoa humana.

---

[142] MACHADO, Edinilson Donisete. *Ativismo Judicial*: limites institucionais democráticos e constitucionais. 1. ed. São Paulo: Letras Jurídicas, 2011. p. 59.

[143] MACHADO, Edinilson Donisete. *Ativismo Judicial*: limites institucionais democráticos e constitucionais. 1. ed. São Paulo: Letras Jurídicas, 2011. p. 60.

O modelo de Bem-Estar Social, nos países centrais, entre as décadas de 70 e 80, entra em colapso. A crise ocasiona a desregulamentação do Estado e a redução de sua atuação nos setores das políticas públicas. O Brasil, mesmo não possuindo um modelo estabelecido de Estado de Bem-Estar Social, enfrenta uma crise econômica, em especial, no ano de 1980, denominada "a década perdida".

Naquele tempo, o Brasil vivenciava uma ditadura militar desde 1964, período no qual eram centralizadas no Supremo Tribunal Federal (STF) as competências para o controle da constitucionalidade, a interpretação de leis em tese, a fiscalização das decisões judiciais e sobre a disciplina dos juízes, o que obstava qualquer forma de ativismo judicial no país.[144] Na primeira atribuição, o controle da constitucionalidade, o STF tinha como ponto cego os atos de exceção, excluídos de qualquer exame pelo Judiciário. O monopólio do procurador-geral da República, à época, cargo de confiança do Presidente da República, dava a ele a privatividade de promover ações de inconstitucionalidade junto ao STF, permitindo, via indireta, o controle, por parte da Presidência da República, de tema que entendesse impertinente. Com a Constituição de 1988, esse monopólio de controle de constitucionalidade pelo Procurador-Geral da República não existe mais, posto que hoje as ADIs podem ser propostas não só por ele, mas também por partidos políticos, entidades de classe de representação nacional e por outros.

Após a redemocratização, como já aludido, que coincide com a promulgação da Constituição Federal de 1988, que culminaria, mais adiante, com o fortalecimento dos tribunais superiores, assumindo papel de relevância no cenário constitucional. O surgimento de diversos movimentos sociais e formas mais amplas de atuação da cidadania marcaram o processo de redemocratização do Brasil, o que influiu veementemente na atuação dos tribunais.

Esse novo cenário apresenta o surgimento de um projeto neoliberal que se constitui num projeto democrático participativo. O modelo democrático molda-se em conformidade com as imposições presentes no modelo democrático de caráter hegemônico, que possui bases na representação.

Para Boaventura de Souza Santos, as sociedades atuais politicamente democráticas são socialmente fascistas e ocasionam a

---

[144] KOERNER, Andrei. Ativismo Judicial? Jurisprudência constitucional e política no STF pós-88. *Novos estudos – CEBRAP*, São Paulo, n. 96, jul. 2013. p. 89.

centralização do poder de veto sobre os menos favorecidos nas mãos de uma elite poderosa, o que demonstra a

> [...] desnacionalização do Estado, por um lado – ou seja, o Estado cada vez mais gerindo as pressões globais – e a desestatização da regulação social, por outro. O Estado deixa de ter o controle da regulação social, criam-se institutos para isso, e o Estado passa a ser apenas um sócio, não tendo o monopólio da regulação social.[145]

Nesta perspectiva, o modelo democrático brasileiro resulta do sistema de naturalização do modelo democrático que considera o império da lei como ideal de garantia de direitos civis, restringe o regime democrático a um regime político de modificação de poder eficaz, baseado na identificação da cidadania com o processo eleitoral e consubstanciado em dirimir questões de cunho econômico e sociais por preceitos técnicos.

Apesar do surgimento do Estado Democrático de Direito Brasileiro decorrente da redemocratização, não ocorreu a plena efetivação da cidadania pelas pessoas que integram a sociedade brasileira. Esse cenário passou a ser modificado através de movimentos populares, a título de exemplo, o ocorrido no ano de 1992, dos chamados "caras pintadas" e, posteriormente, com mais veemência, as chamadas "jornadas de junho" de 2013, que contestaram as ações do governo de então e culminaram com a cassação da Presidente da República Dilma Rousseff. A despolitização, a corrupção específica e a desconfiança em relação às instituições públicas demonstram a depreciação do processo representativo, razões que motivam a sociedade a buscar meios efetivos para o exercício do controle social do Estado. É nessa quadra que se concebe o fenômeno do ativismo judicial no Brasil, a ser aplicado moderadamente para obstar a indesejável supremacia de um dos Poderes do Estado sobre o outro. Enfim, após este exercício de reflexão/argumentação, as ideias são ajustadas na direção da construção de um posicionamento crítico.

Dentre uma variedade de estudos consultados por Nascimento e Weires, destaca-se que "[...] o vocábulo ativismo no âmbito da ciência do direito é empregado para designar que o poder judiciário está

---

[145] SANTOS, Boaventura de Sousa. *Renovar a teoria crítica e reinventar a emancipação social*. São Paulo: Boitempo, 2007. p. 89.

agindo além dos poderes que lhe são conferidos pela ordem jurídica".[146] Outra ótica defendida por esses autores é a de ser o ativismo "[...] o exercício da função jurisdicional para além dos limites impostos pelo próprio ordenamento jurídico, que, institucionalmente, incumbe ao Poder Judiciário de atuar, resolvendo litígios de feições subjetivas",[147] referindo-se a conflitos de interesses, quanto às polêmicas jurídicas de natureza objetiva. Como explicitado, o problema do excesso existe e se encontra no seio do Poder Judiciário, em sua ação. Há uma preocupação ao tempo em que a reflexão se prolonga em torno da alma humana, sobre os insondáveis mistérios dos mecanismos subjetivos em ebulição nas mentes dos homens.

Nos ensinamentos de Grau,[148] o Poder Judiciário intensifica a insegurança dos cidadãos nos dias atuais. O autor impõe um questionamento perante essa visão do Judiciário: "Mas quem produz a norma jurídica?". A explicação que oferece o autor se volta para a separação das dimensões legislativa e normativa do fenômeno jurídico, explicando que a norma não deve e nem pode ser interpretada, pois ela em si é o resultado da interpretação, que, por sua vez, é a prudência da decisão jurídica tomada pelo juiz em seu pleno e imparcial domínio de consciência. Sendo assim, um juiz prudente toma uma decisão "[...] de acordo com o que, perante cada caso que tem de julgar, entende, em sua consciência, que pode fazer. Eis a regra: a decisão jurídica correta a ser tomada em cada caso" será a entendida pelo juiz, tendo em sua consciência o que deve ou não fazer, dentro da sua autonomia jurisdicional. Em suma, quando despreza o texto normativo, resolve criar situações de aplicação em dissonância com o próprio texto jurídico, sob a alegação de que está agindo de forma razoável e a atender o interesse social, podendo envolver um alto grau de subjetivismo, daí a insegurança, porque torna toda situação cristalizada em lei suscetível de interpretações diversas, conforme quem julga.

---

[146] NASCIMENTO, Aline Trindade do; WEIERS, Karine Schultz Weiers. Considerações sobre o ativismo judicial no Brasil. *Revista Eletrônica Direito e Política, Programa de Pós-Graduação Stricto Sensu em Ciência Jurídica da UNIVALI*, Itajaí, v. 12, n. 1, p. 293-311, 2017. p. 295.

[147] NASCIMENTO, Aline Trindade do; WEIERS, Karine Schultz Weiers. Considerações sobre o ativismo judicial no Brasil. *Revista Eletrônica Direito e Política, Programa de Pós-Graduação Stricto Sensu em Ciência Jurídica da UNIVALI*, Itajaí, v. 12, n. 1, p. 293-311, 2017. p. 295.

[148] GRAU, Eros Roberto. *Sobre a prestação Jurisdicional. Direito Penal*. São Paulo: Malheiros, 2010. p. 18.

Por seu turno, Soares[149] ensina que a segurança e a certeza do direito são imprescindíveis para que se concretize não apenas a justiça, mas um direito justo, eis que a desconfiança e a desordem institucional tolhem o reconhecimento de direitos.

É cediço que o ser humano, por mais que esteja preparado, estudado, treinado, em dado instante de sua vida é tomado de surpresa e essa surpresa incide diretamente sobre os mecanismos mentais que exercem a avaliação ou o julgamento de conflitos, quer de interesses, quer normativos.

Criticar é um exercício racional que pode tender ao ativismo eivado de ideologias que vão assaltando as pessoas aqui e ali por toda uma vida. Não por isso desiste-se de desenvolver o senso crítico perante um tema instigante, este que se dedica a tatear as faces mais contundentes do ativismo.

Comece-se por Habermas, ao afirmar que "[...] a racionalidade de uma pessoa mede-se pelo fato de ela se expressar racionalmente e poder prestar contas de seus proferimentos, adotando uma atitude reflexiva".[150]

Registre-se, mais uma vez, que, ao tratar do Poder Judiciário, a Carta Magna de 1988 consagrou em seus ditames os anseios sociais e políticos, associados aos objetivos fundamentais de igualdade material e redistribuição da renda no rol dos direitos. Ocorreu, assim, a ampliação desse rol de direitos e, consequentemente, o fortalecimento das competências do Supremo Tribunal Federal, bem como do Poder Judiciário, que resultou na inserção de temas políticos na esfera do judiciário, através da já mencionada "judicialização".

De outra parte, com as eleições de 2002, assumiu a presidência da república o Partido dos Trabalhadores (PT), com fraco papel perante o Congresso Nacional. Daí, com o surgimento dos desacordos entre o Executivo e o Legislativo, concretizou-se o processo de resolução jurídica de questões da esfera política. Esse contexto desenvolveu-se com a reforma do Judiciário através da Emenda Constitucional nº 45, de 2004, que fortaleceu o STF e ampliou a ingerência de suas decisões, aumentando, ainda mais, as possibilidades de judicialização da política.

---

[149] SOARES, Ricardo Maurício Freire. *O princípio constitucional da dignidade da pessoa humana.* São Paulo: Saraiva, 2010. p. 52.
[150] HABERMAS, Jürgen. *Verdade e Justificação*: ensaios filosóficos. (Trad. Milton Camargo Mota). São Paulo: Edições Loyola, 2004. p. 102.

O Poder Judiciário começou a assumir uma nova conduta interpretativa, possibilitando, por meio hermenêutico, a retificação e a modificação da lei, bem como a elaboração de direito novo, além de permitir a criação de normas com caráter constitucional por decisão judicial.[151]

Com essa nova conduta interpretativa, o STF decidiu questões políticas e sociais que detinham grande relevância, entre elas, a reforma partidária e a lei de biossegurança, adotando um forte papel político sem requerer sua legitimação através de eleições e sem criar meios para ampliação da participação popular.

Resta evidente que não se conseguiu promover a ampliação da participação direta dos indivíduos nas decisões políticas da democracia contemporânea brasileira, resultando como produto o ativismo judicial. A partir daí as questões políticas contraditórias, não supridas pelos Poderes Legislativo e Executivo, foram dirimidas pelo Poder Judiciário, ocasionando a judicialização da política. O Supremo, para legitimar suas decisões em conflitos políticos, utilizou de argumentos técnicos, através do judiciário, consagrando a "ideologia da competência".[152] Essa ideologia, presente na sociedade contemporânea, demonstra a fragmentação ideológica da sociedade entre aqueles que detêm conhecimentos técnico-científicos e os que não possuem, espelhando-se na figura daqueles que comandam e nos que obedecem, respectivamente.

Os membros do judiciário, detentores de conhecimento técnico avançado, atrelam essa competência à sua decisão, legitimando-a. Porém, outro resultado desse caráter técnico de decisões políticas é a ampliação do afastamento da população da esfera política.

Através da representação "argumentativa", atuação "majoritária" dos órgãos autônomos de controle, se legitimam e utilizam todos os elementos resultantes da adoção dos direitos e deveres fundamentais, tendo como base os procedimentos inerentes às ações de controle, permitindo a contraposição efetiva dos atos advindos dos demais Poderes, sem violar ou ofender o princípio democrático.

---

[151] Este caráter demonstra o ativismo da Corte e sua colaboração com o refutamento do tradicional modelo de separação de poderes.
[152] CHAUÍ, Marilena. Cultura e democracia. *In*: Crítica y emancipación. *Revista latinoamericana de Ciencias Sociales*, Buenos Aires: CLACSO, a. 1, n. 1, jun. 2008. p. 73-75. Disponível em: http://bibliotecavirtual.clacso.org.ar/ar/libros/secret/CyE/cye3S2a.pdf. Acesso em 02 dez. 2017.

A pesquisa de Alves[153] identificou traços de ativismo no exercício das competências constitucionais e legais do TCU, a exemplo: a criação judicial do Direito; o avanço em solucionar casos por meio da fixação de regras bastante abrangentes que culminam por "decidir" casos futuros; a atuação processual ampliada; e o afastamento de alguns critérios de correção com o objetivo de alcançar um resultado específico, utilizando-se de uma espécie de pragmatismo cujas bases estão firmadas em argumentos econômicos não comprovados. O autor citado pondera sobre pontos relevantes, mormente quanto à imprecisão da terminologia ativismo judicial, quando afirma que "[...] a expressão pode ter uma carga valorativa positiva ou negativa, a depender do enfoque teórico ou da ideologia de quem analisa". E, acrescente-se, a depender do objetivo e dos interesses de quem analisa, ou de quem se torna ativista em qualquer local, tempo ou ocasião.

Outro aspecto crítico argumentado por Alves[154] insere a questão da dependência dos que interpretam o Poder Judiciário como não detentores das informações e dos precisos instrumentos para concretização dos valores constitucionais, posto que "[...] para resolver determinadas questões que envolvem desacordos morais da sociedade, o ativismo judicial é algo negativo e que deve ser evitado". Mais uma assertiva do autor explicita que a discussão abarca a problemática da aceitação ou da rejeição da utilização de "[...] princípios jurídicos na adjudicação judicial, além da possível infringência do ativismo judicial sobre a segurança jurídica, a democracia e a separação dos Poderes, valores normalmente enfatizados por aqueles que propugnam uma maior contenção judicial".[155]

Por essas e outras possíveis motivações, vê-se que o ativismo, especificamente o judicial, interliga-se aos aspectos mais essenciais da democracia brasileira, visto que só depois da promulgação da Constituição Cidadã foi possível ao judiciário uma abertura a práticas ativistas voltadas ao cumprimento do interesse da coletividade.

---

[153] ALVES, Francisco Sérgio Maia. O ativismo na atuação jurídico-administrativa do Tribunal de Contas da União: estudo de casos. *Revista de Informação Legislativa*, Brasília, v. 53, n. 209, p. 303-328, jan./mar. 2016. p. 305.

[154] ALVES, Francisco Sérgio Maia. O ativismo na atuação jurídico-administrativa do Tribunal de Contas da União: estudo de casos. *Revista de Informação Legislativa*, Brasília, v. 53, n. 209, p. 303-328, jan./mar. 2016. p. 305.

[155] ALVES, Francisco Sérgio Maia. O ativismo na atuação jurídico-administrativa do Tribunal de Contas da União: estudo de casos. *Revista de Informação Legislativa*, Brasília, v. 53, n. 209, p. 303-328, jan./mar. 2016. p. 305.

Após as reflexões e argumentos aqui formalizados, aumenta-se a segurança para, no tópico seguinte, assumir-se um posicionamento crítico sobre o ativismo judicial e algumas de suas significativas facetas.

### 2.1.1 O ativismo judicial e o poder criativo do julgador

Sequenciando este estudo, ultrapassadas as considerações gerais sobre ativismo, cuida-se agora do que vem a ser o ativismo judicial, sua aplicação e seus limites, fundado no poder criativo dos magistrados. À primeira vista, a expressão ativismo judicial transporta qualquer tentativa de conceituação para algo como um ativismo praticado na área jurídica e pelos juristas e, naturalmente, como o seria para qualquer área do conhecimento, é preciso decantar termos e expressões com o objetivo de apreender-lhes os possíveis significados.

A respeito disso, inexiste um conceito uno acerca do ativismo judicial. Na visão de Campos, "[n]ão há realmente consenso sobre o que é ativismo judicial e ele acaba significando coisas distintas para pessoas distintas. É possível haver tantas concepções de ativismo judicial quantos autores sobre o tema".[156]

Contudo, a conceituação mais próxima e adequada do que vem a ser ativismo judicial é concebida por Luís Roberto Barroso,[157] para quem a noção de ativismo judicial está vinculada à participação expandida e profunda do Poder Judiciário na efetivação e concretização dos valores e objetivos constitucionais, diante da ampla intervenção no espaço de exercício dos demais poderes. Dessa forma, em maior parcela de fatos, ocorre o preenchimento de espaços lacunosos.

Por seu turno, Alves[158] conceitua ativismo judicial como um fenômeno jurídico que tem sido bem trabalhado pela recente doutrina, principalmente pelos teóricos do Direito Constitucional e da teoria política, mas, sempre adotando-se como critério o cuidado na definição terminológica, tendo em vista sua multiplicidade de sentidos e aberto

---

[156] CAMPOS, Carlos Alexandre de Azevedo. *Dimensões do ativismo Judicial do Supremo Tribunal Federal*. Rio de Janeiro: Forense, 2014. p. 150.
[157] BARROSO, Luís Roberto. Constituição, democracia e supremacia judicial: direito e Política no Brasil contemporâneo. *In*: FELLET, André Luiz Fernandes; PAULA, Daniel Giotti de; NOVELINO, Marcelo (Org.). *As novas faces do ativismo judicial*. 2. ed. Salvador: JusPodivm, 2013. p. 233.
[158] ALVES, Francisco Sérgio Maia. O ativismo na atuação jurídico-administrativo do Tribunal de Contas da União: estudo de casos. *Revista de Informação Legislativa*, Brasília, v. 53, n. 209, p. 303-328, jan./mar. 2016. p. 303.

à absorção da ideologia de quem emprega o termo. O mesmo autor[159] ainda diz que o ativismo se move através de comportamento calcado em pensamentos contraditórios, por vezes necessários e, por outras vezes, o aponta como um comportamento questionável.

Com visão semelhante à de Barroso, Campos adota cinco diretrizes para elaboração da definição de ativismo judicial. Ele o entende como:

> [...] exercício expansivo, não necessariamente ilegítimo, de poderes político-normativos por parte de juízes e cortes, em face dos demais atores políticos, que: *(a)* deve ser identificado e avaliado segundo os desenhos institucionais estabelecidos pelas constituições e leis locais; *(b)* responde aos mais variados fatores institucionais, políticos, sociais e jurídico-culturais presentes em contextos particulares e em momentos históricos distintos; *(c) se manifesta por meio de múltiplas dimensões de práticas decisórias* (grifo do autor).[160]

O caráter multidimensional do ativismo judicial, aludido anteriormente por Campos, compreende as diversas e distintas formas de manifestação das decisões ativistas através de variados procedimentos judiciais e estabelece limites objetivos na definição ativista de cada decisão e suas dimensões. De tal modo, uma decisão pode comportar mais de uma dimensão de modo concorrente ou conflituoso.

Diante das definições trazidas neste estudo, entende-se que o ativismo judicial **é** a efetivação de direitos e valores constitucionais, através do exercício proativo do Poder Judiciário, diante de possíveis lacunas pelos Poderes Executivo ou Legislativo. Para Carlos Alexandre de Azevedo Campos, inexiste qualquer comprovação de uma decisão judicial ativista poder ser definida como ilegítima ou não. Para ele, a atribuição do caráter de legitimidade da decisão "[...] dependerá, no caso concreto, da conformidade do exercício do poder judicial com os limites institucionais, mais ou menos claros, impostos pela respectiva constituição de regência e pelas diferentes variáveis políticas e sociais presentes".[161]

---

[159] ALVES, Francisco Sérgio Maia. O ativismo na atuação jurídico-administrativa do Tribunal de Contas da União: estudo de casos. *Revista de Informação Legislativa*, Brasília, v. 53, n. 209, p. 303-328, jan./mar. 2016. p. 304-306.

[160] CAMPOS, Carlos Alexandre de Azevedo. *Dimensões do ativismo Judicial do Supremo Tribunal Federal*. Rio de Janeiro: Forense, 2014. p. 164.

[161] CAMPOS, Carlos Alexandre de Azevedo. *Dimensões do ativismo Judicial do Supremo Tribunal Federal*. Rio de Janeiro: Forense, 2014. p. 159.

É dizer que o Poder Judiciário, através das decisões proferidas pelo STF e pelas demais esferas do Judiciário, visa a preencher brechas deixadas pelos demais Poderes ante as políticas públicas. Daí emerge a figura do ativismo judicial como um evento conectado à aplicação e interpretação do Direito que vai além da legislação.

A judicialização da política se manifesta numa ação circunstancial e inflexível, intervindo com base na lei, mas indo além de suas competências constitucionais. Dessa forma, o ativismo pressupõe determinada vontade do intérprete, que, se utilizado moderadamente, consistirá num instrumento útil para suprir as omissões do Estado, enquanto gestor e legislador.

Foi no início do século XIX, quando do surgimento do "judicial review",[162] nos Estados Unidos, que emergiram debates voltados ao ativismo judicial, produto dos contextos amplos e conflituosos nos ramos ideológico, político, social e cultural.[163]

O ativismo judicial[164] foi elaborado partindo-se da atuação da Suprema Corte Constitucional dos Estados Unidos, através do controle de constitucionalidade tácito e, ampliou-se, em seguida, para outros países, dentre eles, a Alemanha, a Itália e o Brasil, países que acolheram a tradição romano-germânica baseados na *civil law*. Para Clarissa Tassinari,[165] o seu surgimento ocorreu pela natureza concisa do sistema constitucional dos EUA, necessitando de posturas ativistas na atuação jurisprudencial da Suprema Corte norte-americana, diante da lacuna normativa que envolvia questões sociais conflituosas.

Outra causa do surgimento do ativismo judicial se consubstancia no sistema "common law", sistema oriundo da Inglaterra, por meio da ratificação de um direito comum (*jus commune*) e foi proclamado pelo tribunal (primordialmente, pelo Tribunal de Westminster e, em seguida, pelas "Cortes Comuns").[166]

---

[162] O *judicial review* é entendido como o controle judicial ou o controle de constitucionalidade das leis.

[163] CAMPOS, Carlos Alexandre de Azevedo. *Dimensões do ativismo Judicial do Supremo Tribunal Federal*. Rio de Janeiro: Forense, 2014. p. 71.

[164] O termo *ativismo judicial* foi empregado inicialmente pelo historiador Arthur Schlesinger Jr., no artigo *The Supreme Court*: 1947, publicado na Revista *Fortune*, vol. XXXV, nº 1, no mês de janeiro de 1947. (SCHLESINGER JR., Arthur. The Supreme Court: 1947. *Revista Fortune*, v. XXXV, n. 1, jan. 1947; CAMPOS, Carlos Alexandre de Azevedo. *Dimensões do ativismo Judicial do Supremo Tribunal Federal*. Rio de Janeiro: Forense, 2014).

[165] TASSINARI, Clarissa. *Jurisdição e ativismo judicial*: limites da atuação do judiciário. Porto Alegre: Livraria do Advogado Editora, 2013. p. 104.

[166] TASSINARI, Clarissa. *Jurisdição e ativismo judicial*: limites da atuação do judiciário. Porto Alegre: Livraria do Advogado Editora, 2013. p. 68.

O controle de constitucionalidade das leis tem sua origem nos Estados Unidos, que é fruto de uma decisão judicial proferida pela Corte Suprema sobre o julgamento do caso *Marbury vs. Madison*.[167]

O objeto da decisão *Marbury vs. Madison* não estava previsto na Constituição Americana, tal contexto, para Campos,[168] confirma que o controle judicial de constitucionalidade já foi concebido com uma argumentação ativista.

De fato, foi adotado o fundamento de John Marshall[169] sobre a garantia da supremacia da Constituição através do Judiciário, além de obstar a aplicação de leis federais conflitantes com a Constituição.

Neste segmento, Campos afirma que o poder atrelado ao fenômeno do *judicial review*, "[...] afirmado na 'clássica argumentação estrutural' de Marshall, foi mais extraído da natureza e dos propósitos da Constituição do que dos significados normativos do seu texto".[170]

Neste cenário, a decisão *Marbury* compreende um referencial teórico para a pesquisa, tanto em relação ao contexto histórico do controle judicial ou controle de constitucionalidade, quanto para a origem do ativismo judicial.

A decisão de Marshall marcou o início de um novo modelo *judicial review*, o que resultou no desenho do constitucionalismo nos EUA, que desde então foi envolto por profunda atividade judicial, em especial, pela grande interferência da Suprema Corte para dirimir conflitos.

Mais tarde, o desenvolvimento do constitucionalismo nos EUA foi dividido em fases. A primeira, conhecida como a "Era da Tradição" (ou *tradicional era*), perdurou de 1787 (Constituição dos Estados Unidos)

---

[167] A decisão "*Marbury* representou a primeira decisão na qual a Corte dos EUA assentou o poder de exercer a revisão judicial de atos políticos (controle de constitucionalidade) proferidos pelos demais Poderes do Estado (legislativo e Executivo), negando aplicação a leis e atos normativos que, incompatíveis com a Constituição, fossem declarados inconstitucionais". (BARROSO, Luís Roberto. Constituição, democracia e supremacia judicial: direito e Política no Brasil contemporâneo. *In*: FELLET, André Luiz Fernandes; PAULA, Daniel Giotti de; NOVELINO, Marcelo (Org.). *As novas faces do ativismo judicial*. 2. ed. Salvador: JusPodivm, 2013).

[168] CAMPOS, Carlos Alexandre de Azevedo. *Dimensões do ativismo Judicial do Supremo Tribunal Federal*. Rio de Janeiro: Forense, 2014. p. 30-31.

[169] John Marshall, responsável pelo voto-condutor no julgamento do caso *Marbury*, de 1803, foi Chefe de Justiça (*Chief Justice*) dos Estados Unidos, juiz integrante da Suprema Corte norte-americana, entre 1801 e 1835, a qual atribuiu-lhe natureza institucional, ampliando sua relevância no contexto político (CAMPOS, Carlos Alexandre de Azevedo. *Dimensões do ativismo Judicial do Supremo Tribunal Federal*. Rio de Janeiro: Forense, 2014).

[170] CAMPOS, Carlos Alexandre de Azevedo. *Dimensões do ativismo Judicial do Supremo Tribunal Federal*. Rio de Janeiro: Forense, 2014. p. 52.

a 1890, marcada pela concepção mais substancial da Constituição, numa interpretação adequada do texto constitucional, além de uma aplicação moderada da revisão judicial.[171] A segunda fase, por sua vez, conhecida como a "Era da Transição" ou *transitional era*, perdurou de 1890 a 1937, e estava inserida num panorama social e jurídico. Essa fase foi marcada pela ingerência da filosofia política do capitalismo *Laissez-faire*,[172] que transformou a interpretação da Corte Constitucional, onde se apresenta uma atuação mais ativista de revisão judicial. E, por **último,** a "Era Moderna" ou *modern era*, que teve início em 1937 e perdura até os dias atuais. Há, pois, um rompimento dos paradigmas da jurisdição constitucional, em que a Suprema Corte adota um papel liberal-progressista, o que resulta na elaboração de "[...] novas e mais ativistas teorias para interpretação constitucional e revisão judicial".[173]

No Brasil, o surgimento do ativismo deveu-se a três fatos marcantes,[174] a saber: o neoconstitucionalismo; a Constituição Federal de 1988; e o Estado Democrático de Direito. O primeiro se configura como uma modificação do constitucionalismo, consolidando sua relevância no cenário jurídico, rompendo sua ligação com o pensamento positivista. Esse panorama fortalece o elemento discricionário do novo modelo de jurisdição.

Campos entende que "a discussão sobre o ativismo judicial se inicia com a ampliação institucional do Poder Judiciário e do Supremo Tribunal Federal, fatos ligados **à** promulgação da Constituição Federal de 1988 e ao processo de redemocratização",[175] momento no qual o ativismo judicial ganhou **ênfase** em decorrência dos princípios fundamentais que deram maior azo **àquele** que julga e decide em função de conceitos/princípios e não somente do texto escrito da lei.

---

[171] TASSINARI, Clarissa. *Jurisdição e ativismo judicial*: limites da atuação do judiciário. Porto Alegre: Livraria do Advogado Editora, 2013. p. 87-88.

[172] Idealizada por Adam Smith, em sua obra "Riqueza das Nações", este modelo capitalista liga-se ao modelo econômico do liberalismo, onde existe uma mínima interferência estatal, em especial na área econômica, e adota a regra da livre concorrência.

[173] TASSINARI, Clarissa. *Jurisdição e ativismo judicial*: limites da atuação do judiciário. Porto Alegre: Livraria do Advogado Editora, 2013. p. 283.

[174] Observe-se que estes fatos ajudaram no desenvolvimento e evolução do protagonismo judicial no Brasil. O fenômeno neoconstitucionalista resultou na promulgação da Carta Magna de 88, que, por seu turno, criou um novo modelo estatal, o Estado Democrático de Direito ou Estado Constitucional de Direito (RAUPP, Maurício Santos. *Ativismo Judicial*: características e singularidades. Do voluntarismo à concretização de direitos. 1. ed. Rio de Janeiro: Lumen Juris, 2016).

[175] CAMPOS, Carlos Alexandre de Azevedo. *Dimensões do ativismo Judicial do Supremo Tribunal Federal*. Rio de Janeiro: Forense, 2014. p. 210.

O ativismo judicial correlaciona-se, pois, a um pressuposto volitivo. É um ato de vontade do julgador no momento de pronúncia da sentença. O magistrado decide, observando princípios constitucionais, através de sua faculdade discricionária, baseando-se não em argumentos de direito, mas em crenças pessoais e em sua consciência.[176] Ao falar de vontade, far-se-á relevante realizar uma menção a Hans Kelsen,[177] [178] que atribui à vontade a característica de elemento constitutivo do ato de aplicação do direito. Ele afirma que a esfera jurídica encontra óbice em solidificar-se por meio de um **âmago** próprio, emaranhando-se em aspectos de moral, política e economia.

Para Kelsen, ainda, "[...] através deste ato de vontade se distingue a interpretação jurídica feita pelo órgão aplicador do Direito de toda e qualquer outra interpretação, especialmente da interpretação levada a cabo pela ciência jurídica".[179]

Negrelly reforça que "[...] mesmo em países que tenham adotado o sistema jurídico romano-germânico como base em seu ordenamento, pautando-se, basicamente, na predominância absoluta do positivismo jurídico e com forte tendência à codificação do direito",[180] o que ocorre no momento em que os países elegem assimilar nas suas cartas constitucionais as normas principiológicas, ensejando o aparecimento do que se convencionou denominar ativismo judicial e de alguma maneira adotou-se uma "[...] característica fundamental do sistema eleito nestas nações em razão da viabilização do espaço necessário a interpretações construtivistas".[181]

---

[176] OLIVEIRA, Rafael Tomaz de. A jurisdição constitucional entre a judicialização e o ativismo: percursos para uma necessária diferenciação. *In*: Simpósio Nacional de Direito Constitucional da Abdconst. Curitiba, 2012. *Anais eletrônicos do X Simpósio Nacional de Direito Constitucional da ABDConst*. Curitiba: ABDConst, 2013. Disponível em: http://http://www.abdconst.com.br/anais2/JurisdicaoRafael.pdf. Acesso em 03 ago. 2017. p. 299.

[177] KELSEN, Hans. *Teoria pura do direito*. (Trad. João Baptista Machado). São Paulo: Martins Fontes, 1999. p. 249.

[178] Para Edinilson Donisete Machado, "[a] teoria kelseniana foi o ápice a que melhor expressou o pensamento jurídico positivo, consolidando, na teoria pura do Direito, a tentativa de apresentar respostas a todas as questões que lhe são relativas, dentro do sistema". (MACHADO, Edinilson Donisete. *Ativismo Judicial*: limites institucionais democráticos e constitucionais. 1. ed. São Paulo: Letras Jurídicas, 2011. p. 27).

[179] KELSEN, Hans. *Teoria pura do direito*. (Trad. João Baptista Machado). São Paulo: Martins Fontes, 1999. p. 249.

[180] NEGRELLY, Leonardo Araújo. O ativismo Judicial e seus limites frente ao estado democrático. *Anais do XIX Encontro Nacional do CONPEDI*, Fortaleza, 09-12 jun. 2010. Disponível em: http://www.publicadireito.com.br/conpedi/manaus/arquivos/anais/fortaleza/3684.pdf. Acesso em 22 jul. 2017. p. 1419.

[181] NEGRELLY, Leonardo Araújo. O ativismo Judicial e seus limites frente ao estado democrático. *Anais do XIX Encontro Nacional do CONPEDI*, Fortaleza, 09-12 jun. 2010.

As decisões proferidas pelo juiz são as definidas como dispositiva – categoria especial de sentenças constitutivas – e são aplicadas em conformidade com o poder conferido ao juiz de equidade, tendo este o poder de elaborar o direito com foco no caso em particular. Depreende-se daí que, diante da falta de norma reguladora aplicável ao caso concreto, o juiz pode aplicar discricionariamente, e não arbitrariamente, em consonância com o princípio da equidade, o direito objetivo/positivado mais adequado na regulação do fato, por conseguinte, tal procedimento é entendido como determinações criadoras do direito.[182] Todavia, o magistrado deve cumprir o quanto determinado legalmente, impondo a este o ofício de seu cumprimento, aplicando e integrando a lei ao caso singular.

Chiovenda[183] asseverou quanto à definição de jurisdição (que perpassa pelas atividades legislativa e governamental) como uma decisão criadora de um direito que impõe ao magistrado a aplicação e a integração da lei ao caso concreto, seja afirmando-a, seja efetuando-a na prática, observando os princípios de Justiça e Equidade, regras essenciais do ordenamento jurídico.

Nas preleções de Calamandrei, ao mencionar "o novo Código", deixa anotado que nesse novo modelo,

> [...] A decisão que o juiz pronuncia no exercício destes poderes é, sem dúvida, uma providência jurisdicional, tipicamente dispositiva; mas a função do juiz tem aqui muitos pontos de contato também com a função do conciliador, seja porque pressupõe o acordo das partes para pedir a decisão de equidade, seja porque deve inspirar-se naqueles sentimentos de compreensão humana e de solidariedade social sobre o qual apoia-se a conciliação.[184]

Dessa forma, a vinculação da discricionariedade de aplicação do princípio de equidade ao juiz não afeta a atuação do legislador em regular determinadas situações jurídicas, dispondo apenas ao juiz um

---

Disponível em: http://www.publicadireito.com.br/conpedi/manaus/arquivos/anais/fortaleza/3684.pdf. Acesso em 22 jul. 2017. p. 1419.
[182] CALAMANDREI, Piero. *Direito processual civil*. (Trad. Luiz Abezia e Sandra Drina Fernandez Barbiery). Campinas: Bookseller, 1999. v. I, p. 163.
[183] CHIOVENDA, Giuseppe. *Instituições de direito processual civil*. São Paulo: Bookseller, 1965. v. II.
[184] CALAMANDREI, Piero. *Direito processual civil*. (Trad. Luiz Abezia e Sandra Drina Fernandez Barbiery). Campinas: Bookseller, 1999. v. I, p. 167.

amparo ampliativo do direito vigente como também a adaptação do direito aos quesitos do caso em particular.

Negrelly esclarece que o ativismo "[...] pode ser considerado como uma postura participativa do magistrado na condução do processo judicial",[185] o que constitui um posicionamento recomendável para juízes e também para o funcionalismo público. Mas, por outro lado, adverte Negrelly que a noção por ele empregada é de um ativismo relacionado à "[...] participação do juiz na formação da norma jurídica, tendo, portanto, foco no momento do pronunciamento judicial de mérito".[186] Grife-se uma postura participativa do magistrado na condução judicial. Aqui se acende uma vigorosa tocha, porque se sente um frêmito e um alerta de perigo. O frêmito corre posto que, mesmo sendo juiz, este é um cidadão, um ser ativo ao qual não caberiam a frieza, a indiferença e o distanciamento total enquanto ele conduz um processo judicial. Quanto ao alerta de perigo, é o caso da isenção e neutralidade esperadas da atividade de um juiz, restringindo-se aos limites da norma jurídica e ao foco no momento do pronunciamento judicial de mérito.

Não se querendo estacionar nesta encruzilhada, segue-se o rumo indicado por Negrelly[187] ao sinalizar com o pensamento de Ernani Rodrigues de Carvalho, que sugere como "[...] fator propiciador desta nova tendência judicial [...]" a "[...] existência de um sistema político democrático, a separação de poderes, o exercício dos direitos políticos, o uso dos tribunais pelos grupos de interesse, o uso dos tribunais pela oposição e, por último, a inefetividade das instituições majoritárias". E, como registra a existência de um contexto de ativismo judicial cada vez mais nítido no dia a dia do Poder Judiciário, reforça o argumento de que se deve "[...] destacar que principalmente a inobservância das instituições majoritárias e o ferimento à separação de poderes são

---

[185] NEGRELLY, Leonardo Araújo. O ativismo Judicial e seus limites frente ao estado democrático. *Anais do XIX Encontro Nacional do CONPEDI*, Fortaleza, 09-12 jun. 2010. Disponível em: http://www.publicadireito.com.br/conpedi/manaus/arquivos/anais/fortaleza/3684.pdf. Acesso em 22 jul. 2017. p. 1419.

[186] NEGRELLY, Leonardo Araújo. O ativismo Judicial e seus limites frente ao estado democrático. *Anais do XIX Encontro Nacional do CONPEDI*, Fortaleza, 09-12 jun. 2010. Disponível em: http://www.publicadireito.com.br/conpedi/manaus/arquivos/anais/fortaleza/3684.pdf. Acesso em 22 jul. 2017. p. 1419.

[187] NEGRELLY, Leonardo Araújo. O ativismo Judicial e seus limites frente ao estado democrático. *Anais do XIX Encontro Nacional do CONPEDI*, Fortaleza, 09-12 jun. 2010. Disponível em: http://www.publicadireito.com.br/conpedi/manaus/arquivos/anais/fortaleza/3684.pdf. Acesso em 22 jul. 2017. p. 1419.

fatores, *prima facie*, estremecedores da democracia".[188] Disse como se ouvisse as vozes populares nos dias correntes, com juízes de primeira e segunda instância, incluindo-se a atuação do STF nos casos de corrupção dos políticos brasileiros.

Essas vozes populares têm acusado os juízes, individualmente, e mais todo o quadro do STF de estarem se comportando como afiliados a partidos políticos dos quais fariam a militância. Conviria refletir sobre se, neste pormenor, até pela firmeza da margem de discricionariedade notada na atividade dos juízes, o ativismo judicial, neste viés, representaria uma quebra da conduta positivista entranhada no Poder Judiciário, expondo uma "[...] postura proativa do magistrado na interpretação da norma, em especial da Constituição, de forma a expandir o seu sentido e alcance, participando o juiz, portanto, no processo de criação da norma jurídica".[189] Restam dúvidas ao raciocínio que ora se tenta formular, principalmente porque, como faz ver o autor anteriormente citado, o ativismo judicial é justificável "[...] como repositório axiológico na interpretação de normas infraconstitucionais com o fito de permeá-las com os valores prevalecentes no meio social no momento em que é prolatada a decisão",[190] tendo o dever de usar do comedimento e da cautela.

Na forma antes descrita, não terá a decisão em questão exorbitado o campo de atuação do Poder Judiciário, ingressando pelo âmbito do Poder Legislativo (o perigo de querer legislar). A afirmação se explica pela possibilidade de o Poder Judiciário incidir no Poder Legislativo, em seu campo normativo, podendo violar o princípio democrático fundante da República brasileira, contrapondo o quanto prescrito na Constituição Federal, ao desconsiderar a determinação disposta em seu art. 2º, que impõe a manutenção da independência e harmonia entre os Poderes instituídos. Diante desse quadro, outro impacto

---

[188] NEGRELLY, Leonardo Araújo. O ativismo Judicial e seus limites frente ao estado democrático. *Anais do XIX Encontro Nacional do CONPEDI*, Fortaleza, 09-12 jun. 2010. Disponível em: http://www.publicadireito.com.br/conpedi/manaus/arquivos/anais/fortaleza/3684.pdf. Acesso em 22 jul. 2017. p. 1419.

[189] NEGRELLY, Leonardo Araújo. O ativismo Judicial e seus limites frente ao estado democrático. *Anais do XIX Encontro Nacional do CONPEDI*, Fortaleza, 09-12 jun. 2010. Disponível em: http://www.publicadireito.com.br/conpedi/manaus/arquivos/anais/fortaleza/3684.pdf. Acesso em 22 jul. 2017. p. 1419.

[190] NEGRELLY, Leonardo Araújo. O ativismo Judicial e seus limites frente ao estado democrático. *Anais do XIX Encontro Nacional do CONPEDI*, Fortaleza, 09-12 jun. 2010. Disponível em: http://www.publicadireito.com.br/conpedi/manaus/arquivos/anais/fortaleza/3684.pdf. Acesso em 22 jul. 2017. p. 1420.

impossibilita uma tomada de posição, tendo em vista que os dois polos se contradizem, ou, pelo menos, parecem se contradizer, posto que há uma garantia constitucional, entrando em cena a questão importante da independência e harmonia dos Poderes instituídos.

As abrangentes análises e fundamentações de Negrelly[191] vão descambar em um posicionamento ponderado e sólido, quando aduz que o Poder Judiciário brasileiro, de uns tempos para cá, vem ampliando a sua linha de atuação, dessa maneira assumindo exercer "[...] um papel ativo em discussões de cunho político, não obstante os membros desse Poder não serem agentes públicos eleitos pelo voto popular, não sendo, portanto, representantes direto do povo". Até aqui, destaque-se o pensamento de Negrelly,[192] ao afirmar que o Supremo Tribunal Federal, na condição de guardião da Constituição e seus novos paradigmas voltados à construção de uma sociedade livre, justa e solidária, assume função que deve ater "[...] suas ingerências às deliberações parlamentares, limitando-se, nestes casos, a resguardar o sistema democrático e os direitos fundamentais", sem que, absolutamente, avoque "[...] para si a tarefa de inovar na ordem jurídica".[193] Reitera o estudioso que não existe problema no qual o Poder Legislativo tenha limitado sua atividade por um poder judicial que não goze da "[...] mesma legitimidade democrática que ele, desde que tal limitação seja imposta por uma jurisdição constitucional bem exercida, dentro dos limites autorizados pela Constituição",[194] o que estimulará a fiscalização de um Poder sobre outro, como o Judiciário sobre o Legislativo, incorrendo, "[...] antes de um risco, numa garantia

---

[191] NEGRELLY, Leonardo Araújo. O ativismo Judicial e seus limites frente ao estado democrático. *Anais do XIX Encontro Nacional do CONPEDI*, Fortaleza, 09-12 jun. 2010. Disponível em: http://www.publicadireito.com.br/conpedi/manaus/arquivos/anais/fortaleza/3684.pdf. Acesso em 22 jul. 2017. p. 1425.

[192] NEGRELLY, Leonardo Araújo. O ativismo Judicial e seus limites frente ao estado democrático. *Anais do XIX Encontro Nacional do CONPEDI*, Fortaleza, 09-12 jun. 2010. Disponível em: http://www.publicadireito.com.br/conpedi/manaus/arquivos/anais/fortaleza/3684.pdf. Acesso em 22 jul. 2017. p. 1425.

[193] NEGRELLY, Leonardo Araújo. O ativismo Judicial e seus limites frente ao estado democrático. *Anais do XIX Encontro Nacional do CONPEDI*, Fortaleza, 09-12 jun. 2010. Disponível em: http://www.publicadireito.com.br/conpedi/manaus/arquivos/anais/fortaleza/3684.pdf. Acesso em 22 jul. 2017. p. 1425.

[194] NEGRELLY, Leonardo Araújo. O ativismo Judicial e seus limites frente ao estado democrático. *Anais do XIX Encontro Nacional do CONPEDI*, Fortaleza, 09-12 jun. 2010. Disponível em: http://www.publicadireito.com.br/conpedi/manaus/arquivos/anais/fortaleza/3684.pdf. Acesso em 22 jul. 2017. p. 1425.

para a democracia".¹⁹⁵ É compreensível, em contrapartida, que exista uma margem de risco para o sistema democrático, tendo em vista o *status* de cada um desses Poderes e a democracia que qualifica o povo como único e maior poder.

Até aqui este estudo conseguiu dispor sobre o ativismo judicial, sobre o seu surgimento, e posicionar-se quanto à relevância do mesmo, radiografando as nuances do poder criativo do julgador, elemento essencial para o robustecimento desta pesquisa.

## 2.1.2 A separação dos Poderes: vantagens e desvantagens do ativismo judicial

A corrente moderna de separação dos Poderes do Estado está diretamente relacionada ao nascimento dos direitos fundamentais.¹⁹⁶ Contudo, o caminho percorrido para a efetivação desses direitos foi tão longo quanto a própria trajetória da humanidade, e diversos fatores contribuíram para a estrutura básica do que hoje é denominado de sistema de tutela dos direitos fundamentais,¹⁹⁷ como adiante se expõe.

Nesta seção cuida-se da melindrosa questão do ativismo judicial, reafirmando que o princípio da separação dos Poderes é um princípio constitucional erigido como cláusula pétrea, sendo, de tal modo, inatacável por qualquer prática ativista.

Marx e Engels,¹⁹⁸ ao tratarem sobre o trabalho e seu aperfeiçoamento por meio da vida em sociedade, constataram que o homem foi se tornando apto a executar atividades cada dia mais complexas. O que ensejou que começasse a realizar funções não por necessidade e sim pelo aprimoramento do pensamento, refletindo a respeito do mundo ao seu redor e nas consequências das suas atitudes. O homem

---

[195] NEGRELLY, Leonardo Araújo. O ativismo Judicial e seus limites frente ao estado democrático. *Anais do XIX Encontro Nacional do CONPEDI*, Fortaleza, 09-12 jun. 2010. Disponível em: http://www.publicadireito.com.br/conpedi/manaus/arquivos/anais/fortaleza/3684.pdf. Acesso em 22 jul. 2017. p. 1425.

[196] CAVALCANTE FILHO, João Trindade. *Teoria geral dos direitos fundamentais*. 2011. Disponível em: http://www.stf.jus.br/repositorio/cms/portaltvjustica/portaltvjusticanoticia/anexo/joao_trindadade__teoria_geral_dos_direitos_fundamentais.pdf /. Acesso em 05 set. 2017. p. 1.

[197] SIQUEIRA, Dirceu Pereira; PICCIRILLO, Miguel Belinati. Direitos fundamentais: a evolução histórica dos direitos humanos, um longo caminho. *In: Âmbito Jurídico*, Rio Grande, v. XII, n. 61, fev. 2009. p. 1.

[198] MARX, Karl Heinrich; ENGELS, Friedrich. *Manifesto do partido comunista*. Rio de Janeiro: Paz e Terra, 1979.

passa assim a se enxergar como agente transformador e a perceber que as situações não ocorrem isoladamente, o que gera uma maior preocupação com a sistematização do trabalho para a obtenção de bons resultados.[199] Infere-se, como explicitou o filósofo Aristóteles,[200] que a vida em sociedade tem por finalidade garantir a convivência social entre os homens, seres políticos por natureza.

É cediço que ao longo da história da humanidade houve ocorrências que impulsionaram a evolução das sociedades, sendo um dos marcos mais extraordinários da história da humanidade o abandono da vida nômade e o consequente sedentarismo, registrando uma importante evolução da vida em sociedade. Em decorrência, aparece o Estado, como instituição superior, capaz de determinar as regras de conduta dos homens que, a partir daí, passaram a viver em grupos e a ocupar e modificar um determinado território.

A legislação é uma ferramenta indispensável ao alcance dos objetivos de um país, já que todo seu desenvolvimento deve ser fundamentado no princípio da legalidade e na garantia dos direitos inerentes ao ser humano, que, sem lei, não existem.

Sobre o nascimento e o crescimento dos direitos fundamentais, Bobbio[201] aduz que sempre se falou e continua a se falar sobre os direitos do homem, mais do que se conseguiu fazer para que eles fossem reconhecidos e protegidos e, desse modo, transformar aspirações e exigências em direitos para a sociedade. Ao tratar da relação entre os poderes do Estado e os direitos fundamentais, o mesmo autor cientifica que o Estado Constitucional passou por uma série de transformações desde o seu nascedouro, sendo que, a relevância destinada a cada poder estatal vem sofrendo alterações com o passar dos séculos, segundo os fins e interesses do próprio Estado e da evolução das sociedades.

Os direitos fundamentais e sociais foram reconhecidos, junto com os direitos civis e os direitos políticos, no elenco dos direitos humanos, com a Declaração Universal dos Direitos Humanos, da Organização das Nações Unidas (ONU), em 1948, onde se estabelece: "[...] direito ao trabalho, garantias trabalhistas iguais, independente das funções

---

[199] MARX, Karl Heinrich; ENGELS, Friedrich. *Manifesto do partido comunista*. Rio de Janeiro: Paz e Terra, 1979.
[200] ARISTÓTELES. *A política*. (Trad. Nestor Silveira Chaves; Supervisão editorial Jair Lot Vieira). Bauru: Edipro, 1995.
[201] BOBBIO, Norberto. *A era dos direitos*. (Trad. Carlos Nelson Coutinho). São Paulo: Campus, 2010.

exercidas, direito à previdência social, direito a uma renda condizente com uma vida digna, entre outros".

A própria Declaração Universal dos Direitos Humanos buscou uma melhoria nas relações entre todos os povos. Para tanto, foi elaborada uma declaração cujos princípios democráticos estão inseridos em todas as Constituições democráticas do mundo moderno.

Sendo assim, o ideário preconizado pela Declaração Universal dos Direitos Humanos encontra fundamentos no princípio da cidadania. É importante salientar que a cidadania é uma condição construída historicamente, como assinala Castilho,[202] que, desde os primórdios da humanidade, houve uma busca, ainda que tímida, por uma sociedade mais igualitária.

Dessa forma, as constituições passaram a ter um enfoque mais social e intervencionista mediante a prestação de serviços e garantias constitucionais à sociedade.[203] Neste cenário, os direitos fundamentais modificaram-se e começaram a ser compreendidos como a busca constante para efetivação do Estado Democrático de Direito, proveniente da igualdade entre os cidadãos.

No tocante à função do Estado moderno, Ferreira Filho[204] afirma que a definição de poder está subordinada ao Estado, caracterizando-o como uno ou dividindo-o em órgãos ou poderes estatais, cuja divisão de competências pode ser independente entre si ou interligadas.

Lenza,[205] fazendo menção ao tema, analisa os escritos de Aristóteles, em sua clássica obra denominada "A Política", em que o filósofo já descrevia três funções características do Estado, quais sejam: a função legislativa, com a finalidade de criar normas; a função executiva, cujo objetivo é a aplicação das normas; e, por fim, a função judiciária, que possui a finalidade de resolver conflitos. Aristóteles[206] foi compreendido como o primeiro teórico precursor da separação dos Poderes. Para ele, a atribuição de poder a uma única pessoa era perigosa e injusta, visto a impossibilidade desse indivíduo compreender

---

[202] CASTILHO, Celso Thomas. *Slave Emancipation and Transformations in Brazilian political citizenship*. Pittsburgh: University of Pittsburgh Press, 2010.
[203] CUNHA JÚNIOR, Dirley da. *Curso de Direito Constitucional*. Salvador: Ed. JusPodivm, 2016. p. 34.
[204] FERREIRA FILHO, Manoel Gonçalves. *Aspectos do direito constitucional contemporâneo*. São Paulo: Editora Saraiva, 2012.
[205] LENZA, Pedro. *Direito Constitucional Esquematizado*. São Paulo: Método, 2012. p. 481.
[206] ARISTÓTELES. *A política*. (Trad. Nestor Silveira Chaves; Supervisão editorial Jair Lot Vieira). Bauru: Edipro, 1995.

de forma global o que nem a lei poderia entender. Tal entendimento foi proveniente da influência de relatos esboçados por Platão,[207] em sua obra "A República", onde demonstrou a relevância de separar as funções do Estado e impedir a concentração do poder em uma só pessoa.

Com o passar dos séculos, a teoria proposta por Aristóteles sofreu alterações e, outros cientistas políticos, como Locke[208] e Rousseau, também propuseram a separação dos Poderes. Entretanto, essa teoria foi aprimorada pelo Barão de Montesquieu, em sua obra-prima, "O Espírito das Leis", onde defendeu que as funções estatais, descritas pelo filósofo Aristóteles, não podem ser desempenhadas por um único órgão.[209]

Montesquieu[210] desenvolveu a teoria da separação dos Poderes, determinando que eles deveriam ser exercidos por diferentes órgãos, além de ser independentes entre si, desempenhando cada órgão uma função estatal. Além disso, elaborou conceitos sobre as formas de governo e o exercício do poder, definindo as três formas possíveis de governo: democracia, monarquia e despotismo. A sua teoria evidenciou que a autoridade política deveria ser exercida pelos três Poderes, quais sejam, o Executivo, o Legislativo e o Judiciário, cada um agindo com independência e exercendo função fiscalizadora sobre os outros. Ao contrapor-se ao absolutismo, o filósofo desenvolveu sua teoria na Revolução Francesa, através da inclusão conclusiva na Declaração de Direitos do Homem e do cidadão,[211] em que "um Estado cuja Constituição não consagrasse a teoria da separação dos Poderes era um Estado sem Constituição". Daí se vincula o princípio da separação dos Poderes à noção de constitucionalismo, transformando-se no centro da estrutura organizacional do Estado.

---

[207] PLATÃO. *A República*. (Trad. Enrico Corvisieri). São Paulo: Nova Cultural, 2004.

[208] Para Bobbio, o que Locke traz é uma teoria que trata da divisão e subordinação dos Poderes e não uma teoria da separação e harmonia dos Poderes. Para ele, "[a] teoria de Locke (LOCKE, John. *Segundo Tratado sobre o Governo Civil e outros escritos*: ensaio sobre a Origem, os Limites e os Fins Verdadeiros do Governo Civil. (Trad. Magda Lopes e Marisa Lobo da Costa). Petrópolis: Vozes, 2003) não é uma teoria da separação e do equilíbrio dos poderes, mas sim da sua separação e subordinação. Em última instância, é uma teoria da supremacia do Legislativo – a doutrina constitucional que se encontra na base dos modernos Estados parlamentaristas" (BOBBIO, Norberto. *Locke e o direito natural*. Trad. Sérgio Bath. Brasília: Edunb, 1997, p. 236).

[209] LENZA, Pedro. *Direito Constitucional Esquematizado*. São Paulo: Método, 2012. p. 471.

[210] MONTESQUIEU, Charles-Louis de Secondat. *O Espírito das Leis*. (Trad. Jean Melville). Brasil: Martin Claret, 2006.

[211] Decorreu da influência da declaração da independência americana em 1776 e dos ideais filosóficos da Revolução Francesa, deflagrada em 1789.

Ao discorrer sobre a originalidade dessa teoria, o doutrinador Silva[212] reforça o caráter distinto das funções estatais, que não podem ser confundidas com as funções do poder e com a separação ou divisão dos Poderes, apesar de serem conexas. Silva afirma ainda que a distinção de funções é pautada pela especialização de tarefas, independentemente do órgão que as exercita, o que pode ser executada por um único órgão. Para Silva,[213] a separação de Poderes refere-se à distribuição de funções do Estado a cada órgão governamental, a saber: Executivo, Legislativo e Judiciário.

Essas funções integrantes do Estado, a legislativa (ou normativa), a jurisdicional e a administrativa (governativa ou executiva), se manifestam sobre a soberania do Estado.

Segundo Calamandrei:

> O que se tem dito até agora sobre os modos e sobre as finalidades da jurisdição nos permite distingui-la das outras funções do Estado, as quais, seguindo uma tricotomia tradicional que não tem perdido sua razão de ser, são, junto à função jurisdicional, a função *legislativa* (ou *normativa*) e a função *administrativa* (governativa ou executiva).[214]

De fato, o princípio da separação dos Poderes aponta uma conexão entre os órgãos e as funções estatais, compreendido como um princípio com estruturas orgânicas que efetivam o poder do Estado, obstando qualquer ruptura da unidade desse poder, bem como um princípio com função orientada que se estrutura na possibilidade de uma visão formal e material sobre os atos que emanam a vontade do Estado.

Com relação aos atos de manifestação da vontade do Estado, Ramos trata-os sob a ótica formal e material, afirmando que,

> sob o ângulo formal, os atos estatais são ordenados considerando-se a qualidade do órgão dos quais emanam ou a forma da qual são revestidos, que, em regra, está associado ao órgão competente para produzi-los. Já sob o ângulo material, se considera "o conteúdo do ato, independentemente do órgão do qual emana e da forma que o reveste".[215]

---

[212] SILVA, José Afonso da. *Curso de Direito Constitucional Positivo*. São Paulo: Malheiros, 2006.
[213] SILVA, José Afonso da. *Curso de Direito Constitucional Positivo*. São Paulo: Malheiros, 2006.
[214] CALAMANDREI, Piero. *Direito processual civil*. (Trad. Luiz Abezia e Sandra Drina Fernandez Barbiery). Campinas: Bookseller, 1999. v. I, p. 150.
[215] RAMOS, Elival da Silva. *Ativismo judicial*: parâmetros dogmáticos. 2. ed. São Paulo: Saraiva, 2015. p. 117.

As funções estatais tripartidas, com base no critério orgânico, exercitam suas atividades sob o aspecto de divisão de órgãos para a efetividade da sua atuação. Porém, sua distinção somente ocorre por meio do critério substancial dos atos e efeitos jurídicos produzidos por cada função estatal. Dessa forma, a função legislativa atua para estabelecer novas normas jurídicas. Em outro vértice, o poder jurisdicional atua para fazer cumprir a observância dessas normas. Já o poder administrativo age regulando a atuação do Estado, através da Administração Pública, sob a égide legal, em prol da efetivação dos objetivos da sociedade e do bem-estar coletivo.[216]

Na análise do Poder Executivo, Sieyès[217] esclarece que na corrente tripartite elaborada por Montesquieu, esse poder tem a incumbência de governança geral de um Estado, cujas principais atribuições são a execução e o acolhimento das leis, bem como o gerenciamento dos recursos públicos, a condução de questões diplomáticas e a celebração de tratados internacionais, entre outros.

Explica Gough[218] que a pirâmide hierárquica do executivo traz no topo um Chefe de Estado, representante da nação, e/ou um Chefe de Governo, representante do governo; cujas atribuições são únicas para cada Estado, amoldando-se à suas culturas e histórias de cada Estado ou Nação.

O Poder Legislativo, conforme o sistema de separação dos três Poderes de Montesquieu, é definido como o órgão competente para criar leis, com o fito principal de elaborar "[...] emendas à Constituição, leis complementares, leis ordinárias, leis delegadas, medidas provisórias, decretos legislativos e resoluções".[219]

Para Silva,[220] a estrutura do Poder Legislativo brasileiro é organizada através de um sistema bicameral, executado pelo Congresso Nacional, composto pela Câmara dos Deputados, que atua representando o povo, e pelo Senado Federal, representando as Unidades da Federação. Esse modelo confere "[...] às duas Casas autonomia,

---

[216] CALAMANDREI, Piero. *Direito processual civil*. (Trad. Luiz Abezia e Sandra Drina Fernandez Barbiery). Campinas: Bookseller, 1999. v. I, p. 153.
[217] SIEYÈS, Emmanuel Joseph. *Exposição refletida dos direitos do homem e do cidadão*. Rio de Janeiro: Lumen Juris, 2008.
[218] GOUGH, John Wiedenhoft. A separação de poderes e a soberania. *In*: SANTOS, Célia Nunes Galvão Quirino dos; SADEK, Maria Tereza. *O pensamento político clássico*: Maquiavel, Hobbes, Locke, Rousseau. 2. ed. São Paulo: Martins Fontes, 2003.
[219] SILVA, José Afonso da. *Aplicabilidade das normas constitucionais*. São Paulo: Malheiros, 2010.
[220] SILVA, José Afonso da. *Aplicabilidade das normas constitucionais*. São Paulo: Malheiros, 2010.

poderes, prerrogativas e imunidades referentes à sua organização e funcionamento em relação ao exercício de suas funções".[221]

Ao tratar das atribuições do Poder Legislativo, Silva[222] descreve que a Constituição Federal Brasileira de 1988 atribui especiais direitos e deveres aos membros do Poder Legislativo, como: condição de elegibilidade, imunidades, prerrogativa de foro, isenção de testemunho, impedimentos, perda de mandato e fidelidade partidária.

Além do exposto, acrescenta-se que o Poder Legislativo fiscaliza o Poder Executivo, vota leis orçamentárias, como também em situações específicas, julga pessoas, a exemplo, o Presidente da República, ou membros da Assembleia Legislativa.[223]

E o derradeiro, o Poder Judiciário, conceituado por Montesquieu como sendo uma instituição incumbida de interpretar as leis e também de fiscalizar a atuação dos outros poderes (Executivo e o Legislativo). Esse poder assegura o respeito e o cumprimento às leis, sendo estas consideradas a base de toda sociedade civilizada. Por sua finalidade imprescindível para a construção de uma sociedade mais justa e igualitária, ocupando o papel relevante entre os três poderes, por função elementar na prestação jurisdicional para todos os cidadãos de um Estado.[224]

O Poder Judiciário tem a função precípua de assegurar o cumprimento da legislação, visando um melhor funcionamento do Estado e a garantia do bem comum para todos os cidadãos. Todavia, a ele não é atribuída a responsabilidade de criar políticas públicas, mas sim impor aos demais poderes a execução delas, conforme estipuladas pela Carta Maior, exigindo o fiel cumprimento dos postulados da justiça social e a concretização dos direitos fundamentais.

Com efeito, a Constituição Federal de 1988 atribui ao Legislativo elaborar leis a serem submetidas ao Executivo, que possui a competência para vetá-las total ou parcialmente. Ao Poder Judiciário cabe declarar uma lei inconstitucional. Por outro lado, todo e qualquer ato do Executivo pode ser inquirido perante o Poder Judiciário, nos ditames

---

[221] SOUZA, Maria Carmen. *Curso de processo legislativo básico*. Brasília: Gráfica do Senado, 2008. p. 45.
[222] SILVA, José Afonso da. *Aplicabilidade das normas constitucionais*. São Paulo: Malheiros, 2010.
[223] SOUZA, Maria Carmen. *Curso de processo legislativo básico*. Brasília: Gráfica do Senado, 2008.
[224] GUSMÃO, Paulo Dourado de. *Introdução ao Estudo do Direito*. Rio de Janeiro: Forense, 2010.

do art. 5º, inciso XXXV da CRFB/88.²²⁵ Compete, ainda, à Constituição, atribuir ao Congresso Nacional, de forma direta ou através das suas Casas Legislativas, a responsabilidade para controlar e fiscalizar os atos do Executivo, inclusive da administração indireta.²²⁶ A separação dos Poderes, nesse contexto, depreende em dois princípios: o da especialização funcional e o da independência orgânica. O primeiro princípio vincula a determinado órgão uma especialização na execução de uma atividade, como exemplo, a atribuição da função Legislativa às assembleias (Congresso, Câmaras, Parlamento); ao Executivo, atribui-se a função executiva; ao Judiciário, atribui-se a função jurisdicional. O segundo princípio, por seu turno, além de atribuir a especialização funcional, exige a independência de cada órgão perante os outros órgãos, refutando qualquer caráter de subordinação.²²⁷

A partir da breve descrição das funções dos três Poderes, é importante sublinhar que a máxima do princípio de separação dos Poderes de Montesquieu é garantir a liberdade política, que extermina qualquer possibilidade do despotismo, cuja separação completa e absoluta é fundamental para Montesquieu, mantidos separados e independentes entre si.²²⁸

Esse pensamento foi consagrado na Constituição Americana de 1787 e transformou-se em um dogma constitucional, a partir da Revolução Francesa e da Declaração dos Direitos do Homem e do Cidadão, em 1789, propagando-se pelo mundo. A esse respeito, leciona Lenza²²⁹ que o pensamento de Montesquieu passou a ser adotado por muitos países e, nos EUA, o sistema foi definido como de freios e contrapesos *checks and balances*.²³⁰ Contudo, no Estado brasileiro a

---

²²⁵ Art. 5º Todos são iguais perante a lei, sem distinção de qualquer natureza, garantindo-se aos brasileiros e aos estrangeiros residentes no País a inviolabilidade do direito à vida, à liberdade, à igualdade, à segurança e à propriedade, nos termos seguintes: [...] XXXV – a lei não excluirá da apreciação do Poder Judiciário lesão ou ameaça a direito;

²²⁶ Art. 49. É da competência exclusiva do Congresso Nacional: [...] X – fiscalizar e controlar, diretamente, ou por qualquer de suas Casas, os atos do Poder Executivo, incluídos os da administração indireta;

²²⁷ SILVA, José Afonso da. *Aplicabilidade das normas constitucionais*. São Paulo: Malheiros, 2010. p. 109.

²²⁸ GUSMÃO, Paulo Dourado de. *Introdução ao Estudo do Direito*. Rio de Janeiro: Forense, 2010.

²²⁹ LENZA, Pedro. *Direito Constitucional Esquematizado*. São Paulo: Método, 2012. p. 482.

²³⁰ Para Montesquieu, o sistema de freios e contrapesos definia a limitação do poder através do próprio poder, isto é, o poder deveria ser autônomo e atuar em sua esfera de competência, contudo, esta atuação deveria ser fiscalizada pelos demais poderes. (MONTESQUIEU, Charles-Louis de Secondat. *O Espírito das Leis*. (Trad. Jean Melville). Brasil: Martin Claret, 2006).

teoria sofreu o que o autor chama de abrandamento, uma vez que o processo histórico e a realidade social do país vêm admitindo que alguns órgãos desempenhem as funções de outros, no exercício de suas funções atípicas, que nada mais são do que controles recíprocos, através do prenúncio de intervenções, aceitas na Carta Constitucional, de um poder sobre o outro.

Ao discorrer sobre esse tema, explica Teixeira[231] que se cada função estatal fosse executada apenas pelo órgão correspondente, sem haver uma cooperação entre eles, na função típica, ocasionaria um isolamento dos poderes (Executivo, Legislativo e Judiciário), refletindo na efetividade do equilíbrio político e na garantia da liberdade e, por conseguinte, atingiria a plenitude das garantias constitucionais preconizadas do Estado Democrático de Direito. Isso, segundo acrescenta o autor, porque

> [...] os órgãos legislativos, às vezes, participam de funções e atos executivos; os atos do judiciário, às vezes, são distribuídos à competência de órgãos legislativos e executivos; e os atos e funções do legislativo e executivo poderão, excepcionalmente, ser atribuídos ao Poder Judiciário.[232]

Lenza[233] chama a atenção para o fato de que as competências adjudicadas aos órgãos estatais pela Constituição não poderão ser delegadas a outro órgão, pois um órgão só poderá desempenhar funções típicas de outro, quando houver previsão constitucional.

A esse respeito, Cunha Júnior[234] defende que é necessário clarificar essa independência entre os órgãos do poder político, pois ela não é exclusiva no exercício das funções que lhes são conferidas, e sim na supremacia do seu desempenho. Explica ainda o autor que as funções predominantes (legislativas, executivas e judiciárias) desempenhadas pelos três Poderes são chamadas de típicas e aquelas que são executadas, sem exclusividade, por aqueles Poderes, como formas de garantir sua autonomia e independência, são chamadas de atípicas.

---

[231] TEIXEIRA, José Horácio Meirelles. *Curso de Direito Constitucional*. São Paulo: Forense Universitária, 1991. p. 583-584.

[232] TEIXEIRA, José Horácio Meirelles. *Curso de Direito Constitucional*. São Paulo: Forense Universitária, 1991. p. 584.

[233] LENZA, Pedro. *Direito Constitucional Esquematizado*. São Paulo: Método, 2012. p. 483-484.

[234] CUNHA JÚNIOR, Dirley da. *Curso de Direito Constitucional*. Salvador: Ed. JusPodivm, 2016. p. 463.

Silva[235] explica que o princípio da separação dos Poderes vem perdendo sua rigidez, principalmente em decorrência da evolução das sociedades. As relações entre os órgãos estatais vêm sofrendo alterações, notadamente, o objetivo é atender às demandas da sociedade através de um regime de colaboração. Por essa razão, não se pode aplicar mais conceitos fechados e absolutos, a busca deve ser por uma harmonia e cooperação entre os Poderes, não perdendo de vista também que um poder não poderá se sobrepor a outro.

O que se observa é que, ao longo os séculos, ocorreram diversas alterações e aprimoramentos na teoria de Montesquieu, através das influências de outros pensadores, não obstante suas contribuições estejam bem presentes na constituição das normas e regulamentos de vários países do mundo. Como bem preleciona Cunha Júnior,[236] essa doutrina precisa ser revestida e ajustada à realidade social e jurídica, sobretudo às mudanças paradigmáticas dos sistemas jurídicos, que não suporta mais a rigidez das funções estatais, nem tampouco se coaduna com o atual Estado Constitucional Democrático de Direito.

Destaque-se que a distinção conceitual das funções não pode ensejar a completa separação dos Poderes, visto que persiste a necessidade de uma relação coordenativa entre as funções estatais, nas quais os órgãos legislativos exercem funções, muito embora atípicas, também administrativas, e os órgãos judiciários desempenham funções administrativas.[237]

Sob o mesmo ângulo, Cordeiro[238] aduz que o inadequado modelo separatista de poder não se coaduna com as democracias do mundo contemporâneo, defendendo a separação absoluta entre os Poderes, visto que, no Estado Democrático de Direito, inexiste espaço para uma separação absoluta entre os Poderes, admitindo-se algumas interferências mútuas, por meio do controle recíproco de freios e contrapesos. Posto isso, o que se admite nas democracias, ao invés da absoluta separação de Poderes, é a harmonia, a colaboração, a cooperação ou a interação entre os órgãos estatais.

---

[235] SILVA, José Afonso da. *Curso de Direito Constitucional Positivo*. São Paulo: Malheiros, 2006.
[236] CUNHA JÚNIOR, Dirley da. *Curso de Direito Constitucional*. Salvador: Ed. JusPodivm, 2016.
[237] CHIOVENDA, Giuseppe. *Instituições de direito processual civil*. São Paulo: Bookseller, 1965. v. II, p. 8.
[238] CORDEIRO, Karine da Silva. *Direitos Fundamentais Sociais – Dignidade da pessoa humana e o mínimo existencial. O papel do Poder Judiciário*. Porto Alegre: Livraria do Advogado, 2012. p. 145-146.

Como demonstrado, é impossível, no atual Estado Democrático de Direito, a separação absoluta entre os Poderes, visto que o bem comum é de responsabilidade de todos os Poderes, a fim de alcançar a efetividade dos direitos sociais, tão duramente conquistados no Brasil e que, apesar de todo avanço jurídico, ainda é latente a insatisfação dos brasileiros com os serviços prestados pelos poderes estatais.

Decerto, Canotilho[239] interpreta dois contextos sobre o preceito da separação dos Poderes: a) uma visão negativa, que alude à divisão, ao controle, à forma e limitação do poder, como garantia da dimensão na esfera jurídico-subjetiva dos cidadãos, obstando a concentração dos Poderes e; b) uma visão positiva, que resulta em ordenar e estruturar o poder do Estado em emanar decisões "funcionalmente eficazes e materialmente justas".

Frise-se que a forma de engendrar o princípio da separação dos Poderes origina-se da concepção dos objetivos perseguidos pelo Estado, resultando na transformação do quantitativo de órgãos previstos pela Constituição, conforme as funções a serem desempenhadas.

Destaque-se que, historicamente, os três Poderes em coexistência, no formato conhecido hoje, como já citado, foram influenciados pela teoria de Montesquieu, em que, uma época no Brasil, existiram quatro poderes, sendo o quarto denominado Moderador (exercido pelo Imperador), que funcionava como um contrapeso em busca da harmonia e do consenso. Foi consagrada no Brasil, através do texto da Constituição de 1824, a separação dos Poderes Executivo, Legislativo, Judiciário, tendo sido incluído o então Poder Moderador, definido na citada Carta como "a chave de toda a organização política" do Império.[240] Por essa Carta ficou estabelecido que o soberano chefiaria os poderes Executivo e Moderador, com a finalidade de sempre velar pela "[...] manutenção da independência, equilíbrio, e harmonia dos mais Poderes Políticos".[241]

---

[239] CANOTILHO, José Joaquim Gomes. *Direito Constitucional e Fundamentos da constituição*. 7. ed. Coimbra: Edições Almedina, 2010.

[240] Art. 98. BRASIL. Constituição politica do Imperio do Brazil, de 25 de março de 1824. Manda observar a Constituição Política do Imperio, oferecida e jurada por Sua Magestade o Imperador. *Coleção de Leis do Imperio do Brasil*. Rio de Janeiro, 22 abr. 1824. Disponível em: http://www.planalto.gov.br/ccivil_03/constituicao/constitui%C3%A7ao24.htm. Acesso em 05 set. 2017.

[241] Art. 98. BRASIL. Constituição politica do Imperio do Brazil, de 25 de março de 1824. Manda observar a Constituição Política do Imperio, oferecida e jurada por Sua Magestade o Imperador. *Coleção de Leis do Imperio do Brasil*. Rio de Janeiro, 22 abr. 1824. Disponível em: http://www.planalto.gov.br/ccivil_03/constituicao/constitui%C3%A7ao24.htm. Acesso em 05 set. 2017.

Enquanto exercesse o Poder Moderador, o imperador gozava da prerrogativa de nomeação e convocação extraordinária da Assembleia Geral Constituinte e Legislativa. No âmbito da sanção dos decretos e resoluções da Assembleia Geral, aprovava e suspendia interinamente as resoluções dos conselhos provinciais. Cabia-lhe, ainda, a dissolução da Câmara dos Deputados, a livre nomeação e demissão dos ministros de Estado, a suspensão dos magistrados e, também, o perdão e abrandamento das sanções estabelecidas aos réus condenados, bem como a concessão de anistia, conforme os casos previstos.

> Diz a Constituição do Império, no art. 98: o poder moderador é a chave de toda a organização política, e é delegado privativamente ao Imperador, como chefe supremo da nação e seu primeiro representante, para que incessantemente vele sobre a manutenção da independência, equilíbrio e harmonia dos mais poderes políticos. 'E no art. 99 dispõe: a pessoa do Imperador é inviolável e sagrada. Ele não está sujeito a responsabilidade alguma.[242]

O texto constitucional olha para o leitor com ares de superioridade, quase de arrogância, como se o próprio Imperador fitasse diretamente nos olhos dele e dissesse: *Eu sou Deus, seja feita a minha augusta vontade. Contra mim nada poderão os outros Poderes e sequer o povo.* Da Constituição de 1824 para a em vigor, de 1988, cento e sessenta e quatro anos de história e luta se passaram, bem se percebe que a ideia de um Poder Moderador nestes moldes não seria mais aceita.

Mudanças significativas só vieram com as transformações do país, ao longo do século XX, momento em que foram publicadas novas constituições (1934, 1937, 1946, 1967, 1988), um novo Código Penal (1940), Códigos de Processo (Civil e Penal) e de uma Consolidação das Leis Trabalhistas (1942), permanecendo ligados à tradição jurídica romano-germânica, com influências em aspectos específicos dos Direitos alemão, francês e italiano. Atualmente, o direito brasileiro possui dois âmbitos de existência, o do Direito Público e o do Direito Privado.[243]

---

[242] Art. 101. BRASIL. Constituição politica do Imperio do Brazil, de 25 de março de 1824. Manda observar a Constituição Política do Imperio, oferecida e jurada por Sua Magestade o Imperador. *Coleção de Leis do Imperio do Brasil.* Rio de Janeiro, 22 abr. 1824. Disponível em: http://www.planalto.gov.br/ccivil_03/constituicao/constitui%C3%A7ao24.htm. Acesso em 05 set. 2017.

[243] TEIXEIRA, Andréia Patrícia Vieira. Poder Judiciário e economia: uma vinculação necessária. *In: XXI ERED/ERAJU.* Encontro Regional de Estudantes de Direito – Encontro Regional de Assessoria Jurídica Universitária, 2010.

Reitere-se que dentre todas as constituições brasileiras, destaca-se a de 1988, conhecida como "Constituição Cidadã", que, em seu art. 2º, legitimou o princípio da separação dos Poderes, prevendo: "[...] são Poderes da União, independentes e harmônicos entre si, o Legislativo, o Executivo e o Judiciário". Sobre essa separação de poderes, Lenza[244] adverte que foi garantida pelo constituinte como cláusula pétrea, impedindo qualquer mudança na Constituição que possa ferir essa determinação do constituinte. Logo, só uma nova Constituição poderá alterar tal cláusula, não Emendas.

Três Poderes, três formas distintas de conceber, de agir e de pensar/repensar situados num quadro de extrema complexidade e onde se debatem os deveres, os direitos, os interesses, os egos, as vaidades, o largo subjetivismo, as interpretações e os entendimentos de questões e de órgãos institucionais que carregam a responsabilidade de definir os destinos de uma nação e a soberania de um povo. A tripartição e a separação por natureza autônoma atribuída a esses poderes são consideradas concepções vigentes no Brasil, bem como em outros países constitucionalistas.

Esse ideário é repetido quase como em uma ladainha, como se houvesse embutida na cantilena a doutrinação que visa a convencer os cidadãos que isto é possível: cada Poder exercendo sua autonomia sem que as decisões de um invadam ou interfiram nas decisões dos outros ou de cada um deles. No inconsciente coletivo, sabe-se, não é bem assim que funciona. Doutrinado pelos jesuítas, ou pelos missionários da América do Norte, o povo brasileiro desenvolveu uma mente que aprendeu a crer em um Deus Supremo, acima de qualquer poder terreno. Por certo, as pessoas querem, na Terra, um Poder, não se sabe exatamente qual, mas que esteja acima dos três convencionais e instituídos Poderes. Há de se ver que o povo (a massa humana) percebe nessa idealização dos três Poderes um círculo vicioso, pois um manda e o outro desmanda, ou, como um mandou na seara dele, outro ordena ao contrário, nunca se chegando a um denominador comum.

Claro está, para qualquer latitude que se olhe, que há de se sentir a premência da contenção, do freio e dos limites, mas também do consentimento social que expressa a soma de milhões de indivíduos; da harmonia e do equilíbrio entre os Poderes e o corpo maior que eles representam; e do repúdio à arbitrariedade. É de se convir que deter o

---

[244] LENZA, Pedro. *Direito Constitucional Esquematizado*. São Paulo: Método, 2012. p. 9.

Poder e, ao mesmo tempo, não incorrer em arbitrariedade, é justificar como fácil a obtenção do equilíbrio da trilogia dos Três Poderes. Qualquer estudo aprofundado comprova a dificuldade que nisso reside, porque ocorreram e continuam ocorrendo releituras da temática do Poder e de seus conflitos.

Os conflitos, na verdade, não residem na instituição do Poder, mas em quem o cria: o ser humano, imperfeito em sua origem, mas, por outro lado, afortunadamente, reformando e reformando-se em busca de melhorias, de novos olhares, de novas perspectivas. Segundo Medeiros, o Princípio da separação de Poderes surgiu sob a concepção de "[...] catalisar a inação estatal (dado que só assim estaria garantido o efetivo gozo dos direitos de liberdade), hoje também deve bem servir a outra categoria de direito fundamental", não requerente de uma abstenção estatal, "[...], mas sim de prestações nitidamente positivas".[245]

Partindo para a esfera do ativismo judicial, no que tangem as desvantagens trazidas por ele, Rodriguez,[246] em sua obra "Como decidem as cortes", chama a atenção para o debate sobre o papel do judiciário no Brasil, ao evidenciar que este – o debate – vem colocando em xeque a atuação desse poder nas questões de celeridade da prestação jurisdicional e na garantia do acesso à justiça à população brasileira, que se constituem ainda problemas antigos da administração da justiça brasileira.

Complementa Rodriguez[247] que toda essa situação do judiciário brasileiro gera uma certa desconfiança no direito brasileiro, decorrente também da parca cultura política democrática, marcada por um processo histórico formado por sucessivos governos autoritários e oligárquicos.

Tal situação demanda o emprego de estratégias diferenciadas para atuação do Poder Judiciário. Como bem coloca Rodriguez,[248] o cenário do país se mostra fecundo para a implantação do ativismo judicial, deixando de lado o normativismo e a propagação de um desenvolvimento das instituições democráticas que encontram nos

---

[245] MEDEIROS, Fabrício Juliano Mendes. *Separação de poderes*: de doutrina liberal a princípio constitucional. Brasília, a. 45, n. 178, p. 195- 205, abr./jun. 2008. p. 204-205.

[246] RODRIGUEZ, José Rodrigo. *Como decidem as cortes?*: para uma crítica do direito (brasileiro). Rio de Janeiro: FJV, 2013.

[247] RODRIGUEZ, José Rodrigo. *Como decidem as cortes?*: para uma crítica do direito (brasileiro). Rio de Janeiro: FJV, 2013.

[248] RODRIGUEZ, José Rodrigo. *Como decidem as cortes?*: para uma crítica do direito (brasileiro). Rio de Janeiro: FJV, 2013.

conflitos políticos e sociais respostas para questões como a separação dos Poderes, o funcionamento do judiciário, a segurança jurídica, o acesso à justiça e a busca de uma sociedade mais justa e democrática.

A identificação da necessidade de suprir as lacunas jurídicas é fundamentada a partir do exercício dos direitos fundamentais, ante a complexidade da sociedade atual e em constante transformação. Para alguns estudiosos, a existência de lacunas jurídicas imprescinde de uma discussão sobre a completude e a incompletude do ordenamento jurídico, que por sua vez necessita de uma abordagem sobre o sistema jurídico nacional.

Todavia, o problema de todo ativismo judicial se encontra na tomada de decisões que possam contrariar os anseios populares, do povo que é representado pelo Poder Legislativo.

Diante da inércia ou da não representatividade dos outros Poderes, o Poder Judiciário interfere como moderador da vontade do povo, decidindo de acordo com princípios claros, expressos ou implícitos, da Lei Maior, e nesta seara há argumentos favoráveis e desfavoráveis.

Apesar disso, a exiguidade democrática, de fato, cria fortes óbices ao ativismo judicial, diante do afastamento entre os temas debatidos e que devem ser decididos, na medida em que os membros da Corte Suprema não foram escolhidos diretamente pelo povo, em contraponto aos moldes dos magistrados monocráticos ou dos Tribunais Estaduais que estão bem mais próximos dos jurisdicionados.

Como crítico ferrenho do ativismo judicial, Passos aduz que aplicar o direito na noção democrática "[...] reclama sua produção mediante um processo (legislativo) democraticamente estruturado, o que exige organização política (democraticamente) organizada".[249]

Um processo que possibilita ao magistrado agir em conformidade com a sua sensibilidade e seu senso de justiça, refutando regras do rito processual, para assegurar a sua efetividade, no entender de Calmon de Passos,[250] só reforça a prática do ativismo judicial que é nocivo ao Estado Democrático.

De fato, o ideal do Direito é próprio do homem, que surgiu do conflito e da cooperação entre os agentes sociais, sejam eles indivíduos,

---

[249] PASSOS, José Joaquim Calmon de. *Direito, poder, justiça e processo*: julgando quem nos julgam. Rio de Janeiro: Forense, 1999. p. 71.
[250] PASSOS, José Joaquim Calmon de. *Direito, poder, justiça e processo*: julgando quem nos julgam. Rio de Janeiro: Forense, 1999. p. 110-118.

grupos ou instituições. Para resolver tais conflitos é que existe o Direito como instrumento de satisfação dos anseios sociais, dos fatores econômicos e políticos.[251]

Em crítica ao Poder Judiciário, Calmon de Passos[252] aborda sobre a inadequada atribuição da magistratura ao sujeito togado. Para ele, a carta constitucional pecou nessa previsão, na medida em que a solução de conflitos à sua competência atribuída, diante de uma gama de soluções diversificadas, deveria ser distribuída a outros atores sociais, devendo restar somente àqueles a função de efetivar as garantias constitucionais.

Atualmente, a Corte Suprema do Brasil é considerada ativista, ao decidir, por exemplo, sobre questões de antecipação terapêutica do parto ou aborto, em feto portador de anencefalia, sobre demarcação da reserva indígena "Raposa do Sol" realizada pelo Ministério da Justiça, sobre o nepotismo etc.

O Poder Judiciário, utilizando-se do controle de constitucionalidade abstrato, vem sistematizando e decidindo diversas questões. Claro que ao examinar o advento do ativismo judicial perante a decadência do constitucionalismo liberal e também da política neoliberal, retorna-se a um olhar mais humanista e social, conservando os princípios que formaram um estado e que foram devidamente representados em sua Constituição. Não se pode deixar de mencionar o retorno ao sistema valorativo dos direitos fundamentais, especialmente aos que se referem à dignidade da pessoa humana.

Sem dúvidas, o Poder Judiciário atua como um poder moderador, que objetiva equilibrar a separação dos Poderes.

Para muitos, o ativismo judicial, nesse contexto, é compreendido como a extensão da competência dos tribunais, para executar a função de controle dos demais Poderes, por meio de um viés constitucional.

É sabido que seus militantes entendem que é fundamental o aumento da busca pelo Poder Judiciário, em prol da garantia dos direitos individuais e coletivos, como instrumento alargador da participação da população no processo político do país.

Com o ativismo judicial, ocorre o aumento do conjunto de intérpretes da Constituição, ampliando o seu alcance a toda a população.

---

[251] PASSOS, José Joaquim Calmon de. *Direito, poder, justiça e processo*: julgando quem nos julgam. Rio de Janeiro: Forense, 1999. p. 81-82.

[252] PASSOS, José Joaquim Calmon de. *Direito, poder, justiça e processo*: julgando quem nos julgam. Rio de Janeiro: Forense, 1999. p. 110-111.

Utilizam-se de diversas ferramentas para que os magistrados e os tribunais possam agir de forma livre e criativa. Tal criatividade judicial possui um agrupamento próprio de sujeitos definidos na qualidade de autores, entre eles, os partidos políticos, os governadores, os legislativos, o Ministério Público.

Entretanto, diante da omissão e competência reduzida demonstrada pelos Poderes Executivo e Legislativo, a população ainda vem depositando a confiança no Judiciário. Nesse compasso, o fato é que o ativismo judicial pode se voltar à diversidade dos anseios populares.

Para Vieira,[253] a ampliação da função do direito e do Poder Judiciário como consequência do estreitamento do sistema representativo e da sua inércia ante o cumprimento dos anseios de justiça e de igualdade, intrínsecos aos arquétipos democráticos, estão integrados nas constituições contemporâneas. Nesse ínterim, o que ocorre é a busca por sua execução, através do Judiciário, este como protetor último dos anseios democráticos, o que resulta em uma dualidade, ou seja, na medida em que objetiva suprir lacunas abandonadas pela conjuntura representativa, o judiciário somente contribui para ampliação da própria crise do autoritarismo do panorama democrático. Não obstante, o autor reafirma que a transferência da autoridade do sistema representativo para o Poder Judiciário é compreendida como resultado do desenvolvimento das constituições rígidas, guarnecidas de sistemas de controle de constitucionalidade, originárias dos Estados Unidos, o que as caracterizam como um evento recente e demonstra o crescimento de constituições cada vez mais ambiciosas, como a Carta Magna de 1988.[254]

O STF, em 1988, já assumia "[...] funções de tribunal constitucional, órgão de cúpula do Poder Judiciário e foro especializado". Frente à constituição de um texto normativo ambicioso, adquiriu maior força em sua função política, por meio das emendas de nº 3/93, e nº 45/05, além das Leis nº 9.868/99 e nº 9.882/99, moldando-se em uma instituição *sui generis* em posições comparativas. Desse contexto sobrevém a Supremocracia,[255] ou seja, "[...] a singularidade do arranjo institucional

---

[253] VIEIRA, Oscar Vilhena. Supremocracia. *Revista Direito GV – legislação do trabalho e Previdência Social*, São Paulo, v. 4, n. 2, p. 441-464, jul./dez. 2008.

[254] VIEIRA, Oscar Vilhena. Supremocracia. *Revista Direito GV – legislação do trabalho e Previdência Social*, São Paulo, v. 4, n. 2, p. 441-464, jul./dez. 2008. p. 443-444.

[255] Como exemplos dessa Supremocracia, Vieira (VIEIRA, Oscar Vilhena. Supremocracia. *Revista Direito GV – legislação do trabalho e Previdência Social*, São Paulo, v. 4, n. 2, p. 441-464, jul./dez. 2008. p. 450) cita a Ação Direta de Inconstitucionalidade (ADI) nº 3.510-0, que

brasileiro". Quer dizer, ela se refere tanto à autoridade do Supremo Tribunal Federal diante das demais esferas do Judiciário, quanto ao alargamento da sua autoridade em relação aos demais Poderes (o que se requer cautela).[256]

Como exemplo do excesso do Supremo na utilização do ativismo judicial, veja-se a edição da súmula vinculante nº 13, que trata do nepotismo, na medida em que não ocorreu a exposição do entendimento consolidado pela Corte, expondo apenas a imprópria natureza legislativa da súmula.

O conflito, consequentemente, exsurge do resultado da inércia ou incompetência do Legislativo ou mesmo do Executivo, resultando em ativismo judiciário que, se mal utilizado, pode fragilizar a legitimidade democrática. Dessa forma, o ativismo judicial, ao invés de se aproximar do ideal de justiça clamado pela sociedade, revela-se como perspectiva individual de justiça.

Esse quadro traz um questionamento: o que deve prevalecer, a sociedade ou o indivíduo? Respondendo a esta indagação, Barroso[257] ensina que a sociedade e o indivíduo estão ligados dialética e essencialmente e complementa que a sociedade atual dependerá das opções do presente. Logo, o indivíduo não precede à sociedade, apenas detém o poder de remodelá-la, uma vez que ela é mutável diante de cada contexto social.

Não se pode negar a necessidade da prevalência do caráter democrático nas decisões judiciais, com vistas ao respeito dos ditames aprovados pelo legislador e dos princípios que influíram para elaboração da lei máxima do país. Assim, o ativismo judicial deve ser utilizado buscando assegurar valores essenciais da sociedade.

Posto isso, apesar de recearem a filosofia moral, não restam dúvidas que os juristas devem atuar em sua função passiva pelo desenvolvimento de uma teoria que trata dos direitos morais contra o Estado, devendo para tanto, observar restrições e deveres, com o intuito

---

trata das células-tronco, e o Mandado de Segurança nº 26.603/DF e a Reclamação nº 4.335-5/Acre, que tratam da fidelidade partidária e dos crimes hediondos, respectivamente.

[256] VIEIRA, Oscar Vilhena. Supremocracia. *Revista Direito GV – legislação do trabalho e Previdência Social*, São Paulo, v. 4, n. 2, p. 441-464, jul./dez. 2008. p. 444-445.

[257] BARROSO, Luís Roberto. Constituição, democracia e supremacia judicial: direito e Política no Brasil contemporâneo. *In*: FELLET, André Luiz Fernandes; PAULA, Daniel Giotti de; NOVELINO, Marcelo (Org.). *As novas faces do ativismo judicial*. 2. ed. Salvador: JusPodivm, 2013.

de assegurar o respeito e a aplicabilidade das garantias previstas na Lei Maior, diante da omissão/incompetência dos demais poderes, em direção à prática da efetiva justiça.

## 2.2 Pontes entre o ativismo judicial e o exercício da soberania popular

Inegável que o modo de governo é peculiar, *sui generis*, na medida em que atribui aos próprios cidadãos do Estado o poder maior de tomar as decisões mais importantes que envolvam toda a comunidade.

A democracia é um regime político (ou de governo), na qual a vontade do povo é emanada e realizada com o propósito de que tudo deve girar em torno dos anseios da sociedade, que se voltam para a concretude do interesse comum.

Uma vez que a democracia é compreendida como o governo da maioria, que tem como seu âmago a supremacia da soberania popular, resta a necessidade de se examinar as formas pelas quais os anseios do povo se exteriorizarão, como exemplo os institutos do voto eleitoral, do plebiscito, do Tribunal do Júri etc.

Saliente-se que o desenvolvimento democrático em um determinado país, conforme Bobbio,[258] é assinalado pelo acréscimo de espaços nos quais é possível tomar decisões. A cidadania ideal não almeja o acréscimo de grupos com poder político, e sim que os cidadãos possam tomar suas decisões em todos os lugares, de modo a concretizar o controle do poder garantidor dos direitos de liberdade.

Os fundamentos do Estado Democrático de Direito, segundo Leite,[259] não se ajustam apenas à proteção e efetivação dos direitos humanos, mas à composição de uma sociedade livre, justa e solidária, que elimina ou reduz as desigualdades sociais e promove o bem-estar e a justiça social para todos os cidadãos, a partir de valores como igualdade, liberdade e justiça. Esses fundamentos constituem condição essencial para concretização da legitimidade do verdadeiro Estado Democrático e Social de Direito, como vem sendo consagrado no Direito constitucional vigente.[260]

---

[258] BOBBIO, Norberto. *A era dos direitos*. (Trad. Carlos Nelson Coutinho). São Paulo: Campus, 2010.
[259] LEITE, Luciano Ferreira. *Interpretação e discricionariedade*. São Paulo: RCS, 2008.
[260] SARLET, Ingo Wolfgang. *A eficácia dos direitos fundamentais*. Porto Alegre: Livraria do Advogado, 2006.

Em se tratando de discurso no âmbito do Direito, na opinião de Grau,[261] a linguagem jurídica é naturalmente ambígua. Portanto, primeiro interpreta-se o Direito para em seguida aplicá-lo; e é a partir da interpretação do texto jurídico que se torna possível produzir as normas jurídicas e como resultado a norma de decisão. Por outra parte, é viável afirmar que a interpretação é um processo intelectual originado de fórmulas linguísticas até a sua apuração em um conteúdo normativo. Desta forma, o intérprete produz a norma tendo como norteamento a interpretação produzida.

De fato, diante do cenário social que se apresenta, as decisões emanadas pelas Cortes, sejam estas judiciais ou administrativas, não eleitas pelo povo, necessitam criar pontes entre a sua atuação (ativista ou não) e o exercício da soberania, que deve refletir a vontade do povo.

Como já exposto em tópico anterior, o ativismo judicial incide na intervenção pelo judiciário na esfera executiva ou legislativa. Não obstante, o ativismo judicial torna-se ainda mais incompatível diante da fragilidade democrática que abrange os integrantes do Poder Judiciário, pois sua figura não adveio de um procedimento de escolha democrática.

O ativismo judicial é, simplesmente, uma interpretação axiológica constitucional, com origem e objetivo na concretude da vontade popular, por meio de decisões judiciais que não devem ser contrárias à lei ou aos preceitos da democracia.

O ativismo judicial, de fato, objetiva fortalecer a democracia, completando lacunas decorrentes da inércia ou incapacidade momentânea de determinado Poder, criando sustentáculos para que se estabilize o Estado Democrático de Direito, através do respeito aos ditames constitucionais e ao seu conjunto principiológico.

A hermenêutica constitucional consubstancia-se em valores maiores, utilizados como alicerces da Constituição Federal, que garanta um processo legislativo democrático na elaboração de decisões baseadas não apenas nos anseios políticos, mas também como forma de assegurar à população seu direito e posição de detentora e destinatária da coisa pública.

A hermenêutica mais elaborada e construtiva dos princípios reguladores, em especial, dos direitos fundamentais, é a principal exigência das constituições das democracias modernas. Essa construção

---

[261] GRAU, Eros Roberto. *Por que tenho medo dos juízes*: a interpretação/aplicação do direito e os princípios. 8. ed. São Paulo: Malheiros, 2017. p. 46-47.

hermenêutica, com o livre ideal criativo, não constitui uma ameaça à separação dos Poderes, nem tampouco à tomada de decisões públicas dos indivíduos integrantes de um Estado.

Conforme Simões,[262] a ascensão do Poder Judiciário na contemporaneidade vem caracterizando o constitucionalismo brasileiro, tanto pela judicialização, quanto pelo ativismo judicial, ou seja, ao Poder Judiciário, há a possibilidade de substituir o legislador nas lacunas jurídicas, visando ao cumprimento e à efetividade da Constituição, função essa designada ao Poder Legislativo.

A busca essencial é por uma jurisdição constitucional cada vez mais moldada ao regime democrático presente. Para tanto, deve haver uma interpretação que abarque a possibilidade de sujeição das leis a uma profunda apuração judicial, sem qualquer possibilidade de invalidar tais leis, através de um minucioso exame judicial de sua validação, com a finalidade de investigar se elas são prejudiciais ao regime democrático.

Logo, numa sociedade com imaturidade cívica quanto à reivindicação de seus direitos, o ativismo judicial faz-se premente, fundamentado em compreensões doutrinárias racionais, efetivado como um caminho para concessão dos direitos e garantias constitucionais ao povo, conferindo-lhe celeridade processual e acesso à justiça, dentre outros.

Nesta quadra, necessário se faz perpassar, na seção seguinte, pela evolução das competências atribuídas aos Tribunais de Contas, o seu surgimento, que passaram a utilizar de práticas ativistas, após a CF/88, viabilizando o consenso com os órgãos jurisdicionados.

## 2.3 Resumo do capítulo 2

Certamente, a cultura da democracia é fruto do processo habitual das instituições democráticas e não se constitui como resultado de um regime com certas características. A definição maximalista democrática baseia-se num ideal amplo de cidadania, importando na igualdade de participação e de influência na esfera pública.

---

[262] SIMÕES, Bruna Carvalho Alves. A evolução do constitucionalismo. *Conteúdo Jurídico*, Brasília-DF, 13 mar. 2014. Disponível em: http://www.conteudojuridico.com.br/?artigos&ver=2.47359&seo=1. Acesso em 01 ago. 2018.

Assim, diante dessa nova realidade de fato e de direito, a Constituição Federal alcança um lugar superior e hierárquico. De forma distinta a outro momento, o ordenamento jurídico infraconstitucional recebe esta conceituação, na medida em que a Lei Maior o norteia, de modo que tudo que emana do direito deve antes passar pela "filtragem constitucional".

Nesse viés, deve-se notar que os Poderes Legislativo, Executivo e Judiciário limitam-se pelo clássico sistema de freios e contrapesos, num Estado Democrático de Direito.

Nesse ínterim, o Poder Judiciário é chamado/provocado a se manifestar e a preencher as lacunas abertas por tais omissões. O que se objetiva é o fiel cumprimento da Lei Maior e, assim, intervém-se em políticas públicas e em fatos de natureza legislativa, decidindo ainda sobre casos que abordam matérias políticas. Este contexto é o chamado por "judicialização da política", uma resultante do neoconstitucionalismo.

Em outro vértice, o Poder Judiciário, na qualidade de agente do ativismo judicial, abre um debate sobre a expansão da atuação dos magistrados, discutindo se o ativismo judicial é realmente legítimo ou se gera uma crise democrática.

Sem dúvida, mediante o exposto, o ativismo ou a militância se encontram por todo lugar, mesmo que espelhado por diversas manifestações rebeldes e isoladas de grupos sociais mais restritos. Ainda, também se confunde com a atuação desordenada e com elementos anarquistas ou terroristas, mormente no momento sóciohistórico-político experimentado na atualidade no Brasil, mediante fatos com cenas dantescas de vandalismo. Dessa forma, cabe pontuar que o "boom" do ativismo digital, oriundo do aumento e das mudanças resultantes da realidade virtual e encabeçada pelas novas mídias e veiculadas especialmente nas redes sociais, incrementou a adoção de tais práticas. Cite-se, como exemplos os casos de ativismo em defesa dos animais, do meio ambiente, das mulheres, do movimento LGBTQIA+, dos índios, dos sem-teto, entre outros.

A população, ao utilizar mecanismos de democracia participativa de acesso à Jurisdição Constitucional, busca primordialmente, que os Poderes Legislativo, Executivo e Judiciário, integrantes do Estado Democrático de Direito, concretizem as políticas públicas que viabilizam a consolidação das condições mínimas de existência, com o objetivo substancial de concretizar o princípio da dignidade da pessoa humana.

Após a redemocratização, que coincide com a promulgação da Constituição Federal de 1988, os tribunais superiores se fortalecem, reassumindo seu papel de relevantes sujeitos políticos. Com o surgimento de vários movimentos sociais e modos mais amplos de atuação da cidadania, marcam o processo de redemocratização do Brasil, o que influi, de forma veemente, na atuação dos tribunais.

Contudo, mesmo com o surgimento do Estado Democrático de Direito Brasileiro, resultante da redemocratização, não ocorreu a plena efetivação da cidadania por indivíduos que integram a sociedade brasileira. Tal quadro apenas começou a ser alterado por meio de movimentos populares, como exemplo, os "caras pintadas", ocorrido em 1992, e, após, com mais intensidade, as "jornadas de junho" de 2013, que reivindicaram as ações do governo de então e culminaram com a cassação da Presidente da República Dilma Rousseff.

Atualmente, o ativismo, em especial, o judicial, interliga-se aos elementos mais essenciais da democracia brasileira, na medida em que somente após a promulgação da Constituição Cidadã promoveu-se ao judiciário uma abertura para práticas ativistas direcionadas ao cumprimento dos interesses da coletividade.

Ultrapassadas as considerações gerais sobre ativismo, passou-se a discutir o que vem a ser o ativismo judicial, a importância do poder criativo dos magistrados para sua aplicação e seus limites.

Não há uma definição consolidada acerca do ativismo judicial. Assim, perante as definições trazidas neste estudo, compreende-se que o ativismo judicial é a concretização de direitos e valores constitucionais, por meio do exercício proativo do Poder Judiciário, diante de possíveis lacunas pelos Poderes Executivo ou Legislativo, isto é, o Poder Judiciário, por meio das decisões emanadas pelo STF, objetiva preencher as lacunas deixadas pelos demais Poderes sobre as políticas públicas. Disso surge a figura do ativismo judicial como um fenômeno interligado à aplicação e à interpretação do Direito que vai além da legislação.

O ativismo judicial, então, foi criado inicialmente da atuação da Suprema Corte Constitucional dos Estados Unidos, por meio do controle de constitucionalidade tácito. Após, esse ativismo ampliou-se e chegou em outros países, dentre eles, a Alemanha, a Itália e o Brasil, que recepcionaram a tradição romano-germânica baseados na *civil law*. No Brasil, o surgimento do ativismo marcou-se por três fatos, a saber: o neoconstitucionalismo; a Constituição Federal de 1988; e o Estado Democrático de Direito.

Atualmente, as relações entre os órgãos estatais vêm sendo alteradas para atender às demandas da sociedade por meio de um regime de colaboração. O que ocorre é que, ao longo os séculos, emergiram diversas modificações e, também, aperfeiçoamentos na teoria de Montesquieu, por meio das influências de outros pensadores. Contudo, as contribuições desse autor estão bem latentes na constituição das normas e regulamentos de vários países do mundo. Por conta disso, adotam-se nas democracias a harmonia, a colaboração, a cooperação ou a interação entre os órgãos estatais em substituição à absoluta separação de poderes.

Assim, é incabível a separação absoluta entre os Poderes em um Estado Democrático de Direito, na medida em que o bem comum deve ser de responsabilidade de todos, com o objetivo precípuo de alcançar a efetividade dos direitos sociais, tão duramente conquistados no Brasil, que mesmo diante de todo o avanço jurídico, ainda é presente a insatisfação dos brasileiros com os serviços prestados pelos poderes estatais nacionais.

Identificar a necessidade de preencher lacunas jurídicas é essencial e fundamenta-se partindo da execução dos direitos fundamentais, frente a complexidade da sociedade atual e em constante modificação. Porém, o problema de todo ativismo judicial está na tomada de decisões que contrariem os anseios populares, do povo que é representado pelo Poder Legislativo. Com a inércia ou a não representatividade dos outros Poderes, o Poder Judiciário intervém como moderador da vontade do povo, decidindo de acordo com princípios claros, expressos ou implícitos, da Constituição Federal e, nesta seara, há argumentos favoráveis e desfavoráveis.

O que se almeja é uma jurisdição constitucional cada vez mais adaptada ao regime democrático atual. Para isso, deve-se realizar uma interpretação que abranja a viabilidade de submissão das leis a uma profunda apuração judicial, sem qualquer possibilidade de invalidar essas leis, através de um minucioso exame judicial de sua validação, a fim de investigar se tais leis são prejudiciais ao regime democrático.

No contexto atual, a Corte Suprema do Brasil é considerada ativista, ao decidir, por exemplo, sobre questões de antecipação terapêutica do parto ou aborto, em feto portador de anencefalia, sobre a demarcação da reserva indígena "Raposa do Sol" realizada pelo Ministério da Justiça, sobre o nepotismo, entre outros.

Portanto, através do ativismo judicial ocorre o crescimento do conjunto de intérpretes da Constituição, expandindo o seu alcance a toda a população. Mas, com a omissão e a competência reduzida demonstrada pelos Poderes Executivo e Legislativo, a população ainda deposita a confiança no Judiciário. Neste passo, o ativismo judicial pode se voltar à diversidade dos anseios populares.

# CAPÍTULO 3

# A JURISDIÇÃO NO ÂMBITO JURÍDICO-ADMINISTRATIVO E O ATIVISMO DOS TRIBUNAIS DE CONTAS

Impossível realizar um estudo acerca do Termo de Ajustamento de Gestão, no âmbito dos Tribunais de Contas, sem primeiro adentrar na esfera de atuação jurisdicional do Estado.

Nesta senda, o Estado possui como fundamento primordial a preservação da ordem e do bem-estar social, através da regulamentação dos coassociados, impondo normas de ajuste de conduta, contidas no direito objetivo que é alcançado por meio da jurisdição que se dá ao caso singular, onde se inicia a atividade jurídica do Estado, quando se revela o conflito de interesses entre sujeitos, em que o Estado antevê, na forma de leis, a necessidade de intervenção em prol da regulação da ordem, estabelecendo previamente a conduta que deve ser seguida pelos coassociados.

Assim, o Estado garante o cumprimento desses preceitos através da jurisdição, utilizando-a para manter sua autoridade de legislar. A finalidade primordial da jurisdição é fazer valer o direito objetivo através do sistema legal, em caráter subsidiário, visto que atua somente quando é requerido pelo Estado ante a inobservância de cumprimento das leis impostas.

A Jurisdição é comumente interpretada como o poder que pertence ao Estado, considerando-se a soberania de suas atividades e atribuições no que lhe compete formular e acionar a regra jurídica concreta que, tendo em vista o direito vigente, trata de disciplinar toda e qualquer situação de ordem jurídica. Naturalmente, significa dizer que a jurisdição é aquele poder de dizer, de expressar-se soberanamente que tem o Estado, através do Poder Judiciário, quando se refere ao sujeito da relação jurídica. Nessa lógica, o termo jurisdição tem o significado de expor o direito (do latim dicere *ius*). Nessa vertente, o que se entende por jurisdição se encontra intimamente ligado ao que se compreende por direito numa organização social e política, territorial, e em certo momento histórico.[263]

Quando se menciona a função jurisdicional, há que se ter em mente que os casos concretos enlaçam conflitos de interesses (lide ou litígio), decorrentes da invocação dos interessados que se encontram na posição de devedores primários da ordem jurídica e da aplicação voluntária de normas nos acertos jurídicos praticados. Na visão de Sena,[264] a jurisdição significa poder, função e atividade. O "poder", quando procede da potestade do Estado de maneira definitiva entre litigantes. A "função" obtém o escopo de perpetrar a ordem jurídica numa lide. Já a "atividade" é a sequência de atos que abarcam a declaração do direito e a efetivação do que originado.

Por seu turno, Calamandrei[265] pontifica que a jurisdição se perfaz em dois momentos, quais sejam: o da cognição e o da execução forçada. O primeiro consiste na manifestação de certeza; já o segundo corresponde à execução de um mandato uno através de uma decisão, "*litteris*":

> Para pôr em prática as garantias jurisdicionais que acabamos de mencionar, se requer o exercício de uma atividade continuativa, na qual se podem distinguir dois momentos: a *cognição* e a *execução forçada*. A cognição se dirige à declaração de certeza – Cognição e execução forçada – de um mandato individualizado (primário o sancionatório) e se expressa numa decisão; a execução forçada trata de fazer que o mandato individualizado, declarado de certo mediante a decisão seja executado na prática.[266]

---

[263] MACEDO, Elaine Harzheim; BRAUN, Paola Roos. Jurisdição segundo Giuseppe Chiovenda versus jurisdição no paradigma do processo democrático de Direito: algumas reflexões. *ANIMA – Revista Eletrônica do Curso de Direito das Faculdades OPET*, Curitiba PR, a. VI, n. 12, jul./dez. 2014. p. 2. Disponível em: http://www.anima-opet.com.br/pdf/anima12/ANIMA-12-JURISDICAO-SEGUNDO-GIUSEPPECHIOVENDA-versus-JURISDICAO-PARADIGMA-DO-PROCESSO-DEMOCRATICO-DIREITO.pdf. Acesso em 01 dez. 2016.

[264] ORSINI, Adriana Goulart de Sena. Formas de resolução de conflitos e acesso à justiça. *Revista do Tribunal Regional do Trabalho 3ª Região*, Belo Horizonte, v. 46, n. 76, p. 93-114, jul./dez. 2007. p. 95. Disponível em: http://www.trt3.jus.br/escola/download/revista/rev_76/Adriana_Sena.pdf. Acesso em 30 nov. 2016.

[265] CALAMANDREI, Piero. *Direito processual civil*. (Trad. Luiz Abezia e Sandra Drina Fernandez Barbiery). Campinas: Bookseller, 1999. v. I, p. 131.

[266] CALAMANDREI, Piero. *Direito processual civil*. (Trad. Luiz Abezia e Sandra Drina Fernandez Barbiery). Campinas: Bookseller, 1999. v. I, p. 131.

Nesta trilha, Chiovenda[267] atribui à jurisdição a natureza secundária ao tratar sobre sua feição substitutiva, visto que seu papel julgador se substitui entre atividade pública a uma atividade alheia, sob um campo volitivo da lei inerente a outrem. O autor ainda qualificou a jurisdição como uma atividade excepcionalmente estatal que age conjuntamente com as funções legislativa e governamental, também considerada administrativa, conjectura de um poder unificado, definido como a soberania estatal que deve ser exercida pelos sujeitos de uma relação jurídica. Nesse sentido, o autor alude que:

> a) La jurisdicción es una actividad secundaria; con esta fórmula se quiere decir que em todo acto jurisdiccional se encuentra constantemente la sustitución de la actividad de un órgano del Estado a una actividad que habría debido ser ejercitada por los sujetos de la relación jurídica sometida a decisión.[268] [269]

Nesta via, a função jurisdicional é definida tanto como uma integração, quanto como uma persecução da atividade legislativa, visto que o Estado sustenta posteriormente a manifestação legal: a sua vontade geral e abstrata (Lei), e, através do juiz, corrobora a sua autoridade sobre o caso concreto. Consequentemente, a finalidade da função jurisdicional é a consecução da efetividade do direito objetivo e não a composição da lide, podendo haver o processo sem lide.

A obra *Derecho procesal civil: estudios sobre el proceso civil*, de Piero Calamandrei, vertida para o idioma espanhol por Santiago Sentis Melendo, apresenta um maciço Índice Sumário dividido em Partes e Seções que se estendem desde o noticiário sobre a vida e a obra de Calamandrei, segue desde as premissas históricas e sistemáticas; focaliza "o novo Código" e seus precedentes históricos; passa pelas noções sistemáticas e fundamentais sobre a jurisdição, a ação, o processo, e tantos outros temas de interesse geral.

---

[267] CHIOVENDA, Giuseppe. *Instituições de direito processual civil*. São Paulo: Bookseller, 1965. v. II, p. 11-20.
[268] A jurisdição é uma atividade secundária; com esta fórmula se quer dizer que em todo ato jurisdicional se encontra constantemente a substituição da atividade de um órgão do Estado a uma atividade que deveria ter sido exercitada pelos sujeitos da relação jurídica submetida à decisão (Tradução livre da autora do presente estudo).
[269] CALAMANDREI, Piero. *El Proceso Civil*. (Trad. Santiago Sentis Melendo). Buenos Aires: Lavalle, 1961. p. 20.

Na vasta exposição sobre a temática da jurisdição na obra citada, Calamandrei[270] arrola a questão da formulação do direito e a referência ao Código que, em seu artigo 1º, dispõe: "A jurisdição civil, salvo disposições especiais da lei, é exercida pelos juízes ordinários de acordo com as normas do presente Código", enquanto anteriormente, o Código se iniciava pelas disposições gerais sobre a ação, como nos artigos 35 e seguintes, passando, dessa forma, "o novo Código" a tomar como ponto de partida a jurisdição e o juiz.

Calamandrei debate a jurisdição de equidade e a jurisdição de direito como princípio de legalidade, pontuando que, "[...] segundo predomine um ou outro método, será diferente no Estado a posição do juiz, e diferente, por conseguinte, o conteúdo da função jurisdicional".[271]

Há a distinção da função jurisdicional de outras funções inerentes à soberania estatal, ou seja, a função jurisdicional inclui uma nova definição ante o Estado Moderno, o que equivale dizer que a função jurisdicional emerge das raízes históricas da civilização, com a finalidade de pacificação social, inserida na figura do juiz, modificando posteriormente a atuação seca do Estado – encarregada tão somente de intervir ilimitadamente nos conflitos para dirimi-los – ampliando sua atuação com base no cumprimento da lei, de forma adequada aos ditames sociais, buscando a correta manutenção da paz social, em prol da solução de conflitos individuais, coadunando com a observância da lei.[272]

Contudo, não pode haver uma separação absoluta na conceituação das funções, uma vez que é assente a distribuição de funções atípicas a cada poder, em prol da manutenção da coisa pública. De tal modo, órgãos legislativos e judiciários exercem funções administrativas; órgãos administrativos exercem funções legislativas, e todos devem sempre estar interligados pela coordenação.

As formas de intervenção do Estado ante a inobservância do direito objetivo são definidas como a garantia jurisdicional das normas jurídicas, também entendidas como meios de tutela jurídica, de tutela jurisdicional, meios de atuação do direito ou as conhecidas sanções.[273]

---

[270] CALAMANDREI, Piero. *Derecho procesal civil*: estudios sobre el proceso civil. (Trad. Santiago Sentis Melendo). Buenos Aires: Ediciones Jurídicas, 1973. p. 98.

[271] CALAMANDREI, Piero. *Derecho procesal civil*: estudios sobre el proceso civil. (Trad. Santiago Sentis Melendo). Buenos Aires: Ediciones Jurídicas, 1973. p. 98.

[272] CALAMANDREI, Piero. *Direito processual civil*. (Trad. Luiz Abezia e Sandra Drina Fernandez Barbiery). Campinas: Bookseller, 1999. v. I, p. 148.

[273] CALAMANDREI, Piero. *Direito processual civil*. (Trad. Luiz Abezia e Sandra Drina Fernandez Barbiery). Campinas: Bookseller, 1999. v. I, p. 111.

Da coercibilidade do direito decorre a conduta impositiva do Estado por meio da aplicação de duas normas – a primária ou principal – aquela imposta aos coassociados – e a norma sancionatória – dirigida aos órgãos jurisdicionais do Estado. Esta atividade, posterior e impositiva do Estado, é a denominada jurisdição. Deste modo, a legislação e a jurisdição estão correlacionadas à atividade jurídica, consubstanciada em estabelecer o direito e depois fazê-lo ser cumprido.[274]

A função jurisdicional, exclusivamente estatal, atua concomitantemente com as funções legislativa e governamental, as quais integram o poder uno, inerente ao Estado, que é a soberania estatal.[275] Na formulação legal existe a repartição das atividades, nas quais, no momento da criação das leis, cabe o julgamento valorativo aos órgãos competentes e, aos juízes, somente a aplicação dessas leis como foram estabelecidas. Todavia, a atividade equitativa do magistrado, que elabora o direito para o caso uno, difere da jurisdição de direito, pois o juiz, como servidor e intérprete fiel da lei, a aplica ao caso concreto, observando os princípios maiores de justiça e equidade, como regras essenciais do ordenamento jurídico.

Durante o Estado Moderno, a atuação jurisdicional, por exemplo, se deu através dos magistrados – estes como funcionários do Estado – através de nomeações estabelecidas em lei, resultando na efetividade da integração de magistrados probos e doutos, rompendo a prática de nomeações sujeitas ao trivial arbítrio do governante.[276] Nesse cenário, os cargos públicos e judiciários eram distribuídos pelo Estado àqueles mais preparados, caracterizando-os como a fragmentação equitativa da ação pública no interesse social. Em outro viés, faz-se oportuno pontuar que as funções soberanas – legislativa e judicial – não se distinguem uma da outra no que concerne à natureza psicológica, visto que em ambas deve haver a vontade da lei com base na formulação de um pensamento coerente, lógico.

As relações entre os indivíduos de uma sociedade conduzem tanto à máquina administrativa, quanto aos conflitos de interesses

---

[274] CALAMANDREI, Piero. *Direito processual civil*. (Trad. Luiz Abezia e Sandra Drina Fernandez Barbiery). Campinas: Bookseller, 1999. v. I, p. 109.
[275] CHIOVENDA, Giuseppe. *Instituições de direito processual civil*. São Paulo: Bookseller, 1965. v. II, p. 4.
[276] SILVA FILHO, Antônio José Carvalho da. Primórdios da jurisdição. *Academia Brasileira de Direito Processual Civil*, [s.d.]. p. 5. Disponível em: http://www.abdpc.org.br/abdpc/artigos/primordios%20da%20jurisdicao%20antonio%20jose%20carvalho%20da%20silva%20filho.pdf. Acesso em 01 dez. 2016.

oriundos da frustração da própria natureza dos indivíduos inseridos na sociedade. Logo, "[...] a comprovação do brocardo jurídico *ubi societas, ibi ius* pode ser realizada pela experiência empírica, que deixa clara a importância e o fundamento do direito nas sociedades em geral". Por isso, passa a ser indispensável a criação de normas ou regulamentações de conduta que gerenciem a harmonia, a ordem e o controle social. Para tanto, o direito se alça como a ferramenta utilizada pelos grupos sociais, apropriada para o exercício do controle social.

Em passado recente, as instituições ou pessoas diversas do Estado integravam órgãos em prol da concretude da lei, com ruptura através da declaração do princípio da divisão das funções estatais, quais sejam: a legislativa, a administrativa e a jurisdicional. Nesse seguimento, a justiça era conduzida pelo povo – através da assembleia popular ou pelos juízes populares – e pelo monarca.

Com o evoluir dos prismas estatais de jurisdição, o procedimento eficaz e interativo para determinação dos objetivos, estratégias e ações do Estado requerem organização com base na lei vigente, por meio de técnicas administrativas com o incondicional envolvimento dos intérpretes sociais, ou seja, gestores e demais interessados para formalizar uma articulação de políticas federais, estaduais e municipais, visando produzir resultados que efetivam direitos sociais conduzindo-os de forma adequada. Como exemplo, o juiz, num caso, na falta de lei que prevê a conduta, deve basear sua decisão no conhecimento de equidade natural, interpretando correntes históricas enlaçadas ao seu tempo.[277]

Importante frisar que os Pretórios de Contas possuem também jurisdição na esfera administrativa. Esclareça-se que ela não é terminativa, posto que o Estado Brasileiro adotou o sistema único de jurisdição, que ocorre por meio do Poder Judiciário, *ex vi* do art. 5º, XXXV[278] da CF/88. Logo, podem as decisões administrativas dos Tribunais de Contas serem questionadas em juízo. Contudo, a visão predominante assenta-se no argumento de que o Poder Judiciário não é competente para adentrar no mérito das decisões dos TCs, salvo se demonstrado erro grosseiro, dolo ou ainda a inobservância do devido processo legal.

Hodiernamente, é notório que o desempenho eficiente da gestão pública requer independência para o exercício de técnicas e ferramentas

---

[277] CALAMANDREI, Piero. *Direito processual civil*. (Trad. Luiz Abezia e Sandra Drina Fernandez Barbiery). Campinas: Bookseller, 1999. v. I, p. 98-99.
[278] XXXV – A lei não excluirá da apreciação do Poder Judiciário lesão ou ameaça a direito.

voltadas à atuação do controle externo da Administração Pública, por meio da ação dos Tribunais de Contas, cujas considerações serão objeto de análise nos tópicos seguintes.

## 3.1 Origem, evolução e competência dos Tribunais de Contas

O controle exercido pela Administração Pública não adveio da constituição do Estado Moderno, nem do constitucionalismo, fatos que sobrevieram da Revolução Francesa. O controle já era realizado no mundo grego clássico, durante o século V antes de Cristo, sob os condicionamentos e as concepções presentes nesse ínterim.

O controle da Administração Pública está intimamente ligado ao ideal democrático que, conforme já demonstrado em seção anterior, variou durante o tempo e conforme o panorama social no qual estava e está inserto.

Elucide-se que o controle da Administração Pública é uma das ferramentas de que dispõe a sociedade para concretizar o seu ideal democrático, ideal entranhado nos objetivos sociais contidos na Carta Constitucional de 1988. Nesta linha, os órgãos de controle são fortes aliados para a efetivação dos seus direitos sociais.

Nesta vertente de estudo, e com o intuito de aperfeiçoar o tema proposto, a seguir são apresentadas inferências a respeito da origem e evolução dos Tribunais de Contas.

### 3.1.1 Origem e evolução dos Tribunais de Contas

O exercício do controle das contas públicas no Brasil ocorreu no Período Colonial brasileiro, em 1680, diante da elaboração das Juntas das Fazendas das Capitanias e da Junta da Fazenda do Rio de Janeiro, em parceria com a jurisdição portuguesa. Em 1808, o país tinha como governante D. João VI, que constituiu o Erário Régio e elaborou o Conselho da Fazenda que tinha por atribuição fiscalizar o exercício dos gastos públicos. Em 1822, com a Independência do Brasil, o Erário Régio foi alterado para Tesouro,[279] que resultou nos primeiros orçamentos referentes aos gastos públicos e aos balanços gerais.[280]

---
[279] Constituição Monárquica de 1824.
[280] FERNANDES, Jorge Ulisses Jacoby. *Tribunais de Contas do Brasil*: jurisdição e competência. 2. ed. Belo Horizonte: Fórum, 2008. p. 150-160.

No dia 23 de junho de 1826, a vontade de elaboração de um Tribunal de Contas surgiu com a apresentação de um projeto de lei ao Senado, criado por Felisberto Caldeira Brandt[281] e por José Inácio Borges. A criação dos Tribunais de Contas no Brasil foi fortemente influenciada por três modelos: o italiano, o belga e o francês.[282] O primeiro modelo, adotado pela *Corte dei Conti* italiana, instituída em 14 de agosto de 1862,[283] com fundamento constitucional, igualmente às Cortes de Contas brasileiras, realiza tanto o controle prévio, quanto o controle posterior, e é associado ao Poder Legislativo. Todavia, diante da dualidade jurisdicional presente na Itália, que reúne atributos do contencioso administrativo e do contencioso judicial, a Corte de Contas exerce tanto o controle típico de sua natureza, quanto uma parcela relevante do poder jurisdicional. O segundo modelo, o da Corte de Contas belga, foi elaborado em 07 de fevereiro de 1883, e é semelhante ao modelo italiano, uma vez que acumula as funções administrativas e jurisdicionais e está agregada ao Poder Legislativo, exercendo a análise prévia das despesas a serem executadas. Oriundo da Lei de 16 de setembro de 1807, o Tribunal de Contas francês, por sua vez, sob a definição *Cour des Comptes*, remete ao *Ancien Régime* e, atualmente, é definido como a principal jurisdição administrativa especializada da França. Seu exercício ocorre posteriormente e suas decisões podem ser revistas pelo Conselho do Estado. Esse modelo decorre da forte análise da qualidade e eficiência na execução dos gastos públicos, o que é de se afirmar que o Tribunal de Contas da França não está condicionado ao exame formal de sua contabilidade pública.

Durante o Império, na vigência da Constituição de 1824,[284] inexistia no Brasil qualquer previsão no que diz respeito a um órgão para controlar/fiscalizar os recursos públicos. Todavia, existiam normas referentes à administração financeira, entre elas, a fixação anual de despesas, a divisão da contribuição direta dos cidadãos e a competência

---

[281] Visconde de Barbacena.
[282] FERNANDES, Jorge Ulisses Jacoby. *Tribunais de Contas do Brasil*: jurisdição e competência. 2. ed. Belo Horizonte: Fórum, 2008. p. 157-163.
[283] ITÁLIA. Corte dei Conti. *Site da Corte de Contas italiana*. 2017. Disponível em: http://www.corteconti.it/. Acesso em 05 set. 2017.
[284] BRASIL. Constituição politica do Imperio do Brazil, de 25 de março de 1824. Manda observar a Constituição Política do Imperio, oferecida e jurada por Sua Magestade o Imperador. *Coleção de Leis do Imperio do Brasil*. Rio de Janeiro, 22 abr. 1824. Disponível em: http://www.planalto.gov.br/ccivil_03/constituicao/constitui%C3%A7ao24.htm. Acesso em 05 set. 2017.

do Imperador de decretar a aplicação dos rendimentos destinados pela Assembleia aos diversos setores da Administração Pública.

Efetivamente, os debates concernentes à elaboração de um Tribunal de Contas perduraram no correr do século XIX. Contudo, a criação do Tribunal de Contas no Brasil, que surgiu através do Decreto 966-A, de inspiração de Rui Barbosa, então Ministro da Fazenda, em 7 de novembro de 1890, só aconteceu posteriormente à queda do Império e após as reformas político-administrativas instituídas pela República. Nesse contexto, o artigo 89 da Constituição de 1891 conferiu, pela primeira vez, ao Tribunal de Contas da União, a peculiaridade de órgão público autônomo.

Somente em 17 de janeiro de 1893 ocorreu a fundação do Tribunal de Contas da União, pelo Ministro da Fazenda, Serzedello Corrêa, integrante do Governo de Floriano Peixoto. Nesse contexto, o Tribunal tinha, primordialmente, a responsabilidade de verificar, revisar e decidir sobre as ações referentes à receita e aos gastos da União, ocorrendo a fiscalização por meio do sistema de registro prévio. Fato marcante desse período teve lugar após a fundação do Tribunal de Contas, uma vez que, nesse ínterim, o órgão apurou a ilegalidade da nomeação de um parente do ex-Presidente Deodoro da Fonseca, realizada pelo então Presidente Floriano Peixoto, o que resultou na criação de um novo decreto que excluía a competência do Tribunal de Contas da União de contestar gastos considerados ilegais. Ademais, Serzedello Corrêa, em contestação ao pedido do citado Presidente, exonerou-se do cargo, deixando, em 27 de abril de 1893, uma carta esboçando sua indignação.[285]

---

[285] "Esses decretos anulam o Tribunal, o reduzem a simples Ministério da Fazenda, tiram-lhe toda a independência e autonomia, deturpam os fins da Instituição, e permitirão ao Governo a prática de todos os abusos e vós sabeis – é preciso antes de tudo, legislar para o futuro. Se a função do Tribunal no espírito da Constituição é apenas a de liquidar as contas e verificar a sua legalidade depois de feitas, o que eu contesto, eu vos declaro que esse Tribunal é mais um meio de aumentar o funcionalismo, de avolumar a despesa, sem vantagens para a moralidade da administração. Se, porém, ele é um Tribunal de exação como já o queria Alves Branco e como têm a Itália e a França, precisamos resignarmo-nos a não gastar senão o que for autorizado em lei e gastar sempre bem, pois para os casos urgentes a lei estabelece o recurso. Os governos nobilitam-se, Marechal, obedecendo a essa soberania suprema da lei e só dentro dela mantêm-se e são verdadeiramente independentes. Pelo que venho de expor, não posso, pois Marechal, concordar e menos referendar os decretos a que acima me refiro e por isso rogo-vos digneis de conceder-me a exoneração do cargo de Ministro da Fazenda, indicando-me sucessor".

## 3.1.2 Competências constitucionais dos Tribunais de Contas

A Constituição promulgada em 1934[286] atribuiu ao Tribunal de Contas as seguintes funções: a) promover o acompanhamento do orçamento, cadastro prévio dos gastos e contratos; b) julgar as contas dos responsáveis pelos bens do erário; c) apresentar um parecer prévio sobre as contas do Presidente da República para, posteriormente, encaminhá-lo à Câmara dos Deputados.

A Constituição de 1937[287] manteve essas competências, excluindo a atribuição referente ao parecer prévio das contas do Presidente da República.

Na Constituição de 1946[288] foi acrescida a competência para decidir sobre a legalidade das concessões de aposentadorias, reformas e pensões.

A Constituição Federal de 1967,[289] por sua vez, foi modificada pela Emenda Constitucional nº 1, de 1969,[290] e retirou a competência do Tribunal para examinar e julgar previamente as ações e os contratos submetidos aos gastos e ao julgamento da legalidade de concessões de aposentadorias, reformas e pensões. Por outro lado, manteve a competência da Constituição anterior em demonstrar as falhas e irregularidades que, uma vez não elididas, ocasionariam prejuízos ao Estado e se tornariam motivo de representação ao Congresso Nacional,

---

[286] BRASIL. Constituição da República dos Estados Unidos do Brasil, de 16 de julho de 1934. Nós, os representantes do povo brasileiro, pondo a nossa confiança em Deus, reunidos em Assembléia Nacional Constituinte para organizar um regime democrático, que assegure à Nação a unidade, a liberdade, a justiça e o bem-estar social e econômico, decretamos e promulgamos a seguinte. *Diário Oficial da União*, Rio de Janeiro, 16 jul. 1934, republicado em 19 dez. 1935. Disponível em: http://www.planalto.gov.br/ccivil_03/constituicao/constituicao34.htm. Acesso em 05 set. 2017.

[287] BRASIL. Constituição dos Estados Unidos do Brasil, de 10 de novembro de 1937. *Diário Oficial da União*, Rio de Janeiro, 10 nov. 1937, republicado em 19 nov. 1937. Disponível em: http://www.planalto.gov.br/ccivil_03/constituicao/constituicao37.htm. Acesso em 07 set. 2017.

[288] BRASIL. Constituição dos Estados Unidos do Brasil, de 18 de setembro de 1946. *Diário Oficial da União*, Rio de Janeiro, 19 set. 1946, republicado em 15 out. 1946. Disponível em: http://www.planalto.gov.br/ccivil_03/constituicao/constituicao46.htm. Acesso em 07 set. 2017.

[289] BRASIL. Constituição da República Federativa do Brasil de 1967. *Diário Oficial da União*, Brasília, 24 jan. 1967. Disponível em: http://www.planalto.gov.br/ccivil_03/constituicao/constituicao67.htm. Acesso em 07 set. 2017.

[290] BRASIL. Emenda Constitucional nº 1, de 17 de outubro de 1969. Edita o novo texto da Constituição Federal de 24 de janeiro de 1967. *Diário Oficial da União*, Brasília, 20 out. 1969, retificado em 21 out. 1969, republicado em 30 out. 1969.

além de manter a avaliação da legalidade. A mesma Constituição atribuiu ao Tribunal a competência para o exercício da função de auditoria financeira e orçamentária de todas as contas dos três poderes do Estado,[291] o que resultou em órgão de controle externo.

Enfim, com a promulgação da Constituição Federal de 1988,[292] ao Tribunal de Contas foram conferidas atribuições próprias, além de sua jurisdição, onde obteve competência para auxiliar o Congresso Nacional, através do exercício do controle contábil, financeiro, orçamentário, operacional e patrimonial em todo o território nacional. São, por conseguinte, órgãos administrativos, de natureza colegiada, que auxiliam o Poder Legislativo no controle externo da Pública Administração, tendo eles tripla esfera de atuação: O Tribunal de Contas da União (TCU)[293] cuida das contas federais e seus membros são intitulados Ministros; os Tribunais de Contas dos Estados (TCEs), um para cada Estado da federação, cuidam das contas estaduais e

---

[291] Também foi atribuído ao Tribunal de Contas, calcular e fixar, com base em pesquisas do Instituto Brasileiro e Geografia e Estatística – IBGE (2015), os fatores de participação na distribuição de recursos tributários do Estado, bem como os Fundos de Participação dos Estados (FPE), do Distrito Federal e dos Municípios (FPM), controlando e fiscalizando sua entrega aos beneficiários e controlando junto aos órgãos responsáveis da União. (BRASIL. Instituto Nacional de Geografia e Estatística (IBGE). *Pesquisa nacional por amostra de domicílio – PNAD*: Síntese de indicadores. Rio de Janeiro, 2015).

[292] BRASIL. *Constituição Federal do Brasil (1988)*. São Paulo: Revista dos Tribunais, 2010.

[293] Art. 73. O Tribunal de Contas da União, integrado por nove Ministros, tem sede no Distrito Federal, quadro próprio de pessoal e jurisdição em todo o território nacional, exercendo, no que couber, as atribuições previstas no art. 96. §1º Os Ministros do Tribunal de Contas da União serão nomeados dentre brasileiros que satisfaçam os seguintes requisitos: I – mais de trinta e cinco e menos de sessenta e cinco anos de idade; II – idoneidade moral e reputação ilibada; III – notórios conhecimentos jurídicos, contábeis, econômicos e financeiros ou de administração pública; IV – mais de dez anos de exercício de função ou de efetiva atividade profissional que exija os conhecimentos mencionados no inciso anterior.
§2º Os Ministros do Tribunal de Contas da União serão escolhidos: I – um terço pelo Presidente da República, com aprovação do Senado Federal, sendo dois alternadamente dentre auditores e membros do Ministério Público junto ao Tribunal, indicados em lista tríplice pelo Tribunal, segundo os critérios de antiguidade e merecimento; II – dois terços pelo Congresso Nacional. §3º Os Ministros do Tribunal de Contas da União terão as mesmas garantias, prerrogativas, impedimentos, vencimentos e vantagens dos Ministros do Superior Tribunal de Justiça, aplicando-se-lhes, quanto à aposentadoria e pensão, as normas constantes do art. 40. (Redação dada pela Emenda Constitucional nº 20, de 1998) §4º O auditor, quando em substituição a Ministro, terá as mesmas garantias e impedimentos do titular e, quando no exercício das demais atribuições da judicatura, as de juiz de Tribunal Regional Federal. [...] Art. 75. As normas estabelecidas nesta seção aplicam-se, no que couber, à organização, composição e fiscalização dos Tribunais de Contas dos Estados e do Distrito Federal, bem como dos Tribunais e Conselhos de Contas dos Municípios. Parágrafo único. As Constituições estaduais disporão sobre os Tribunais de Contas respectivos, que serão integrados por sete Conselheiros (grifo nosso).

municipais e seus membros são intitulados Conselheiros; Os Tribunais de Contas dos Municípios (Pará, Bahia, Goiás) cuidam das contas dos municípios do seu Estado e seus membros também são denominados Conselheiros. Observe-se que o Distrito Federal possui um Tribunal de Contas próprio (TC-DF), bem como os Municípios de São Paulo e Rio de Janeiro têm Tribunais de Contas exclusivos e seus membros também são Conselheiros. Esclareça-se que não há entre eles a menor subordinação hierárquica. Diferentemente do Judiciário, o TCU não possui poder de decisão vinculante para os demais Tribunais de Contas.

Entende-se que a competência dos Tribunais de Contas da União, dos Estados e dos Municípios deve observar o ordenamento constitucional brasileiro[294] e a legislação infraconstitucional pertinente. A divisão das competências é agrupada em: a) fiscalizadora; b) judicante; c) sancionadora; d) consultiva; e) informativa; f) corretiva; g) normativa e; h) ouvidoria.[295]

A primeira competência, a *fiscalizadora*, é compreendida como a efetivação de fiscalizações e auditorias em órgãos e entes integrantes da administração direta e indireta, para apreciar a legalidade e a adequação dos recursos públicos; o endividamento público; a execução da Lei de Responsabilidade Fiscal e demais ações.[296] Outra competência, a *judicante*,[297] é a função administrativa do Tribunal de Contas de decidir a respeito de contas dos administradores dos recursos públicos, no aspecto de sua regularidade, validade, efetividade das finalidades públicas, instituídas pela Carta Magna, por leis e regulamentos, e, também, de apreciar, verificar, emitir pareceres, tudo nos limites da sua competência. A competência *sancionadora*,[298] por seu turno, é necessária para o alcance da finalidade fiscalizatória, reprimindo a ocorrência de ilegalidades/impropriedades, impulsionando o ressarcimento do

---

[294] Art. 71 da CF/88 e seguintes.
[295] LIMA, Luiz Henrique. *Controle externo*: teoria, jurisprudência e mais de 500 questões. 4. ed. Rio de Janeiro: Elsevier, 2011. p. 111.
[296] A competência fiscalizadora do Tribunal de Contas da União se amplia aos três poderes.
[297] Art. 71. [...] I – apreciar as contas prestadas anualmente pelo Presidente da República, mediante parecer prévio que deverá ser elaborado em sessenta dias a contar de seu recebimento;
[298] Art. 71. [...] II – julgar as contas dos administradores e demais responsáveis por dinheiros, bens e valores públicos da administração direta e indireta, incluídas as fundações e sociedades instituídas e mantidas pelo Poder Público federal, e as contas daqueles que derem causa a perda, extravio ou outra irregularidade de que resulte prejuízo ao erário público;

erário. Já a competência *consultiva* abrange a emissão de pareceres prévios dos gastos do Presidente da República, dos Governadores e dos Prefeitos, para posterior utilização quando do julgamento dessas contas anuais por parte do Poder Legislativo. A competência *informativa* é realizada através do envio de informações ao Poder Legislativo no tocante a fiscalizações executadas, do envio dos alertas especificados pela Lei de Responsabilidade Fiscal, e da atualização de dados relevantes. Já a competência *corretiva*, nos moldes do art. 71, IX e X da CF/88,[299] e pelo princípio da simetria, dispõe sobre a correção de rumos da Administração Pública, através, dentre outros, do Termo de Ajustamento de Gestão, decorrente da teoria dos poderes implícitos dos atos fiscalizatórios, que se alinha à essência desta obra e será mais delineado nos capítulos que se seguem a este.

A competência *normativa* se vincula ao poder regulamentar conferido pelas Leis Orgânicas de cada TC, que autoriza decisões, orientações, atos normativos dentro de seu âmbito de competência, bem como demais atos referentes à sua administração. A última, a competência referente à *ouvidoria*, está prevista no art. 74, §2º, da Constituição Federal, e se revela como uma forte ferramenta de auxílio aos TCs, pois às vezes só o cidadão terá condições de apontar fatos equivocados praticados por gestores públicos, e os órgãos de controle só passam a ter conhecimento através de representações ou denúncias.

Para o desempenho dessas atividades, o Tribunal de Contas da União é composto por nove Ministros, no qual seis são indicados pelo Congresso Nacional e três pelo Presidente da República. Entre os três últimos, um é escolhido livremente, o outro deve ser escolhido entre os integrantes do Ministério Público junto ao Tribunal de Contas da União, e o terceiro Ministro dentre os Auditores do Tribunal. Por um alinhamento simétrico, os demais Tribunais de Contas terão conselheiros como membros e seguem este mesmo perfilamento de composição.

---

[299] Art. 71 da CF/88, IX – assinar prazo para que o órgão ou entidade adote as providências necessárias ao exato cumprimento da lei, se verificada ilegalidade; X – sustar, se não atendido, a execução do ato impugnado, comunicando a decisão à Câmara dos Deputados e ao Senado Federal. No que tange a sustação de contratos, a Corte de Contas direcionará seu parecer ao Poder Legislativo para que apresente sua manifestação em até 90 dias. Caso não proceda desta forma, poderá o TC decidir pela sustação do contrato.

## 3.2 Formas de controle exercidas pelos Tribunais de Contas

O controle está originariamente vinculado ao ideal democrático, o qual é definido por sua natureza e se modifica ao longo do tempo e do contexto social em que está inserido, onde e quando se torna relevante a conceituação dos Estados modernos, independentemente do regime adotado. É, deste modo, compreendido como um princípio essencial da Administração Pública, e conceituado como um "[...] conjunto de mecanismos jurídicos e administrativos, por meio dos quais se exerce o poder de fiscalização e de revisão da atividade administrativa em qualquer das esferas de Poder".[300]

Entre as espécies de controle, as mais relevantes são: a) o "[...] controle político", aquele exercido de forma estrutural entre os Poderes e que resulta no "[...] sistema de freios e contrapesos";[301] b) o "[...] controle administrativo" preocupa-se em regular a máquina pública e seus atos decorrentes das ações governamentais, em prol da dignidade da pessoa humana, por meio das prestações existenciais pelo Estado, além das relações internacionais associadas à capacidade de gestão do país e aos eventuais riscos inerentes aos acordos internacionais. Este controle se encontra alojado em um panorama mais pragmático e concreto, visto que "[...] pretende alvejar os órgãos incumbidos de exercer uma das funções do Estado – a função administrativa".[302] Assim, o objetivo do controle administrativo é garantir que a atuação da Administração esteja embasada nos princípios que lhe são atribuídos pelo ordenamento jurídico pátrio, como os da legalidade, impessoalidade, moralidade, finalidade pública, publicidade e eficiência. O controle deve exercer a ponderação da atuação estatal, seguindo um conjunto de normas e princípios, visando cominar a sua legitimidade; c) o controle judiciário, exercido pelo Poder Jurisdicional, objetiva dirimir conflitos entre o Estado e seus cidadãos e entre os próprios cidadãos, sendo, deste modo, a última palavra para a pacificação entre a sociedade, o Estado e as pessoas, físicas ou jurídicas, que o compõem.

---

[300] CARVALHO FILHO, José dos Santos. *Manual de Direito Administrativo*. São Paulo: Atlas, 2014. p. 929.

[301] Termo oriundo do direito norte-americano *check and balances*. Como exemplo, têm-se o controle exercido pelo Poder Executivo sobre o Legislativo através do veto político sob o fundamento de contrariedade ao interesse público (art. 66, §1º, CF/88).

[302] CARVALHO FILHO, José dos Santos. *Manual de Direito Administrativo*. São Paulo: Atlas, 2014. p. 929.

Quanto à classificação do controle, este pode ser interno, popular/social e externo. O controle interno é efetivado pela própria Administração sobre os seus atos, propendendo a observação ao princípio da legalidade, eficiência e mérito, como preconiza o art. 74 da CF/88.[303] As controladorias dos Municípios, dos Estados e da União estão inseridas neste tipo de controle. Já o controle social[304] é executado pela sociedade, de forma direta, recaindo sobre os atos da Administração Pública, colocando-se como modalidade de controle externo, por ser realizado por pessoas não inseridas na estrutura oficial do órgão controlador. O controle externo,[305] propriamente dito, é aquele exercido pelo Poder Legislativo, com o auxílio dos Tribunais de Contas, que atuam por meio de auditorias de própria iniciativa, quando necessárias, ou por solicitação, e também responde a consultas, orientando seus jurisdicionados.

Destaque-se que a sociedade exerce papel fundamental quando, no exercício de sua cidadania, denuncia aos órgãos de controle irregularidades ou ilegalidades de seu conhecimento, apoio essencial ao controle externo, eis que as Cortes de Contas não alcançam a totalidade dos atos praticados pelos gestores públicos.[306]

---

[303] Art. 74. Os Poderes Legislativo, Executivo e Judiciário manterão, de forma integrada, sistema de controle interno com a finalidade de:
I – Avaliar o cumprimento das metas previstas no plano plurianual, a execução dos programas de governo e dos orçamentos da União;
II – Comprovar a legalidade e avaliar os resultados, quanto à eficácia e eficiência, da gestão orçamentária, financeira e patrimonial nos órgãos e entidades da administração federal, bem como da aplicação de recursos públicos por entidades de direito privado;
III – Exercer o controle das operações de crédito, avais e garantias, bem como dos direitos e haveres da União;
IV – Apoiar o controle externo no exercício de sua missão institucional.
§1º Os responsáveis pelo controle interno, ao tomarem conhecimento de qualquer irregularidade ou ilegalidade, dela darão ciência ao Tribunal de Contas da União, sob pena de responsabilidade solidária.
§2º Qualquer cidadão, partido político, associação ou sindicato é parte legítima para, na forma da lei, denunciar irregularidades ou ilegalidades perante o Tribunal de Contas da União.

[304] LXXIII – qualquer cidadão é parte legítima para propor ação popular que vise a anular ato lesivo ao patrimônio público ou de entidade de que o Estado participe, à moralidade administrativa, ao meio ambiente e ao patrimônio histórico e cultural, ficando o autor, salvo comprovada má-fé, isento de custas judiciais e do ônus da sucumbência;

[305] A esse respeito ainda existem controles incidentais, também considerados externos, que pode ser exercido mediante provocação pelo Judiciário e independente desta, pelo Ministério Público.

[306] SOBRAL DE SOUZA, Patrícia Verônica Nunes Carvalho. O Perfil Constitucional dos Tribunais de Contas: evolução e histórico. *In:* COELHO NETO, Ubirajara (Org.). *Temas de Direito Constitucional:* estudos em homenagem ao Prof. Osório de Araújo Ramos Filho. Aracaju: Ubirajara Coelho Neto Editor, 2012. p. 292.

Compete ao Tribunal de Contas a verificação dos gastos públicos, através da função fiscalizadora conceituada de Controle Externo. Neste contexto, cabe ao Poder Legislativo o exercício desse controle perante os representantes do Poder Executivo, bem como dos representantes do Poder Judiciário. Eis que desse panorama emerge a autonomia do Tribunal de Contas, quanto à contribuição prestada ao Poder Legislativo para o exercício da função do controle externo que fiscaliza os gastos públicos dos órgãos integrantes dos Poderes Executivo, Judiciário e do próprio Legislativo.

Os pretórios de Contas, através do Controle Administrativo, examinam as contas governamentais anuais e emitem parecer prévio para que o Poder Legislativo decida sobre a aprovação ou não das mesmas, bem como julgam contas dos demais gestores que administram recursos públicos,[307] conforme dispõem os arts. 70 e 71 da Carta Federal de 1988.

Nesta toada, é preciso distinguir Contas de Governo de Contas de Gestão. Aquelas são denominadas contas de desempenho ou resultado, são anuais e avaliam a atuação do chefe do Poder Executivo como ente político (no exercício das funções de planejamento, organização, direção e controle das políticas públicas) concebidas nas leis orçamentárias que observam a eficácia, a eficiência e a efetividade das ações governamentais, quanto à legalidade, e legitimidade, esta última entendida como a apreciação que abrange o exame das circunstâncias em que o ato foi executado, uma ponderação da prioridade relativa entre a despesa efetuada e as demais necessidades da comunidade.[308] Além das aplicações dos subsídios e das renúncias de receitas, na prestação de contas, o administrador tem que comprovar que executou o orçamento dos planos e programas de governo. Cabe ao Poder Legislativo a competência para julgar as contas de governo, após parecer prévio do Tribunal de Contas.

Já as Contas de Gestão, denominadas de contas de ordenação de despesas, diferentemente das contas de governo, têm como escopo aferir um gasto específico autorizado pelo gestor, quanto à gestão contábil, financeira, orçamentária, operacional e patrimonial do ente público.

---

[307] Relevante anotar que existem, ainda, controles específicos quanto a determinados fins composto por estruturas de controle especializadas, a exemplo da Receita Federal, da Justiça Eleitoral, da Polícia Federal, do Conselho de Controle de Atividades Financeiras (Coaf) encarregado do tratamento de questões relacionadas à lavagem de dinheiro etc.

[308] LIMA, Luiz Henrique. *Controle externo*: teoria, jurisprudência e mais de 500 questões. 4. ed. Rio de Janeiro: Elsevier, 2011. p. 492.

Em síntese, as contas de governo (CF, art. 71, I) cuidam da apreciação de toda a execução orçamentária do governo, diga-se chefe do executivo. Já a conta de gestão versa sobre a execução de uma determinada despesa autorizada pelo gestor responsável (CF, art. 71, II). Ademais, os Tribunais de Contas atuam atipicamente de forma jurisdicional quando julgam as contas dos administradores públicos.

Após as decisões emanadas pelo Supremo Tribunal Federal (RE nº 729744/MG e RE nº 848826/DF), passou a ser do Poder Legislativo a competência para julgamento das contas de gestão de chefes do Poder Executivo, em respeito à relação de equilíbrio que deve prevalecer entre os Poderes da República (*checks and balances*), cabendo às Cortes de Contas apenas a emissão de parecer prévio não vinculativo, porém obrigatório, que deverá ser submetido ao crivo do legislativo, observado o regramento constitucional no campo material e formal, que deixará de prevalecer mediante decisão de dois terços dos membros da Câmara Municipal.

A Associação dos Membros dos Tribunais de Contas do Brasil (ATRICON) segue o entendimento anterior de que compete aos TCs o julgamento das contas de gestão oriundas do executivo, devendo ser emitido parecer prévio nas contas de governo, encaminhadas ao legislativo para julgamento. Acompanha esta mesma linha a Associação Nacional do Ministério Público de Contas. O Poder Judiciário, com base nos REs referidos, tem entendimento contrário. Porém, em 2019, o STF certificou o trânsito em julgado do acórdão de mérito da questão constitucional aludida no *Leading Case* RE nº 848.826/DF[309] do Tema

---

[309] Ementa: RECURSO EXTRAORDINÁRIO. PRESTAÇÃO DE CONTAS DO CHEFE DO PODER EXECUTIVO MUNICIPAL. PARECER PRÉVIO DO TRIBUNAL DE CONTAS. EFICÁCIA SUJEITA AO CRIVO PARLAMENTAR. COMPETÊNCIA DA CÂMARA MUNICIPAL PARA O JULGAMENTO DAS CONTAS DE GOVERNO E DE GESTÃO. LEI COMPLEMENTAR Nº 64/1990, ALTERADA PELA LEI COMPLEMENTAR DO LEGISLATIVO LOCAL. RECURSO EXTRAORDINÁRIO CONHECIDO E PROVIDO. I – Compete à Câmara Municipal o julgamento das contas do chefe do Poder Executivo municipal, com o auxílio dos Tribunais de Contas, que emitirão parecer prévio, cuja eficácia impositiva subsiste e somente deixará de prevalecer por decisão de dois terços dos membros da casa legislativa (CF, art. 31, §2º). II – o Constituinte de 1988 optou por atribuir, indistintamente, o julgamento de todas as contas de responsabilidade dos prefeitos municipais aos vereadores, em respeito à relação de equilíbrio que deve existir entre os Poderes da República ("checks and balances"). III – A Constituição Federal revela que o órgão competente para lavrar a decisão irrecorrível a que faz referência o art. 1º, I, *g*, da LC nº 64/1990, dada pela LC nº 135/2010, é a Câmara Municipal, e não o Tribunal de Contas. IV – Tese adotada pelo Plenário da Corte: "Para fins do art. 1º, inciso I, alínea "g", da Lei Complementar 64, de 18 de maio de 1990, alterado pela Lei Complementar nº 135, de 4 de junho de 2010, a apreciação das contas de prefeitos, tanto as de governo quanto

835 que trata da definição do órgão competente para julgar as contas de Chefe do Poder Executivo que age na qualidade de ordenador de despesas, se é o Poder Legislativo ou o Tribunal de Contas. A Tese firmada do Tema 835 atribuiu a apreciação das contas de prefeitos (de governo e de gestão) às Câmaras Municipais, com auxílio dos Tribunais de Contas respectivos, que terá parecer prévio afastado por decisão de 2/3 dos vereadores.

Neste passo, com a constitucionalização do Direito, os princípios passaram a ter aplicabilidade direta, vez que antes eram apenas norteadores de conduta, entendidos como vetores do ordenamento jurídico; dotados de forte conteúdo valorativo; de efetiva força jurídica, com estrutura capaz de captar as mudanças da realidade. As suas interpretações vão se adaptando às transformações ocorridas na sociedade, vez que os princípios transcendem a literalidade da norma, sem mudar o sentido desta.

Neste contexto, a Emenda Constitucional nº 19, de 04 de junho de 1998, introduziu no texto constitucional o princípio da eficiência, considerado um princípio administrativo norteador, cuja natureza corresponde a um dos deveres do Estado, que deve atuar com vistas a atingir os fins pretendidos, aplicando os recursos de forma razoável e sem excessos. É um princípio que tem como destinatários o próprio Estado e seus agentes de Direito Público.

Eficiência é a habilidade de o gestor obter bons resultados, com produtividade e desempenho, usando o mínimo de recursos possíveis. A eficácia, de sua parte, é a forma impulsionada pela eficiência de se atingir os melhores resultados de maneira plena e satisfatória, alcançando o interesse público de modo amplamente satisfatório.

Importante salientar que eficiência não é sinônimo de eficácia, posto que administração eficaz é aquela que alcança o fim pretendido, já a eficiente é aquela que tenta atingir o resultado almejado. Em suma, a eficiência não está atrelada ao resultado, mas sim aos meios utilizados para se alcançar um resultado eficaz.

A efetividade, no que lhe pertine, refere-se à aptidão de determinar resultados almejados, através de uma atuação planejada e projetada. Outrossim, a eficiência, a eficácia e a efetividade são distintas

---

as de gestão, será exercida pelas Câmaras Municipais, com o auxílio dos Tribunais de Contas competentes, cujo parecer prévio somente deixará de prevalecer por decisão de 2/3 dos vereadores".

entre si, todavia, elas convergem para a otimização do atendimento do interesse público, de forma mais econômica e racional.

Isso posto, faz-se mister classificar as auditorias governamentais realizadas pelos Tribunais de Contas, quais sejam: auditoria de conformidade e auditoria operacional. A primeira examina se os atos dos responsáveis sujeitos à jurisdição dos TCs estão em consonância com normas aplicáveis identificadas por critérios balizadores (legalidade e legitimidade), quanto ao aspecto contábil, financeiro, orçamentário e patrimonial.[310] A segunda é aquela em que "[...] se busca o exame independente e objetivo da economicidade, eficiência, eficácia e efetividade de organizações, programas e atividades governamentais, com a finalidade de promover o aperfeiçoamento da gestão pública".[311]

Em reforço ao anteriormente exposto, a atuação da Administração Pública pauta-se na observância da presteza, perfeição e rendimento funcional, buscando sempre resultados práticos com qualidade, produtividade, economicidade e, por conseguinte, a diminuição de custos da Máquina Pública. Dessa forma, a efetividade, a eficácia e a eficiência são parâmetros substanciais de fiscalização das Cortes de Contas, principalmente nas auditorias operacionais, para aferir se o interesse público foi alcançado de forma plena e nas condições já expostas.

Os Tribunais de Contas utilizam instrumentos de controle externo na gestão pública, passando a ser notados como órgãos de fiscalização na tutela dos direitos fundamentais sobre a Administração Pública, podendo adotar medidas de urgência, como as cautelares.

A interpretação consolidada pelo STF atribui aos Tribunais de Contas legitimidade para expedir medidas cautelares, com o intuito de prevenir situações lesivas ao erário ou a direito alheio, além de salvaguardar a efetividade de suas deliberações. O Supremo Tribunal Federal garante que o Tribunal de Contas tem o poder geral de cautela, adjudicada pela própria Constituição Federal, através da aplicação da teoria dos poderes implícitos a quem fiscaliza, que incide na possibilidade, ainda que extraordinária, da concessão, sem audiência da parte adversa, de medidas cautelares, sempre que imprescindíveis à neutralização imediata de circunstâncias lesivas ao interesse público, evitando danos ao direito e ao erário.

---

[310] LIMA, Luiz Henrique. *Controle externo*: teoria, jurisprudência e mais de 500 questões. 4. ed. Rio de Janeiro: Elsevier, 2011. p. 319.

[311] LIMA, Luiz Henrique. *Controle externo*: teoria, jurisprudência e mais de 500 questões. 4. ed. Rio de Janeiro: Elsevier, 2011. p. 319.

Por consequência, as medidas cautelares são usadas para atender situações de urgência, de iminência de lesividade ao erário ou direito alheio, de risco de ineficácia da decisão de mérito, e podem ser tomadas visando à suspensão do ato ou procedimento impugnado, até que o Tribunal decida a respeito do mérito da questão suscitada. A expedição dessas medidas visa a garantir, em tempo hábil, os preceitos de legalidade e de moralidade na aplicação dos recursos públicos, pois tais irregularidades/impropriedades podem ocasionar implicações danosas à economia pública e ao direito. Logo, as Cortes de Contas têm de grande valia para seus atos fiscalizatórios o uso da medida cautelar, proferida *inaudita altera pars*, ou seja, sem escutar a parte contrária submetida à jurisdição do tribunal, porém validada mediante decisão fundamentada até o julgamento final do mérito da questão, decorrente de um processo onde se respeite a ampla defesa e o contraditório.

De outro modo, há Tribunais de Contas que além das medidas cautelares, utilizam-se dos Termos de Ajustamento de Gestão (TAG) para dirimir conflitos e corrigir atos de gestão irregulares, não oriundos de dolo ou de má fé.

Nesse rumo, o ativismo se mostra indispensável e deve ser desprovido de intenções escusas e/ou pessoais ou político-partidárias. É o ideal para uma sociedade que preza pela cidadania. Isso não quer dizer que o ativismo seja tão somente político, a partir da mais nobre concepção/acepção do termo. O ativismo não se faz com bombas, nem com mísseis, muito menos com o sacrifício do povo, que paga o que lhe é imposto sem que veja a cidadania tornar-se uma concretude, nem que perceba o controle e sua legitimidade como uma proteção às consultas e sem que uma orientação clara e segura lhe seja prestada para se ampliar a sua participação externa. Sem que, também, providências firmes sejam tomadas para se evitar o desperdício de dinheiro público, otimizando a sua aplicação, contando com a sociedade civil, no sentido de fazer-se presente, auxiliando os órgãos de controle em busca de uma atuação modificadora.

Enfim, com o uso do poder geral de cautela e dos termos de ajustamento de gestão, os Tribunais de Contas igualmente se inserem numa espécie de ativismo, *in casu*, o ativismo administrativo, inovando, com as duas figuras aqui citadas, situações que não eram pré-concebidas no âmbito da Administração Pública, só possíveis após a interpretação sistematizada da Constituição Federal de 1988, como será abordado a seguir.

## 3.3 O ativismo de contas além do mister constitucional

Inexiste a possibilidade de falar em democracia independente de controle, que além de assegurar os direitos fundamentais do cidadão, obsta qualquer violação ou abuso de poder. Com base no art. 1º da Constituição Federal de 1988,[312] o Estado Democrático de Direito une o ordenamento jurídico brasileiro aos fenômenos da participação popular e do controle do Poder Estatal. Nesta esfera de limitação e controle, percebe-se que os poderes devem agir dentro de suas competências, em respeito aos direitos fundamentais.

O controle administrativo elabora-se em um grau mais específico que o político, em que os órgãos competentes do primeiro têm a função de alcançar toda a estrutura política do país. Frise-se que esses órgãos agem em esferas distintas, com relevância elementar para o Estado. Têm-se, ainda, o controle nominado pelo Poder que o exerce e, a partir desse panorama, há sua divisão em interno ou externo.

Para elaborar uma argumentação que pretenda ser harmônica, interpretativa e elucidativa, foram elencados em tópicos anteriores alguns norteamentos básicos, a exemplo de uma abordagem inicial sobre o ativismo de contas e suas principais faces. Em seguida, centra-se o foco sobre os Tribunais de Contas enquanto órgãos do controle da gestão pública e com *status* constitucional no âmbito da Administração Pública. Daí em diante o diálogo se pauta no empenho de traduzir a concepção de Ativismo de Contas frente à democracia e ao Estado de Direito, além de querer também aprofundar o pensamento em torno dos limites e finalidades desse ativismo por meio do firmamento dos Termos de Ajustamento de Gestão, objeto da seção seguinte.

No caso dos Tribunais de Contas e, "[...] para estabelecer o que vem a ser um 'ativismo de Contas", será preciso traçar um paralelo, o "ativismo" dito "judicial", que, segundo Castro,[313] foge às definições reducionistas, ao tempo em que um "[...] possível conceito de ativismo

---

[312] Art. 1º A República Federativa do Brasil, formada pela união indissolúvel dos Estados e Municípios e do Distrito Federal, constitui-se em Estado Democrático de Direito e tem como fundamentos: [...].

[313] CASTRO, José Ricardo Parreira de. *Ativismo de Contas*: controle das Políticas Públicas pelos Tribunais de Contas. 164f. Dissertação (Mestrado em Direito e Políticas Públicas) – Programa de Pós-graduação em Direito e Políticas Públicas, Universidade Federal do Estado do Rio de Janeiro, Rio de Janeiro, 2015. p. 124. Disponível em: http://www2.unirio.br/unirio/ccjp/ppgdpp/defesas-de-dissertacao/dissertacoes-concluidas-em-2015/201cativismo-de-contas201d-2013-controle-das-politicas-publicas-pelos-tribunais-de-contas/view. Acesso em 11 set. 2017.

pode se misturar à ideia de judicialização" e ser motivo de críticas de teor ideológico, além de prestar-se ao papel de "expressão 'guarda-chuva', utilizada para proteger-se nas sombras de um significado duvidoso com apenas uma intenção: "[...] criticar uma decisão da qual se discorda". Por outro prisma, o autor menciona a "[...] noção de 'ativismo de Contas' como a realização da atividade de controle externo de maneira a interferir, com mais vigor, no âmbito da Administração Pública", o que sugere assumir uma defesa do ativismo de contas em função do atendimento aos "[...] valores e fins estabelecidos na Constituição".[314]

Decerto, como já mencionado, em seção específica, as competências atribuídas aos Tribunais de Contas remetem em maior parcela ao controle ulterior de atos da gestão da Administração Pública Direta e Indireta, especialmente relacionados ao estudo dos parâmetros de legalidade, eficiência, eficácia e regulação dos atos administrativos. Aferindo as atribuições dos Tribunais de Contas, é cabível reconhecer, entre suas diversas competências, quatro tipos de atribuições legais e constitucionais que possibilitam a prática de ativismo jurídico administrativo. São elas: a) em decisões proferidas como resposta às consultas; b) na atuação do poder regulamentar; c) no julgamento de fatos em (auditorias, planos de ação, denúncias, tomadas de contas, dentre outras) que podem culminar num Termo de Ajustamento de Gestão; d) em processos administrativos de padronização de entendimentos que podem ser reparadores ou sancionadores.

A Lei Orgânica do Tribunal de Contas da União, nº 8.443/92, de 16 de julho de 1992,[315] no seu art. 1º, inciso XVII,[316] prevê que compete ao

---

[314] CASTRO, José Ricardo Parreira de. *Ativismo de Contas*: controle das Políticas Públicas pelos Tribunais de Contas. 164f. Dissertação (Mestrado em Direito e Políticas Públicas) – Programa de Pós-graduação em Direito e Políticas Públicas, Universidade Federal do Estado do Rio de Janeiro, Rio de Janeiro, 2015. p. 150. Disponível em: http://www2.unirio.br/unirio/ccjp/ppgdpp/defesas-de-dissertacao/dissertacoes-concluidas-em-2015/201cativismo-de-contas201d-2013-controle-das-politicas-publicas-pelos-tribunais-de-contas/view. Acesso em 11 set. 2017.

[315] BRASIL. Tribunal de Contas da União. Lei nº 8.443, de 16 de julho de 1992. Dispõe sobre a Lei Orgânica do Tribunal de Contas da União e dá outras providências. *Diário Oficial da União*, Brasília, 17 jul. 1997, retificado em 22 abr. 1993. Disponível em: http:// http://www.planalto.gov.br/ccivil_03/leis/L8443.htm. Acesso em 25 ago. 2017.

[316] Art. 1º Ao Tribunal de Contas da União, órgão de controle externo, compete, nos termos da Constituição Federal e na forma estabelecida nesta Lei: [...] XVII – decidir sobre consulta que lhe seja formulada por autoridade competente, a respeito de dúvida suscitada na aplicação de dispositivos legais e regulamentares concernentes a matéria de sua competência, na forma estabelecida no Regimento Interno (BRASIL. Tribunal de Contas da União. Lei nº 8.443, de 16 de julho de 1992. Dispõe sobre a Lei Orgânica do

Tribunal decidir sobre consulta submetida por autoridade competente, relativamente à aplicação de dispositivos legais e regulamentares referentes a matéria de sua competência.

A resposta às consultas, conferida no §2º[317] do referido dispositivo,[318] dispõe que a mesma tem caráter normativo e define-se como um prejulgamento da questão, porém nada corresponde ao caso em espécie. Infere à função do TCU em contribuir para a eficácia da administração dos recursos públicos, em prol da efetividade nas esferas jurídico-econômicas, resultando na abertura de processos de caráter corretivo e sancionador. O Tribunal de Contas da União viabiliza a interpretação em sede de leis e regulamentos referentes ao objeto de sua competência, sendo cabível que o mesmo, bem como o Poder Judiciário, profira entendimentos em resposta a consultas, mesmo que estes não estejam inseridos na expressão literal da norma ou consubstanciados em princípios jurídicos.

Realmente, a atribuição aludida no mencionado dispositivo da lei orgânica não encontra respaldo no art. 71 da Constituição Federal de 1988. Todavia, a sua ação orientadora e consultiva integra o rol de atribuições conferidas aos órgãos de fiscalização superiores. Tais órgãos possuem a atribuição tanto de promover o controle da Administração Pública, quanto de orientar as instituições e agentes públicos para prevenir quaisquer irregularidades.

Em contrapartida, a outra forma de exercício possível de resultar em decisões ativistas emanadas pelo Tribunal de Contas da União se refere à atuação do poder regulamentar. Ademais, o Tribunal também é responsável por expedir atos e instruções normativas que tratam sobre suas atribuições e organização de processos a ele submetidos, obrigando os gestores a observarem tais atos normativos, sob pena de responsabilidade, *ex vi* do art. 3º da Lei Orgânica do TCU.[319] Contudo, o

---

Tribunal de Contas da União e dá outras providências. *Diário Oficial da União*, Brasília, 17 jul. 1997, retificado em 22 abr. 1993. Disponível em: http:// http://www.planalto.gov.br/ccivil_03/leis/L8443.htm. Acesso em 25 ago. 2017).

[317] Art. 1º [...] §2º A resposta à consulta a que se refere o inciso XVII deste artigo tem caráter normativo e constitui prejulgamento da tese, mas não do fato ou caso concreto.

[318] BRASIL. Tribunal de Contas da União. Lei nº 8.443, de 16 de julho de 1992. Dispõe sobre a Lei Orgânica do Tribunal de Contas da União e dá outras providências. *Diário Oficial da União*, Brasília, 17 jul. 1997, retificado em 22 abr. 1993. Disponível em: http:// http://www.planalto.gov.br/ccivil_03/leis/L8443.htm. Acesso em 25 ago. 2017.

[319] Art. 3º Ao Tribunal de Contas da União, no âmbito de sua competência e jurisdição, assiste o poder regulamentar, podendo, em consequência, expedir atos e instruções normativas sobre matéria de suas atribuições e sobre a organização dos processos que lhe devam ser submetidos, obrigando ao seu cumprimento, sob pena de responsabilidade.

TCU não possui a função de regulamentar lei para a sua fiel execução, visto que esta competência é privativa do Presidente da República, nos termos do art. 84, inciso IV,[320] da Constituição Federal de 1988. O poder regulamentar do Tribunal de Contas limita-se à descrição minuciosa do exercício de suas atividades, entre elas, a de julgar contas, impor sanções, fiscalizar atos e contratos, além de regulamentar a organização dos processos contidos no espaço de normas procedimentais.

O ativismo do TCU pode revelar-se através do julgamento de questões concretas submetidas à sua apreciação. O Tribunal, certamente, exerce as funções de fiscalização contábil, financeira, orçamentária, operacional e patrimonial da União, bem como das entidades integrantes da administração direta e indireta. Ao verificar atos e questões conforme o aspecto jurídico vigente (a Constituição, a lei e os demais regulamentos pertinentes à matéria), o TCU possibilita o exercício interpretativo, com a finalidade de expedir (Resoluções, Atos, etc.) provimentos de decisão de sua competência.

De fato, também se torna possível que o Tribunal de Contas, bem como os órgãos integrantes do Poder Judiciário expeçam entendimentos no que tange à apreciação de fatos concretos, não inseridos na expressão literal da norma. Este cenário pode ocorrer diante do uso de princípios jurídicos de relevante repercussão semântica e que não tenham sido integrados por normas jurídicas, de entendimentos e argumentos extrajurídicos, de motivos e fundamentos de ordem prática e de juízos de conveniência e oportunidade, bem como que não possam ser emitidos em decorrência da regra interpretada. O ativismo, neste viés, pode estar presente em processos administrativos destinados à uniformização de entendimentos. Na oportunidade, a própria existência de processos com tal propósito já integra, por si, a manifestação de ativismo, na medida em que a utilidade prática em promover a orientação geral aos auditores do TCU for sensível quanto à adequada interpretação da norma jurídica, em que as decisões proferidas não possam deter natureza vinculante, especialmente para as entidades jurisdicionadas do Tribunal.

Conforme já demonstrado, o poder normativo do TCU consubstancia-se às respostas de consultas, na medida em que o poder regulamentar apenas expede atos e instruções normativas sobre a matéria de suas atribuições e sobre a organização dos processos.

---

[320] Art. 84. Compete privativamente ao Presidente da República: [...] IV – sancionar, promulgar e fazer publicar as leis, bem como expedir decretos e regulamentos para sua fiel execução;

Por tal motivo, o Tribunal somente pode regular sobre aspectos procedimentais referentes à atuação de sua competência, ficando, deste modo, impossibilitado de interpretar o juízo de mérito a ser aplicado a cada fato sujeito à sua apreciação.

Oportuno acrescentar que os auditores integrantes da Secretaria/ Diretoria do Tribunal, diante da função de controle externo, possuem independência técnica e podem emitir abertamente opiniões durante a fase de instrução processual. Ademais, o Ministério Público especial junto ao TCU e os Ministros não estão obrigados a se submeterem a estas interpretações, podendo aceitá-las ou não em suas manifestações e decisões, visto que agem de acordo com os princípios do livre convencimento e da persuasão racional.

Decerto, o dever de obedecer aos precedentes é norma implícita resultante do princípio da isonomia. O Regimento Interno do TCU,[321] em seu art. 91,[322] estipula o incidente de uniformização de jurisprudência, porém ele não atribui efeito vinculante ao julgamento do incidente, nem tampouco às súmulas editadas a respeito de matéria pacificada pelo Tribunal. Todavia, a mencionada obrigação deve ser enxergada com o devido cuidado por duas razões: a primeira, diante da ausência de previsão regimental e legal de processos administrativos que apreciam a matéria jurídica em tese no TCU; a segunda, os Ministros do TCU sempre possuem determinado grau de liberdade para analisar se existe ou não identidade entre o fato em verificação e o precedente.

Além do mais, para a correta interpretação de um texto normativo, necessita-se de um confronto entre a disposição geral e cada caso concreto sujeito a apreciação. Porquanto, os textos são elaborados pelo legislador com base em critérios gerais de justiça, a serem uniformizados e completados pelos seus intérpretes-aplicadores, com base, também, no caso sob exame.

Segundo já elucidado em capítulo anterior "[...] a ideia de ativismo judicial está associada a uma participação mais ampla e intensa do Judiciário na concretização dos valores e fins constitucionais, com maior interferência no espaço de atuação dos outros dois Poderes

---

[321] BRASIL. Tribunal de Contas da União. Regimento Interno do Tribunal de Contas da União. *Boletim do Tribunal de Contas da União Especial*, Brasília, 2015. p. 27.
[322] Art. 91. Ao apreciar processo em que seja suscitada divergência entre deliberações anteriores do Tribunal, poderá o colegiado, por sugestão de ministro, ministro-substituto ou representante do Ministério Público, decidir pela apreciação preliminar da controvérsia, em anexo aos autos principais, retirando a matéria de pauta.

[...]".³²³ Neste contexto, o "ativismo de Contas" pode ser compreendido pela execução da atividade de controle externo, de competência dos Tribunais de Contas, de forma a interferir mais veementemente na esfera da Administração Pública, atuando com controle, a fim de concretizar o sistema valorativo e as finalidades previstas na Constituição.

De fato, as atribuições dadas aos Tribunais de Contas começam a ser efetivadas ativamente nos casos em que os poderes de controle e auditoria dessas Cortes passem a ser realizados tal como as Cortes Judiciárias exercem a jurisdição, em especial, diante de questões de omissão legislativa e ineficiência de políticas públicas. O "ativismo de contas", consequentemente, traz maior eficácia e ampla efetividade nas decisões tomadas pelos Tribunais de Contas, através da imposição das sanções necessárias ao cumprimento do quanto determinado e, também, quando utiliza efetivamente de suas competências corretivas. Outro benefício do ativismo de contas é a valoração das atribuições dos Tribunais, pautadas em suas auditorias, promovendo o controle de conformidade e o controle do bom funcionamento das políticas públicas.

Cabe mencionar que o controle de desempenho executado juntamente com a competência corretiva (podendo se dar através de planos de ação ou termos/pactos de ajuste de gestão), resulta em um benefício de eficiência na realização da política pública controlada. Da mesma forma, o controle de conformidade incorrerá no aumento do nível de *accountability a* que o administrador público está sujeito.

Para Barroso,³²⁴ moldando o rol instituído por Kmiec³²⁵ aos requisitos nacionais, demonstra-se para a ocorrência de diversos precedentes do Supremo Tribunal Federal, em que restaria latente sua conduta/postura ativista. O autor esclarece que:

> No Brasil, há diversos precedentes de postura ativista do STF, manifestada por diferentes linhas de decisão. Dentre elas se incluem: a) a aplicação direta da Constituição a situações não expressamente

---

³²³ BARROSO, Luís Roberto. *A dignidade da pessoa humana no Direito Constitucional contemporâneo*: a construção de um conceito jurídico à luz da jurisprudência mundial. Belo Horizonte: Fórum, 2016. p. 10.

³²⁴ BARROSO, Luís Roberto. *Constituição, democracia e supremacia judicial*: direito e política no Brasil contemporâneo. 2015. p. 10-11. Disponível em http://www.oab.org.br/editora/revista/revista_11/artigos/constituicaodemocraciaesupre maciajudicial.pdf. Acesso em 25 out. 2015.

³²⁵ KMIEC, Keenan Douglas. The Origin and Current Meanings of Judicial Activism. *California Law Review*, v. 92, 2004.

contempladas em seu texto e independentemente de manifestação do legislador ordinário, como se passou em casos como o da imposição de fidelidade partidária e o da vedação do nepotismo; b) a declaração de inconstitucionalidade de atos normativos emanados do legislador, com base em critérios menos rígidos que os de patente e ostensiva violação da Constituição, de que são exemplos as decisões referentes à verticalização das coligações partidárias e à cláusula de barreira; c) a imposição de condutas ou de abstenções ao Poder Público, tanto em caso de inércia do legislador – como no precedente sobre greve no serviço público ou sobre criação de município – como no de políticas públicas insuficientes, de que têm sido exemplo as decisões sobre direito à saúde.[326]

Ademais, mesmo diante da inexistência de elementos comprobatórios quanto a confirmação de um exercício "ativista" das Cortes de Contas, que permite um amplo alívio das vias judiciárias *strictu sensu*, atualmente coagidas a enfrentar inúmeras demandas individuais – normalmente atinentes aos órgãos judiciais e coletivas, por vezes não possuem ferramentas eficazes para a resolução de tais conflitos. *Mutatis mutandis*, tal ferramenta também pode ser utilizada pelas Cortes de Contas, visando satisfazer tal pretensão, na medida em que compete aos Tribunais de Contas a aplicação direta da Constituição Federal, quanto ao exame da legalidade dos atos da Administração Pública. No mesmo encalço, o Supremo Tribunal Federal permitia às Cortes de Contas a execução de juízo quanto a constitucionalidade (ou inconstitucionalidade) de uma norma, a saber: "Súmula nº 347. O Tribunal de Contas, no exercício de suas atribuições, pode apreciar a constitucionalidade das leis e dos atos do Poder Público".

No entanto, conforme entendimento jurisprudencial de dezembro de 2017, o acórdão MS nº 35.410/DF, tendo como Relator o Ministro Alexandre de Moraes, em decisão monocrática do Supremo Tribunal Federal que retirou a permissão das Cortes de Contas em executar juízo concernente à constitucionalidade (ou inconstitucionalidade), sob o fundamento de que o Tribunal de Contas da União, com competência definida pelo art. 71 da Constituição Federal de 1988, é órgão técnico de fiscalização contábil, financeira e orçamentária e não possui qualquer função jurisdicional, sendo inadmissível continuar a executar o controle

---

[326] BARROSO, Luís Roberto. *Constituição, democracia e supremacia judicial*: direito e política no Brasil contemporâneo. 2015. p. 10-11. Disponível em http://www.oab.org.br/editora/revista/revista_11/artigos/constituicaodemocraciaesupre maciajudicial.pdf. Acesso em 25 out. 2015.

difuso de constitucionalidade nos julgamentos de seus processos, alegando que a permissão por conta da Súmula nº 347, editada em 1963, restou assim comprometida, mediante a concepção constitucional promulgada em 1988.

Destaque-se que já era inadmissível aos Tribunais de Contas o controle abstrato da constitucionalidade de uma norma, somente o controle concreto, isto é, o juízo de constitucionalidade ou de inconstitucionalidade deverá estar necessariamente direcionado à apreciação de um caso concreto, agora incabível segundo a jurisprudência consolidada. Contudo, o Tribunal pode negar sua aplicação e representar a quem de Direito para a propositura da ADI, resguardando o erário, deste modo, de possíveis danos decorrentes da lei questionada.

É reservada, ainda, aos Tribunais de Contas, a competência para impor condutas ao Poder Público, reconhecendo-se a este, pelo próprio Supremo Tribunal Federal, o poder geral de cautela, em consonância com os preceitos atribuídos aos órgãos judiciários. Isso demonstra que as Cortes de Contas podem incorrer nos mesmos questionamentos atrelados aos órgãos judiciais ao facultarem, em julgamentos e decisões, em assumir um caráter ativista.

Os Tribunais de Contas, diante do exercício de suas competências constitucionais, igualmente emanam decisões com natureza ativista. Exemplificando, no repositório jurisprudencial do TCU, exaltam-se traços de ativismo em sua atuação, com a utilização de valorações de conveniência e oportunidade e de instrumentos interpretativos que resultam na criação progressiva de normas longínquas da literalidade do texto interpretado ou que elaboram novas regras e exceções. A interpretação é legítima ao poder ser controlada por sua fundamentação, sujeita a eventual aperfeiçoamento, de caso a caso.

Para Alexander M. Bickel,[327]

> the root difficulty is that judicial review is a counter-majoritarian force in our system. There are various ways of sliding over this ineluctable

---

[327] Como já mencionado, a raiz da dificuldade encontra-se no fato de que o controle judicial é uma força contramajoritária em nosso sistema. Existem várias formas de "passar por cima" desta realidade inelutável. Marshal o fez quando falou em fazer cumprir, 'em nome do povo', os limites que se haviam ordenado para as instituições de um governo limitado. E isto tem sido feito daí para frente da mesma forma por uma série de outros comentadores. O próprio Marshal seguiu Hamilton, o qual, no 78º Federalista negou que o controle judicial implicava uma superioridade do poder judicial sobre o poder legislativo – negando, em outras palavras, que o controle judicial constituía o controle de uma minoria não representativa sobre uma maioria eleita. "Ele apenas supõe" – prosseguiu Hamilton

reality. Marshal did so when he spoke of enforcing, in behalf of 'the people', the limits that they have ordained for the institutions of a limited government. And it has been done ever since in much the same fashion by all too many commentators. Marshal himself followed Hamilton, who in the 78th Federalist denied that judicial review implied a superiority of the judicial over the legislative power – denied, in other words, that judicial review constituted control by an unrepresentative minority of an elected majority. 'It only supposes', Hamilton went on, that the power of the people is superior to both; and that where the will of the legislature, declared in its statutes, stands in opposition to that of the people, declared in the Constitution, the judges ought to be governed by the latter than the former' But the word 'people' so used is an abstraction. Not necessarily a meaningless or a pernicious one by any means; always charged with emotion, but nonrepresentational – an abstraction obscuring the reality that when the Supreme Court declares unconstitutional a legislative act or the action of an elected executive, it thwarts the will of representatives of the actual people of the here and now; it exercises control, no in behalf of the prevailing majority, but against it. That, without mystic overtones, is what actually happens. It is an altogether different kettle of fish, and it is the reason the charge can be made that judicial review is undemocratic.[328]

O ativismo de contas difere do ativismo judicial, porque aquele se vale de princípios legais e não da lei propriamente dita para encontrar soluções que atendam ao bom emprego dos recursos públicos de forma mais eficaz, econômica e razoável, resguardando-se os interesses da Administração Pública e, via de consequência, alcancem o interesse da sociedade.

No tocante ao argumento desfavorável da conduta ativista das Cortes de Contas, que defende a possibilidade de que um exercício

---

[328] "[...] que o poder do povo é superior a ambos; e que quando a vontade da legislatura, declarada em seus estatutos, estiver em oposição com a vontade do povo, declarada na Constituição, os juízes devem ser governados por esta, e não por aquela". Mas a palavra 'povo' ali utilizada é uma abstração. Não necessariamente uma abstração sem significado ou perniciosa; sempre carregada com emoção, mas não representativa – uma abstração que obscurece a realidade de que quando a Corte Suprema declara inconstitucional um ato do Legislativo ou a ação de um membro eleito do Executivo, ela frustra a vontade de representantes do povo atual, do aqui e do agora; ela exerce controle, não em nome da maioria prevalente, mas contra ela. É isso, sem conotações místicas, o que de fato acontece. É algo completamente diferente, e é a razão pela qual se pode acusar o controle judicial de ser antidemocrático (Tradução livre da Autora do presente estudo).
[328] BICKEL, Alexander Mordecai. *The Least Dangerous Branch*: the Supreme Court at the Bar of Politics. 2 ed. New Haven and London: Yale University Press, 1986. p. 16-17.

mais efetivo em benefício dos direitos e garantias fundamentais possa violar o espaço de competências atribuído a outros órgãos, violando o princípio da separação dos poderes, não merece guarida, visto que inexiste uma ideia *a priori* de separação dos Poderes. O que existe e foi devidamente demonstrado pelo Supremo Tribunal Federal é a forma como a doutrina da separação dos Poderes foi adequada pelo constituinte brasileiro. As Cortes de Contas ativistas não afrontam o princípio da separação dos Poderes, com arrimo na justificativa de que estas devem apenas exercer as atribuições que lhe foram conferidas pela própria Carta Magna.

O Tribunal de Contas da União, ao instituir normas de atuação ampla, age para resolver pretensos casos, em consonância com o seu poder/dever de promover a fiscalização contábil, financeira e orçamentária da Administração Pública Federal, bem como objetiva efetivar sua função orientadora para a Administração Pública Federal a respeito da adequada aplicação dos recursos públicos, com o propósito de prevenir a ocorrência de atos ilegais, ilegítimos e antieconômicos, e retrata a dimensão pedagógica da atuação do órgão (Poder Cautelar). Por conseguinte, é legítimo que o Tribunal atue para a promoção da interpretação das leis e dos atos normativos do regime jurídico administrativo, em benefício dos agentes administrativos, ao dispor maior segurança jurídica no exercício de sua atividade.

Neste viés, a forma de atuação aumenta a eficiência da Administração Pública, liberando-a de aprofundar-se, a cada questão, sobre discussões jurídicas e a mais adequada interpretação da matéria sob apreciação. Entretanto, obsta que o Tribunal possa resolver definitivamente situações jurídicas, por seu caráter complexo, em sua maioria submetidas a circunstâncias fáticas difíceis de antever no ato da deliberação, (bem como a interpretação do TCU perde sua legitimidade de fato e de direito) diante da ausência de participação dos sujeitos interessados no caso.

Diante do mencionado, o Tribunal deve agir com cuidado ao "firmar entendimento", que deve limitar-se às situações já pacificadas em matéria de jurisprudência do TCU. Ao Tribunal ainda compete o dever de elaborar mecanismos para que certas entidades, que tenham legitimidade/interesse, possam propor alterações em suas súmulas e entendimentos consolidados, com o fito único de promover a integração democrática de todos os sujeitos envolvidos na construção e pacificação da jurisprudência nacional em matéria de contas.

Aos Tribunais de Contas foram atribuídas competências determinadas e exclusivas do controle externo inerente à Administração Pública, utilizando-se da expertise necessária e eficiente para o exercício de suas atribuições, que resultam na necessidade de uma postura "ativista" por parte dos Tribunais de Contas.[329] Ademais, o não exercício dessas competências, através de uma conduta de autocontenção das Cortes de Contas, resultaria no "esvaziamento" de todo o sistema de controle externo da Administração Pública, elaborado na Constituição Federal de 1988.

Dessa forma, o ativismo judicial se perfaz em uma conduta mais ampla do Poder Judiciário na execução e concretização dos direitos fundamentais, possibilitando fixar a noção de "ativismo de Contas" como a realização da atividade de controle externo, de forma a interferir na atuação da Administração Pública, para concretizar os fins estabelecidos na Constituição.

Consequente disto, o Princípio da Separação de Poderes não pode mais receber uma interpretação rigorosa como no passado, "[...] cuja inflexibilidade assegura tão somente a fruição das liberdades públicas, frustrando, em contrapartida, a concretização de outros direitos igualmente fundamentais, como é o caso dos direitos sociais".[330]

Providencial o dito por Medeiros, tendo em vista que, pelo menos superficialmente, a impressão que se tem, em geral, é a da solução de continuidade, criando um ambiente no qual um Poder decide e outro discorda, e mais, outro desfaz ou não acata o estabelecido, sem se chegar a um consenso.

Neste momento delicado da política brasileira se tornou vulgar ver juízes/ conselheiros/ministros serem mostrados na mídia ou por praticarem atos ilícitos (lavagem de dinheiro, venda de sentenças) ou por agirem de forma parcial na aplicação das penas/sanções. Neste prisma, estão presentes para observar o dinheiro do povo e checar como ele é dispendido, os Tribunais de Contas, que cumprem funções de controle externo e estão tecnicamente aparelhados para exercer a análise das contas públicas, sua aplicação de forma razoável e eficaz, com vistas a um bom exame e controle fiscalizatório da gestão pública.

---

[329] Não há como avaliar uma política pública, por meio de uma auditoria, sem que se desenvolva um juízo valorativo construtivo ou desconstrutivo sobre o programa em exame.

[330] MEDEIROS, Fabrício Juliano Mendes. *Separação de poderes*: de doutrina liberal a princípio constitucional. Brasília, a. 45, n. 178, p. 195- 205, abr./jun. 2008. p. 204-205.

Castro[331] se debruça sobre a necessidade de comprovar ser possível e mesmo necessário que o aparelho organizacional constitutivo do Controle Externo da Administração Pública (Tribunais de Contas), no Brasil, assuma uma postura "ativista" e concretizadora "[...] das normas constitucionais, mormente dos direitos e garantias fundamentais, sem que isso implique atuação fora do seu âmbito de competências". Nessa senda, Castro[332] indica sua pretensão de buscar respostas possíveis às indagações, concentrando-as em uma pergunta sobre se existe a necessidade de um "ativismo de contas", nos mesmos moldes do já aludido "ativismo judicial", ou seja, se seria válido afirmar que os tribunais de contas precisariam atuar para a concretização dos direitos fundamentais, valendo-se de uma ampla intervenção no planejamento e implementação das políticas públicas levadas a efeito pela Administração. Esclareça-se, por último, que o modelo de controle expresso pela Constituição brasileira atrela aos Tribunais de Contas um objetivo que ultrapassa os limites da legalidade estrita. Daí a razão do ativismo, resultando no dever de buscar os valores inseridos nos princípios constitucionais voltados à execução de políticas públicas que se revertam em benefício do povo, da sociedade, através de termo de compromisso que será detalhado na seção seguinte.

## 3.4 Resumo do capítulo 3

Neste capítulo ficou demonstrado que a finalidade primordial da jurisdição é fazer valer o direito objetivo por meio do sistema legal, em caráter subsidiário, uma vez que este age e atua apenas quando é provocado pelo Estado frente a inobservância de cumprimento das leis impostas. Nesse sentido, o termo jurisdição importa em expor o direito

---

[331] CASTRO, José Ricardo Parreira de. *Ativismo de Contas*: controle das Políticas Públicas pelos Tribunais de Contas. 164f. Dissertação (Mestrado em Direito e Políticas Públicas) – Programa de Pós-graduação em Direito e Políticas Públicas, Universidade Federal do Estado do Rio de Janeiro, Rio de Janeiro, 2015. p. 8. Disponível em: http://www2.unirio.br/unirio/ccjp/ppgdpp/defesas-de-dissertacao/dissertacoes-concluidas-em-2015/201cativismo-de-contas201d-2013-controle-das-politicas-publicas-pelos-tribunais-de-contas/view. Acesso em 11 set. 2017.

[332] CASTRO, José Ricardo Parreira de. *Ativismo de Contas*: controle das Políticas Públicas pelos Tribunais de Contas. 164f. Dissertação (Mestrado em Direito e Políticas Públicas) – Programa de Pós-graduação em Direito e Políticas Públicas, Universidade Federal do Estado do Rio de Janeiro, Rio de Janeiro, 2015. p. 11. Disponível em: http://www2.unirio.br/unirio/ccjp/ppgdpp/defesas-de-dissertacao/dissertacoes-concluidas-em-2015/201cativismo-de-contas201d-2013-controle-das-politicas-publicas-pelos-tribunais-de-contas/view. Acesso em 11 set. 2017.

(do latim *dicere ius*). Quando se menciona a função jurisdicional deve-se refletir que os casos concretos abarcam conflitos de interesses (lide ou litígio), resultantes da invocação dos interessados que se encontram na posição de devedores primários da ordem jurídica e da aplicação voluntária de normas nos acertos jurídicos praticados.

Deste modo, a função jurisdicional é compreendida como uma integração, mas também como uma persecução da atividade legislativa, uma vez que o Estado sustenta posteriormente a manifestação legal: a sua vontade geral e abstrata (Lei), e, por meio do magistrado, confirma a sua autoridade sobre o caso concreto. Como resultado disso, o exercício jurisdicional tem como finalidade a consecução da efetividade do direito objetivo e não a composição da lide, podendo haver o processo sem lide.

Pontua-se que os Tribunais de Contas possuem jurisdição na esfera administrativa, que não é terminativa, na medida em que o Brasil adotou o sistema único de jurisdição, que ocorre por meio do Poder Judiciário, *ex vi* do art. 5º, XXXV da CF/88. Assim, as decisões administrativas dos Tribunais de Contas podem ser questionadas em juízo. Todavia, a visão predominante fundamenta-se em que o Poder Judiciário não é competente para entrar no mérito das decisões dos TCs, exceto se demonstrado erro grosseiro, dolo ou ainda a inobservância do devido processo legal.

Esclareça-se que o controle da Administração Pública está ligado de forma íntima ao ideal democrático que, conforme já mencionado em seção anterior, alterou-se durante o tempo, e o panorama social no qual estava e está inserto.

O Tribunal de Contas no Brasil surgiu através do Decreto 966-A, em 7 de novembro de 1890, por inspiração de Rui Barbosa, então Ministro da Fazenda. Sua inserção só ocorreu após a queda do Império e as reformas político-administrativas instituídas pela República. Nesse viés, o art. 89 da Constituição de 1891 conferiu, pela primeira vez, ao Tribunal de Contas da União, a natureza de órgão público autônomo. Somente em 17 de janeiro de 1893 ocorreu a fundação do Tribunal de Contas da União, pelo Ministro da Fazenda, Serzedello Corrêa, integrante do Governo de Floriano Peixoto.

Com a promulgação da Constituição Federal de 1988,[333] por sua vez, o Tribunal de Contas recebeu atribuições próprias, além de sua jurisdição, obteve também a competência para auxiliar o Congresso

---

[333] BRASIL. *Constituição Federal do Brasil (1988)*. São Paulo: Revista dos Tribunais, 2010.

Nacional, por meio do exercício do controle contábil, financeiro, orçamentário, operacional e patrimonial em todo o território nacional. Assim, eles são, por conseguinte, órgãos administrativos, de natureza colegiada, que auxiliam o Poder Legislativo no controle externo da Administração Pública, tendo eles múltipla esfera de atuação: a divisão das competências está agrupada em: a) fiscalizadora; b) judicante; c) sancionadora; d) consultiva; e) informativa; f) corretiva; g) normativa e; h) ouvidoria.

Dentre as espécies de controle existentes em nosso pais, as consideradas mais importantes são: a) o "controle político", aquele exercido de forma estrutural entre os Poderes, resultante no sistema de freios e contrapesos; b) o "controle administrativo", que tem por objetivo assegurar a atuação da Administração embasada em princípios que lhe são atribuídos pelo ordenamento jurídico, como os da legalidade, impessoalidade, moralidade, finalidade pública, publicidade e eficiência; c) o "controle judiciário", exercido pelo Poder Jurisdicional, que busca dirimir conflitos entre o Estado e seus cidadãos e entre os próprios cidadãos, sendo, assim, a última palavra para a pacificação entre a sociedade, o Estado e as pessoas, físicas ou jurídicas, que o compõem.

Quanto à classificação do controle, este pode ser interno, popular/social e externo.

Pontua-se que compete ao Tribunal de Contas o exame dos gastos públicos, por meio da função fiscalizadora conceituada de Controle Externo.

Ao longo deste capítulo discorreu-se sobre as distinções entre Contas de Governo e Contas de Gestão. Em síntese, as Contas de Governo (CF, art. 71, I) cuidam da apreciação de toda a execução orçamentária do governo. Já as Contas de Gestão tratam da execução de uma determinada despesa autorizada pelo gestor responsável (CF, art. 71, II). No mais, as Cortes de Contas atuam atipicamente de forma jurisdicional quando julgam as contas dos administradores públicos.

Neste ensejo, os Tribunais de Contas utilizam ferramentas de controle externo na gestão pública, sendo assim notados como órgãos de fiscalização na segurança da tutela dos direitos fundamentais sobre a Administração Pública, através da possibilidade de adoção de medidas de urgência, como as cautelares. O STF interpreta de forma consolidada que aos Tribunais de Contas é atribuída legitimidade para expedir medidas cautelares, com o objetivo de prevenir situações lesivas ao erário ou a direito alheio, além de salvaguardar a efetividade de suas deliberações. Nesse sentido, o Supremo Tribunal Federal assegura que o Tribunal de Contas tem o poder geral de cautela, adjudicada pela própria Constituição Federal, pela aplicação da teoria dos poderes implícitos a quem fiscaliza, que incide na viabilidade, mesmo que extraordinária, da concessão, sem audiência da parte adversa, de medidas cautelares, sempre que, repita-se, imprescindíveis à neutralização imediata de circunstâncias lesivas ao interesse público, evitando danos ao direito e ao erário.

Em outro viés, existem também Tribunais de Contas que além das medidas cautelares, utilizam os Termos de Ajustamento de Gestão (TAG) com a finalidade precípua de dirimir conflitos e corrigir atos de gestão irregulares/inapropriados, não oriundos de dolo ou má fé. Nesse contexto, o ativismo se mostra indispensável.

O controle administrativo é criado em um grau mais específico que o político, onde os órgãos competentes do primeiro possuem a função de alcançar toda a estrutura política do país.

Observou-se a possibilidade de o Tribunal de Contas e os órgãos integrantes do Poder Judiciário expedirem entendimentos em relação à apreciação de fatos concretos, não inseridos na expressão literal da norma.

Decerto, as atribuições dos Tribunais de Contas só começam a ser efetivadas de forma ativa em casos nos quais os poderes de controle e auditoria dessas Cortes passem a ser realizados tal como as Cortes Judiciárias exercem a jurisdição, especialmente, diante de questões de omissão legislativa e ineficiência de políticas públicas. Outro ponto positivo fruto do ativismo de contas é a valoração das atribuições dos Tribunais, baseadas em suas auditorias, viabilizando o controle da conformidade e o controle do bom funcionamento das políticas públicas.

Ressalva-se, ainda, que o controle de desempenho realizado juntamente com a competência corretiva, seja através de planos de ação ou de termos/pactos de ajuste de gestão, é resultado em um benefício de eficiência na execução da política pública controlada. Do mesmo modo, o controle de conformidade incorrerá no aumento do nível de *accountability* que o administrador público está sujeito.

Já era inadmissível aos Tribunais de Contas o controle abstrato da constitucionalidade de uma norma, assim, somente o controle concreto, ou seja, o juízo de constitucionalidade ou de inconstitucionalidade deverá estar necessariamente direcionado à apreciação de um caso concreto, que agora se encontra incabível segundo a jurisprudência consolidada. Todavia, o Tribunal pode negar sua aplicação e representar a quem de Direito e o mais possa apreciar a ADI.

Ao cabo, o ativismo de contas distingue-se do ativismo judicial, por se valer de princípios legais e não da letra da lei na busca de soluções que cumpram o bom emprego dos recursos públicos de forma mais eficaz, econômica e razoável, resguardando-se os interesses da Administração Pública e, por via de consequência, alcancem o interesse da sociedade. Neste viés, o modo de atuação promove o aumento da eficiência da Administração Pública, liberando-a de aprofundar-se, a cada questão, sobre discussões jurídicas e a mais adequada interpretação da matéria.

## CAPÍTULO 4

# O TERMO DE AJUSTAMENTO DE GESTÃO (TAG) COMO NOVA FORMA DE PENSAR DOS TRIBUNAIS DE CONTAS

Com a CF/88 e o advento da EC nº 19/1998, suscitaram reflexões sobre uma nova forma de gestão pública, com vistas a ultrapassar os tradicionais instrumentos do Direito Administrativo, pautados no ideal de supremacia e de controle do ato administrativo, cujo foco residia, notadamente, na esfera formal-legalista da máquina estatal.

Novos instrumentos administrativos trouxeram a necessidade de uma administração pautada em resultados, a fim de concretizar e promover, por meio da eficiência e dos princípios norteadores da Administração Pública, o sistema axiológico de garantias constitucionais, especialmente quanto aos Direitos Fundamentais, tendo como exemplos os contratos de gestão, as parcerias público-privadas, o credenciamento de pessoas jurídicas sem fins lucrativos (organizações sociais e organizações da sociedade civil de interesse público) etc.

A Administração Pública passou a demandar por resultados, com vistas à concretização da efetividade da máquina estatal para a satisfação dos interesses públicos. Assim, a atuação administrativa foi cedendo espaço para o ideal de resultado, elemento característico do Estado pós-moderno.

Esta nova concepção de Administração Pública por resultado fundou-se na efetivação da eficácia econômica e técnica, da transparência, da tempestividade, da qualidade *versus* quantidade das ações governamentais. Neste argumento, para que a Administração alcançasse os resultados almejados, fez-se necessário adotar mecanismos de controle consensual em contraponto à genuína supremacia estatal.

Em prol do aprimoramento do sistema de controle, em 30 de maio de 2018, a Associação dos Membros dos Tribunais de Contas do Brasil (ATRICON), através de ofício nº 303/2018, encaminhado à Câmara dos Deputados, apresentou sugestões para a Administração Pública, imprescindíveis ao aperfeiçoamento do controle externo. Na oportunidade, propôs, como tema inicial e preferencial, a criação e adoção do TAG, como solução consensual de conflitos na Administração Pública, e o seu uso pelos TCs como ferramenta consensual para corrigir falhas de gestão, para solucionar conflitos, além de ser adequado para pleitear do gestor público a afluência de forças na execução dos princípios constitucionais como o da eficiência, princípio que eleva a importância do controle de resultados.

Nesse encalço, vindica-se pensar em meios de retificar e/ou evitar falhas, inutilizando métodos punitivos e aplicando a prevenção, a reforma, a reorganização da gestão, com o intuito precípuo de implementar um adequado controle. É nesse viés que o Termo de Ajustamento de Gestão advém como ferramenta para promover a melhoria da gestão da Administração Pública, utilizando-se do consenso como base salutar.

A adoção dos Termos de Ajustamento de Gestão (TAG) por Tribunais de Contas, como forma de controle consensual da Administração, requer um ajuste de interesses entre controlador e controlado, através do qual este último se obriga ao fiel cumprimento da lei, em prol do alcance da efetividade da política pública, deixando o primeiro de ser puramente sancionador, apresentando viés de conciliador.

Ademais, observando as competências dos Tribunais de Contas no contexto atual, estes agem como órgãos fiscalizadores e garantidores dos diversos deveres fundamentais, sem olvidar do *direito/dever fundamental* para a boa administração pública e também para a sustentabilidade multidimensional, que atesta a relevância do uso do instituto denominado *Termo de Ajustamento de Gestão*,[334] como ferramenta para concretizar tais escopos e efetivar a atuação eficiente das Cortes de Contas.[335]

---

[334] Tema objeto de estudos anteriores: CUNDA, nos anos de 2013; 2011; 2010. Neste último estudo constam algumas denominações que o instituto em estudo poderá receber: termo de ajuste de gestão, termo de ajustamento de gestão, termo de ajustamento de conduta administrativa, termo de adoção de providências, dentre outros. (CUNDA, Daniela Zago Gonçalves da. O papel prescritivo da opinião pública para as correntes democráticas procedimentalistas. *In*: LIMA, Luiz Henrique; SARQUIS, Alexandre Manir Figueiredo (Coord.). *Processos de controle externo*: estudos de ministros e conselheiros substitutos dos Tribunais de Contas. Belo Horizonte: Fórum, 2019).

[335] CUNDA, Daniela Zago Gonçalves da. O papel prescritivo da opinião pública para as correntes democráticas procedimentalistas. *In*: LIMA, Luiz Henrique; SARQUIS,

A solução de conflitos, entendida como consensual, necessita, portanto, de um tratamento igualitário, menos complexo e mais efetivo e célere. Na presente pesquisa, suscita-se a adoção do TAG, na esfera dos Tribunais de Contas, com o fim primordial de tutelar direitos sociais, da forma anteriormente descrita.

## 4.1 O TAG e a tutela de direitos sociais

O objeto de estudo neste tópico refere-se aos direitos fundamentais e sua tutela pelos Tribunais de Contas, tema que vem sendo examinado com maior interesse na literatura jurídica brasileira. Embora essa temática já exista há alguns anos, o tratamento a ela dispensado pelos Tribunais de Contas pátrios é relativamente recente, pois, dentre outras práticas, apoia-se na adoção do Termo de Ajustamento de Gestão, ponto central deste exemplar.

Sob a concepção ética de Aristóteles, é certo que o homem em sua natureza é um animal político que interage com a *polis* por meio do discurso. Nesse cenário, percebe-se a necessidade de realizar uma verificação da função do Estado ante as diversas modificações que ensejam a necessidade de solucionar e/ou dirimir os conflitos presentes e contínuos da população.

Como o Estado detém a função precípua de mediador para a solução de conflitos, este deve adotar ações positivas para suprir as necessidades decorrentes do contínuo desenvolvimento social. Tal pensamento tem como reforço a Declaração de Direitos de Virgínia, EUA, que estabelece em seu art. 3º:

> Governo é ou deve ser instituído para o bem comum, para a proteção e segurança do povo, da nação ou da comunidade. Dos métodos ou formas, o melhor será que se possa garantir, no mais alto grau, a felicidade e a segurança e o que mais realmente resguarde contra o perigo de má administração.[336]

O Estado tem a missão de dirimir conflitos por meio de um dos três Poderes: o Poder Judiciário, cuja incumbência, dentre outras

---

Alexandre Manir Figueiredo (Coord.). *Processos de controle externo*: estudos de ministros e conselheiros substitutos dos Tribunais de Contas. Belo Horizonte: Fórum, 2019.

[336] Cf.: Declaração de Direitos de Virgínia. *DHNET*, Williamsburg, 12 jun. 1776. p. 1. Disponível em: http://www.dhnet.org.br/direitos/anthist/dec1776.htm. Acesso em 15 jan. 2018.

funções, é a de aplicar o direito, com independência, e com o propósito de pacificação social. Todavia, apenas o Judiciário não consegue, em alguns casos, solucionar os conflitos, não apresentando respostas prontas para as demandas dos cidadãos

A Administração Pública direciona-se para uma ótica onde as decisões têm como base o consenso entre os integrantes do conflito, quais sejam: a população, as entidades privadas, as organizações sociais e o governo, dentre outros. E é por meio da atuação unilateral do Estado que se implementam políticas públicas para a eficácia da gestão estatal.

Os direitos sociais surgiram a partir da Revolução Industrial no século XIX, onde ocorreu a substituição do homem pela máquina, culminando no desemprego em massa, cinturões de misérias e enorme excedente de mão de obra, consequentemente gerando a desigualdade social, forçando o Estado a proteger o trabalho e outros direitos como a saúde, a educação etc. Todavia, tais direitos apenas adquiriram seu topo no campo doutrinário com o marxismo e o socialismo revolucionário, durante o século XX, dispondo-os pela nova ideia de divisão do trabalho e do capital.

Destarte, os direitos sociais são definidos como os que têm por finalidade assegurar à população meios materiais compreendidos como necessários para o seu pleno gozo. Por tal motivo, tais direitos acabam por requerer junto ao Estado uma intervenção na ordem social que garanta os requisitos de justiça distributiva, com o fito de reduzir as desigualdades sociais.

O art. 6º da Carta Magna de 1988[337] refere-se de forma genérica aos direitos sociais, compreendidos como direito à saúde, à educação, à transparência, ao trabalho, ao lazer etc. Disso extrai-se que os direitos sociais objetivam a qualidade de vida dos cidadãos.

Os direitos sociais, entendidos como dimensão dos direitos fundamentais do indivíduo, são prestações positivas do Estado, direta ou indiretamente, elencadas em ditames constitucionais que dispõem melhores condições de vida aos mais necessitados, isto quer dizer, dispõem direitos que possibilitam concretizar a harmonia de fatos sociais desiguais, nos moldes já aludidos. Logo, são direitos que se interligam ao de igualdade.

Neste cenário, as formas de atuação do controle da Administração Pública carecem se adaptar a um novo contexto social, não podendo

---

[337] BRASIL. *Constituição Federal do Brasil (1988)*. São Paulo: Revista dos Tribunais, 2010.

condicionar seu exercício apenas ao controle-sanção, ultrapassando os limites de atribuição, aprovação ou reprovação da prestação de contas, onde outros mecanismos devem ser utilizados, possibilitando a transação de objetivos entre o controlador e o controlado, substituindo ou reduzindo o caráter punitivo, resultando na reparação da política pública que poderá tutelar direitos sociais, com consequente benefício em prol da sociedade, sendo este o grande papel dos TAGs: transigir ao invés de unicamente sancionar.

## 4.2 TAG: mecanismo de negociação, de conciliação ou de mediação?

Existem formas de classificar e distinguir as técnicas adequadas de solução de conflitos sob várias óticas, dentre elas a menção à jurisdição e ao poder decisório. A primeira corresponde à esfera judicial, também compreendida como modelo tradicional triádico, no qual o conflito é solucionado por um juiz togado, pela aplicação das soluções normativas expressas na estrutura escalonada e hierarquizada; e a segunda se refere a uma esfera extrajudicial, como se verá a seguir.

Impende acrescentar que existem espécies de solução de conflitos, tanto de aspectos sociais, quanto de aspectos interindividuais. São elas: a) a autotutela ou autodefesa, em que inexiste a exigência de um terceiro sujeito para realizar a solução do conflito, visto que a imposição da decisão ocorre unilateralmente a outrem; b) a autocomposição, utilizada através dos métodos da renúncia, da desistência ou da transação subdividida nas formas de negociação, conciliação e mediação; e, c) a heterocomposição, que se utiliza de um terceiro sujeito, imparcial, que impõe às partes a solução do conflito.

Segundo a nova redação do Código de Processo Civil (CPC), se houver autocomposição, esta será reduzida a termo e homologada por sentença (art. 334, §11), constituindo título executivo judicial, conforme os ditames do art. 515, II, e, ainda, passível de ser exigida em procedimento executivo, ou seja, o cumprimento de sentença.

Nesta conjuntura, a autocomposição merece ser enfatizada em decorrência de que o conflito deverá ser solucionado pelas partes, independentemente da intervenção de outros sujeitos no processo.[338]

---

[338] DIDIER JÚNIOR, Fredie. *Curso de Direito Processual Civil*: introdução ao direito processual civil, parte geral e processo de conhecimento. 17. ed. Salvador: Ed. JusPodivm, 2015. v. 1, p. 90-92.

Os mecanismos da autocomposição são: a negociação, a conciliação, a mediação e a arbitragem.[339]

A *negociação* possui caráter bilateral, sendo compreendida como uma forma salutar e autocompositiva de resolução de conflitos, através da busca por uma alternativa equilibrada para as partes envolvidas, inexistindo a intervenção de um terceiro. Tal mecanismo se define por envolver um diálogo mútuo, por meio de acordos conjuntos, sendo essa a base dos Termos de Ajustamento de Gestão.

A *mediação*, por seu turno, tem origem na palavra latina *mediare* (dividir), ou seja, este mecanismo atua através da intervenção de um terceiro, a fim de contribuir para que as partes cheguem a um consenso. Destaque-se que os responsáveis pela solução do impasse são as partes, cabendo, apenas ao mediador, figura do terceiro na relação, promover e auxiliar para que se chegue a essa solução.

Segundo a doutrina de Warat, "[...] chegou a hora de devolver à cidadania suas possibilidades de humanizar nossa relação com os outros, principalmente por intermédio de um Direito comprometido com a humanização de suas funções nos conflitos, o Direito de mediação".[340]

A mediação é de natureza extrajudicial e caráter sigiloso. Tem por finalidade solucionar conflitos de interesses através de um terceiro, que deve atuar de forma neutra e imparcial, com vistas a firmar um consenso entre as partes, promovendo a celeridade e a adequação da melhor alternativa para o litígio.[341]

A técnica de mediação é um meio não estatal de solução de conflitos, em que o terceiro se insere entre as partes no intuito de direcioná-las à solução autocomposta. Dessa forma, o terceiro é um profissional qualificado que almeja concretizar que os próprios litigantes percebam os motivos do conflito e procurem a solução adequada. Refere-se a uma forma de incentivar a autocomposição.[342]

---

[339] Não interessa para os fins deste estudo tratar da arbitragem, salvo de forma incidental.
[340] WARAT, Luís Alberto. *Surfando na pororoca*: ofício do mediador. (Coordenadores: Orides Mezzaroba, Arno Dal Ri Júnior, Aires José Rover, Cláudia Servilha Monteiro). Florianópolis: Fundação Boiteux, 2004. p. 114.
[341] MORAIS, José Luís Bolzan; SPENGLER, Fabiana Marion. *Mediação e arbitragem*: alternativas à Jurisdição. 2. ed. Porto Alegre: Livraria do Advogado, 2008. p. 133.
[342] DIDIER JÚNIOR, Fredie. *Curso de Direito Processual Civil*: introdução ao direito processual civil, parte geral e processo de conhecimento. 17. ed. Salvador: Ed. JusPodivm, 2015. v. 1, p. 78.

Corrobora-se, pois, que a mediação ultrapassa os limites da disciplina jurídica, utilizando-se da interdisciplinaridade, posto ser uma prática do senso comum. Por sua natureza neutra, a finalidade desta técnica é resolver a lide e não encontrar o sujeito detentor da razão.

Como preleciona Carlos Alberto Carmona,[343] a *arbitragem*, que não se aplica aos TAGs objeto deste estudo, é uma técnica adequada de solução de conflitos por meio da intervenção de um ou mais sujeitos, que adquirem competências de uma convenção privada, decidindo com influência em seus ditames, inexistindo intervenção estatal, onde a decisão é direcionada a adotar a mesma eficácia da sentença judicial. É destinada a qualquer pessoa que intencione solucionar conflitos referentes a direitos patrimoniais que as partes possam dispor. Em reforço, o autor ainda esclarece que a distinção da arbitragem em relação à conciliação e à mediação está na determinação do juízo arbitral perante as partes.

A *conciliação* é definida como uma técnica de solução de conflitos, direcionada por um terceiro que atua conduzindo o conflito, podendo ocasionar resultados não desejados pelas partes. O conciliador deve agir de forma veemente na relação jurídica conflituosa entre as partes.[344]

A distinção entre a *mediação* e a *conciliação* consiste na função do terceiro na lide. De fato, o terceiro interventor, na mediação, auxilia as partes na sua tomada de decisão e na reflexão da decisão mais adequada ao caso em questão. Na conciliação, por sua vez, o terceiro interventor sugere uma solução às partes no conflito. Na mediação, as regras são prefixadas, em que as partes concluam o conflito de forma mais efetiva, onde o mediador adquire e tem o comando diante do processo. Contudo, inexiste qualquer garantia quanto à definição da decisão. Por conseguinte, o mediador atua para auxiliar na produção do resultado, através da vertente preventiva de aperfeiçoamento para um melhor equilíbrio entre as pretensões das partes, objetivando a fomentação de soluções mais satisfatórias para as partes envolvidas.

O CPC, em seu art. 334, trata da audiência de conciliação ou de mediação e reproduz a técnica da disposição da norma fundamental fortalecendo o quanto disposto no art. 3º, §§2º e 3º do mesmo diploma

---

[343] CARMONA, Carlos Alberto. *Arbitragem e processo*. 2. ed. rev. atual. e amp. São Paulo: Editora Atlas, 2004. p. 51.
[344] DELGADO, Maurício Godinho. Arbitragem, mediação e comissão de conciliação prévia no direito do trabalho brasileiro. *Revista Ltr*, São Paulo, v. 66, n. 6, jun. 2002. p. 665.

processual, que prevê a obrigatoriedade do Estado em estimular, sempre que possível, a solução consensual dos conflitos. O novo ditame legal busca promover tais técnicas, de conciliação e mediação, por magistrados, advogados, defensores públicos e membros do Ministério Público, em especial, durante o procedimento judicial. Isso quer dizer que todos os agentes do processo devem buscar meios de oportunizar a solução consensual de conflitos, com vistas à pacificação social, além de promover o descongestionamento do Poder Judiciário em relação ao grande número de demandas judiciais, ocasionando, assim, a celeridade da máquina processual.

O TAG, então, fundamenta-se nas figuras expostas na LINDB (Lei de Introdução às Normas do Direito Brasileiro). É meio de solucionar conflitos entre o órgão controlador e o gestor jurisdicionado, evitando, desse modo, delongas maiores, proporcionando ao gestor, aceitando o que lhe propõe o Tribunal de Contas, conformar os erros de gestão à Lei e às boas práticas de Administração Pública. Em suma, o TAG é um mecanismo de negociação sem a participação de um terceiro, envolvendo apenas o órgão de controle (TC) e seu jurisdicionado (gestores e ordenadores de despesas).

### 4.3 Conceito, finalidades e natureza jurídica do TAG

Antes de se adentrar no âmago do tema, necessário mencionar que os TAGs têm na sua criação e inspiração os Termos de Ajuste de Conduta, que são deferidos por lei ao Ministério Público e possuem os mesmos objetivos: elidir um processo e funcionar também pedagogicamente com correção de rumos, sem a aplicação de sanções, que só seriam necessárias em não sendo o TAC cumprido pela parte signatária do mesmo. Logo, faz-se pertinente uma pequena digressão a respeito do Termo de Ajustamento de Conduta (TAC), do Ministério Público, que ocorre na fase pré-processual.

Como elemento caracterizador das técnicas adequadas de solução de conflitos, tratadas no item anterior, no ajustamento de conduta inexiste a intervenção de um terceiro para auxiliar a dirimir conflitos entre as partes. Essa técnica ampara os direitos transindividuais – difusos, coletivos e individuais homogêneos – defendidos pelo Ministério Público – de caráter indisponível, tornando incabível a transação, bem como a exclusividade dos titulares em relação à legitimidade da celebração do TAC (Lei nº 7.347/85).

O Termo de Ajustamento de Conduta foi oriundo inicialmente do art. 211 da Lei nº 8.069/90 (Estatuto da Criança e do Adolescente) e do Código de Defesa do Consumidor (Lei nº 8.078, de 11.09.1990), que em seu artigo 113 estabeleceu o acréscimo do §6º ao art. 5º, da Lei nº 7.347/85 (Lei de Ação Civil Pública). Esses ditames legais modificaram a Lei de Ação Civil Pública (Lei nº 7.347/85), assegurando a efetividade do Termo de Ajustamento de Conduta aos direitos coletivos *lato sensu*. Sem olvidar do contido no art. 174, III, do Código de Processo Civil,[345] que prevê a sua possibilidade e, mais recentemente, com o estabelecido em norma infraconstitucional de cunho especificamente administrativo, Lei nº 13.655/2018,[346] em seu art. 26, em que a autoridade administrativa pode celebrar compromisso com os interessados.

O Termo de Ajustamento de Conduta, como já dito, é uma técnica alternativa extrajudicial para solucionar conflitos presentes na fase do inquérito civil ou em procedimentos administrativos. O termo compromete o infrator em assumir a responsabilidade de enquadrar sua conduta ao ordenamento jurídico perante o agente público, sob pena de sanção em caso de não cumprimento.

O referido termo é um instrumento extrajudicial que permite não apenas reparar o dano ocasionado, mas exigir o fiel cumprimento do ordenamento jurídico, o que demonstra que seu objetivo perpassa os limites de cunho punitivo, estendendo-o ao exercício de cunho pedagógico.

---

[345] A União, os Estados, o Distrito Federal e os Municípios criarão câmaras de mediação e conciliação, com atribuições relacionadas à solução consensual de conflitos no âmbito administrativo, tais como:
I – dirimir conflitos envolvendo órgãos e entidades da administração pública;
II – avaliar a admissibilidade dos pedidos de resolução de conflitos, por meio de conciliação, no âmbito da administração pública;
III – promover, quando couber, a celebração de termo de ajustamento de conduta.

[346] Art. 26. Para eliminar irregularidade, incerteza jurídica ou situação contenciosa na aplicação do direito público, inclusive no caso de expedição de licença, a autoridade administrativa poderá, após oitiva do órgão jurídico e, quando for o caso, após realização de consulta pública, e presentes razões de relevante interesse geral, celebrar compromisso com os interessados, observada a legislação aplicável, o qual só produzirá efeitos a partir de sua publicação oficial.
§1 O compromisso referido no caput deste artigo:
I – buscará solução jurídica proporcional, equânime, eficiente e compatível com os interesses gerais;
II – (VETADO);
III – não poderá conferir desoneração permanente de dever ou condicionamento de direito reconhecidos por orientação geral;
IV – deverá prever com clareza as obrigações das partes, o prazo para seu cumprimento e as sanções aplicáveis em caso de descumprimento.

O TAC[347] "é definido através das seguintes percepções: a) pelos direitos transindividuais; b) pela solução extrajudicial de conflitos e; c) pelas implicações do Princípio Democrático"[348] na compreensão de decisões de cunho político, cuja finalidade é a garantia dos direitos do homem inserto no contexto social.

A sua natureza jurídica consubstancia-se através de três posições distintas: a) a de transação ou acordo; b) a de reconhecimento jurídico do pedido; e c) a de negócio jurídico. Em defesa ao termo de ajustamento de conduta como um acordo, estão Hugo Nigro Mazzilli[349] e Rodolfo de Camargo Mancuso.[350] Em outro vértice, na defesa do mecanismo como reconhecimento jurídico do pedido estão Paulo Cézar Pinheiro Carneiro[351] e José Carvalho dos Santos Filho.[352] Finalmente, ao enquadrar o Termo de Ajustamento de Conduta como negócio jurídico estão Francisco Sampaio[353] e Geisa de Assis Rodrigues,[354] que militam em afirmar que o termo é compreendido como um negócio jurídico bilateral, visto que o acordo busca atrelar a atuação do obrigado aos ditames legais.

A antiga ideia de um controle exclusivamente revestido de caráter sancionatório oriundo da atividade administrativa e do ordenamento jurídico com viés positivista, em que o administrador deverá seguir a estrita letra da lei, foi cedendo espaço, em meados do século XX, aos novos mecanismos e concepções de gestão na busca pela aquisição da eficiência da máquina estatal, através da necessidade de promover meios de solução às demandas sociais.[355]

---

[347] O artigo 55, parágrafo único da Lei nº 7.244/84 é apontado pela doutrina como o antecedente do termo de ajustamento de conduta. Dispõe tal artigo: "[...] valerá como título executivo o acordo celebrado pelas partes, por instrumento escrito, referendado pelo órgão competente do Ministério Público".

[348] CANOTILHO, José Joaquim Gomes; MOREIRA, Vital. *Fundamentos da Constituição*. Coimbra: Coimbra Editora, 1991. p. 195.

[349] MAZZILLI, Hugo Nigro. *A defesa dos interesses difusos em juízo*. 12. ed. São Paulo: Saraiva, 2001.

[350] MANCUSO, Rodolfo de Camargo. *Interesses difusos*: conceito e legitimação para agir. 3. ed. São Paulo: Editora Revista dos Tribunais, 1994.

[351] CARNEIRO, Paulo Cezar Pinheiro. *A Proteção dos Direitos Difusos através do compromisso de ajustamento de conduta previsto na Lei que Disciplina a Ação Civil Pública*. Tese aprovada no 9º Congresso Nacional do Ministério Público, em Salvador, 1992. p. 398-409.

[352] CARVALHO FILHO, José dos Santos. *Ação Civil Pública*: comentários por artigo. 3. ed. Rio de Janeiro: Lumen Juris, 2001. p. 4.

[353] SAMPAIO, Francisco José Marques. *Negócio jurídico e direitos difusos e coletivos*. Rio de Janeiro: Lumen Juris, 1999.

[354] RODRIGUES, Geisa de Assis. *Ação civil pública e termo de ajustamento de conduta*: teoria e prática. 1. ed. Rio de Janeiro: Forense, 2002. p. 58.

[355] FERRAZ, Luciano. Termo de Ajustamento de Gestão (TAG): do sonho à realidade. *Revista Brasileira de Direito Público – RBDP*, Belo Horizonte, a. 08, n. 31. out./dez. 2010. p. 209.

O que ocorre é o afastamento do positivismo clássico, desapoderando a percepção da função de controle somente como 'sanção' da exaltação do princípio da legalidade em sentido estrito, em que a máquina administrativa se prenderá à execução seca da letra da lei, abrindo margem à reflexão sobre a necessidade de alcançar e aproximar elementos relevantes, tanto na esfera jurídica, quanto na esfera administrativa. Isto é, os fatos (condições de atuação) às normas jurídicas postas e os procedimentos que atendam às demandas da sociedade, respectivamente.[356]

Neste caminho de uma Administração Pública ordenada no ideal do agir consensual, percebe-se a transformação e a adequação da máquina administrativa em relação aos administrados, através da adoção de técnicas adequadas de solução de conflitos, promovendo e aproximando, de forma efetiva, a sociedade da gestão. Este cenário ocasiona a evolução da Administração Pública direcionada ao consenso, para analisar a adequação da função administrativa ao cumprimento do ordenamento pátrio.

No contexto da *autocomposição administrativa*, os Tribunais de Contas que avançam nesse sentido se pautam nos ideais de consensualidade, da cooperação e da maior atuação do julgador, elencadas no novo Código de Processo Civil. Logo, os TCs dispõem de mais uma possibilidade de implementação com subsídio na lei processual, isto é, uma forma de "arbitragem judicial", estabelecida no art. 190,[357] fonte inspiradora para a execução de "arbitragem administrativa".[358] [359] Ainda admitem a autocomposição, sendo lícito às partes plenamente capazes convencionarem mudanças no procedimento para ajustá-lo às especificidades da causa e estipularem sobre os seus ônus, poderes, faculdades e deveres processuais, antes ou durante

---

[356] SOBRAL DE SOUZA, Patrícia Verônica Nunes Carvalho. É possível mediação em sede de Tribunais de Contas? *In*: SILVA, Luciana Aboim Machado Gonçalves da (Org.). *Mediação de conflitos*. São Paulo: Atlas, 2013. p. 111.

[357] Referente às novidades trazidas pelo Código de Processo Civil, vide: WAMBIER, Teresa Arruda Alvim (Coord.) *et al. Breves comentários ao novo Código de Processo Civil.* 2. ed. São Paulo: Revista dos Tribunais, 2016.

[358] Também possibilitada pela alteração trazida à Lei de Arbitragem (Lei nº 9.307/96), pela Lei nº 13.129/2015, que prevê a possibilidade de arbitragem pela administração pública direta e indireta, a fim de dirimir conflitos relativos a "direitos patrimoniais disponíveis".

[359] CUNDA, Daniela Zago Gonçalves da. O papel prescritivo da opinião pública para as correntes democráticas procedimentalistas. *In*: LIMA, Luiz Henrique; SARQUIS, Alexandre Manir Figueiredo (Coord.). *Processos de controle externo*: estudos de ministros e conselheiros substitutos dos Tribunais de Contas. Belo Horizonte: Fórum, 2019.

o processo.³⁶⁰ Neste viés, aplicando-se os dispositivos processuais supramencionados, recomenda-se alguns cuidados mencionados ao longo da apresentação do presente tema.³⁶¹

No contexto de controle consensual, insere-se o Termo de Ajustamento de Gestão (TAG) como ferramenta moderna de prevenção diante de uma concreta ou eventual violação de caráter não doloso à norma, adotado por Tribunais de Contas.

A este ideal, primordialmente, foi elaborado o Termo de Compromisso de Gestão (TCG), como um mecanismo de controle consensual, aplicado inicialmente pelo TCE de Minas Gerais (Decreto nº 12.634, de janeiro de 2007), com as finalidades de promover a celeridade nas decisões, a oitiva democrática dos gestores e a consensualidade (evitando litígios e processos intermináveis) e, ainda, para implementar o controle não com natureza punitiva e/ou de arrecadação de recursos, e sim para assegurar a excelência na gestão pública. Com o fito de prevenir ou corrigir os rumos da Administração, sem a necessária aplicação coercitiva da lei.

Para Ferraz,³⁶² o TAG afilia-se ao moderno movimento da Administração Pública e do Direito Administrativo, com menor natureza autoritarista e maior caráter convencional, revestindo-o da noção do existir consensual, de forma alternativa, em troca da imperatividade, quer dizer, em substituição, se cabível, à aplicação da ação coercitiva. Para ele, o Termo de Ajustamento de Gestão atua como controle consensual da Administração Pública, como método jurídico para concretizar, na esfera do Direito, a prevenção que estabelece o art. 59, §1º, da LRF.³⁶³ Isto reafirma que a Corte de Contas pode, de logo, transpor

---

[360] BRASIL. Lei nº 13.105, de 16 de março de 2015. Código de Processo Civil. *Diário Oficial da União*, Brasília, 17 mar. 2015. Disponível em: http://www.planalto.gov.br/ccivil_03/_ato2015-2018/2015/lei/l13105.htm. Acesso em 29 abr. 2018.

[361] CUNDA, Daniela Zago Gonçalves da. O papel prescritivo da opinião pública para as correntes democráticas procedimentalistas. *In*: LIMA, Luiz Henrique; SARQUIS, Alexandre Manir Figueiredo (Coord.). *Processos de controle externo*: estudos de ministros e conselheiros substitutos dos Tribunais de Contas. Belo Horizonte: Fórum, 2019.

[362] FERRAZ, Luciano. Termo de Ajustamento de Gestão (TAG): do sonho à realidade. *Revista Brasileira de Direito Público – RBDP*, Belo Horizonte, a. 08, n. 31. out./dez. 2010. p. 43-50.

[363] Art. 59. O Poder Legislativo, diretamente ou com o auxílio dos Tribunais de Contas, e o sistema de controle interno de cada Poder e do Ministério Público, fiscalizarão o cumprimento das normas desta Lei Complementar, com ênfase no que se refere a:
I – atingimento das metas estabelecidas na lei de diretrizes orçamentárias;
II – limites e condições para realização de operações de crédito e inscrição em Restos a Pagar;
III – medidas adotadas para o retorno da despesa total com pessoal ao respectivo limite, nos termos dos arts. 22 e 23;

essa *'fase'* e obter a implementação do aludido no art. 71, IX, X e XI e, ainda, nos §§1º e 2º da CF/88.[364]

Nos ensinamentos de Motta,[365] o TAG é conceituado como um ato administrativo de análise e caráter cautelar, concebendo a função dualista pedagógica-orientadora ao Tribunal de Contas, inserido entre a função de controle preventivo e pedagógico, com o objetivo de fortalecer a responsabilidade do gestor do órgão ou da entidade.

Neste entorno, toma corpo a questão da natureza jurídica dos TAGs, que segue o mesmo estudo apresentado nos TACs, em parágrafo anterior, dividido em três posicionamentos: transação ou acordo, negócio jurídico e reconhecimento jurídico do pedido. A inteligência aqui fixada é a de que o Termo de Ajustamento de Gestão é um procedimento que implica na natureza jurídica de uma negociação, eis que esta envolve apenas as partes interessadas, que chegam em um

---

IV – providências tomadas, conforme o disposto no art. 31, para recondução dos montantes das dívidas consolidada e mobiliária aos respectivos limites; V – destinação de recursos obtidos com a alienação de ativos, tendo em vista as restrições constitucionais e as desta Lei Complementar;
VI – cumprimento do limite de gastos totais dos legislativos municipais, quando houver.
§1º Os Tribunais de Contas alertarão os Poderes ou órgãos referidos no art. 20, quando constatarem:
I – a possibilidade de ocorrência das situações previstas no inciso II do art. 4º e no art. 9º;
II – que o montante da despesa total com pessoal ultrapassou 90% (noventa por cento) do limite;
III – que os montantes das dívidas consolidada e mobiliária, das operações de crédito e da concessão de garantia se encontram acima de 90% (noventa por cento) dos respectivos limites;
IV – que os gastos com inativos e pensionistas se encontram acima do limite definido em lei;
V – fatos que comprometam os custos ou os resultados dos programas ou indícios de irregularidades na gestão orçamentária.

[364] Art. 71. O controle externo, a cargo do Congresso Nacional, será exercido com o auxílio do Tribunal de Contas da União, ao qual compete:
[...]
IX – assinar prazo para que o órgão ou entidade adote as providências necessárias ao exato cumprimento da lei, se verificada ilegalidade;
X – sustar, se não atendido, a execução do ato impugnado, comunicando a decisão à Câmara dos Deputados e ao Senado Federal;
XI – representar ao Poder competente sobre irregularidades ou abusos apurados.
§1º – No caso de contrato, o ato de sustação será adotado diretamente pelo Congresso Nacional, que solicitará, de imediato, ao Poder Executivo, as medidas cabíveis.
§2º – Se o Congresso Nacional ou o Poder Executivo, no prazo de noventa dias, não efetivar as medidas previstas no parágrafo anterior, o Tribunal decidirá a respeito.

[365] MOTTA, Carlos Pinto Coelho. Licitações e contratos: jurisdição dos Tribunais de Contas e aplicação de penalidades. *XI Congresso Nacional do Ministério Público de Contas – AMPCOM*, Goiânia, 19-21 de nov. 2008. p. 22-26.

acordo para a solução de uma questão contenciosa de ordem jurídica-administrativa, ocasião em que o gestor aceita mudar o seu modo de agir para atender às determinações do Tribunal de Contas a que está jurisdicionado.

Não se deve olvidar da real necessidade, sob pena de nulidade, da legitimação das partes envolvidas para formulação do ajuste. De um lado, o Tribunal de Contas, revestido nas pessoas do Conselheiro relator, do Conselheiro presidente ou do Ministério público especial e do outro o Gestor responsável, o ordenador de despesa ou aquele cuja responsabilidade foi delegada. É preciso frisar que o TAG não pode ser aplicado na solução de conflito que envolva ações dolosas e que caracterizem conduta tipificada na Lei Penal, posto que, se assim o fosse, estaria o Tribunal a invadir competência privativa do Ministério Público, visto que este é o titular absoluto desse tipo de controle.

Cabe aqui abordar, detalhadamente, a aplicabilidade do termo de ajustamento de gestão no *controle de sustentabilidade*,[366] primordialmente no que tange às *dimensões social e fiscal (v.g.* tutela dos direitos/deveres fundamentais à saúde e educação).

Em relação à utilização do termo de ajustamento de gestão no *controle de sustentabilidade ecológica,* deve-se levar em conta a possibilidade de *firmar acordo* considerando a natureza dos bens ambientais (sentido estrito)[367] pelas mesmas razões é que se analisa na doutrina a possibilidade de arbitragem em matéria ambiental.[368] Vale lembrar que a alteração trazida à Lei de Arbitragem (Lei nº 9.307/96, pela Lei nº 13.129/2015) prevê a possibilidade de arbitragem pela Administração Pública direta e indireta para sanar conflitos referentes a "direitos patrimoniais disponíveis". No art. 2º, §3º, determina-se o cumprimento do princípio da publicidade.[369]

---

[366] No mesmo sentido: CUNDA, Daniela Zago Gonçalves da. *Controle de sustentabilidade pelos Tribunais de Contas.* 2016, 321f. Tese (Doutorado) – Faculdade de Direito, PUCRS. Porto Alegre, 2016.

[367] O direito ambiental, sob a perspectiva coletiva, é considerado um direito difuso, por ser de titularidade indeterminada e por se tratar de um direito indivisível. Considerações sobre o sentido estrito e mais abrangente do meio ambiente constam nos capítulos 1 e 2 do seguinte estudo: CUNDA, Daniela Zago Gonçalves da. *Controle de sustentabilidade pelos Tribunais de Contas.* 2016, 321f. Tese (Doutorado) – Faculdade de Direito, PUCRS. Porto Alegre, 2016.

[368] Não há consenso quanto à possibilidade de arbitragem em matéria ambiental.

[369] CUNDA, Daniela Zago Gonçalves da. O papel prescritivo da opinião pública para as correntes democráticas procedimentalistas. *In:* LIMA, Luiz Henrique; SARQUIS, Alexandre Manir Figueiredo (Coord.). *Processos de controle externo*: estudos de ministros e conselheiros substitutos dos Tribunais de Contas. Belo Horizonte: Fórum, 2019.

Não obstante, é exequível cumprir termo de ajustamento de gestão no controle da sustentabilidade ecológica. Contudo, deve se ter maior cuidado para que as "negociações" associadas a anseios ambientais não minimizem a sua proteção estabelecida constitucionalmente.[370] Fomenta o fundamento de possibilidade de o Tribunal de Contas firmar o Termo de Ajustamento de Gestão em relação à sua atuação estar mais direcionada ao "dever fundamental" de garantia do ambiente e/ou também à sua dimensão coletiva e cuida também do patrimônio público e não só do erário. No mais, confirma o entendimento consolidado a possibilidade de *Termos de Ajustamento de Conduta* (TAC), que possuem natureza similar, serem firmados entre o Ministério Público e órgãos ambientais. A natureza de "indisponibilidade" concedida, em princípio, objetiva a maior proteção; porém, se ficar demonstrado que o uso do *Termo de Ajustamento de Gestão* trará possibilidades concretas de proteção ao bem público que se tutela, não há obstáculo na utilização do instituto no *controle da sustentabilidade*, também quanto à dimensão ecológica. Diante de casos e maiores impactos ambientais, deverá ser minimizada a consensualidade e será acautelado a atuação conjunta dos Tribunais de Contas, do Ministério Público de Contas e do Ministério Público Estadual e/ou Federal.[371]

O objetivo dos Termos de Ajustamento de Gestão deverá ser o de permitir a execução de deveres fundamentais (*v.g.* sociais e meio ambiente ecologicamente equilibrado) de forma mais célere e inicialmente consensual, adotando-se meios alternativos e com prazos determinados, que deverão ser cumpridos em conjunto com as demais determinações, sob pena de responsabilização. Neste desiderato, devem ser tomados os cuidados para que o Termo de Ajustamento de Gestão

---

[370] Sobre questões acerca da impossibilidade de arbitragem no Direito Ambiental, vide: AMADO GOMES, Carla; Domingo FARINHO, Miguel Soares; PEDRO, Ricardo. *Arbitragem e Direito Público*. Lisboa: AAFDL, 2018. p. 274 e ss. Assevera a autora que "por maior celeridade e eficácia que estes procedimentos extrajudiciais possam revestir, não há lugar para eles no domínio especificamente ambiental". Sob outro enfoque, pondera a autora que "não significa, no entanto, que a negociação informal, as conferências instrutórias ou as audiências públicas no âmbito dos procedimentos administrativos autorizativos não sejam excelentes cenários de debate de soluções alternativas quanto a medidas minimizatórias de impactos sociais e ambientais" (p. 277). Estudo específico sobre o tema "Arbitragem administrativa e ambiente", desenvolvendo várias especificidades e ponderações, na obra: AMADO GOMES, Carla; Domingo FARINHO, Miguel Soares; PEDRO, Ricardo. *Arbitragem e Direito Público*. Lisboa: AAFDL, 2018.

[371] CUNDA, Daniela Zago Gonçalves da. O papel prescritivo da opinião pública para as correntes democráticas procedimentalistas. *In*: LIMA, Luiz Henrique; SARQUIS, Alexandre Manir Figueiredo (Coord.). *Processos de controle externo*: estudos de ministros e conselheiros substitutos dos Tribunais de Contas. Belo Horizonte: Fórum, 2019.

seja colaborativo com uma gestão direcionada a melhores resultados e com a ampliação da efetividade de direitos/deveres fundamentais (e não o contrário).

O Termo de Ajustamento de Gestão, enfim, funciona e tem a sua definição como um ajuste de vontades firmado entre o controlador e o controlado, com propósitos que devem ser cumpridos, a fim de prevenir ou corrigir a inobservância de princípios e normas constitucionais e legais, de procedimentos e da inexecução de políticas em prol do controle social, quer dizer, do não alcance de políticas estabelecidas.

### 4.4 O TAG como instrumento do ativismo de contas

O êxito do controle está relacionado à legalidade e à legitimidade, pois são os cernes da ética, da justiça e do socialmente útil para a formação de um ambiente de paz entre os cidadãos, com o fito de servir aos outros e de atingir fins públicos. Sem que se deixe de lado a questão moral e da verdade material, onde Habermas afirma não dispor de uma fórmula pronta para o problema da ação moralmente autorreferente, mas de um deslocamento para "[...] as zonas entre ordens nacionais e internacionais, de legalidade incerta, cujas constituições democráticas existem mais ou menos apenas no papel".[372] O concreto é uma estrutura social que ocorre plenamente em meio à diversidade de deveres. O reconhecimento social se mostra, portanto, na obediência à Norma Jurídica, vez que, todo o conjunto procedimental, quer de ordem administrativa, judicial, legislativa, e mais outras, se relacionam e ajustam na direção de satisfazer interesses comuns, assegurando respeito e dignidade às solicitações que começam pequenas no dia a dia.

Há toda uma questão circundante quanto à legitimidade do ativismo. Por exemplo, Koerner[373] mergulhou na concepção de ativismo judicial nos Estados Unidos, comparando-o a um problema intelectual e jurídico. O conceito que o estudioso apresenta é o de que ativismo judicial "[...] é um termo utilizado para apreciar as instituições e agentes judiciais nas democracias contemporâneas, com o qual se coloca o problema do papel apropriado do Poder Judiciário, o modelo de decisão judicial e o comportamento dos juízes". Menciona que mais críticas se

---

[372] HABERMAS, Jürgen. *Verdade e Justificação*: ensaios filosóficos. (Trad. Milton Camargo Mota). São Paulo: Edições Loyola, 2004. p. 59.
[373] KOERNER, Andrei. O ativismo judicial como problema intelectual e político nos Estados Unidos: uma análise crítica. *Lua Nova*, São Paulo, n. 99, p. 233-255, 2016. p. 233.

voltaram para o cerne da "[...] questão da autonomia do juiz, [para] a análise demasiadamente simplificadora dos processos de decisão judicial e [para] a colagem dos agentes a suas identidades institucionais",[374] e que os termos da problemática estão atrelados à questão normativa quando se tem que discernir o papel adequado do Judiciário na democracia. Ora, isso parece significar que há um ativismo impróprio sobre o qual não se pondera, algo como uma imposição inquestionável do Poder Judiciário.

Mas, lembrando o que ocorre nos EUA, é relevante a afirmação de que o ativismo judicial outra coisa não seria senão "[...] a atuação da Corte em decisões fundadas em princípios e regras constitucionais de defesa da Constituição contra as invasões, omissões e excessos dos outros poderes".[375] O ativismo ocorre quando um poder adentra na esfera do outro de forma excepcional para fazer valer, por exemplo, um direito fundamental de um cidadão. A título de ilustração: quando o Poder Executivo nega uma cirurgia bariátrica imprescindível à vida de um indivíduo e este aciona o Poder Judiciário, que lhe força a realizá-la sob pena de multa diária.

A extensa análise de Koerner[376] menciona o Brasil apenas duas vezes. Na primeira retorna ao tempo do Império, quando vinham ocorrendo conflitos "[...] desde o Segundo Reinado até a Primeira República, em particular o confronto entre as prerrogativas do presidente da república e a proteção dos direitos civis e políticos", e, na segunda, ao comentar que nos moldes de Tate e Vallinder, o ativismo "[...] é uma das condições para a judicialização da política", tema prioritário no debate acerca de "[...] política comparada, ciência política e direito constitucional em outras partes do mundo, incluindo o Brasil".[377]

Numa abordagem que mais se aproxima da realidade brasileira, a questão do ativismo judicial, segundo Negrelly "[...] vem se mostrando cada vez mais presente no cotidiano do Poder Judiciário",[378] destacando-

---

[374] KOERNER, Andrei. O ativismo judicial como problema intelectual e político nos Estados Unidos: uma análise crítica. *Lua Nova*, São Paulo, n. 99, p. 233-255, 2016. p. 234.
[375] KOERNER, Andrei. O ativismo judicial como problema intelectual e político nos Estados Unidos: uma análise crítica. *Lua Nova*, São Paulo, n. 99, p. 233-255, 2016. p. 242.
[376] KOERNER, Andrei. O ativismo judicial como problema intelectual e político nos Estados Unidos: uma análise crítica. *Lua Nova*, São Paulo, n. 99, p. 233-255, 2016. p. 236.
[377] TATE, C. Neal; VALLINDER, Torbjörn. *The global expansion of judicial power*. New York: New York University Press, 1995.
[378] NEGRELLY, Leonardo Araújo. O ativismo Judicial e seus limites frente ao estado democrático. *Anais do XIX Encontro Nacional do CONPEDI*, Fortaleza, 09-12 jun. 2010. p. 1419. Disponível em: http://www.publicadireito.com.br/conpedi/manaus/arquivos/anais/fortaleza/3684.pdf. Acesso em 22 jul. 2017.

se "[...] a inobservância das instituições majoritárias e o ferimento à separação de poderes" como "[...] fatores *prima facie*, estremecedores da democracia", o que é visível no desenrolar do momento atual da política no Brasil, onde se evidencia uma ruptura e um desentendimento difíceis de serem resolvidos entre os três Poderes. O Poder Judiciário brasileiro tem aumentado gradativamente a sua ação, assumindo uma função significativa quando se trata de discussões políticas, ainda que os integrantes desse Poder não sejam agentes públicos escolhidos em votação popular, o que não lhes confere a representatividade do povo.

Ao que se pode observar, há, novamente, dois pontos equidistantes que mostram uma situação cidadã na qual o mesmo povo que elege seus representantes também espera da justiça a espada "vingadora". Ao lado estão as margens da corrupção a sugerir a compra e a conivência de juízes, tudo isso enforcando qualquer possibilidade de concretização do Estado de Direito e do exercício pleno da Democracia-Cidadã, quando a Carta Maior vem sendo desprezada, perdendo sua aura de divindade legal.

De qualquer forma, Negrelly[379] consegue divisar em toda esta situação, a atualidade do protagonismo do Judiciário como um fator positivo no íntimo da constitucionalidade, o que ocorre a partir do alargamento de suas atribuições sem prejuízo da violação do equilíbrio político "[...] conjugado ao pleno respeito aos dois pilares do sistema democrático constitucional: do poder político e garantia à soberania popular e da garantia aos direitos dos cidadãos". Ousa-se sugerir o lado negativo, este que se tem acompanhado fartamente no ambiente midiático, quando antes inalcançáveis personalidades do mundo jurídico-político, agora se expõem com suas mazelas, preferências e atitudes vistas pelo povo como injustas, corruptas, contraditórias, e que perigosamente ferem os direitos constitucionais da democracia-cidadã.

A legalidade e o procedimento legal convivem em nossa sociedade num clima de insatisfação que gera o clamor por senso de justiça. Não obstante, a teoria do Direito não é considerada uma teoria da justiça, ela é uma teoria da prestação jurisdicional e do discurso jurídico. O Direito é intimado por conteúdos éticos e morais com origem nas lutas sociais e políticas, porém a vontade de substituir o direito pela

---

[379] NEGRELLY, Leonardo Araújo. O ativismo Judicial e seus limites frente ao estado democrático. *Anais do XIX Encontro Nacional do CONPEDI*, Fortaleza, 09-12 jun. 2010. p. 1425. Disponível em: http://www.publicadireito.com.br/conpedi/manaus/arquivos/anais/fortaleza/3684.pdf. Acesso em 22 jul. 2017.

Ética beneficia os poderosos, o que vem a alterar a instituição Estado de Direito. Esclareça-se o ponto em que, de acordo com Grau,[380] os juízes decidem aplicando o Direito (de forma não subjetiva, mas aplicando a Constituição e as leis), todavia não fazem justiça e, ainda que, nos cursos de Direito, aprende-se essa ciência, mas não a Justiça, além do que, a ética adotada pelo Direito moderno (Direito Positivo) é a da legalidade, ignorando, muitas vezes, os princípios da proporcionalidade e da razoabilidade.

O povo, por sua vez, tem seus próprios critérios de decisão e de julgamento, por sinal, muito complexos, porém lúcidos, quando, *e.g.*, nota a rigidez de sentenças condenatórias para os pobres, para os negros; a benevolência e a parcialidade; a tornozeleira eletrônica; a prisão domiciliar e até o perdão para os brancos e ricos, mostrando a desigualdade de tratamento, fazendo-se necessária a existência de práticas ativistas visando a minimizar distorções de tratamento.

De outra parte, Grau[381] defende a legalidade e o Direito Positivo, que, para ele, é o último instrumento em favor das classes oprimidas, pelo qual a sociedade e o seu enorme contingente de humildes estarão seguros, protegidos e terão garantidos os seus direitos no que se refere ao modelo de produção social dominante.

São vertentes que cuidam do ativismo: a que se contrapõe a ele, alegando que deve haver supremacia da lei, e aqueles que entendem que a lei pode ser amparada pela aplicação de princípios que assegurem a efetividade dos direitos do cidadão.

Feitas essas considerações, passa-se a examinar o ativismo de contas diante da democracia e do Estado de direito, observados os seus limites.

Recentes levantamentos estatísticos do TCU (Tribunal de Contas da União), disponíveis *on-line*, como também do TCE/SE (Tribunal de Contas do Estado de Sergipe) mantêm dados atualizados, apontando contas irregulares e créditos bloqueados de prefeituras em face de obras ou serviços reprovados em seus orçamentos, desobedientes à LRF (Lei de Responsabilidade Fiscal) e toda uma ebulição de escândalos de malversação do erário, justo em meio à ação da Lava Jato, comandada

---

[380] GRAU, Eros Roberto. *Por que tenho medo dos juízes:* a interpretação/aplicação do direito e os princípios. 8. ed. São Paulo: Malheiros, 2017. p. 134-141.
[381] GRAU, Eros Roberto. *Por que tenho medo dos juízes:* a interpretação/aplicação do direito e os princípios. 8. ed. São Paulo: Malheiros, 2017. p. 22.

na parte investigativa pela Polícia Federal. E se isso ocorre desta forma, o que pode a população pensar sobre o que estaria acontecendo se fosse mantido silêncio sobre tais fatos?

Se cada cidadão passar a compreender que o ativismo tem uma única face, a má, não será uma solução boa para o país, pois afastará de vez a possibilidade de um ativismo empenhado em cuidar do que é público, em fazer valer a participação popular e o princípio da transparência.

Continua-se engendrando uma argumentação que conduz a um problema já tratado pelo filósofo grego Aristóteles sobre a ambiguidade, o contraditório e a univocidade. Será que esta reflexão se posiciona na contramão dos significados? É precoce alguma afirmação certeira. Para Cumpri, a análise desses itens distintivos atravessa lentamente os séculos e se mantém "[...] presente nas discussões acerca da resolução dos problemas da significação, de interpretação na linguagem e da explicação de fatos ambíguos".[382] O termo ativismo é, em si mesmo, ambíguo, pelo menos como tem sido utilizado e confundido com manifestações político-partidárias e não com o significado de um movimento natural em que as pessoas agem para conseguir mudar situações injustas e constrangedoras. Quando essa ação se desvirtua, logo aparecem muitos para acusarem os atores de ativistas, e isso num ângulo pejorativo. O termo e o significado que lhe é imposto torna-se, pois, um problema para além da própria ação. "No Brasil, por exemplo, toda dubiedade da linguagem ganha destaque, sobretudo nos códigos penais e constitucionais", dando espaços para uma miríade de interpretações "[...] que são apropriadas por cada partição de acordo com suas conjecturas e interesses".

É típico das contas públicas ou não, a questão dos interesses, das conjecturas e das subjetividades. O casamento entre a palavra e o número nunca foi visto com bons olhos, o número dito exato, imutável, perfeito, objetivo; a palavra nada disso teria, mas justamente, deve-se às sutilezas, aos refinamentos das línguas e, mais, à característica de "[...] indeterminação da linguagem que podemos apreender valores situacionais criando ora estabilidade, ora instabilidade e apreender valores formativos, criando ora contextos contributivos à autorregulação,

---

[382] CUMPRI, Marcos Luiz. *Contribuições ao estudo da ambiguidade da linguagem*: uma proposta linguístico-educacional. 250f. Tese (Doutorado em linguística e Língua Portuguesa). Universidade Estadual Paulista, Faculdade de Ciências e Letras, 2012. p. 66.

ora à descentralização".³⁸³ Por se falar de linguagem, atualmente não se pode mais pensar em linguagem e novos códigos comunicacionais sem evocar o importante papel e a influência do mundo digital. Tudo está na rede mundial de computadores em um monumental ativismo cheio de características muito móveis e surpreendentes.

O Código de Processo Civil de 2015 traz, na esfera processual, distintas técnicas adequadas de solução de conflitos que se referem às transformações necessárias, como exemplo, a elaboração dos Juizados Especiais Cíveis, a nova Lei de Arbitragem, o Código de Defesa do Consumidor e o Termo de Ajustamento de Conduta, este celebrado pelo Ministério Público, e pelo princípio da simetria, pode ser empregado o Termo de Ajustamento de Gestão, adotado por Cortes de Contas.

As contas públicas, como se pode observar, estão nos portais do Governo, com acesso livre a todos os cidadãos, formando um novo contexto em relação às esferas ativistas, sejam quais forem os significados que se atribuam ao termo em questão. Logo, considerando o anteriormente exposto, é forçoso reconhecer que as Cortes de Contas, igualmente às Judiciárias, podem e devem praticar o ativismo de contas, posto que nem sempre o texto literal da lei conduz à melhor solução, não só para o controle externo da Pública Administração, mas também para o melhor uso dos recursos disponíveis, tornando-os eficazes no seu objetivo final. Para tanto, faz-se necessária a adoção dos TAGs, que propiciam ao controlador as convicções mais viáveis de solução de conflitos onde não exista dolo ou má-fé por parte do gestor, para mediante uma análise principiológica da lei se estabelecer ajustes para a correção de rumos das ações irregulares dos gestores públicos, conforme os princípios do direito administrativo. Eis aí o ativismo através dos TAGs, porque estes, na composição com os gestores, não se prendem à letra fria da lei (literal), mas sim aos princípios instituídos na carta republicana e no direito.

## 4.5 Previsão legal

A solução de conflitos, como já mencionado em outro viés, é também compreendida como justiça alternativa, justiça amigável,

---

³⁸³ CUMPRI, Marcos Luiz. *Contribuições ao estudo da ambiguidade da linguagem*: uma proposta linguístico-educacional. 250f. Tese (Doutorado em linguística e Língua Portuguesa). Universidade Estadual Paulista, Faculdade de Ciências e Letras, 2012. p. 246.

consensual, convencional e até privada, que exige uma solução igualitária, sem formalismos e, consequentemente, menos custosa e mais célere. Surgindo também a necessidade da substituição do modelo de controle sancionatório pelo controle consensual.

Seria impensável, diante da nova estrutura administrativa pautada em resultado, obstar a implementação de mecanismos de controle perante as crescentes demandas econômico-sociais. Por tal razão, as Cortes de Contas possuem prerrogativas de rever e realinhar um ato administrativo em consonância com os fundamentos da lei, desde que isso implique a não concretização dos anseios sociais.

Outrossim, não se pode atrelar o controle externo das Cortes de Contas ao dualismo de fiscalização-punição, buscando reafirmar estruturas atuais de Estado caminhando em linha direta à evolução. Logo, o Termo de Ajustamento de Gestão fundamenta-se, inicialmente, do quanto extraído do Preâmbulo da Constituição da República, ou seja, para a resolução pacífica dos conflitos.[384]

Oportuno debater, neste passo, se o mecanismo de solução de conflitos viola os ditames previstos na Carta Magna, analisando-o sob a ótica do princípio da juridicidade administrativa e dos demais princípios contidos na Constituição. A juridicidade administrativa define-se como um aprofundamento da compreensão do princípio primordial da legalidade, disposto no art. 37, caput, da Constituição Federal de 1988,[385] no qual se estabelece o denominado "bloco da legalidade", através do sistema principiológico-valorativo e de seus direitos fundamentais, o que condiciona a atuação da função administrativa, obrigando-a, estritamente, ao seu fiel cumprimento.

Contudo, é inegável que o Estado não pode fugir da sua função essencial de promover a justiça social, conforme premissa suprema estabelecida pela Constituição da República Federativa de 1988. Sendo assim, não há de se falar da inconstitucionalidade do TAG, pois sendo ele uma espécie de consenso entre administrados e fiscalizadores,

---

[384] Nós, representantes do povo brasileiro, reunidos em Assembléia Nacional Constituinte para instituir um Estado Democrático, destinado a assegurar o exercício dos direitos sociais e individuais, a liberdade, a segurança, o bem-estar, o desenvolvimento, a igualdade e a justiça como valores supremos de uma sociedade fraterna, pluralista e sem preconceitos, fundada na harmonia social e comprometida, na ordem interna e internacional, com a solução pacífica das controvérsias, promulgamos, sob a proteção de Deus, a seguinte Constituição da República Federativa do Brasil (BRASIL. *Constituição Federal do Brasil (1988)*. São Paulo: Revista dos Tribunais, 2010).

[385] BRASIL. *Constituição Federal do Brasil (1988)*. São Paulo: Revista dos Tribunais, 2010.

otimiza a solução de conflitos, que é facultada pelo Preâmbulo da Carta Federal, evitando processo longo, demorado, que, por si só, fragiliza o controle externo da Administração Pública.

A Constituição Federal de 1988 não traz expressamente em seu texto o Termo de Ajustamento de Gestão, daí o caráter imprescindível dos TAGs produzidos pelos Tribunais de Contas decorrem dos poderes implícitos que lhes são concedidos no art. 71 da Lei Maior.[386] Desse modo torna-se possível a sua aplicação, como facilitador da concretização do ideal social, através do consenso nas decisões das Cortes de Contas, visto que na execução do controle externo, o Tribunal de Contas é responsável por determinar prazo para que órgão ou entidade sob seu controle adote providências necessárias ao cumprimento da lei, como se vê no art. 71, IX, da Lei Maior,[387] pois trata de uma aceitação, via transversa, entre o Tribunal e o gestor, evitando, assim, num primeiro momento, a imputação da sanção, que só será aplicada, se não forem cumpridas as determinações ali previstas.

Quanto à efetiva aplicabilidade jurídica-constitucional do TAG, é de se evocar da máxima que *quem pode o mais, pode o menos* (oriunda do latim *cui licet quod est plus, licet utique quod est mi nus*). Dessa forma, se a Corte de Contas possui competência constitucional para, por iniciativa própria, realizar inspeções e auditorias (art. 71, IV), também lhe compete julgar as contas dos administradores e dos demais responsáveis por dinheiros, bens e valores públicos da administração, assim como as contas daqueles que derem causa a perda, extravio ou outra irregularidade que resulte prejuízo ao erário (art. 71, II). Pode-se, ainda, aplicar aos responsáveis, em caso de ilegalidade de despesa ou irregularidade de contas, as sanções previstas em lei (art. 71, VIII), ficando claro e robustecido o argumento da possibilidade de se celebrar TAG com fulcro no art. 71, IX, da Carta Magna.

Inegável que os Tribunais de Contas, diante da inexistência de amparo regulatório, através da prática ativista, buscam, de forma eficiente, sanar impropriedades de gestores públicos e minimizar eventuais danos à sociedade, utilizando-se do Termo de Ajustamento de Gestão como meio preventivo, de modo a reparar práticas irregulares.

---

[386] BRASIL. *Constituição Federal do Brasil (1988)*. São Paulo: Revista dos Tribunais, 2010.
[387] BRASIL. *Constituição Federal do Brasil (1988)*. São Paulo: Revista dos Tribunais, 2010.

Para tanto, o atual Código de Processo Civil (CPC)[388] brasileiro, em seu art. 174, inciso III, estabelece o termo de ajustamento de conduta, que simetricamente reforça as competências dos Tribunas de Contas quanto à utilização dos TAGs.

Mais recentemente, a juridicidade dos TAGs foi consolidada com a interpretação sobre o ativismo de contas, com a Teoria dos Poderes Implícitos conferidos aos TCs, com o CPC, norma de cunho geral e, por último, com a edição da Lei nº 13.655/2018,[389] que incorporou na Lei de Introdução às Normas do Direito Brasileiro (LINDB) novos dispositivos de princípios gerais que devem ser seguidos em decisões advindas de órgãos públicos, como as do Poder Judiciário, do Ministério Público e dos Tribunais de Contas, revigorando a atribuição de controle dos Tribunais de Contas, efetivando a segurança jurídica e a eficiência na elaboração e aplicação do direito público, minimizando, assim, o grau de indeterminação das normas públicas e a instabilidade de atos jurídicos e administrativos, especialmente através da regulação sobre a celebração de compromisso, com o objetivo de prevenir e/ou eliminar irregularidades.

A LINDB, autônoma e independente, abrange princípios determinativos da aplicabilidade das normas, casos de hermenêutica jurídica sobre direito privado e direito público, além de possuir normas de direito internacional privado.

A nova lei não retira os poderes de agentes públicos, nem limita a possibilidade de sua responsabilização, ao assegurar que o agente responde pessoalmente pela tomada de decisões, caso ocorra dolo ou erro grosseiro em suas ações. Percebe-se que a lei conserva todas as qualidades da máquina pública, especialmente as ferramentas de controle, além de contribuir para reduzir o número de processos em face de gestores.

Enfatize-se que a lei em questão não restringe as atribuições dos Tribunais de Contas, apenas autoriza ao Poder Judiciário a declarar

---

[388] Art. 174. A União, os Estados, o Distrito Federal e os Municípios criarão câmaras de mediação e conciliação, com atribuições relacionadas à solução consensual de conflitos no âmbito administrativo, tais como:
[...]
III – promover, quando couber, a celebração de Termo de Ajustamento de Conduta (BRASIL. Lei nº 13.105, de 16 de março de 2015. Código de Processo Civil. *Diário Oficial da União*, Brasília, 17 mar. 2015. Disponível em: http://www.planalto.gov.br/ccivil_03/_ato2015-2018/2015/lei/l13105.htm. Acesso em 29 abr. 2018).

[389] Oriunda do Projeto de Lei nº 7.448/2017 de autoria do Senador Antônio Anastasia, sancionado em 25.04.2018, com 8 vetos.

a validade de atos jurídicos, cujo intuito não é retirar a titularidade da competência do Tribunal de Contas, mas sim determinar que o órgão motive, de forma clara e especifica, os efeitos de suas decisões, como meio de reduzir ou dirimir a lentidão da conclusão de processos administrativos ou judiciais e acelerar a aplicabilidade dos efeitos de uma decisão de invalidação.

A nova legislação, por conseguinte, intenciona surtir efeitos nos mecanismos de controle da gestão pública – Lei de Improbidade Administrativa, licitações, entre outros. Ademais, tende a limitar a luta em face dos maus gestores públicos, na esfera dos Tribunais de Contas e do Judiciário.

Em relação ao Termo de Ajustamento de Gestão, a lei estabelece a transição para a efetividade de interpretações inovadoras, através da implementação de "compromisso"[390] para corrigir situações irregulares. Decerto, a democracia exige que a Administração atue de forma consensual, e a lei autoriza a solução de possíveis irregularidades por meio dessa linha de atuação, nos moldes do art. 26, §1º e incisos da lei em comento.

O dispositivo mencionado confere a possibilidade de a autoridade administrativa celebrar um acordo/compromisso com os particulares, em prol da extinção ou prevenção de impropriedades, incertezas jurídicas ou um litígio. Permitindo, desse modo, acordos administrativos diante de eventuais fatos contenciosos. Para o firmamento do compromisso, além dos requisitos estabelecidos pelo §1º, que abrangem a solução jurídica proporcional, equânime, eficiente e compatível com os interesses gerais, a vedação da desoneração permanente de dever ou o condicionamento de direito reconhecidos por orientação geral e a previsão clara das obrigações das partes, o prazo para seu cumprimento e as sanções aplicáveis em caso de descumprimento, exige-se a manifestação prévia do órgão jurídico – AGU, PGE, entre outros.

Assim, cumpre pontuar que a Lei nº 13.655/2018, igualmente, permite o firmamento de ajustes, porém, não insere em seus dispositivos qualquer menção que os compromissos não podem ser pactuados em condutas dolosas, aspecto que obstaculiza a celebração de um TAG.

Conforme demonstrar-se-á na seção seguinte, no âmbito do Estado de Sergipe, o TAG foi adotado pela Lei Orgânica do Tribunal

---

[390] Termo utilizado pela Lei, equivalendo a acordos e ajustes.

de Contas do Estado (Lei Complementar Estadual nº 205, de 06 de julho de 2011), trazendo em seu art. 52 a menção expressa ao precitado Termo,[391] como também está no Regimento Interno daquele órgão toda a processualística pertinente, *ex vi* dos arts. 122 a 130.

Convém suscitar a relevância dos TAGs, visto que foi um dos itens de critérios de avaliação dos Tribunais de Contas do Brasil, em pesquisa do Marco de Medição de Desempenho dos Tribunais de Contas[392] (MMD/TCs), elaborado pelo Instituto Rui Barbosa. Esta avaliação, a nível nacional, busca promover avanços institucionais nos Tribunais e fomentar o sistema Tribunal de Contas como fundamental ao controle dos recursos públicos, à cidadania e ao estímulo à transparência das informações.

Disso se extrai que os Tribunais de Contas orientarão os Poderes ou órgãos a respeito de constatações e de irregularidades na administração respectiva, através da formalização do TAG, para apresentar as possibilidades de solução ou de saneamento dos danos relativos à sua gestão, aplicando a função pedagógica de conscientizar e prevenir, dispensando até então a figura da sanção.

## 4.6 A ideia do consenso e o Termo de Ajustamento de Gestão à luz da teoria de Habermas

Por certo, o fenômeno do ativismo de contas influi nos atuais rumos do Estado, ou seja, o julgador não possui o viés de solucionar todas as questões oriundas de uma sociedade em permanente transformação, com pauta unicamente na lei, dispondo para a sociedade de novos meios para solucionar conflitos, meios estes que se legitimam e

---

[391] Art. 52. O Tribunal pode, de forma alternativa ou cumulativa às providências mencionadas nos arts. 50 e 51, celebrar com a autoridade competente, para o desfazimento e/ou saneamento do ato ou negócio jurídico impugnado, Termo de Ajustamento de Gestão – TAG, conforme disposto neste artigo, no Regimento Interno e na legislação correlata.
§1º O Termo de Ajustamento de Gestão deve conter, dentre outras cláusulas pertinentes:
I – a identificação precisa da obrigação ajustada e da autoridade responsável pelo adimplemento da obrigação;
II – a estipulação do prazo para o cumprimento da obrigação;
III – a expressa adesão de todos os signatários às suas disposições;
IV – as sanções a serem aplicadas em caso de inadimplemento da obrigação, especificando-se expressamente o valor da multa a ser aplicada em caso do seu descumprimento.

[392] Consta como critério de avaliação dos TCs, a necessidade de monitoramento do cumprimento do TAG, no item 11.3.6: Os compromissos assumidos nos termos de ajuste de gestão são monitorados regularmente pela unidade responsável.

se assentam nos princípios gerais do direito e, em especial, nos contidos na Carta Federal de 1988.

Na visão do sociólogo alemão Jürgen Habermas, em crítica à atuação dos Tribunais, as normas do direito privado, oriundas do direito à propriedade e da liberdade contratual, existem como paradigma para aplicação do Direito. No entender de Habermas, "Kant tomara como ponto de partida direitos naturais subjetivos, que concediam a cada pessoa o direito de usar a força quando suas liberdades subjetivas de ação, juridicamente asseguradas, fossem feridas".[393] Diante da positivação do direito, a capacidade subjetiva adquire vigência na intervenção estatal, resultando na transferência do direito natural para o direito positivo, assegurando a natureza subjetivista do mesmo.

O discurso moderno considera a razão técnica-instrumental uma arma da emancipação humana. Evidencia-se, como exemplo, a lógica nazista, assim como a criação de armas de destruição em massa, como bombas atômicas, que se constituíram a partir dessa razão técnica-instrumental. E é justamente por isso que os autores da escola de Frankfurt irão, a partir da razão crítica, mostrar nesse formalismo, problemas gerados por esse tipo de razão originada no iluminismo do século XVIII.

A Teoria Crítica busca, dessa forma, entender as contradições da própria racionalidade. Pode ser citado como exemplo para compreensão dessa razão técnica-instrumental, o formalismo do jus positivismo. O jurista, então, se forma para o tecnicismo e "fecha" os olhos para a crítica, para a transformação e, principalmente, para a justiça.

Após essa introdução prévia, pode-se adentrar na teoria consensual de Habermas, na qual ele começa a resgatar o projeto da modernidade e faz críticas à ideia de pós-modernidade. Dessa forma, o autor tenta recuperar a razão e afirma que ainda há espaço para ela, que fora esquecida. Não recuperar a razão técnica-instrumental positivista, mas uma nova razão intitulada "Razão da Comunicação de Habermas". Aqui, razão e verdade não são consideradas valores absolutos, todavia são definidas consensualmente. Neste consenso é que está o cerne para o desvelamento desta investigação, através do Termo de Ajustamento de Gestão pactuado pelos Tribunais de Contas.

---

[393] HABERMAS, Jürgen. *Teoría de la acción comunicativa I – Racionalidad de la acción y racionalización social*. Madri: Taurus, 1997. p. 48.

Habermas[394] conceituou a teoria da ação comunicativa na busca do consenso (fator básico dos Termos de Ajustamento de Gestão), em torno da função das organizações e a empregou como instrumento substancial de análise da estrutura e do efetivo funcionamento dos conselhos de participação popular, característica das sociedades capitalistas. Como representante da denominada Escola de Frankfurt, Habermas trouxe uma compreensão através da qual lançou o seu olhar sobre a sociedade, incorporando esta enfoques teóricos diferenciados e divergentes, sempre a partir do diálogo com as teorias e temáticas, quer do funcionalismo, da fenomenologia, do marxismo etc. Assim, as reflexões habermasianas são fixadas a partir do conjunto de teorias construídas num processo complexo que se enriquece enquanto incorpora o diálogo já referenciado, produzindo um novo paradigma.

Para esse pensador, um sujeito alcança o entender do produto do seu agir pela via da comunicação em determinado contexto no qual os procedimentos acontecem. Isso significa afirmar que o falante tem algo a comunicar, mas a sua comunicação depende principalmente do conhecimento, ou dos saberes que ele acumula ao longo de sua existência, mas que está imbricado, ou tem como tela de sustentação um consenso cultural que precede esse sujeito. Algo como nos versos da música "Brasil", composição de Cazuza, George Israel e Nilo Romero,[395] exemplifica-se assim: "Não me convidaram/Pra essa festa pobre/Que os homens armaram pra me convencer/A pagar sem ver/Toda essa droga/Que já vem malhada antes de eu nascer". Para sumarizar, entende-se que a sociedade analisada por Habermas é conceituada como um mosaico de "Complexos de ação sistematicamente estabilizados de grupos socialmente integrados".[396]

Para Habermas, a coesão social não é alcançada tão somente através de processos comunicativos pelos quais sujeitos sociais procuram um acordo, mas pela integração de uma sistemática de ação que, ou se dá pela integração (social), resultante de um consenso alcançado normativa ou comunicativamente; ou pela integração que se consegue por uma regulação independente da norma em que foram formuladas as decisões individuais que ultrapassam a consciência dos sujeitos, através

---

[394] HABERMAS, Jürgen. *The theory of communicative action. Lifeworld and Sistem*: a critique of functionalist reason. Boston: Beacon Press, 1987. v. 2.

[395] CAZUZA; ISRAEL, George; ROMERO, Nilo. *Ideologia*. Rio de Janeiro: Philips, 1988.

[396] HABERMAS, Jürgen. *The theory of communicative action. Lifeworld and Sistem*: a critique of functionalist reason. Boston: Beacon Press, 1987. v. 2, p. 152.

de mecanismos que se autorregulam, a exemplo das forças regedoras do mercado ou da burocracia.

Habermas observa o direito através do prisma das dimensões de validade.[397] São elas: a) a legalidade e o sistema de normatização do direito; b) o processo legislativo como local de integração social; c) o direito como previsão de tensão entre facticidade e validade; d) e o objetivo de concretização do direito da positividade e da admissibilidade racional.

Desse modo, o processo legislativo no sistema jurídico constitui o espaço conhecido como o da integração social. À vista disso, percebe-se que os integrantes desse processo se transferem do papel de sujeitos privados do direito e adquirem um papel como membros de uma comunidade jurídica abertamente unida, onde preexiste um acordo em relação aos princípios normativos que regulam a convivência. Para a legitimidade do processo legislativo é necessária a constituição de direitos de comunicação e de participação política, com a finalidade de atribuir aos sujeitos de direito uma ótica de membros através da compreensão intersubjetiva. Para Habermas,[398] os referidos direitos, de comunicação e de participação política, levam à noção de autonomia dos indivíduos. Dessa forma, percebe-se a hipótese de que a coibição fática em que as normas jurídicas exercem deve demonstrar a sua validade por meio de um processo legislativo que, através da correição procedimental, elabora sua natureza como norma que concretiza a liberdade.

O autor defende, através de sua teoria, dois meios de extinguir essa discordância, através da "circunscrição" e da "não circunscrição". A primeira enxerga o agir comunicativo como circunscrito quando está penetrado por verdades oriundas no "mundo da vida" de forma inquestionável, estagnando a conduta. Por outro lado, o agir comunicativo não circunscrito é compreendido como aquele que libera métodos comunicativos que possibilitam uma compreensão racional.

---

[397] Para Habermas, na primeira dimensão, o direito em Kant demonstra-se como uma relação interna entre coerção e liberdade. Já a segunda dimensão assevera que o direito não pode aceitar a disposição da liberdade subjetiva em moldes negativos, não podendo concretizar-se a partir das demarcações no determinado espaço para configuração histórica das liberdades individuais, na medida em que o sistema político se configura de sujeitos que se reconhecem mutuamente como adquirentes de direitos recíprocos. (HABERMAS, Jürgen. *Teoría de la acción comunicativa I – Racionalidad de la acción y racionalización social*. Madri: Taurus, 1997. p. 48-53).

[398] HABERMAS, Jürgen. *Teoría de la acción comunicativa I – Racionalidad de la acción y racionalización social*. Madri: Taurus, 1997. p. 53.

Por falar em compreensão racional, o sociólogo alemão aborda, ainda, através da teoria do agir comunicativo, os fundamentos de uma teoria crítica da sociedade, com a finalidade de resgatar a substância emancipatória do programa moderno, na esfera de uma teoria reconstrutiva da sociedade.

Realce-se que o agir comunicativo emerge em contradição à razão instrumental, guiada pelo nexo de predomínio e combate, na medida em que ocorre uma comunicação aberta, lógica e crítica. O conceito do agir comunicativo supõe a utilização de uma linguagem orientada para a compreensão. Na inteligência de Habermas, o agir comunicativo molda-se como um meio de interação social entre os diversos sujeitos guiados pelos atos comunicativos, utilizando a linguagem para a concretização dessa interação, a saber:

> [...] llamo *acción comunicativa* a aquella forma de interacción social en que los planes de acción de los diversos actores quedan coordinados por el intercambio de actos comunicativos, y ello haciendo una utilización del lenguaje (o de las correspondientes manifestaciones extraverbales) orientada al entendimiento. En la medida en que la comunicación sirve al entendimiento (y sólo al ejercicio de las influencias recíprocas) puede adoptar para las interacciones el papel de un mecanismo de coordinación de la acción y con ello hacer posible la acción comunicativa.[399] [400]

Neste prisma, a sociedade encontra-se estruturada em duas óticas: o "mundo da vida" e o "mundo sistêmico". O mundo sistêmico refere-se ao materialismo histórico, à racionalidade técnica e instrumental estimulada, especialmente com o surgimento do direito positivo. O mundo da vida, por sua vez, possui como elemento principal a intersubjetividade, atua como base do agir comunicativo, demonstrando-se, na esfera da linguagem, em um panorama de vivências possíveis e na referência que torna possível a compreensão.[401]

---

[399] Tradução livre da autora: Chamo a ação comunicativa a essa forma de interação social na qual os planos de ação dos diferentes atores são coordenados pela troca de atos comunicativos, e isso faz uso da linguagem (ou das manifestações extraverbais correspondentes) orientada para o acordo. Na medida em que a comunicação serve à compreensão (e somente ao exercício de influências recíprocas) ela pode adotar para as interações o papel de um mecanismo de coordenação da ação e assim possibilitar a ação comunicativa.

[400] HABERMAS, Jürgen. Justiça e Legislação sobre o papel e a legitimidade da jurisdição constitucional. *In*: HABERMAS, Jürgen. *Direito e democracia*: entre facticidade e validade. (Trad. Flávio Beno Siebeneichler). Rio de Janeiro: Tempo Brasileiro, 1997a. v. 1, p. 418.

[401] HABERMAS, Jürgen. *Teoria do agir comunicativo*: racionalidade da ação e racionalização social. (Trad. Paulo Astor Soethe). São Paulo: WMF Martins Fontes, 2012. v. 1, p. 104.

Para Habermas, o mundo da vida, é compreendido:

> [...] inicialmente, como correlato dos processos de entendimento. Sujeitos que agem comunicativamente buscam sempre o entendimento no horizonte de um mundo da vida. O mundo da vida deles constitui-se de convicções subjacentes mais ou menos difusas e sempre isentas de problemas. Esse pano de fundo ligado ao mundo da vida serve como fonte de definições situacionais que podem ser pressupostas pelos partícipes como se fossem isentas de problemas.[402]

Diante do desenvolvimento do capitalismo e da modernidade, no exame de Habermas, coexiste uma colonização do mundo da vida pelo sistema, ou seja, as ações estratégicas e individuais, voltadas para o sucesso e interesse individual, ações que sempre buscam resultado, dominaram as ações de afetividade, as ações de interesse coletivo de tradições de uma sociedade. Isso significa que há uma crescente instrumentalização no mundo da vida, ou seja, há sempre um movimento desse tecnicismo em todas as esferas. Seja ela jurídica, econômica, social ou política.[403]

O mundo da vida é interpretado como um conjunto de processos de compreensão. Outrossim, a atuação dos sujeitos é realizada por meio da comunicação, na qual buscam a compreensão no horizonte de um mundo da vida, pautados em crenças tácitas, meramente difusas e praticamente alheias de conflitos, bem como pontos positivos ou negativos dos anseios de validade criticáveis. Logo, "[...] a relação entre esses pesos altera-se com a descentralização das imagens de mundo".[404]

Quanto mais a imagem de mundo tiver descentralizada sobre a reserva cultural do saber, a vagueza de compreensão estará menos preservada por um mundo interpretado de forma contradita às críticas. Ademais, quanto maior for a necessidade satisfativa dessa vagueza através de interpretações dos próprios integrantes, em consonância arriscada e racionalmente fundamentada, esperar-se-á orientações pautadas na racionalidade para a ação.

---

[402] HABERMAS, Jürgen. *Teoria do agir comunicativo*: racionalidade da ação e racionalização social. (Trad. Paulo Astor Soethe). São Paulo: WMF Martins Fontes, 2012. v. 1, p. 138.

[403] REESE-SCHÄFER, Walter. *Compreender Habermas*. (Trad. Vilmar Schneider). 3. ed. Petrópolis. RJ: Editora Vozes, 2010. p. 40.

[404] HABERMAS, Jürgen. *Teoria do agir comunicativo*: racionalidade da ação e racionalização social. (Trad. Paulo Astor Soethe). São Paulo: WMF Martins Fontes, 2012. v. 1, p. 139.

Disso resulta o embate da racionalização do mundo da vida entre uma dimensão de "[...] concordância normativamente prescrita" e o "[...] entendimento comunicativamente alcançado".[405]

A ação ou dominação de fatos é um processo circular, visto que ao tempo em que os sujeitos são influenciados pelo mundo da vida, também exercem transformações e atualizações.[406] Diante do ímpeto inconteste do poder econômico e do poder político, estes imputam sua ideologia. Como solução a esse problema, apresentada pelo sociólogo alemão, existe a necessidade de reformulação da racionalidade através de uma linguagem que deve ter como finalidade precípua o consenso.

Sob a teoria do discurso de Habermas, os receptores do direito só poderão compreender adequadamente o ordenamento jurídico através da comunicação, na medida em que o discurso puder elaborar uma racionalidade volitiva. O princípio do discurso deve adotar, para ele, a natureza de um princípio da democracia, focado em um conjunto de direitos que fomenta e legitima o processo de normatização. Nesse prisma, a modernidade surgiu como um projeto em elaboração e o indivíduo como sujeito comunicativo, apto das capacidades de comunicação e de linguística, igualmente relevantes para a construção de uma sociedade democrática. A concepção comunicativa de Habermas estipula a efetiva participação dos indivíduos capazes de criar um agir comunicativo guiado por um debate com o intento da compreensão.

O objetivo precípuo do autor, com este ponto de vista, fortalece o agir comunicativo, compreendido como um discurso direcionado ao acordo, base do consenso.

Esse agir comunicativo atua como fundador de uma hábil ética discursiva que intensifica o desejo de assistência dos sujeitos que participam da sociedade civil, promovendo a elaboração da responsabilidade social, a consciência participativa e a cidadania ativa.

Habermas adota e perspectiva de um Poder Judiciário limitado por uma proteção instrumental do procedimento democrático, dispondo dos meios representativos tradicionais – o Poder Legislativo e a esfera pública – o debate político por excelência. Destarte, o Poder Judiciário deve assegurar o processo democrático, contudo, a questão política de conteúdo deve ficar a cargo dos cidadãos e de seus representantes.

---

[405] HABERMAS, Jürgen. *Teoria do agir comunicativo*: racionalidade da ação e racionalização social. (Trad. Paulo Astor Soethe). São Paulo: WMF Martins Fontes, 2012. v. 1, p. 139.

[406] HABERMAS, Jürgen. *The theory of communicative action. Lifeworld and Sistem*: a critique of functionalist reason. Boston: Beacon Press, 1987. v. 2.

Como pode o Tribunal de Contas chegar ao consenso e corrigir rumos da Administração Pública? A resposta pode ser encontrada dentro da filosofia de Habermas, diante da sua teoria do agir comunicativo. O consenso é condição *sine qua non* para a existência de um Termo de Ajustamento de Gestão, posto que este não se impõe, mas terá de ser a resultante de um acordo de vontades entre o órgão de controle e o gestor responsável pelos atos questionados.

Habermas, em síntese, trabalha os conceitos fundamentais de Sistema e Mundo da vida que podem ser destrinchados, de forma breve e inteligível: Sistema – é o espaço no qual se desenvolve uma reprodução material, ou seja, uma lógica instrumental; Mundo da Vida – é o espaço no qual se desenvolve uma lógica simbólica. Nesta, há espaço para linguagem e também para o significado.[407]

No quadro a seguir consta um resumo desses dois conceitos fundamentais, tendo a democracia como diálogo entre as duas esferas:

Quadro 2 – Conceitos fundamentais para a ideia de consenso de Habermas

| Conceitos fundamentais para a ideia de consenso de Habermas | | |
|---|---|---|
| Sistema | Democracia | Mundo da Vida |
| Produção | Diálogo | Comunicação |
| Ações estratégicas | Participação | Ação Comunicativa |
| Sucesso e interesse individual | Pretensões de validade | Harmonia de Interesses |
| TCE | TAG | Consenso |

Fonte: Elaborado pela autora.

O pensamento de Habermas flerta com certo pragmatismo de se propor ações para tentar retificar alguns equívocos ao longo do século XX e XXI. Caberiam, no sistema, instituições sociais direcionadas a um modelo da produção na qual as ações dos sujeitos se tornam sempre

---

[407] REESE-SCHÄFER, Walter. *Compreender Habermas*. (Trad. Vilmar Schneider). 3. ed. Petrópolis. RJ: Editora Vozes, 2010. p. 37.

estratégicas e voltadas ao sucesso e interesse individual. Já na esfera do Mundo da Vida, seria o momento da comunicação humana, em que a ação comunicativa entre os homens permite a eles harmonizarem seus interesses, neste caso, de conveniência coletiva, estabelecendo o que Habermas chama de consenso, alicerce de sustentação do Termo de Ajustamento de Gestão firmado pelos Tribunais de Contas, mediante negociação, para a solução/correção de rumos na gestão pública, possíveis em atos não dolosos ou de má-fé.

Complementando o ponto de vista habermasiano, Freitas[408] ensina que não são objeto de negociação, no sistema jurídico brasileiro, as soluções consensuais ímprobas, desproporcionais, opacas e refratárias ao procedimento do controle e autocontrole, que, por vezes, sufocam o conflito sem resolvê-los e, ainda, contornam a reserva legal.

O que Habermas ilustra, e que pode ser observado no Quadro 2, é a ideia de que, através da democracia constituída dessa mesma modernidade, são possíveis o diálogo e a participação, nos quais os sujeitos, partindo da lógica e da análise das falas (seus discursos), possam estabelecer consensos e fazer com que o sistema passe a trabalhar para o mundo da vida.

Neste caso, os Tribunais de Contas que utilizam o TAG o empregam como instrumento de consenso e solução de problemas para com as instituições públicas jurisdicionadas.

Quando se fala em Tribunal de Contas, recai a ideia de um órgão, e não de um Poder, cujo caráter é fiscalizador e controlador, e nesse mister poderá aplicar punições administrativas e ou de ordem financeira (imputação de débito/multa) aos jurisdicionados, no caso destes cometerem infrações administrativas. Quando um órgão/poder se encontra numa situação de ilegalidade ou irregularidade (má administração), o TC age de forma instrumental e racionalizada, aplicando sanções com base na Lei. O Termo de Ajustamento de Gestão dá uma guinada nessa racionalização instrumental do Tribunal de Contas, tornando-se um mecanismo consensual de solução de conflitos ou de equívocos cometidos pelos gestores, em que se permite o diálogo entre o órgão público acometido da infração e o Tribunal de Contas, ação que coaduna intrinsecamente com o pensamento e a Teoria do Consenso de Habermas.

---

[408] FREITAS, Juarez. Direito administrativo não adversarial: a prioritária solução consensual de conflitos. *RDA – Revista de Direito Administrativo*, Rio de Janeiro, v. 276, p. 25-46, set./dez. 2017. p. 42. Disponível em: http://bibliotecadigital.fgv.br/ojs/index.php/rda/article/view/72991. Acesso em 05 out. 2018.

Habermas indica quatro sugestões para a validade da sua teoria do agir comunicativo: a primeira delas é chamada de pretensão de inteligibilidade. Noutras palavras, a ideia de que as pretensões proferidas no debate ou discussão devem ser compreensíveis, claras; a segunda é a pretensão de veracidade, ou seja, o conteúdo proposicional dito nesse deve ser verdadeiro. A sua terceira sugestão é a pretensão de sinceridade. O falante, neste caso, deve dizer sentenças sinceras, abertas e francas. A quarta e última sugestão é de correção normativa. Os pronunciamentos devem ser pautados a partir dos valores e das normas existentes em cada situação.[409]

No que se refere à situação ideal de fala, é possível que haja sinceridade a partir dela. No pensamento de Habermas, somente é possível a sinceridade diante de duas condições: uma delas é a ausência do constrangimento externo, de modo que os falantes tenham as mesmas oportunidades de realizar atos de fala, isto quer dizer, se houver igualdade ou sensação de igualdade entre os sujeitos envolvidos na discussão; a outra condição é que apenas partindo-se da motivação racional é que os sujeitos falantes podem estabelecer conclusões do discurso e não a partir de forças ocultas ou assimétricas. Apenas de motivações racionais, utilizando-se de argumentos aceitáveis, de alguma maneira, pelas duas partes.[410]

Destarte, devem ser observadas as características da teoria do discurso habermasiano: deontológica, cognitiva, formalista e universalista. Deontológica pelo fato de que esta teoria está ligada ao dever e não à utilidade; cognitiva, pois esta teoria pode ser racionalmente fundamentada; pode ser formalista, pois se preocupa apenas com a formalidade da justificação de normas e nunca com o conteúdo; e universalista, porque as normas são e devem ser imparciais, justas e voltadas a todos, indistintamente.

Neste passo, o TAG com seu viés preventivo, evita, num primeiro momento, que haja penalidade imediata quanto a atos infracionais não dolosos. A sanção só seria aplicada, em último, se o gestor não cumprisse o pactuado no TAG. Este é o mote que direciona e caracteriza o Termo de Ajustamento de Gestão.

---

[409] REESE-SCHÄFER, Walter. *Compreender Habermas*. (Trad. Vilmar Schneider). 3. ed. Petrópolis. RJ: Editora Vozes, 2010. p. 42.
[410] REESE-SCHÄFER, Walter. *Compreender Habermas*. (Trad. Vilmar Schneider). 3. ed. Petrópolis. RJ: Editora Vozes, 2010. p. 46.

Foi para a solução de conflitos, através do consenso, que Habermas instituiu a Teoria do Discurso ou a Teoria do Agir Comunicativo. Essa teoria é intersubjetiva, não subjetiva, e, dentro desse contexto, os indivíduos envolvidos não têm pressão externa, ou seja, a situação ideal de fala, na qual esses indivíduos, através de argumentos racionais, procuram convencer os interlocutores envolvidos ou se deixam convencer em razão de alguma norma que está em discussão. Isso se aplica perfeitamente quanto ao estabelecimento de prazos razoáveis para a implementação pelo gestor do que se comprometeu a fazer no TAG.

Numa compreensão clara, pode-se confirmar, através de Habermas, que a razão e a racionalidade se apresentam como uma abertura de consenso e não como uma verdade imposta e absoluta.[411] Pode ser afirmado também que, o direito, neste caso, está em relação direta com o plano ético-moral, porque há uma complementaridade entre os espectros da ética e do direito, pois este não está subordinado à ética por ter seus próprios procedimentos, não obstante está em diálogo constante com a ética.

Numa visão pragmática do pensamento de Habermas, pode-se sintetizá-lo da seguinte forma: diante da existência de conflito ou litígio, é possível passar para um segundo estágio denominado por Princípio Debate, ou seja, da discussão, do diálogo. Dessa forma, havendo litígio, há espaço para discussão, para o debate. Não obstante, o debate deve partir de uma situação ideal de fala e, diante dela, se chegar a um consenso, terceira etapa da teoria. A quarta etapa da teoria de Habermas é o Princípio da Universalização, o princípio da aplicação da norma que fora debatida.

Pode-se verificar que o Termo de Ajustamento de Gestão gira em torno da ideia do consenso, cuja teoria é fundamental tanto para os Tribunais de Contas, no que se refere à eficiência, eficácia e efetividade das suas ações de prevenção e controle externo dos órgãos e poderes sujeitos ao crivo da sua fiscalização, quanto para a própria proteção de direitos sociais fundamentais (seja de educação, saúde, acesso à informação etc.), voltados à coletividade, no que se refere à Dimensão Jusnaturalista-Universalista.[412]

---

[411] REESE-SCHÄFER, Walter. *Compreender Habermas*. (Trad. Vilmar Schneider). 3. ed. Petrópolis. RJ: Editora Vozes, 2010. p. 40-46.

[412] O Direito Fundamental tem como cerne o direto do homem, ou seja, os direitos dignos da própria natureza humana, inviolável, atemporal e universal.

Essa teoria dá a possibilidade de resolução de conflitos na sociedade como uma melhor solução e não como uma possível solução, pois ela abrange e tem como base o consenso dos envolvidos. Em seu livro "Direito e Democracia", Habermas, ao tratar da legitimação do direito, esclarece que esta ocorre por meio da democracia e a base da democracia é o agir comunicativo.[413] Desta forma, o direito é a ferramenta central para o consenso, assim como o TAG também é um mecanismo consensual eficiente para solução de problemas no que se refere à má administração da instituição pública fiscalizada.

Adotando este aforismo que alcança o pensamento central de Habermas, talvez pensar que exista e que é possível haver ajuste ou consenso para a solução de problemas administrativos, através do Termo de Ajustamento de Gestão, confere a esperança de uma nova compreensão e resolução de problemas entre fiscalizados e as Cortes de Contas, culminando em uma melhor eficácia, eficiência e efetividade da Administração Pública e em consequente benefício para a satisfação do interesse público pela correção de irregularidades nas políticas públicas.

Nesse contexto, há a necessidade de se pensar e refletir sobre a característica emergencial dos Termos de Ajustamento de Gestão na contemporaneidade, otimizando tempo e promovendo a harmonização entre instituições públicas e os Tribunais de Contas. Assim, o Termo de Ajustamento de Gestão é firmado para a eficácia, eficiência e efetividade da Administração Pública. Além de salientar que, do ponto de vista constitucional e do regime democrático, o TAG é uma escolha essencial e necessária ao uso do poder estatal, através do consenso, como ferramenta para o controle da Administração Pública.[414]

O Termo de Ajustamento de Gestão é um instrumento que tem caráter pedagógico-corretivo, preventivo e conciliador. Pedagógico-corretivo, corrigindo ações dos gestores praticadas em desacordo com os princípios da Administração Pública; preventivo, porque previne maiores custos ao erário público, evitando não apenas um processo longo, mas também corrigindo, de pronto, os desvios de gestão; e conciliador, por solucionar problemas da má Administração Pública, através do consenso e não através de sanção.

---

[413] HABERMAS, Jürgen. *Direito e Democracia*: entre facticidade e validade. (Trad. Flávio Beno Siebeneichler). Rio de Janeiro: Tempo Brasileiro, 1997c.

[414] FERRAZ, Luciano. Termo de Ajustamento de Gestão (TAG): do sonho à realidade. *Revista Brasileira de Direito Público – RBDP*, Belo Horizonte, a. 08, n. 31. out./dez. 2010. p. 43-50.

Vale salientar que o consenso, no pensamento de Habermas, dá sugestões que podem ser utilizadas nos ajustes entre Tribunais de Contas e instituições públicas a partir do TAG. Uma delas é a comunicação direta e igualitária entre os pares da conciliação e a outra é o denominador comum entre os pares, neste caso, a solução do problema administrativo, não gerando ônus, principalmente para a instituição pública que está sendo intimada pelo ato infracional. Observe-se que, nesta situação, não vem ao caso discutir quem está certo ou errado, mas, sobretudo, que se repare a irregularidade com a consequente solução do problema administrativo.

É pertinente frisar, neste objeto de pesquisa, que o Termo de Ajustamento de Gestão, através do consenso, objetiva solucionar conflitos ou problemas administrativos, corrigindo rumos, podendo trazer à luz a possibilidade de se concretizar em direitos fundamentais para a sociedade, por intermédio dos Tribunais de Contas, de forma mais célere.

Deve ser destacado, neste ponto, que este mecanismo de controle externo decorre da Teoria dos Poderes Implícitos previstos nos arts. 70 e seguintes da CF/88, conforme reiterado entendimento jurisprudencial do STF (Supremo Tribunal Federal).[415] Destarte, pode-se pensar que todo e qualquer instrumento, que esteja dentro da legalidade e fique no centro ou nas arestas da competência de tal instituição, Tribunal de Contas, pode ser utilizado para a efetivação de sua missão, desde que a ação do gestor não esteja eivada de dolo ou má-fé.

Na perspectiva do Estado Democrático, Habermas tem como premissa que a democracia se funda no acordo entre as pessoas e só será possível se cada ser humano estiver aberto para ouvir e entender o outro, sendo honesto na discussão. Tal pensamento, nesta pesquisa, personifica-se nas instituições públicas e nos Tribunais de Contas.

É justamente porque as pessoas ou instituições públicas não costumam ser totalmente honestas na discussão ou em qualquer outro momento, que se torna necessário estabelecer regras e modos para que o ajuste possa existir entre os sujeitos em discussão. Para tanto, os argumentos devem se pautar na razão, em base comum, entre os sujeitos envolvidos.

As pessoas são capazes de discutir racionalmente qualquer assunto. Mas isso se conseguirem abandonar as razões técnicas-instrumentalistas criticadas por Habermas. Tem-se a impressão de

---

[415] BRASIL. *Constituição Federal do Brasil (1988)*. São Paulo: Revista dos Tribunais, 2010.

que é quase impossível discutir racionalmente, mas é justamente este o objetivo de Habermas, que considera a discussão racional utópica ou quase utópica, todavia precisa ser levada em consideração numa discussão democrática. Nessa questão, fica muito claro, na visão de Habermas, que isso ocorre tanto no ajuste entre as nações, quanto entre as instituições e pessoas. Aqui, nesta investigação, entre os Tribunais de Contas e órgãos públicos, tem-se o TAG como instrumento de discussão racional democrática e comunicativa de consenso e solução de conflitos.

Atualmente, o que mais necessita o Poder Público e a gestão do mesmo é a celeridade na solução dos problemas que lhes são peculiares e o TAG é procedimento que se volta à satisfação de situações que demonstram caráter emergencial. Isso porque o uso desta figura jurídica evitará que seja necessário um processo normal administrativo que certamente será bem mais longo e oneroso.

## 4.7 Resumo do capítulo 4

Na nova concepção de Administração Pública, que almeja alcançar resultados, exige-se pensar em meios de corrigir e/ou evitar falhas, inutilizando métodos punitivos e aplicando a prevenção, a reforma, a reorganização da gestão, com o intuito primordial de implementar um adequado controle social. É neste viés que o Termo de Ajustamento de Gestão surge como uma ferramenta de promoção da melhoria da gestão da Administração Pública, utilizando-se do consenso como base salutar. Assim, requer um ajuste de interesses entre controlador e controlado, por meio do qual este último se obriga ao fiel cumprimento da lei, em prol do alcance da efetividade da política pública, deixando o primeiro de ser puramente sancionador, apresentando viés de conciliador.

Neste quadro, os modos de atuação do controle da Administração Pública pedem uma adaptação a um novo contexto social, sem qualquer limitação a seu exercício a apenas o controle-sanção, ultrapassando os limites de atribuição, aprovação ou reprovação da prestação de contas, onde outras ferramentas devem ser utilizadas, viabilizando a transação de objetivos entre o controlador e o controlado, substituindo ou reduzindo o caráter punitivo e, consequentemente, reparando a política pública que poderá tutelar direitos sociais, com o benefício em prol da sociedade, sendo este o grande papel dos TAGs: transigir ao invés de unicamente sancionar.

Assim, o TAG é um instrumento de negociação sem a participação de um terceiro, envolvendo apenas o órgão de controle (TC) e seu jurisdicionado (gestores e ordenadores de despesas) e possui em sua elaboração e inspiração os Termos de Ajuste de Conduta, que são deferidos por lei ao Ministério Público. Tais termos possuem os mesmos objetivos: suprimir um processo e funcionar também pedagogicamente com correção de rumos, sem a aplicação de sanções, que só seriam empregadas em caso de descumprimento do TAC pela parte signatária do mesmo.

Faz-se necessária a adoção dos TAGs, uma vez que estes propiciam ao controlador as persuasões mais viáveis de solução de conflitos, conflitos nos quais não existam dolo ou má-fé por parte do gestor, para mediante um exame principiológico da lei se estabelecer ajustes para a correção de rumos das ações irregulares praticadas pelos gestores públicos, conforme os princípios do direito administrativo. Disso emerge o caráter ativista através dos TAGs, porque eles se materializam na composição com os gestores, não se apegando apenas à letra fria da lei (literal), mas sim aos princípios instituídos na Carta Republicana e no Direito.

Eis que é aqui que surge o questionamento de como o Tribunal de Contas pode chegar ao consenso e corrigir rumos da Administração Pública. A resposta pode ser encontrada dentro da filosofia de Habermas, em sua teoria do agir comunicativo. O consenso é qualidade inicial para a existência de um Termo de Ajustamento de Gestão, visto que este não se impõe, mas terá de ser o produto de um acordo de vontades entre o órgão de controle e o gestor responsável pelos atos questionados.

Os Tribunais de Contas que utilizam o TAG, o usam como instrumento de consenso e solução de problemas para com as instituições públicas jurisdicionadas. Neste contexto, o TAG, com seu viés preventivo, obsta, em um primeiro momento, que ocorra penalização imediata quanto aos atos infracionais não dolosos. Assim, a sanção só seria aplicada em último ratio, se o gestor descumprisse o quanto pactuado no TAG.

Cabe mencionar que existe uma necessidade de se pensar e refletir sobre o caráter emergencial dos Termos de Ajustamento de Gestão na contemporaneidade, o que promove tanto a otimização do tempo quanto a harmonização entre as instituições públicas e os Tribunais de Contas. Assim, o Termo de Ajustamento de Gestão é firmado para a eficácia, a eficiência e a efetividade da Administração Pública.

Portanto, o Termo de Ajustamento de Gestão é um instrumento com caráter pedagógico-corretivo, preventivo e conciliador. Pedagógico-corretivo, porque corrige ações dos gestores praticadas em desacordo com os princípios da Administração Pública; preventivo, porque previne maiores custos ao erário, obstando não somente um processo longo, bem como corrigindo os desvios de gestão; e conciliador, por solucionar problemas de má administração pública através do consenso e não unicamente através de sanção.

CAPÍTULO 5

# TERMO DE AJUSTAMENTO DE GESTÃO: VANTAGENS E DESVANTAGENS

O TAG tem por finalidade adequar e, principalmente, efetivar o cumprimento das normas jurídicas para obstar eventual dano ao erário ou violação aos princípios norteadores das condutas da máquina estatal, possibilitando a recomposição do estado original.

O TAG, além de adequar a conduta à norma vigente, confirma o controle consensual das Cortes de Contas. Pode ser utilizado em qualquer momento da instrução processual e se inicia por ação do relator, de ofício, a requerimento do Ministério Público de Contas ou da parte interessada,[416] ou ato da presidência. O Relator ordenará as providências necessárias para a realização de audiência de celebração do TAG. É dizer que há um rito procedimental,[417] com alguns efeitos: a) o processo seguirá o rito normal previsto em regimento interno,[418] caso inexista a conciliação ou ocorra a rejeição pelo Tribunal Pleno; b) compromisso da responsabilidade do obrigado (legitimado e colegitimado) pela execução do quanto firmado no instrumento (reparação de violação sanável); c) impossibilidade de modificação de ajustamento acerca da mesma questão;[419] d) obrigatoriedade

---

[416] Em conformidade com o art. 122, caput, do Regimento Interno do TCE/SE. Não consta na Lei Orgânica do TCE/SE.

[417] Este é o parâmetro estabelecido pelo TCE/SE e pode variar, conforme cada Tribunal de Contas.

[418] Art. 127 e parágrafos do Regimento Interno do Tribunal de Contas do Estado de Sergipe (SERGIPE. *Regimento interno do Tribunal de Contas de Sergipe, aprovado pela Resolução nº 270/2011*. Disponível em: https://www.tce.se.gov.br/Docs%20Institucional/regimento2012.pdf. Acesso em 10 set. 2017).

[419] Se assim não fosse, negar-se-ia a finalidade do instituto consagrado e a sua própria natureza jurídica.

de assinatura do relator, do gestor responsável, da Auditoria e do Ministério Público Especial, após a conciliação dos ditames para a extinção das falhas, sendo em seguida lavrado o termo e, após, sujeito à apreciação do colegiado, durante sessão plenária (até no máximo duas sessões subsequentes à sua lavratura); e) constituição de título executivo extrajudicial; f) efeito suspensivo sobre o processo em que foi firmado ou para o qual influa, estando submetido ao controle; e, g) finalização do processo após sua execução ou implementação de sanção (multa administrativa) diante da inexecução do Termo (constatado por inspeção *in loco*).

Imperioso frisar que o TAG firmado entre o controlador e o controlado pode resultar em relações obrigacionais com particulares, na esfera contratual, ou pode incidir sobre relações unilaterais. Ou seja, os atos administrativos resultam em obrigações aos particulares, devendo respeitar o princípio da segurança jurídica, tanto no que tange a um novo entendimento administrativo (efeito *ex nunc* – art. 2º, parágrafo único, XIII, da Lei nº 9.784/99), quanto na constatação da decadência de direitos (art. 54 da Lei nº 9.784/99).[420]

No que se refere à constituição do compromisso acordado entre as partes, o termo também adota a razoabilidade, ao estipular prazo viável para execução das obrigações firmadas em si, através da ponderação entre a questão em concreto e o quantitativo das obrigações a serem executadas.

Há correntes favoráveis e desfavoráveis quanto à adoção dos TAGs pelos TCs. Neste passo, da ideia do senso-comum de que toda a unanimidade é burra, está livre a utilização do TAG, eis que há, ainda, de forma equivocada, quem defenda que a aplicação do TAG é inadmissível. De outra banda, os que advogam contrariamente ao TAG dizem não ser possível a sua adoção pelos TCs pelo simples fato de a Carta Magna não estabelecer em seu bojo a sua menção expressa. Ledo engano! O TAG cuida de procedimento e se assim o é, têm os Estados *ex vi* do art. 24, XI da Constituição Federal competência concorrente para disporem sobre o mesmo (procedimento). Mas, como já aludido: quem pode o mais, pode o menos. Ou seja, quem tem o poder de determinar – pela Teoria dos Poderes Implícitos, aplicáveis aos Tribunais de

---

[420] FERRAZ, Luciano. Termo de Ajustamento de Gestão (TAG): do sonho à realidade. *Revista Brasileira de Direito Público – RBDP*, Belo Horizonte, a. 08, n. 31. out./dez. 2010. p. 211-212.

Contas, em conformidade com o Acórdão do STF nº MS 24.510/DF,[421] de relatoria da Ministra Ellen Gracie, claro está que pode avençar prazo com o gestor, para que este, na forma prevista no Termo de Ajuste, faça a correção necessária ao ato de gestão que praticou. E se não o faz? O processo prosseguirá contra ele, com o agravante de que a celebração anterior do TAG, expressa a confissão do gestor pela prática de ato contrário às leis (no aspecto formal) ou, apenas, irregular.

Em desfavor aos TAGs, há os que os consideram uma "perda de tempo", pois se as Cortes de Contas podem determinar a correção ou a suspensão de ato de gestão, por que celebrar um ajuste? Outro equívoco lógico: o TAG, por um princípio de economia processual, pode, com a avença nele firmada, liquidar um processo que se alongaria no tempo e que, cumprido o ajuste, simplesmente será arquivado. Assim, ganha-se tempo e suprimem-se as despesas que decorreriam do manejo de todo o processo. Este poder-dever de agir, de forma obrigatória, pelo Tribunal, determinando a sustação do ato irregular ou ilegal, só existe quando a irregularidade for insanável. No caso de dano ao erário, por exemplo, não pode importar renúncia de receita.

Outro argumento desfavorável seria que o TAG usurparia funções do Ministério Público, eis que a este é deferido, por lei, o Termo de Ajuste de Conduta (TAC). Nada mais desarrazoado do que este argumento: O TAC e o TAG resultam de uma mesma ideia: suprimir litígios e evitar procedimentos ou processos longos, em regra, morosos

---

[421] Agravo de instrumento contra decisão que negou seguimento a recurso extraordinário interposto contra acórdão do Tribunal de Justiça do Estado do Rio de Janeiro que tem a seguinte redação: "Mandado de Segurança. Lei Orgânica do Município de Niterói. Aplicação automática do dispositivo que manda acrescer percentual de 20% aos proventos do servidor, quando de sua jubilação, se permaneceu por mais de um ano no ápice da carreira. Art. 363 da LOMN. Em que pese a divergência pretoriana sobre o tema, refletida nos arestos trazidos à colação por ambas as partes, entendemos que a regra do art. 363 da Lei Orgânica do Município de Niterói, que manda acrescer 20% aos proventos do seus funcionários que tenham permanecido por mais de um ano, no ápice de suas carreiras quando passaram para a aposentadoria, é autoaplicável, reunindo todas as condições para produzir seus efeitos imediatos, não havendo qualquer conflito, a não ser aparente, com a regra de art. 377 da mesma lei, que traça diretrizes para concessões futuras. Afastada a arguição de prescrição, por se tratar de obrigação sucessiva. Desprovimento do recurso. "Verifica-se que o acórdão recorrido limitou-se a interpretar a legislação infraconstitucional pertinente ao caso, afirmando a eficácia plena e a aplicabilidade imediata do dispositivo da Lei Orgânica do Município, que instituíra a vantagem questionada. Não cogitou, assim, o Tribunal *a quo* da inconstitucionalidade formal da norma por vício de iniciativa, que é o fundamento do RE e carecedor de prequestionamento (Súmulas nº 282 e 356). Nego provimento ao agravo. Brasília, 07 de maio de 2003. Ministro SEPÚLVEDA PERTENCE – Relator (STF – MS: 24510 DF, Relator: Min. ELLEN GRACIE, Data de Julgamento: 07.05.2003. Data de Publicação: *DJ* 13.05.2003 PP-00077).

e de custo elevado (por envolver servidores que, para se qualificarem, custam caro à Administração Pública), só corroboram com a eficiência da máquina pública.

Não está dito em lugar algum da legislação constitucional ou infraconstitucional que o processo para ajustar conduta ou gestão seja privativo do Ministério Público ou dos Tribunais de Contas. Ambos, no âmbito das suas competências, podem se valer deste instrumento tão valioso que elimina situação contenciosa na esfera administrativa, sem a necessidade de demandar o Judiciário, o que alivia a carga de trabalho deste Poder, redundando, assim, em economia de tempo e de recursos humanos e financeiros. Frise-se que os dois instrumentos não se sobrepõem, mas se complementam.

Ainda a desfavor, defendem alguns que não há meios de haver consenso entre controlador (os Tribunais de Contas) e controlados (gestores públicos), inviabilizando, deste modo, a celebração de um termo de ajustamento. Esse argumento chega às raias do absurdo, posto que, na vida, tudo pode ser acordado entre partes com interesses aparentemente antagônicos. É o que acontece no TAG, no qual o Tribunal, de forma pedagógica, suspende um processo (não o extingue) e firma com o gestor responsável um pacto, para que este, em prazo determinado, cumpra o ali contido. Se o gestor assim o fizer, o Tribunal extinguirá o processo, dando quitação ao gestor responsável. E se este não cumpre o TAG, claro que o processo suspenso prosseguirá, aplicando-se as sanções legalmente previstas a quem cometeu o ato irregular.

Por isso é que se afirma não terem razões aqueles que se opõem à aplicação do TAG. Torna-se premente, nesta conjuntura, apresentar elementos contundentes favoráveis à adoção dos TAGs pelos Tribunais de Contas. Não se pode olvidar, destarte, que os Tribunais de Contas, na atual matriz constitucional, prevista no art. 71, são Órgãos de Controle auxiliares do Poder Legislativo, mas independente deste, posto que dotados de autonomia administrativa e financeira, funcionando de ofício ou por provocação (art. 71, IV, e art. 74, §2º, ambos da CF/88). Podem, inclusive, agir supletivamente nos casos de inércia do Poder Legislativo, quando este não efetive o ato de sustação de contrato, quanto às medidas cautelares relativas aos contratos administrativos, no prazo de noventa dias, nos termos do art. 71, §§1º e 2º, da CF/88.

Como aludido anteriormente, sublinhe-se que o Excelso Pretório tem admitido (MS nº 24.510-7/2003-Decisão pioneira STF – Relatoria: Ministra Ellen Gracie, Voto do Min. Celso de Mello e MS nº 26.547/2007,[422] Decisão STF – Relatoria: Ministro Celso de Mello), com esteio na teoria dos poderes implícitos, que os Tribunais de

---

[422] [...] Impende assinalar, ainda, que o E. Tribunal de Contas da União, ao conceder a medida cautelar em questão, cumpriu a obrigação constitucional – que se impõe a todos os órgãos do Estado – de fundamentar a sua deliberação, em ordem a não incidir em prática arbitrária, assim evitando, com a exposição dos fundamentos de fato e de direito subjacentes ao ato decisório, a censura que faz a doutrina, como resulta claro do magistério do eminente Professor Humberto Theodoro Júnior (THEODORO JÚNIOR, Humberto. *Curso de Direito Processual Civil*. 39. ed. São Paulo: Forense, 2006. v. II/515, item n. 1.022): "A sumariedade do conhecimento inicial nessas medidas não se confunde, porém, com puro arbítrio do julgador. (...). De sorte que a faculdade conferida ao juiz no art. 804 só deve ser exercitada quando a inegável urgência da medida e as circunstâncias de fato evidenciarem que a citação do réu poderá tornar ineficaz a providência preventiva. E, pelas mesmas razões, a decisão, ainda que sucinta, deve ser fundamentada". (Grifei) A longa fundamentação do Acórdão nº 1.379/2006 (fls. 61/93), com a indicação dos motivos de fato e de direito que deram suporte à concessão do provimento cautelar, apenas traduz a fidelidade com que se houve o E. Tribunal de Contas da União no cumprimento de seus deveres constitucionais. De outro lado, mostra-se importante acentuar que o E. Tribunal de Contas da União, na deliberação ora questionada, não determinou a anulação da Concorrência nº 3/2004 e não suspendeu, ele próprio, a execução do Contrato nº 16/2006, mas, como resulta claro das informações de fls. 327/351, limitou-se a ordenar, à autoridade competente (Diretor-Presidente da Codeba, fls. 58, item n. 9.4), que assim procedesse, sob pena de imediata comunicação ao Congresso Nacional a quem compete adotar o ato de sustação" (fls. 328).Cabe registrar, ainda, por relevante, que esse procedimento do E. Tribunal de Contas da União parece estar em consonância com a jurisprudência desta Suprema Corte, que já decidiu, por mais de uma vez, a propósito das atribuições daquela Alta Corte de Contas, que" (...) O Tribunal de Contas da União – embora não tenha poder para anular ou sustar contratos administrativos – tem competência, conforme o art. 71, IX, para determinar à autoridade administrativa que promova a anulação do contrato e, se for o caso, da licitação de que se originou" (MS nº 23.550/DF, Rel. p/ o acórdão Min. SEPÚLVEDA PERTENCE). Todas essas razões levam-me a entender inviável a pretendida suspensão cautelar de eficácia da deliberação emanada do E. Tribunal de Contas da União. É importante rememorar, neste ponto, que o deferimento da medida liminar, resultante do concreto exercício do poder cautelar geral outorgado aos juízes e Tribunais, somente se justifica em face de situações que se ajustem aos pressupostos referidos no art. 7º, II, da Lei nº 1.533/51: a existência de plausibilidade jurídica ("fumus boni juris"), de um lado, e a possibilidade de lesão irreparável ou de difícil reparação ("periculum in mora"), de outro. Sem que concorram esses dois requisitos – que são necessários, essenciais e cumulativos –, não se legitima a concessão da medida liminar, consoante enfatiza a jurisprudência do Supremo Tribunal Federal: "Mandado de segurança. Liminar. Embora esta medida tenha caráter cautelar, os motivos para a sua concessão estão especificados no art. 7º, II da Lei nº 1.533/51, a saber: a) relevância do fundamento da impetração; b) que do ato impugnado possa resultar a ineficácia da medida, caso seja deferida a segurança. Não concorrendo estes dois requisitos, deve ser denegada a liminar". (RTJ nº 112/140, Rel. Min. ALFREDO BUZAID – grifei). Sendo assim, e por entender ausente o requisito pertinente à plausibilidade jurídica da pretensão mandamental ora em exame, indefiro o pedido de medida liminar, ante a inocorrência de seus pressupostos legitimadores. Publique-se. Brasília, 23 de maio de 2007. Relator: Ministro CELSO DE MELLO (STF – MS: 26547 DF, Relator: Min. CELSO DE MELLO, Data de Julgamento: 23.05.2007, Data de Publicação: *DJ* 29.05.2007 PP-00033).

Contas exerçam o poder geral de cautela, possibilitando a concessão de Medidas Cautelares com o fito de resguardar a eficácia de suas decisões finais e prevenir lesão ao patrimônio público.

Relativamente ao poder-dever de cautela, urge salientar que as cautelares são medidas típicas do Poder Judiciário, mas que, por extensão e de forma atípica e inominada, são possibilitadas às Cortes de Contas, cujo raciocínio pode ser distendido, da mesma forma, aos Termos de Ajustamento de Gestão.

*É perfeitamente aplicável quanto ao controle dos certames licitatórios. Em conjunto com medidas cautelares, o TAG pode ser excelente para sanar vícios em processos licitatórios e propiciar sua continuidade. Lembrando que em sede de serviços públicos, o interesse primordial é sua continuidade e excelência.*

Em favor dos TAGs, tem-se que é um instrumento garantidor de efetividade da ação do controle, dos atos controlados (inclusive licitações), face à ineficácia do modelo tradicional de atuação dos Tribunais de Contas. Igual aspecto favorável é que ele se insere como mecanismo facilitador de execução das decisões das Cortes de Contas; promove celeridade – procura fazer biópsia e não necropsia; é talhado para obrigações de fazer ou de não fazer; serve para ajustar qualquer falha ou vício sanável, desde que não importe renúncia indevida de receitas ou ato doloso, não podendo tolher a competência discricionária do gestor, nem ofender a coisa julgada.

Outro aspecto relevante é a exceção ao caráter improrrogável do prazo para a execução do TAG, podendo apenas ser aditado uma vez, em nova decisão com aprovação do Pleno. Tal "engessamento" processual busca a efetividade dos interesses sociais, tendo em vista a finalidade de reparar e prevenir eventual falha sanável e, por conseguinte, minimizar prejuízos para a Administração Pública, em decorrência da possibilidade de inúmeros recursos dispostos na esfera judicial. Cumpre mencionar que o termo, por ter alçada no consenso, exige razoabilidade e cautela em dar oportunidade para que todas as partes envolvidas possam se manifestar, mesmo que isso atrase a conclusão do termo, com o propósito de evitar futuros danos.

Necessário trazer à baila que o TAG surgiu como uma ferramenta para harmonizar e promover a celeridade de decisões, a oitiva democrática dos gestores e o consenso, para evitar litígios e processos infindáveis, assegurando a adequação e a melhoria da gestão pública, com o objetivo de prevenir ou sanar irregularidades presentes no caminho da Administração, minorando a aplicação coercitiva da lei.

Destaque deve ser dado às providências de otimização do TAG, quais sejam: definir, precisamente, a obrigação ajustada; dar visibilidade ao TAG, para que a sociedade apoie a sua lavratura e eficácia; expor como um instrumento de boa-fé e respeito à população – caráter pedagógico – retirar o viés punitivo para conseguir o saneamento da situação; manter controles tempestivos de cumprimento e sanções oportunas, em caso de inadimplemento; utilizar o TAG, sempre que possível, como forma de popularizá-lo, envolvendo os gestores, o Tribunal de Contas e o Ministério Público de Contas, para que todos acreditem. Se um deles não acreditar, o TAG *não será viabilizado*.

Por derradeiro, o TAG traz a possibilidade de mais (re)conhecimento e melhor compreensão do que é uma Corte de Contas, na sua função de controle externo da máquina estatal. Só essa razão justificaria a existência do TAG, posto que confere à sociedade o melhor conhecimento do que são os TCs e a sua essencialidade para o controle das contas públicas que é elemento basilar para que o Estado Democrático de Direito se torne mais evidente, porque desse conhecimento mais se afirma a essencialidade da cidadania para que os direitos da sociedade sejam cada vez mais respeitados através da simbiose: Tribunal de Contas, cidadão e fiscalização dos atos públicos.

Retratos positivos do TAG ocorreram no município de Parnamirim, no Rio Grande do Norte. Assinado pela procuradora do Ministério Público de Contas, Luciana Ribeiro Campos, e pelo prefeito do município, Rosano Taveira, o termo listou uma série de medidas a serem adotadas pelo Executivo, a fim de restabelecer a saúde financeira municipal, uma vez que estava comprometida com gastos de pessoal, evitando assim demissões em massa. Entre as medidas pactuadas no TAG, estão a redução de 10% dos cargos comissionados; exoneração de servidores não estáveis admitidos após 1983; suspensão da concessão de aumento, reajuste ou adequação de remuneração, excetuando-se o reajuste do salário mínimo e o piso nacional do magistério; auditoria na folha de pagamento; implantação de um plano de desligamento voluntário para servidores com mais de 25 anos de serviço; suspensão dos pagamentos por progressão vertical e horizontal; entre outras.

Desta forma, evidencia-se a importância e os benefícios trazidos com a celebração do Termo, otimizando a atuação, a aplicabilidade e a essencialidade da máquina pública.

## 5.1 Os Tribunais de Contas que adotaram o TAG e os que não o utilizam

Observa-se no Brasil um total de 33 (trinta e três) Tribunais de Contas, dentre eles (Quadro 5 – Apêndice 2): 1 (um) Tribunal de Contas da União, 27 (vinte e sete) Tribunais de Contas dos Estados: Tribunal de Contas do Estado do Acre, Tribunal de Contas do Estado de Alagoas, Tribunal de Contas do Estado do Amapá, Tribunal de Contas do Estado do Amazonas, Tribunal de Contas do Estado da Bahia, Tribunal de Contas do Estado do Ceará, Tribunal de Contas do Estado do Espírito Santo, Tribunal de Contas do Estado de Goiás, Tribunal de Contas do Estado do Maranhão, Tribunal de Contas do Estado de Mato Grosso, Tribunal de Contas do Estado de Mato Grosso do Sul, Tribunal de Contas do Estado de Minas Gerais, Tribunal de Contas do Estado do Pará, Tribunal de Contas do Estado da Paraíba, Tribunal de Contas do Estado do Paraná, Tribunal de Contas do Estado de Pernambuco, Tribunal de Contas do Estado do Piauí, Tribunal de Contas do Estado do Rio de Janeiro, Tribunal de Contas do Estado do Rio Grande do Norte, Tribunal de Contas do Estado do Rio Grande do Sul, Tribunal de Contas do Estado de Rondônia, Tribunal de Contas do Estado de Roraima, Tribunal de Contas do Estado de Santa Catarina, Tribunal de Contas do Estado de São Paulo, Tribunal de Contas do Estado de Sergipe, Tribunal de Contas do Estado do Tocantins, Tribunal de Contas do Distrito Federal; 4 (quatro) são Tribunais de Contas dos municípios: Tribunal de Contas dos Municípios do Estado da Bahia, Tribunal de Contas dos Municípios do Estado do Ceará (extinto em 2017), Tribunal de Contas dos Municípios do Estado de Goiás, Tribunal de Contas dos Municípios do Estado do Pará; e 2 (dois) são Tribunais de Contas do Município: São Paulo e Rio de Janeiro.

Enfatize-se quanto aos níveis de competência: O Tribunal de Contas da União é órgão responsável pelo controle externo do governo federal, auxilia o Congresso Nacional e acompanha a execução orçamentária e financeira do país. Contribui para a boa Administração Pública federal, fiscalizando a aplicação dos recursos federais. Já os Tribunais de Contas dos Estados são órgãos estaduais voltados à análise de contas do respectivo Estado e de todos os municípios e órgãos jurisdicionados. Os Tribunais de Contas dos Municípios são órgãos estaduais que analisam as contas dos municípios integrantes de determinado Estado. Os Tribunais de Contas do Município do Rio de Janeiro e de São Paulo são órgãos municipais incumbidos da análise de contas do respectivo município. Outrossim, com o advento da Constituição Federal de 1988, ficou vedada a criação de novos tribunais municipais.

Não obstante, o Termo de Ajustamento de Gestão, ferramenta de viés consensual, robustece a atribuição fiscalizatória das Cortes de Contas. Ressalte-se que há 11 Tribunais estaduais, inclusive o TCU, que ainda não adotaram esta ferramenta, quais sejam: o Tribunal de Contas do Distrito Federal e, no âmbito estadual, os Tribunais de Contas dos Estados de Alagoas; Bahia; Pará; Rio de Janeiro; Roraima; São Paulo. Já no âmbito municipal, os Tribunais de Contas que não adotaram o TAG foram: Bahia, São Paulo e Rio de Janeiro. Por fim, o Tribunal de Contas da União também não adotou o TAG.

Os Tribunais de Contas Estaduais que adotaram o TAG são em número de 20: Acre (Lei Orgânica do Tribunal de Contas do Estado do Acre Lei Complementar Estadual nº 38, de 27 de dezembro de 1993. Art. 106-A. Acrescido pela Lei Complementar nº 259, de 29 de janeiro de 2013); Amapá (Resolução nº 172/2017/TCE/AP); Amazonas (Inciso XXVII acrescentado pelo artigo 1º da Lei Complementar nº 120, de 13 de junho de 2013, arts. 42 – A e 42 – B); Ceará (Lei nº 16.819, de 08 de janeiro de 2019, que trouxe alterações à Lei Orgânica nº 12.509, de 06 de dezembro de 1995); Espírito Santo (Regimento Interno: Resolução TC nº 261, de 4 de junho de 2013, art. 1º, §4º, Inciso XXXVIII e art. 14); Goiás (Lei nº 16.168, de 11 de dezembro de 2007, que trata da lei orgânica do Tribunal de Contas do Estado de Goiás (TCE/GO), foi alterada pela Lei nº 17.260, de 26 de janeiro de 2011, que se limitou a implantar, no art. 110-a, o Termo de Ajustamento de Gestão); Maranhão (Resolução TCE/MA nº 296, de 20 de junho de 2018); Mato Grosso (Lei Complementar nº 486, de 7 de janeiro de 2013, que trouxe alterações em sua Lei Orgânica (Lei Complementar nº 269, de 22 de janeiro de 2007), conforme Inc. XIX, do art. 1º. artigos 42-a, 42-b e 42-c); Mato Grosso do Sul (Lei Complementar nº 160, de 2 de janeiro de 2012. art. 25-a); Minas Gerais (Lei Complementar nº 120, de 15 de dezembro de 2011 – que dispõe sobre a organização do Tribunal de Contas, incluindo os arts. 93-A e 93-B na Lei Complementar Estadual nº 108, de 17 de janeiro de 2008); Paraná (Lei Complementar 194 – 13 de abril 2016. art. 1º do §5º); Piauí (Resolução PI nº 10, de 07 de abril de 2016); Rio Grande do Norte (Lei Complementar nº 464, de 5 de janeiro de 2012, art. 122); Rondônia (Resolução nº 246/2017/TCE/RO); Santa Catarina

(Resolução nº TC-137/2017, que determina a remessa de Projeto de Lei à Assembleia Legislativa para incluir na Lei Orgânica nº 202/2000 os arts. 36-A e 36-B); Sergipe (Lei Complementar nº 205, de 6 de julho de 201, art. 52 e Regimento Interno, arts. 122 a 130); Tocantins (Instrução Normativa – TCE/TO nº 1/2019, de 15 de maio de 2019).

Destaque-se que os Tribunais de Contas dos Estados da Paraíba (Resolução nº 05/2007, art. 7º); Pernambuco (Lei Estadual nº 14.725, de 9 de julho de 2012, art. 48-A) e Rio Grande do Sul (Resolução nº 1.028/2015: Regimento Interno do TCE/RS, art. 142) adotaram o termo com mesmo teor e objetivos, contudo com nomenclaturas distintas. Na Paraíba, o termo é denominado de Pacto de Adequação de Conduta Técnico-Operacional. Em Pernambuco denomina-se Termo de Ajuste de Gestão. Já no TCE do Rio Grande do Sul a denominação é Termo de Adoção de Providências (TAP).

No âmbito dos Tribunais de Contas Municipais que adotaram o TAG têm-se: Goiás (Lei nº 15.958, de 18 de janeiro de 2007, art. 44-A, acrescido pela Lei nº 19.990, de 22-01-2018), Pará (Regimento Interno TCM/PA, ato nº 16/2013. Título VI, arts. 147 a 158).

Outrossim, seria de muito valor que os respectivos TAGs fossem criados por lei e não apenas por meio de norma infralegal (Regimento Interno/Resolução) para conferir uma maior segurança jurídica aos TCs que assim não o fizeram: TCM/PA, TCE/PI, TCE/PB, TCE/ES, TCE/MA, TCE/RS, TCE/RO e TCE/TO.

Não há de se confundir o Plano de Ação com o TAG. Aquele é unilateral, consta em Manual de Auditoria Governamental, oriundo da NAG 48-05 e é documento preenchido pelo gestor do órgão/entidade auditada, quando notificado da decisão do Tribunal Pleno, que explicita as medidas que serão tomadas para fins de cumprimento das determinações/recomendações e/ou para dirimir os problemas apresentados e pode não ser aceito pelo TC.[423] O Plano de Ação, dessa forma, distingue-se do TAG, por este ser consensual e mais formal, sendo firmado em comum acordo entre o TC e o jurisdicionado, e, nesta medida, o rol de obrigações que dele exsurge já consubstancia os comandos emanados pelo Tribunal de Contas respectivo (ainda que acordados com o gestor responsável), com vistas ao exato cumprimento da lei e da boa aplicação dos recursos públicos.

Disto se extrai que dos 33 (trinta e três) Tribunais de Contas

---

[423] RIO DE JANEIRO. Tribunal de Contas do Município do Rio de Janeiro. *Manual de auditoria governamental*. Rio de Janeiro: TCMRJ, 2017. p. 57-59.

pátrios, só 11 (onze), a minoria, não adotaram o TAG. Atualmente, 20 (vinte) Tribunais de Contas estaduais mais 2 (dois) municipais utilizam o TAG, demonstrando, assim, que este mecanismo vem adquirindo espaço, como uma nova forma de pensar das Cortes de Contas, aprimorando/ampliando o controle fiscalizatório exercido por elas, além de concretizar o fortalecimento da democracia e, consequentemente, o bem-estar social.

## 5.2 Da análise dos dados coletados e dos resultados

Foi aplicado um questionário (Apêndice 1) aos 11 Tribunais de Contas que até 2019 não haviam adotado o TAG. Este se compôs de 2 (duas) questões fechadas, voltadas a representantes/servidores dos Tribunais, na tentativa de traçar um breve perfil de quem as respondeu, e 7 (sete) questões fechadas para subsidiar os fundamentos sobre a não instituição/adoção do TAG.

Quanto à caracterização da amostra, esta foi composta por 11 participantes, sendo 8 (73%) do sexo masculino e 3 (27%) do sexo feminino.

Nessa perspectiva, a seguir tem-se a caracterização dos sujeitos por meio de questões fechadas, com opções quanto ao: a) Cargo que ocupa no Tribunal e b) Formação acadêmica.

### a) Cargo que ocupa no TCE

Questão 1:

| Cargo que ocupa no TCE | a) Presidente/Conselheiro/Conselheiro-Substituto/ Procurador<br>b) Superintendente /Secretário / Diretor<br>c) Cargo Técnico |
|---|---|

Os dados levantados pelo questionário sobre o cargo que os entrevistados ocupam no Tribunal de Contas indicam que: 4 (quatro) são Conselheiros, sendo que um é Conselheiro substituto, correspondendo a 29%; 8 (oito) são Superintendente/Secretário/Diretor, correspondendo a 57%; 2 (dois) são técnicos, correspondendo a 14%. A seguir, tem-se um gráfico expondo os resultados.

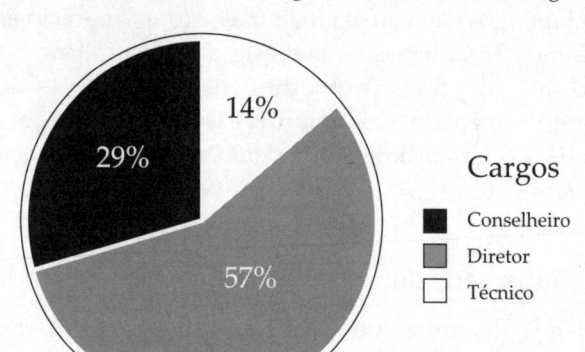

Gráfico 1: Distribuição dos cargos nos Tribunais Investigados

[Gráfico de pizza: 14% Técnico, 29% Conselheiro, 57% Diretor]

Cargos
- Conselheiro
- Diretor
- Técnico

Fonte: Elaborado pela autora.

Diante do exposto, percebe-se que a maioria dos respondentes é da área diretiva dos TCs, o que lhes permite dissertar sobre o tema com propriedade. Esse fato ainda pode ser interpretado quando se aborda a formação dos ocupantes dos cargos. A seguir, uma análise sobre a formação dos representantes dos TCs participantes da pesquisa.

b) Área de Formação

Questão 2:

| Formação acadêmica | a) Área Jurídica<br>b) Área Técnica<br>c) Áreas Jurídica e Técnica<br>d) Outras Áreas |
|---|---|

Ao abordar a questão da formação dos entrevistados, deparou-se com os seguintes dados: 5 (cinco) pessoas com formação jurídica e técnica, correspondendo a 45%; 4 (quatro) pessoas com formação apenas técnica, correspondendo a 36%; 2 (duas) pessoas com formação unicamente jurídica, correspondendo a 19%.

A maioria dos representantes dos TCs que respondeu ao questionário tem formação nas áreas jurídica e técnica (45%), ou seja, área fim, fator relevante para a pesquisa, mormente quanto à adoção ou aplicabilidade do TAG. Desta forma, é possível uma compreensão objetiva e segura diante daquilo que foi proposto como foco da pesquisa. A seguir, tem-se o gráfico expondo esses números.

Gráfico 2: Distribuição da Área de Formação nos Tribunais Investigados

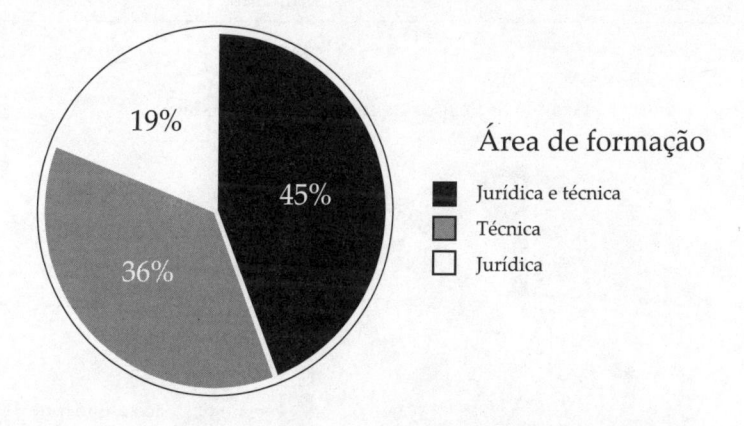

Área de formação
- Jurídica e técnica
- Técnica
- Jurídica

45%
36%
19%

Fonte: Elaborado pela autora.

Em seguida, numa outra perspectiva, são apresentadas as sete questões que visam a compreender a razão da não utilização do TAG por aquelas 11 Cortes de Contas (TCE/Alagoas; TCE/Bahia; TCMs da Bahia; TC/Distrito Federal; TCE/Pará; TCE/Rio de Janeiro; TCM/Rio de Janeiro; TCE/Roraima; TCE/São Paulo; TCM/São Paulo e o TCU).

## 5.3 Da análise do questionário

Diante dos gráficos, foi possível fazer uma análise do questionário, com a intenção de subsidiar os objetivos propostos. Nos quadros a seguir constam (sete) 7 perguntas elaboradas e as opções disponibilizadas para os representantes dos Tribunais investigados responderem, bem como o quantitativo obtido diante das opções.

Questão 1:

| Qual o seu conhecimento sobre os procedimentos e funções do TAG (Termo de ajustamento de Gestão)? | a) Pouco.<br>b) Razoável.<br>c) Compreendo muito bem em quais situações o TAG pode ser utilizado. |
|---|---|

Gráfico 3: Respostas referentes à Questão 1

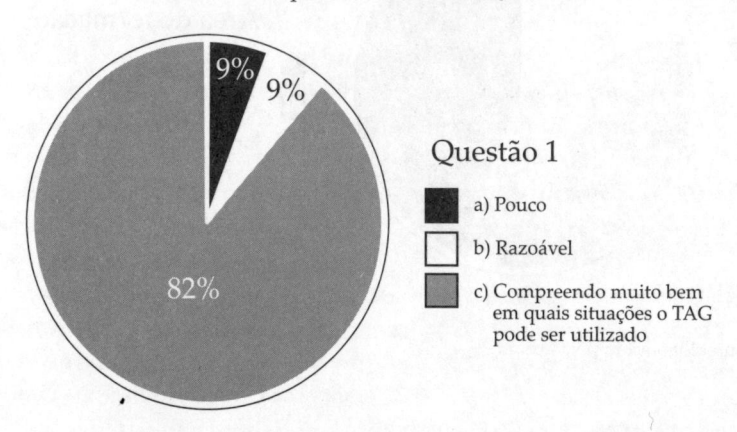

Questão 1
- a) Pouco
- b) Razoável
- c) Compreendo muito bem em quais situações o TAG pode ser utilizado

9% 9% 82%

Fonte: Elaborado pela autora.

Em relação à primeira questão, (Gráfico 3), tem-se: 9 responderam letra "c", correspondendo a 82% (TCE/AL, TCM/BA, TC/DF, TCE/PA, TCE/RJ, TCM/RJ, TCE/SP, TCM/SP, e o TCU); 1 respondeu letra "b", correspondendo a 9% (TCE/RR); 1 respondeu letra "a" (TCE/BA), correspondendo a 9%. Vê-se, portanto, que a maioria (82%) compreende muito bem as questões que permeiam o TAG. Esse dado é relevante para a pesquisa, porque mostra o entrelaçamento dos sujeitos com a temática diante das questões elaboradas.

Questão 2

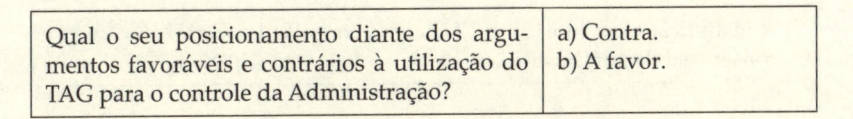

| Qual o seu posicionamento diante dos argumentos favoráveis e contrários à utilização do TAG para o controle da Administração? | a) Contra. b) A favor. |
|---|---|

Gráfico 4: Respostas referentes à Questão 2

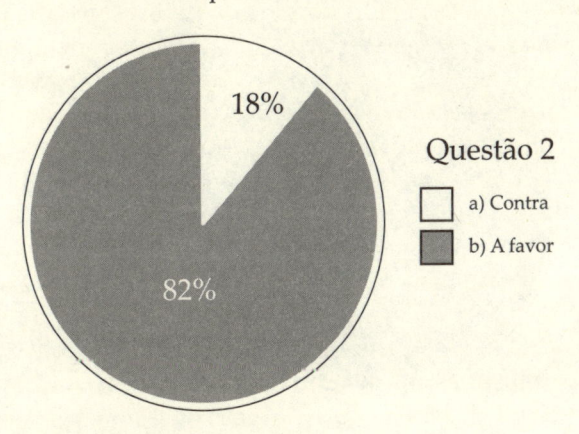

[Gráfico de pizza: 18% a) Contra; 82% b) A favor]

Fonte: Elaborado pela autora.

Na questão 2 (Gráfico 4), tem-se: 9 responderam letra "b", correspondendo a 82% (TCE/AL, TCE/BA, TCM/BA, TC/DF, TCE/PA, TCE/RJ, TCM/RJ, TCE/RR e TCM/SP), 2 responderam letra "a", correspondendo a 18% (TCE/SP, TCU). Percebe-se que a maioria dos TCs (82%) é a favor da adoção do TAG, apesar da não institucionalização do mesmo. Esse fator é significativo em razão do quadro de respondentes ocuparem cargos na área fim, além de afirmarem que sabem muito bem do que se trata o TAG. Assim, compreende-se a necessidade de um debate promissor nesses espaços para que seja construído um diálogo sobre a temática, possibilitando manifestações favoráveis ou não quanto ao TAG e contribuindo para o amadurecimento da temática.

Questão 3:

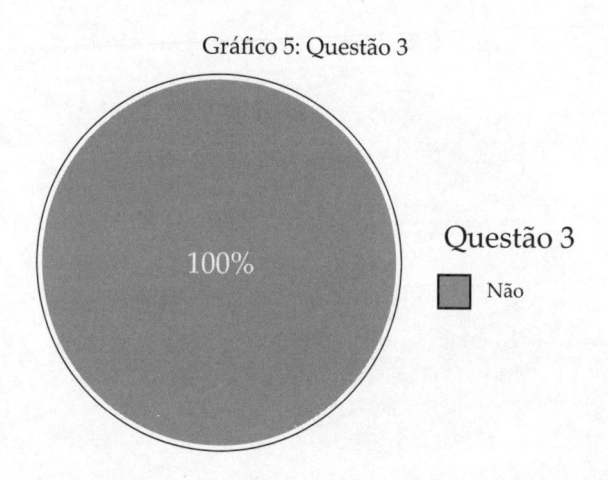

| 3) A instituição tem adotado o TAG como controle consensual da administração? | a) Sim. b) Não. |

Gráfico 5: Questão 3

100%

Questão 3
☐ Não

Fonte: Elaborado pela autora.

Em relação à questão 3 (Gráfico 5), 11 responderam letra "b", correspondendo a 100% do público entrevistado (TCE/AL, TCE/BA, TCM/BA, TC/DF, TCE/PA, TCE/RJ, TCM/RJ, TCE/RR, TCM/SP TCE/SP e TCU).

Questão 4:

| 4) Houve ou há discussão, minimamente, de interesse desta Corte de Contas ou do Ministério Público de Contas quanto à implantação do TAG nesta instituição? | a) Sim, em discussão. b) Sim, já discutido e no aguardo de regulamentação. c) Sim, já discutido e não será adotado. d) Não. e) Outra opinião. |

Gráfico 6: Questão 4

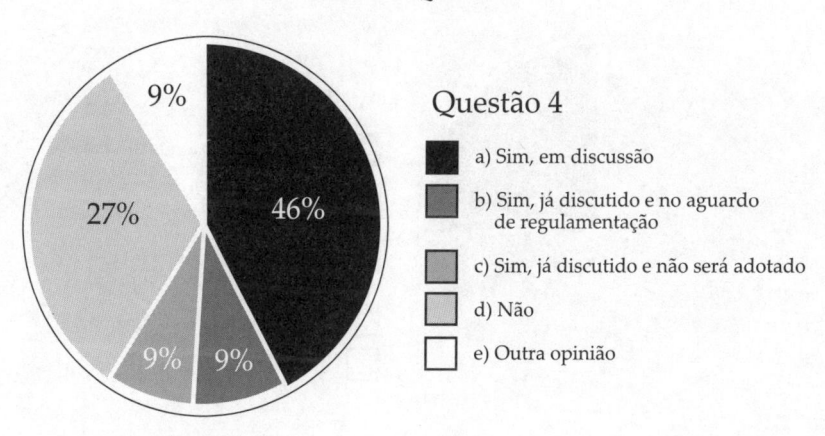

**Questão 4**
- a) Sim, em discussão
- b) Sim, já discutido e no aguardo de regulamentação
- c) Sim, já discutido e não será adotado
- d) Não
- e) Outra opinião

(46%, 27%, 9%, 9%, 9%)

Fonte: Elaborado pela autora.

Para a questão 4 (Gráfico 6), tem-se: 3 (três) responderam letra "a", correspondendo a 27% (TCM/BA, TCE/PA, TCE/RJ); 1 (um) respondeu letra "b", correspondendo a 9% (TCM/RJ); 1 (um) respondeu letra "c", correspondendo a 9% (TCE/RR), 5 (cinco) responderam letra "d", correspondendo a 46% (TCM/SP, TCE/BA, TCU, TCE/SP, TCE/DF) e 1 (um) respondeu outra opinião, correspondendo a 9% (TCE/AL). Nesta questão é possível apreender sobre a construção e o amadurecimento dos Tribunais em relação à utilização do TAG. Nessa perspectiva, tem-se que a maioria (46%) dos TCs abriu discussão sobre a temática. Vale sublinhar uma "Outra resposta" dada pelo TCE/AL, que afirmou ter discutido a temática, mas o diálogo foi paralisado, com a tendência da adoção em breve.

Questão 5:

| 5) Sabe-se que este Tribunal de Contas ainda não adotou o instituto do TAG. Qual a razão da não implantação do TAG como forma de controle consensual? | a) A instituição ainda não colocou em pauta o tema. <br> b) A adoção está em andamento. <br> c) Não há interesse por parte da Administração Superior. <br> d) Ausência de regulamentação. <br> e) Outros motivos. |
|---|---|

Gráfico 7: Questão 5

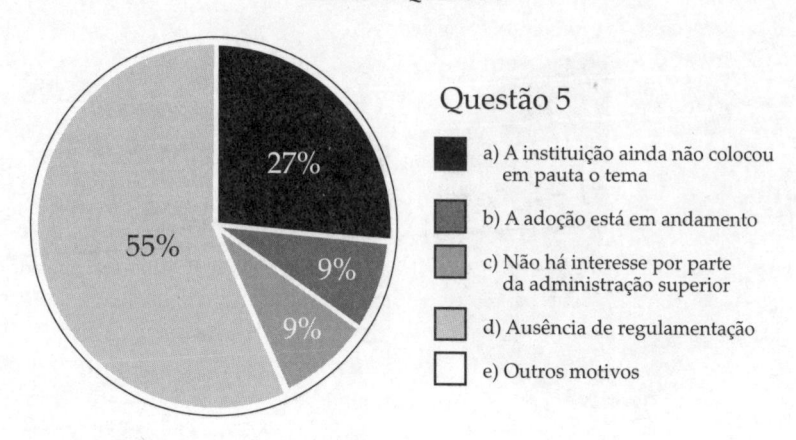

**Questão 5**

- a) A instituição ainda não colocou em pauta o tema
- b) A adoção está em andamento
- c) Não há interesse por parte da administração superior
- d) Ausência de regulamentação
- e) Outros motivos

(27%, 9%, 9%, 55%)

Fonte: Elaborado pela autora.

Na questão 5 (Gráfico 7), tem-se: 3 responderam letra "a", correspondendo a 27% (TCE/AL, TCE/DF e TCM/SP); 1 respondeu letra "b", correspondendo a 9% (TCU); 1 respondeu letra "c", correspondendo a 9% (TCE/RR), e 6 responderam letra "d", correspondendo a 55% (TCE/BA, TCM/BA, TCE/PA, TCE/RJ, TCM/RJ e TCE/SP). A ausência de regulamentação foi o fator preponderante nesta questão, com 55% das respostas. Saliente-se que as discussões sobre a institucionalização do TAG nos TCs têm sido positivas para a sua futura normatização.

Questão 6:

| 6) Que outro meio consensual a instituição utiliza, já que o TAG não foi normatizado? | a) Audiência pública. b) Transação. c) Mediação. d) Plano de Ação. e) Nenhum meio consensual, apenas a Medida cautelar. |
| --- | --- |

Gráfico 8: Questão 6

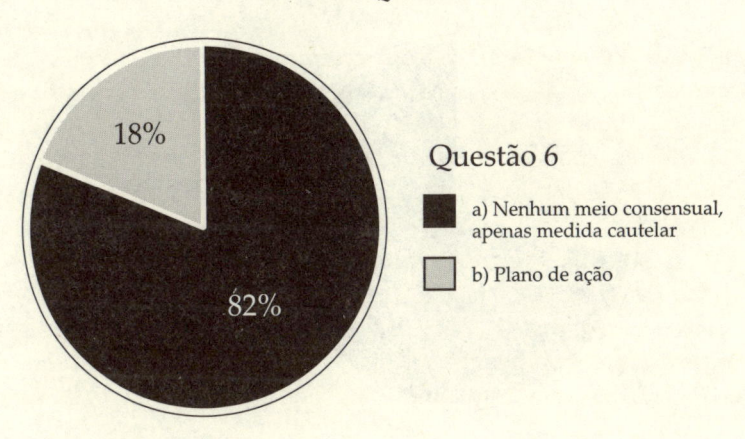

**Questão 6**

■ a) Nenhum meio consensual, apenas medida cautelar

☐ b) Plano de ação

18%
82%

Fonte: Elaborado pela autora.

Na questão 6 (Gráfico 8), tem-se os seguintes resultados: 2 responderam letra "d", representando 18% (TCE/BA e TCE/RR) e 9 responderam letra "e", representando 82% (TCE/AL, TCM/BA, TC/DF, TCE/PA, TCE/RJ, TCM/RJ, TCE/SP, TCM/SP e TCU).

Questão 7:

| Você acredita que o TAG visa a tutelar direitos sociais fundamentais e converge em benefício da coletividade, mormente quanto ao direito à saúde, à educação e ao acesso à informação? | a) Sim. b) Não. |
|---|---|

Gráfico 9: Questão 7

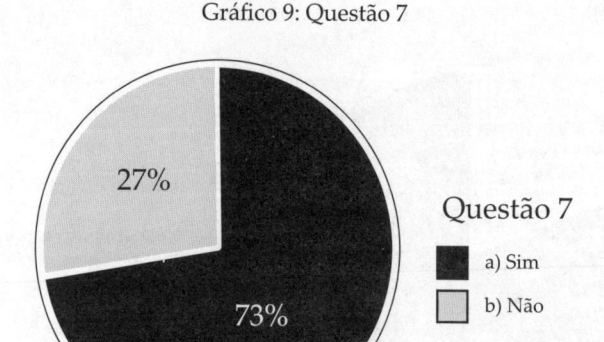

[Pie chart: 27% b) Não; 73% a) Sim]

Questão 7
■ a) Sim
□ b) Não

Fonte: Elaborado pela autora.

Em relação à questão 7 (Gráfico 9), tem-se como produto: 8 responderam letra "a", representando 73% (TCE/AL, TCE/BA, TC/DF, TCE/PA, TCE/RJ, TCE/RR, TCM/RJ e TCM/SP); 3 responderam letra "b", representando 27% (TCE/SP, TCU, TCM/BA). Observe-se a opinião divergente entre o TCE/BA e o TCM/BA, quanto à tutela de direitos sociais fundamentais.

Diante desses dados, infere-se que apesar dos TCs questionados (TCE/AL, TCE/BA, TCM/BA, TC/DF, TCE/PA, TCE/RJ, TCM/RJ, TCE/RR, TCE/SP, TCM/SP e TCU) não utilizarem o TAG, em sua maioria, apresentam-se favoráveis quanto à necessidade de implementação do mesmo, apenas estabelecendo como óbice para sua não adoção a falta de regulamentação, convergindo positivamente com a hipótese desta pesquisa.

## 5.4 Resumo do capítulo 5

Além de adequar a conduta à norma vigente, o Termo de Ajustamento de Gestão corrobora o controle consensual das Cortes de Contas e pode ser usado em qualquer momento da instrução processual, iniciado por ação do relator, de ofício, a requerimento do Ministério Público de Contas ou da parte interessada,[424] ou ato da presidência.

---

[424] Nos moldes do art. 122, caput, do Regimento Interno do TCE/SE. Não consta na Lei Orgânica do TCE/SE.

O Relator ordenará as providências necessárias para realização de audiência de celebração do TAG. Há um rito procedimental, com alguns efeitos:

a) prosseguimento do processo em rito normal, previsto em regimento interno, caso inexista a conciliação ou ocorra a rejeição pelo Tribunal Pleno;

b) compromisso da responsabilidade do obrigado (legitimado e colegitimado) pela execução do quanto firmado no instrumento (reparação de violação sanável);

c) impossibilidade de modificação de ajustamento acerca da mesma questão;

d) obrigatoriedade de assinatura do relator, do gestor responsável, da Auditoria e do Ministério Público Especial, após a conciliação dos ditames para extinção das falhas, sendo em seguida lavrado o termo e após sujeito à apreciação do Colegiado, durante sessão plenária (até no máximo duas sessões subsequentes à sua lavratura);

e) constituição de título executivo extrajudicial;

f) efeito suspensivo sobre o processo em que foi firmado ou para o qual influa, estando submetido ao controle;

g) finalização do processo após sua execução ou implementação de sanção (multa administrativa) diante da inexecução do Termo (constatado por inspeção *in loco*).

Quanto à aplicabilidade, existem correntes favoráveis e desfavoráveis à adoção dos TAGs pelos TCs. Os que sustentam a tese contrária ao TAG, alegam ser impossível a sua adoção pelo simples fato da Constituição Federal de 1988 não estabelecer em seu bojo a sua menção expressa. Todavia, tal afirmação não procede, uma vez que o TAG trata de procedimento e se assim o é, têm os Estados *ex vi* do art. 24, XI, da Constituição Federal competência concorrente para disporem sobre o mesmo (procedimento). Existem ainda os que consideram uma "perda de tempo", pois se os Tribunais de Contas podem determinar a correção ou a suspensão de ato de gestão, para que a possibilidade de celebrar um ajuste? Elucida-se que o TAG, em decorrência do princípio de economia processual, pode, com a avença nele firmada, liquidar um processo que se alongaria no tempo e que, cumprido o ajuste, simplesmente será arquivado. Assim, além de otimizar o tempo, reduzem-se as despesas que decorreriam do manejo de todo o processo.

Outro argumento em desfavor seria dizer que o TAG roubaria as funções do Ministério Público, na medida em que a este é deferido por lei o Termo de Ajuste de Conduta (TAC). Esta afirmação também não procede, visto que o TAC e o TAG surgem de uma mesma ideia: extinguir litígios e evitar procedimentos ou processos longos, que, via de regra, são morosos e de custo elevado, afinal envolvem servidores que, para se qualificarem, custam caro à Administração Pública, que só reafirmam com a eficiência da máquina pública. No mais, não existe qualquer previsão na legislação constitucional ou infraconstitucional, senão o processo para ajustar conduta ou gestão que seja privativo do Ministério Público ou dos Tribunais de Contas.

Alguns ainda defendem, contrariamente ao TAG, que não existe meios de ocorrer consenso entre controlador (os Tribunais de Contas) e controlados (gestores públicos), inviabilizando, deste modo, a celebração de um termo de ajustamento. Sem dúvida, o TAG viabiliza que o Tribunal, de forma pedagógica, suspenda um processo (não o extinga) e ajuste com o gestor responsável um pacto, para que este, em prazo determinado, cumpra o ali contido. Caso o gestor o faça, o Tribunal extinguirá o processo, dando quitação ao gestor responsável. Caso o gestor não cumpra o TAG, o processo suspenso prosseguirá, aplicando-se as sanções legalmente previstas a quem cometeu o ato irregular.

Por outro lado, como defesa aos TAGs, tem-se que é este um instrumento assegurador de efetividade do controle, dos atos controlados (inclusive licitações), frente à ineficácia do modelo tradicional de atuação dos Tribunais de Contas. Outro ponto positivo é que o TAG é um instrumento facilitador de execução das decisões das Cortes de Contas; promove celeridade; é utilizado para obrigações de fazer ou de não fazer, utilizado para ajustar qualquer falha ou vício sanável, desde que não acarrete renúncia indevida de receitas ou ato doloso de improbidade administrativa e não pode dificultar a competência discricionária do gestor, nem violar a coisa julgada. Outro aspecto benéfico é a exceção ao caráter improrrogável do prazo para execução do TAG, podendo somente ser aditado uma vez, em nova decisão com aprovação do Tribunal Pleno. Ainda, o TAG traz a possibilidade de mais (re)conhecimento e de melhor compreensão do que são os Tribunais de Contas, na sua função de controle externo.

No Brasil existe um total de 33 (trinta e três) Tribunais de Contas, dentre eles, 1 (um) Tribunal de Contas da União, 27 (vinte e sete) Tribunais de Contas dos Estados e 4 (quatro) Tribunais de

Contas dos Municípios. Dentre estes 33 (trinta e três), apenas 11 (onze) não adotaram o TAG. Atualmente, 20 (vinte) Tribunais de Contas estaduais e mais 2 (dois) municipais utilizam o TAG, demonstrando, dessa forma, que este instrumento vem ganhando espaço, como uma nova forma de pensar dos Tribunais de Contas, aperfeiçoando o seu controle fiscalizatório, bem como concretizando sobre o fortalecimento da democracia e, consequentemente, do bem-estar social.

Em síntese, os Tribunais de Contas dos Estados da Paraíba (Resolução nº 05/2007, art. 7º); Pernambuco (Lei Estadual nº 14.725, de 9 de julho de 2012, art. 48-A) e Rio Grande do Sul (Resolução nº 1028/2015: Regimento Interno do TCE/RS, art. 142), adotaram o termo com o mesmo teor e objetivos, contudo, com nomenclaturas distintas. Na Paraíba, o termo é denominado de Pacto de Adequação de Conduta Técnico-Operacional. Em Pernambuco, denomina-se Termo de Ajuste de Gestão. Já no TCE do Rio Grande do Sul a denominação é Termo de Adoção de Providências (TAP).

A pesquisa reafirmou, ainda, que teria alto grau valorativo que os respectivos TAGs fossem criados por lei e não somente por meio de norma infralegal (Regimento Interno/Resolução) para conferir uma maior segurança jurídica aos TCs que assim não o fizeram.

Ao longo da construção dessa obra também foi aplicado um questionário aos 11 (onze) Tribunais de Contas que, até 2019, não haviam adotado o TAG, o qual se constitui de 2 (duas) questões fechadas sobre os representantes/servidores dos Tribunais, na tentativa de traçar um breve perfil de quem os respondeu, e 7 (sete) questões fechadas para subsidiar os fundamentos sobre a não instituição/adoção do TAG.

Diante dos dados obtidos, infere-se que apesar dos TCs questionados (TCE/AL, TCE/BA, TCM/BA, TC/DF, TCE/PA, TCE/RJ, TCM/RJ, TCE/RR, TCE/SP, TCM/SP e TCU) não utilizarem o TAG, muitos alegam ser favoráveis quanto à necessidade de implementação do mesmo, estabelecendo, em sua maioria, a falta de regulamentação como óbice para a sua não adoção, convergindo positivamente com a hipótese desta pesquisa.

CAPÍTULO 6

# CASOS DE APLICABILIDADE DO TAG PELO TRIBUNAL DE CONTAS DO ESTADO DE SERGIPE

Há um vasto número de questões submetidas à deliberação dos Tribunais de Contas, no exercício do controle externo da Administração Pública, que tratam do acolhimento ou não do TAG, considerado por muito tempo como uma prática puramente ativista. Contudo, como já explanado na seção anterior, o CPC (Lei nº 13.105/2015), norma de cunho geral, trata, atualmente, sobre os TACs, cujas regras, por um Princípio de Simetria, estendem-se aos TAGs. Mais recentemente foi editada a Lei nº 13.655/2018, que cuida especificamente dos denominados "compromissos" que podem ser firmados pela Administração Pública. Apesar dos TAGs, em si mesmos, já terem perdido a característica de ativismo no TCE/SE, eis que a Lei Complementar Estadual de Sergipe, nº 205/2011 (Lei Orgânica do TCE/SE), já o havia instituído como uma ferramenta legal.

O TAG, por sua própria acepção, continua como instrumento importante do ativismo administrativo, posto que permite, através dos compromissos firmados no seu bojo, ir além do que a Lei dispõe na sua literalidade, utilizando não só da Teoria dos Poderes Implícitos, mas também dos princípios gerais do direito e, no particular, daqueles que regem a Administração Pública.

Impend demonstrar casos de adoção do TAG como um instrumento consensual voltado aos órgãos e poderes sujeitos à fiscalização da Corte de Contas Sergipana, com vistas a fiscalizar a boa aplicação dos recursos destinados a direitos sociais, como a educação, a transparência, a saúde etc., corrigindo caminhos da atuação dos gestores em favor da sociedade. Assim, pode o Tribunal de Contas do Estado de Sergipe promover, ao firmar o TAG, em situações concretas não dolosas por parte dos seus jurisdicionados, a solução de problemas encontrados, quando da sua ação fiscalizadora, nos setores contábil, financeiro, orçamentário, operacional e patrimonial, no que diz respeito à legalidade, à legitimidade, à economicidade etc. Claro está que essa solução exige a anuência expressa do gestor/fiscalizado no respectivo TAG.

Entre as funções dos Tribunais de Contas, como já dito, está a atuação educativa/preventiva, quando orientam sobre processos e práticas efetivas, através de seminários, reuniões, audiências públicas e encontros de caráter pedagógico, bem como da realização de auditorias de cunho operacional, as quais orientam os gestores à adoção de providências. O vértice pedagógico da atuação dos Tribunais de Contas é o de alertar os responsáveis para a boa gestão do dinheiro público e também para a redução de falhas. Logo, o TAG contribui para a melhor ação dos gestores nas atividades não apenas administrativas, mas, especificamente, na financeira-orçamentária, que conduz ao aperfeiçoamento das políticas públicas. Para alguns estudiosos, o aludido compromisso de ajuste vai além de somente fazer cumprir a Carta Constitucional, *ex vi* da Lei Complementar Estadual – Lei Orgânica do TCE de Sergipe, visando propiciar a adequada aplicação dos recursos públicos à coletividade, sem o viés exclusivamente punitivo.

Com efeito, a utilização do TAG pelo órgão em questão é necessariamente relevante diante do grande impacto que recai sobre os sujeitos sob sua jurisdição, com a função precípua de prevenir eventuais danos ao interesse público.

## 6.1 O TAG na visão do TCE/SE

A precitada Lei Orgânica do Tribunal de Contas do Estado de Sergipe (Lei Complementar Estadual nº 205, de 06 de julho de 2011)[425] trata, em seu art. 52, do Termo de Ajustamento de Gestão. O Regimento Interno do TCE/SE, RI/TCE/SE[426] estabelece, nos seus arts. 122[427] a 130,

---

[425] A autora deste Livro participou da Comissão de elaboração da Lei Orgânica e do Regimento Interno do TCE/SE, Anexo II, p. 228.
[426] SERGIPE. *Regimento interno do Tribunal de Contas de Sergipe, aprovado pela Resolução nº 270/2011*. Disponível em: https://www.tce.se.gov.br/Docs%20Institucional/regimento2012.pdf. Acesso em 10 set. 2017.
[427] §1º A assinatura do TAG somente é permitida para o equacionamento de falhas ou irregularidades sanáveis, sendo o mesmo incabível para vícios em que se constate má-fé, dolo do gestor ou que revelem, em tese, improbidade administrativa.

o procedimento para celebração de um TAG que, como já exposto, pode ser aplicado em casos que apresentam irregularidades sanáveis na execução orçamentária, financeira, administrativa ou operacional, podendo ser utilizado em qualquer momento da instrução processual. Todavia, recomenda-se que o uso do TAG seja firmado em qualquer momento anterior à conclusão da instrução processual.

Não se pode olvidar que o Termo não possui cabimento em casos que forem constatados dolo, má-fé ou que se enquadrem como atos dolosos de improbidade administrativa. Não se pode enquadrar na celebração do TAG a renúncia de receita, que por consequência resulta em dano ao erário, ainda que de forma culposa. Tal fato revela o TAG como um instrumento cuidadoso e moderno de gestão e refuta qualquer possibilidade de que este possa ocasionar qualquer prejuízo à Fazenda Pública, trazendo à colação o contido nos §§5º e 6º do art. 52 da referida Lei Complementar Estadual (LCE) nº 205/2011.[428]

A titularidade da propositura do TAG, no âmbito do TCE/SE, está partida entre a Presidência da Corte, o Conselheiro Relator ou o Ministério Público Especial, obrigando a audiência e a concreta participação do Ministério Público Especial e da Auditoria. Convém frisar que, em todas as esferas desse procedimento administrativo, o que se apresenta é um avanço democrático-institucional, como estampado nos §§2º e 4º do art. 52 da LCE nº 205/2011.[429]

O art. 122, §4º, do RI-TCE/SE assinala que são partes obrigatórias do TAG: o gestor responsável, o relator, o representante do Ministério Público Especial e o representante da Auditoria. Não obstante, na prática, apesar da legislação do TCE/SE mencionar Auditor como parte obrigatória na assinatura do TAG, após a mudança de Auditor para Conselheiro Substituto, eles não figuram efetivamente nos TAGs. Então, o rol de assinantes do TAG, além dos citados no art. 122 do RI-TCE/SE, pode ser ampliado, na práxis, pelo Analista de Controle da

---

§2º No caso do controle de irregularidades que importem em dano ao erário, a assinatura do TAG, em nenhuma hipótese, pode resultar em diminuição do valor do débito ou glosa regularmente apurados.

[428] §5º A celebração de TAG não pode implicar, de nenhuma forma, em renúncia de receitas pertencentes ao Erário.
§6º Não cabe a celebração de TAG para atos e/ou situações que configurem ato doloso de improbidade administrativa.

[429] Art. 52 [...]
§2º A iniciativa de proposição do TAG cabe à Presidência, ao Conselheiro-Relator ou ao Ministério Público Especial.
§4º É obrigatória a audiência e efetiva participação do Ministério Público Especial e da Auditoria em todas as fases do procedimento administrativo para a celebração do TAG.

Coordenadoria, o Procurador Jurídico e o Controlador Interno, dentre outros. Questão a ser repensada pelo TCE/SE sobre a possível alteração da legislação em comento.

Quando do firmamento do TAG, nos termos do art. 52, §1º da Lei Orgânica do TCE/SE e do §5º do art. 122 do Regimento Interno do Tribunal de Contas do Estado de Sergipe (RI-TCE/SE) devem constar os seguintes elementos: "A identificação precisa da obrigação ajustada e da autoridade responsável pelo adimplemento da obrigação"; "[...] a estipulação do prazo para o cumprimento da obrigação"; "[...] a expressa adesão de todos os signatários às suas disposições"; "[...] as sanções a serem aplicadas em caso de inadimplemento da obrigação, especificando-se expressamente o valor da multa a ser aplicada em caso do seu descumprimento". Advirta-se que para a validade jurídica do TAG se faz imprescindível a sua homologação pelo Pleno do Tribunal.

O procedimento inicia-se através da atuação do relator, de ofício ou aceitando o requerimento do Ministério Público de Contas, da parte interessada,[430] ou, também, por meio do ato da presidência. Logo após, o Relator ordenará os atos necessários para a realização de audiência para celebração do TAG. De outro modo, reza o parágrafo único do art. 124 do RI-TCE/SE que o pedido de audiência para celebração do TAG pode ser indeferido pelo Relator e é cabível recurso de agravo para a respectiva Câmara, no prazo de 10 (dez) dias contados a partir da comunicação do indeferimento do pedido.

Nos termos do art. 126, caput e seus parágrafos,[431] do Regimento Interno do TCE/SE, as partes que integram o potencial conflito serão intimadas com prazo de cinco dias de antecedência, exceto na ocorrência

---

[430] Nos termos do §3º do art. 122 do RI/TCE/SE, entende-se como parte interessada aquela juridicamente legitimada ao equacionamento da falha e/ou irregularidade objeto do TAG.

[431] Art. 126. Os participantes das discussões do TAG serão intimados da audiência de que trata o artigo anterior com 5 (cinco) dias de antecedência, podendo tal prazo ser diminuído caso haja adesão espontânea de todas as partes envolvidas a prazo menor. §1º Caso não haja ainda representante do Ministério Público Especial oficiando no processo a que se refere o TAG, a intimação será dirigida ao Procurador-Geral do Ministério Público Especial, que irá pessoalmente à audiência, vinculando-se ao processo, ou, desde já, designará o membro do parquet especial que nele oficiará e na audiência de conciliação do TAG. §2º O representante da Auditoria será escolhido mediante sorteio. §3º A parte interessada poderá contar na audiência com o apoio técnico de auxiliares, assessores, advogados e/ou procuradores. §4º O Relator, a seu critério, poderá convocar ou convidar técnicos do Tribunal ou pessoas da Sociedade, de modo a enriquecer o debate desenvolvido na audiência na qual será discutido o TAG. §5º De ofício, ou a requerimento de quaisquer dos legitimados, o Relator poderá dar à audiência de conciliação o caráter de audiência pública e, neste caso, será providenciada a estrutura e a publicidade necessárias para que representantes da sociedade civil possam acompanhá-la.

espontânea de aceitação de menor prazo, para estarem presentes na sede do TCE/SE.[432] Então, o Ministério Público indica seu representante e o Auditor[433] é escolhido mediante sorteio. Durante o procedimento, a parte interessada (gestor) pode requerer o acompanhamento de assessores (normalmente os gestores vêm acompanhados e podem assinar conjuntamente com o Procurador Jurídico, o Controlador Interno, os Secretários das pastas respectivas, dentre outros. Além disso, o Relator pode convidar técnicos do tribunal para integrarem a audiência de conciliação, à qual pode ser conferida o caráter de audiência pública, contudo, exige-se a tomada das providencias necessárias para o ato.

No caso da efetiva celebração de conciliação em relação aos termos do TAG,[434] ocorrerá a assinatura por todas as partes obrigatórias. O Termo estará sujeito à apreciação do tribunal pleno, até duas sessões após sua assinatura. Ademais, a assinatura do TAG resulta em renúncia ao direito de recorrer e torna obrigatória a adesão aos seus ditames. Diante da inocorrência de acordo, lavra-se a ata respectiva que também deve ser assinada por todos e o processo segue o seu rito normal.

Na fase de execução do TAG, o gestor fica responsável por informar o efetivo cumprimento dos seus termos e execução ao tribunal correspondente, conforme devidamente lavrado em ata, o que resultará na constatação de saneamento da irregularidade.

---

[432] RI-TCE/SE, Art. 125: a audiência realizar-se-á na sede do Tribunal de Contas do Estado de Sergipe, com a presença do Relator, da parte interessada, do membro do Ministério Público Especial no processo e do representante da Auditoria.

[433] Não obstante, na prática, apesar da legislação do TCE/SE mencionar Auditor como parte obrigatória na assinatura do TAG, após a mudança do Auditor para Conselheiro Substituto, eles não figuram efetivamente nos TAGs. Questão a ser repensada pelo TCE/SE sobre a possível alteração da legislação em comento.

[434] RI-TCE/SE, Art. 127 e parágrafos: conciliadas as disposições para o saneamento da falha, e estando concordes o Relator, o gestor responsável, a Auditoria e o Ministério Público Especial quanto ao prazo assinalado, será lavrado o competente Termo de Ajustamento de Gestão, que será por todos assinado e levado à apreciação do Tribunal Pleno. §1º O Termo de Ajustamento de Gestão devidamente lavrado nos termos deste Regimento será levado a conhecimento e apreciação do Egrégio Plenário até no máximo de duas sessões subsequentes à sua lavratura. §2º A assinatura do TAG importa em reconhecimento da falha pela parte interessada e renúncia expressa ao seu direito de discuti-la administrativamente no âmbito do Tribunal de Contas do Estado de Sergipe. §3º A assinatura do TAG pelos membros do Ministério Público Especial e da digna Auditoria significa sua adesão às cláusulas do documento, e será considerada como pronunciamento favorável à decisão Plenária que eventualmente chancele o Termo de Ajustamento, nos termos do art. 128 deste Regimento. §4º A assinatura do TAG implica em renúncia ao direito de recorrer da decisão Plenária que eventualmente a acolha. §5º Em qualquer caso, havendo ou não assinatura de TAG, será lavrada a ata da audiência, que será assinada pelo Relator, pela parte interessada e pelos membros da Auditoria e do Ministério Público Especial oficiantes. §6º Em não havendo conciliação, o processo seguirá o rito normal regimentalmente previsto.

Cumpre acrescentar que o TAG pode ser aplicável em casos de controle dos certames licitatórios. Em parceria com medidas cautelares, o TAG atua com excelência para sanar falhas em processos licitatórios e promover a continuidade e eficiência do certame, visto que, especialmente na esfera da prestação de serviços públicos, o objetivo principal da Administração Pública é sua continuidade e eficácia. Desse modo, ele atua como um mecanismo de boa-fé e respeito à população, com caráter pedagógico para elidir falhas, refutando o viés puramente punitivo.

O Termo regula os controles tempestivos de execução e sanções oportunas, em caso de descumprimento. Em princípio, o prazo para cumprimento do TAG é improrrogável, podendo, em caso excepcionalíssimo, ser aditado uma única vez, mediante nova decisão do Pleno.[435] Utilizado sempre que possível, como meio de popularizá-lo, integrando os gestores, o Tribunal de Contas e o Ministério Público de Contas.

Homologado o TAG, o processo respectivo ficará sobrestado até o exaurimento do prazo para cumprimento das matérias nele envolvidas. Quando executadas adequadamente as exigências propostas no TAG, livrar-se-á o gestor da obrigação contraída, como disposto no §7º do art. 52 da multicitada Lei Orgânica, *in verbis*: "Uma vez observadas todas as disposições do TAG, pode ser dada quitação ao gestor responsável tanto quanto ao seu cumprimento, como quanto ao saneamento da falha que ensejou a sua lavratura". O art. 130 do RI-TCE/SE pontua que o controle informatizado dos TAGs firmados e chancelados pelo TCE/SE, bem como o acompanhamento dos respectivos prazos, é de responsabilidade da Diretoria Técnica.

Decerto, os gestores receberão os efeitos do TAG, tanto de forma positiva, quanto de forma negativa. Em relação ao particular (contratado), este pode integrar o termo, se integrar a obrigação contratual preteritamente adotada com a Administração, e anuir com

---

[435] RI-TCE/SE, Art. 128 e parágrafos: homologado o TAG pelo Pleno, suas disposições serão objeto de decisão interlocutória, que encampará todas as obrigações ajustadas, assim como os prazos conciliados e as cominações em caso de descumprimento. §1º O gestor responsável será intimado da decisão de que trata este artigo, correndo o prazo para cumprimento a partir da data da intimação. §2º O prazo para cumprimento do TAG é, em princípio, improrrogável, podendo, em caráter excepcional, ser aditado uma única vez, mediante nova decisão do Pleno. §3º O relator da decisão será o mesmo que participou da lavratura do TAG. §4º Homologado o TAG, o processo respectivo ficará sobrestado até o exaurimento do prazo para o cumprimento das matérias nele envolvidas. §5º Rejeitado o TAG pelo Pleno, este restará sem nenhum efeito e voltará o processo ao seu rito normal.

os seus ditames, possibilizando, assim, a sua participação direta nos termos ajustados.

Diante do quanto explanado, o Termo de Ajustamento de Gestão (TAG) para as Cortes de Contas funciona, *modus in rebus*, com igual intuito ao Termo de Ajustamento de Conduta (TAC) do Ministério Público ou, como exemplos, os ajustes de conduta da CVM (Comissão de Valores Mobiliários); ANEEL (Agência Nacional de Energia Elétrica); ANTT (Agência Nacional de Transportes Terrestres); ANS (Agência Nacional de Saúde) e ANATEL (Agência Nacional de Telecomunicações).

O TAG geralmente é aplicado em decorrência das auditorias de conformidade (inspeções) e, notadamente, das auditorias operacionais, resultando em celeridade processual, em observância aos princípios da eficiência, eficácia, efetividade e economicidade desejáveis no âmbito da Gestão Pública, se consubstanciando num forte mecanismo de alcance dos direitos fundamentais dos administrados, como se verá mais adiante.

O TCE/SE vem celebrando Termos de Ajustamentos de Gestão (TAGs), a fim de propiciar boas práticas à Administração Pública. Ao longo de 5 (cinco) anos, 89 foram os termos celebrados, nos mais diversos órgãos gestores do Estado, nas áreas de melhoria das escolas, no portal da transparência, na regulamentação das Verbas para o Exercício de Atividade Parlamentar (VEAP), na atenção básica à saúde, no quadro de pessoal e no reajuste da Polícia Militar. A seguir, acompanhe a ordem cronológica e os órgãos nos quais estes termos foram celebrados.

Em 2014, foram firmados 20 TAGs com os seguintes órgãos gestores: Boquim, São Domingos, Salgado, Pedra Mole, Pinhão, Macambira, Pedrinhas, Tomar do Geru, Simão Dias, Gararu, Porto da Folha, Nossa Senhora das Dores, Graccho Cardoso, Siriri, Riachuelo, São Miguel do Aleixo, Malhada dos Bois, Feira Nova, Divina Pastora, estes na área de melhoria das escolas, e com a Câmara Municipal de Aracajú (CMA), na área de Regulamentação das Verbas para o exercício de Atividade Parlamentar (VEAP).

Por sua vez, no ano de 2015, 6 (seis) órgãos celebraram TAGs, quais sejam: Itabaianinha, Riachão do Dantas, Tobias Barreto, Capela e Laranjeiras, na área de melhoria das escolas, e a Assembleia Legislativa do Estado de Sergipe (ALESE), na área de regulamentação das Verbas para o exercício de Atividade Parlamentar (VEAP).

No ano seguinte, Carira, Itaporanga D'Ajuda, Areia Branca, Capela, Pinhão, Tomar do Geru, Pedra Mole, Simão Dias, Tobias

Barreto, Macambira, Pacatuba, Santa Luzia do Itanhy, Santo Amaro das Brotas, São Cristóvão, Cristinápolis, Indiaroba, Malhador, Maruim, Estância, Carmópolis, Umbaúba, General Maynard, Rosário do Catete, Campo do Brito, Ilha das Flores, São Francisco, Santana de São Francisco, Aquidabã, Barra dos Coqueiros, Brejo Grande, Canhoba, Cedro de São João, Cumbe, Itabi, Japaratuba, Japoatã, Muribeca, Neópolis, Propriá, Santa Rosa de Lima e Telha, todos estes, na área de Portal da Transparência, e Siriri e Divina Pastora, na área de atenção básica em saúde, firmaram TAGs, totalizando 43 órgãos.

Em 2017, foram firmados 4 (quatro) TAGs, Capela e Feira Nova, em atenção básica em saúde, e Estância, que por duas vezes firmou TAG, um em relação à melhoria nas escolas e outro na área de quadro de pessoal. Já em 2018, 12 órgãos gestores celebraram termos, quais sejam Graccho Cardoso, São Miguel do Aleixo, Malhada dos Bois, Porto da Folha, Riachuelo, Gararu, Capela, Itabi, Amparo do São Francisco, Telha, Santana do São Francisco e Propriá, todos na área de atenção básica em saúde. Por sua vez, Nossa Senhora das Dores, Laranjeiras, Brejo Grande, na área de atenção básica em saúde, e o Governo de Sergipe, na área de Reajuste da Polícia Militar celebraram 4 (quatro) TAGs no ano de 2019.

### 6.1.1 O Portal de Transparência como instrumento de concretização do direito à informação

Decerto, o sistema de informações gera muitas influências na sociedade e, por conseguinte, resulta em novos direitos e conflitos, tanto no panorama público, quanto no panorama privado. O avanço tecnológico, em uma de suas óticas, permitiu a utilização das Tecnologias de Informação e Comunicação (TIC). Dentre elas se destaca a Internet pela Administração Pública, o que viabiliza ao cidadão o exercício do direito fundamental do acesso à informação.

O uso dessas tecnologias possibilita uma revolução, visto que os meios digitais permitem que a sociedade atue através de maior fiscalização e controle da atuação da máquina estatal, impondo ao Estado promover a publicidade e a transparência. Neste viés, os diversos avanços tecnológicos e a busca pela concretização do direito fundamental à informação, com fulcro no inciso XXXIII do art. 5º[436] da

---

[436] Art. 5º [...] XXXIII – todos têm direito a receber dos órgãos públicos informações de seu interesse particular, ou de interesse coletivo ou geral, que serão prestadas no prazo da

Constituição Federal confluíram para a edição da Lei nº 12.527, de 18 de novembro de 2011, que regulamenta os procedimentos necessários para a tutela do acesso à informação.

A Lei citada, conhecida como LAI (Lei de Acesso à Informação), atribui ao Poder Público o dever de divulgar espontaneamente as informações de interesse coletivo – transparência ativa – e de atender as demandas que são elaboradas pela população – transparência passiva.

Com o escopo de efetivar a transparência passiva, a Lei nº 12.527/11 estabelece a responsabilidade dos órgãos e entidades públicas em criar o Serviço de Informações ao Cidadão (SIC), dispondo à população o poder de requerer informações de seu interesse.

A LAI autoriza que qualquer interessado poderá solicitar informações, direito também estendido às pessoas jurídicas, concernentes às ações estatais, solicitadas diretamente ao órgão público de interesse, dispensando a apresentação de motivação do pedido ou a finalidade da informação solicitada, restando como exigência a identificação do requerente e a especificação da informação requerida (art. 10 da LAI).[437] A mesma lei, em seu art. 10, §2º,[438] trata da obrigatoriedade de implantar meios de encaminhamento de pedidos, através de sites na Internet, que resulta na maior agilidade e economicidade do processo de requerimento de informações.

A solicitação dessas informações não abrange aquelas definidas como sigilosas e podem ser requeridas ao Governo Federal, Estadual e Municipal, bem como a qualquer órgão público que integre um dos três poderes (executivo, legislativo e judiciário).

A LAI alterou o panorama anterior do Brasil, fixando como regra a cultura do acesso às atividades estatais, sendo o sigilo a exceção, ou seja, a lei instaura uma administração aberta. O seu art. 3º, I, diz que os procedimentos devem respeitar a publicidade como fundamento geral e o sigilo como exceção. Nesse contexto, o art. 6º da Lei nº 12.527/11 prevê que "[c]abe aos órgãos e entidades do Poder Público, observadas

---

lei, sob pena de responsabilidade, ressalvadas aquelas cujo sigilo seja imprescindível à segurança da sociedade e do Estado;

[437] Art. 10. Qualquer interessado poderá apresentar pedido de acesso a informações aos órgãos e entidades referidos no art. 1º desta Lei, por qualquer meio legítimo, devendo o pedido conter a identificação do requerente e a especificação da informação requerida. §1º Para o acesso a informações de interesse público, a identificação do requerente não pode conter exigências que inviabilizem a solicitação.

[438] §2º Os órgãos e entidades do poder público devem viabilizar alternativa de encaminhamento de pedidos de acesso por meio de seus sítios oficiais na internet.

as normas e procedimentos específicos aplicáveis, assegurar a: I – gestão transparente da informação, propiciando amplo acesso a ela e sua divulgação; [...]".[439] Ademais, de que adianta assegurar o acesso à informação, sem a compreensão do que ali se encontra? Nesta lógica, o Estado deve garantir que a informação esteja disposta de forma clara e em linguagem de fácil apreensão, consubstanciando-se num dever do Estado para com a cidadania.

De fato, os novos meios de tecnologia informativa colaboram para a concretização da lei e, "[...] embora a forma de organização social em redes tenha existido em outros tempos e espaços, o novo paradigma da tecnologia da informação fornece a base material para sua expansão penetrante em toda a estrutura social".[440]

No Brasil, foram elaboradas, anteriormente à LAI, outras leis para assegurar direitos ou deveres relativos à transparência, criando, deste modo, uma nova cultura. Como exemplo pode-se citar a Lei de Responsabilidade Fiscal (LRF),[441] que instituiu normas rígidas para controlar a gestão dos recursos públicos, e também para fortalecer a transparência das finanças estatais.[442]

Vale citar, em acréscimo, que a Lei Complementar nº 131, editada em 27 de maio de 2009, conhecida como a Lei da Transparência, adicionou dispositivos à Lei Complementar nº 101, de 4 de maio de 2000 (Lei de Responsabilidade Fiscal). A referida LC foi criada com o objetivo de garantir o fornecimento, em tempo real, de informações detalhadas sobre a execução orçamentária e financeira da União, dos Estados, do Distrito Federal e dos Municípios, através da implementação de requisitos e prazos para implantação de todos os critérios da aludida Lei e, em caso de descumprimento da divulgação das informações, os Estados e Municípios ficarão impedidos de receber verbas públicas pela União (transferências voluntárias).

---

[439] BRASIL. Lei nº 12.527, de 18 de novembro de 2011. Regula o acesso a informações previsto no inciso XXXIII do art. 5º, no inciso II do §3º do art. 37 e no §2º do art. 216 da Constituição Federal; altera a Lei nº 8.112, de 11 de dezembro de 1990; revoga a Lei nº 11.111, de 5 de maio de 2005, e dispositivos da Lei nº 8.159, de 8 de janeiro de 1991; e dá outras providências. *Diário Oficial da União*, Brasília, 18 nov. 2011. Disponível em: http://www.planalto.gov.br/ccivil_03/_ato2011-2014/2011/lei/l12527.htm. Acesso em 02 fev. 2018.

[440] CASTELLS, Manuel. *A Sociedade em rede*. São Paulo: Paz e Terra, 2000. p. 497.

[441] Lei Complementar nº 101, de 4 de maio de 2000.

[442] HOMERCHER, Evandro. *A Lei de Acesso às Informações Públicas*. 2011. Disponível em: http://www1.tce.rs.gov.br/portal/page/portal/tcers/publicacoes/artigos/B2CBF12DDB136242E04010AC3C020346. Acesso em 02 fev. 2018.

Diante desses aspectos, potencializa-se a relevância da transparência na gestão pública, seja por meio da LAI, seja através dos Portais de Transparência. É dizer: possibilitar concretamente a disseminação de informações da gestão pública, que é de interesse da coletividade, fortalece o direito do saber, próprio das democracias consolidadas. Tal disseminação presume a implementação de investimentos em tecnologia e em treinamento de pessoal, além da adoção de diversos meios modificadores da própria cultura da prestação estatal.

A lei confere ao poder estatal caráter democrático, oportunizando igualdade entre os sujeitos (Estado e cidadão) que originalmente eram vistos como desiguais. O acesso à informação e à transparência são definidos como direitos humanos fundamentais, uma vez que há um direito básico de entender, de ser informado sobre o que o governo está realizando e o porquê dessa ação.

Posto isso, arrisca-se afirmar que a gestão pautada na transparência tem como essenciais critérios o acesso às informações de fácil compreensão para todo cidadão e, consequentemente, a ampliação de sua participação na atuação da máquina estatal, fomentando uma cultura de accoutabillity, que nada mais é que o controle social, exigindo do Estado a prestação de contas do que foi arrecadado e onde foi investido. O acesso à informação de ordem pública é um direito universal, pois, com as devidas ressalvas, toda informação funcional do Estado é pública, e seu acesso é substancial para a efetivação da democracia.

Neste contexto, difundir a informação ocasiona uma transformação social, culminando, inclusive, numa transformação comportamental, tanto individual quanto coletiva. Neste prisma, informar também é educar. É mediar a informação que promova a disseminação do entendimento relativo a um tema específico, auxiliando à conscientização social, política e/ou econômica. Espera-se que, assim, haja um maior zelo dos gestores públicos e políticos quanto ao manuseio do erário, visto que hoje todas as suas atividades estão sob a visibilidade pública, que, de certa forma, dificulta atos corruptos.

Outro aspecto, de não somenos importância e recorrente entre os Termos de Ajustamento de Gestão firmados, em especial no Tribunal de Contas do Estado de Sergipe, é o direito fundamental à educação, na medida em que este possibilita um regime de desenvolvimento individual próprio à condição humana. Além dessa concepção individual, o direito à educação deve ser observado como uma política pública, sob o aspecto coletivo, por meio de ações afirmativas do Estado, o qual deve dispor de mecanismos à população com a finalidade de concretizar tais objetivos, conforme será tratado a seguir.

### 6.1.2 Considerações sobre a educação como direito fundamental e social

É dever do Estado assegurar a educação como direito indispensável, fundamental e social de todos, incluindo a responsabilidade de promover uma sociedade justa, culta e com valores que devem ser respeitados. A educação é um dever do Estado e da Família, incorporado no art. 205 da Constituição Federal de 1988: "A educação, direito de todos e dever do Estado e da família, será promovida e incentivada com a colaboração da sociedade, visando ao pleno desenvolvimento da pessoa, seu preparo para o exercício da cidadania e sua qualificação para o trabalho".

A educação humaniza o filho do homem que nasce incompleto. Bernard Charlot[443] preleciona que o homem nasce inacabado, pois não se tem uma natureza humana, e sim uma condição humana, o que direciona a uma necessidade natural do homem ser educado a partir de uma história de educação e cultura que o antecedeu. O indivíduo é formado pela sociedade e esta formação se atribui diretamente à educação o papel primordial na rota do processo de hominização.

O processo educacional visa ao pleno desenvolvimento do sujeito que se configura como um direito fundamental, assegurando o acesso ao patrimônio cultural da humanidade, existente no nascimento de cada indivíduo. E de posse desse conhecimento, pode exercer sua cidadania e escolher um caminho profissional a trilhar. Além de proporcionar uma ascensão na hierarquia piramidal da estrutura social.

Nessa perspectiva, a educação tem um significado político, em que a própria educação transmite modelos sociais que difundem ideias políticas, assumidas por uma instituição social, neste caso, a escola. Assim, a educação tem uma acepção de classe e uma significação que é ao mesmo tempo social e cultural.[444]

---

[443] CHARLOT, Bernard. *A mistificação pedagógica*: realidades sociais e processos ideológicos na teoria da educação. (Trad. Maria José do Amaral Ferreira). São Paulo: Cortez, 2013. p. 99.

[444] CHARLOT, Bernard. *A mistificação pedagógica*: realidades sociais e processos ideológicos na teoria da educação. (Trad. Maria José do Amaral Ferreira). São Paulo: Cortez, 2013. p. 53.

Em conexão com o assunto, Paulo Freire[445] apresenta a importância da educação para transformar e humanizar, a partir dos seus pensamentos sobre a pedagogia construída junto aos oprimidos, incentivando o conhecimento crítico, que levará o sujeito à sua liberdade, o que demonstra a valia do conhecimento, para que o sujeito atinja a transformação.

Não obstante, o art. 13 do Pacto Internacional sobre direitos econômicos, sociais e culturais[446] reconhece aos Estados Partes signatários "o direito de toda pessoa à educação. Concordam que a educação deverá visar ao pleno desenvolvimento da personalidade humana e do sentido de sua dignidade e fortalecer o respeito pelos direitos humanos e liberdades fundamentais". Nesta linha, o art. 11 do Código Civil Brasileiro dispõe que "[...] com exceção dos casos previstos em lei, os direitos da personalidade são intransmissíveis e irrenunciáveis, não podendo o seu exercício sofrer limitação voluntária". Este dispositivo demonstra a função da educação quanto ao pleno exercício dos direitos da personalidade humana. Por tal motivo, qualquer violação ao direito à educação culmina em danos irreparáveis, de natureza psicológica, de personalidade, comportamental, social e até mesmo econômica do indivíduo.

Converge com a mesma lógica do Código Civil os pensamentos de Bernard Charlot[447] e Sigmund Freud,[448] os quais asseveram que a educação forma a personalidade humana. Logo, ela "[...] forma a personalidade segundo normas que refletem as realidades sociais e políticas [...] sobre o indivíduo, ao instalar, no âmago de sua personalidade, estruturas psicológicas de dependência, renúncia e idealização".[449]

A educação forma a personalidade e é base fundamental para uma sociedade desenvolver-se em diversos aspectos. O Estado, enquanto guardião dos direitos fundamentais e da prestação de serviços da educação, deve cumprir o seu papel como previsto na CF/88, em seu art. 206, inciso III, que trata do "[...] pluralismo de ideias

---

[445] FREIRE, Paulo. *Educar para transformar*: fotobiografia. São Paulo: Mercado Cultural, 2005.
[446] ONU. *Pacto Internacional sobre os direitos econômicos, sociais e culturais*. 1966. Disponível em: http://www.unfpa.org.br/Arquivos/pacto_internacional.pdf. Acesso em 08 jul. 2020.
[447] CHARLOT, Bernard. *A mistificação pedagógica*: realidades sociais e processos ideológicos na teoria da educação. (Trad. Maria José do Amaral Ferreira). São Paulo: Cortez, 2013.
[448] FREUD, Sigmund. *Malaise dans la civilisation*. Paris: PUF, 1971.
[449] CHARLOT, Bernard. *A mistificação pedagógica*: realidades sociais e processos ideológicos na teoria da educação. (Trad. Maria José do Amaral Ferreira). São Paulo: Cortez, 2013. p. 35.

e de concepções pedagógicas, e coexistência de instituições públicas e privadas de ensino", bem como o quanto disposto nos arts. 206 ao 209 da Constituição Federal, que elencam algumas prestações do Estado e direitos da sociedade para com os elementos que atinjam o espectro da educação, os quais estão sob a supervisão e fiscalização do próprio Estado.

Com a finalidade de garantir acessibilidade, estrutura predial digna, gratuidade de ensino em redes públicas, valorização profissional dos professores, suplementação alimentar para as escolas, transporte, material didático gratuito em todas as etapas da educação básica, gestão escolar, educação superior, o Estado age através de políticas públicas em prol dos menos favorecidos etnológica, social e economicamente, entre eles os negros, índios e indivíduos de baixa renda.

A educação traz um papel de contribuição para com a sociedade em diversos aspectos e setores. A saber: social, de inclusão, cultura, economia, política, trabalho e na tecnologia, dentre outros diversos segmentos. Ela é a base para que uma sociedade se desenvolva. Desse modo, favorece o progresso social de uma nação, possibilitando a criação de novas estruturas políticas, sociais, econômicas, tecnológicas e industriais. A educação se torna o atalho para uma sociedade, caso esta não seja democrática. Por outro lado, é instrumento de potencialização para uma sociedade que já se encontra num estado democrático de direito, de igualdade e de compromisso com a dignidade humana.[450]

Diante dessa afirmação, percebe-se a responsabilidade do Estado sobre a educação, que é reforçada através de legislações infraconstitucionais, *ex vi* do art. 5º, §4º da Lei de Diretrizes e Bases (Lei Federal nº 9.394 de 20 de dezembro de 1996) e art. 54, §1º e §2º do Estatuto da Criança e Adolescente (Lei Federal nº 8.069, de 13 de julho de 1990).

Ante o exposto, a educação é um direito reconhecido e por isso está regulamentada em leis de caráter nacional, admitindo um sistema normativo de obrigatoriedade, constituindo-se não só em um direito da sociedade, mas um dever-obrigação do Estado.

Tal como se descreve na Lei Maior, a educação não pode ser mascarada ou promovida de qualquer forma, mas dentro da legalidade e da eficácia. Deve ser lembrado que nem sempre as realizações das

---

[450] CHARLOT, Bernard. *A mistificação pedagógica*: realidades sociais e processos ideológicos na teoria da educação. (Trad. Maria José do Amaral Ferreira). São Paulo: Cortez, 2013. p. 2015.

expectativas alcançam o seu objeto, pois na máquina pública há gestores que não têm o menor compromisso com a boa gestão.

Por este ângulo, no que se refere à prevenção, controle, fiscalização e solução de problemas na Administração Pública e especificamente em investimento à Educação, direito social dos mais relevantes, o Tribunal de Contas, através das suas atribuições de controle externo, fiscaliza as verbas públicas destinadas à manutenção e promoção da Educação e celebra TAGs com gestores para que estes cumpram os regramentos expressos em lei, com rentabilidade, eficiência e eficácia.

Serão descritos e analisados, adiante, os Termos de Ajustamento de Gestão firmados entre o TCE/SE e órgãos municipais/poderes do Estado de Sergipe, para que se possa entender melhor como se processa a tutela, entre outros elementos, de direitos sociais pela instituição ora pesquisada.

## 6.2 Resultado e discussão dos dados

Neste tópico, o foco central é apresentar os Termos de Ajustamento de Gestão, partindo do exame dos processos que apuraram as impropriedades da Administração Pública e direcionaram à celebração desses instrumentos.

O Termo de Ajustamento de Gestão, por sua própria essência, constitui-se num importante mecanismo de ativismo administrativo, posto que permite, por meio de compromissos firmados no seu bojo, romper os limites impostos por lei, possibilitando que as decisões dos TCs sejam fundamentadas em princípios jurídicos e não unicamente na lei, a fim de se obter o objeto finalístico do direito: a justiça, cuja finalidade volta-se para a concretização de direitos dos cidadãos e em benefício desses, levando-se em consideração que o julgador de contas não detém conhecimento de todos os fatos que circundam a Administração Pública.

Os dados aqui processados referem-se aos Termos de Ajustamento de Gestão celebrados pelo Tribunal de Contas do Estado de Sergipe com municípios sergipanos, visando proteger o direito social do acesso à informação (Portal da Transparência) e o direito social à Educação.

Os TAGs foram divididos em categorias organizadas, a partir da sua tramitação e conclusão, em: "atendidos", "não atendidos" e "em andamento". Dessa forma, as categorias apresentadas e os dados neles contidos provêm da interpretação da autora da pesquisa, a partir do teor dos conteúdos analisados nos mesmos e da sua recorrência em vários processos que foram separados, organizados e analisados de forma inteligível, com o intuito de proporcionar seu fácil acesso e entendimento.

Para melhor compreensão dos resultados,[451] no quadro que se segue está exposta a quantidade de procedimentos do Termo de Ajustamento de Gestão, seu *status*: "atendido", "não atendido" ou "em andamento".

Quadro 3: Compilado em categorias/*status* dos TAG

| Categorias/ Status | Termo de Ajustamento de Gestão | | | | | |
|---|---|---|---|---|---|---|
| | Portal da Transparência | Área Educacional | Regulamentação de verbas para o exercício de atividade parlamentar | Quadro de Pessoal | Atenção básica em saúde | Reajuste da Polícia Militar – Sanar irregularidades apontadas no Processo TC nº 004786/2019, com previsão de compensação do montante |
| Atendidos | 17 | 13 | 01 | 00 | 04 | 00 |
| Não Atendidos | 09 | 04 | 00 | 00 | 02 | 00 |
| Em Andamento | 15 | 08 | 01 | 01 | 13 | 01 |
| Total | 41 | 25 | 02 | 01 | 19 | 01 |

Fonte: Elaborado pela autora.

Esclareça-se, do quadro anterior, quanto aos TAGs relativos ao Portal da Transparência com o *status* "em andamento", em número de 15 (quinze), que estes devem ser considerados como concluídos, 09 (nove) em razão das pontuações positivas e evolutivas apresentadas na Avaliação dos Portais de Transparência 2016-2018 (quadro 4, a seguir), restando apenas o ato final necessário que é a homologação pelo Tribunal Pleno. Os seis municípios com avaliação não positiva foram: Cedro de São João, São Francisco, Japoatã, Santa Rosa de Lima, Muribeca e Itabi. Verifica-se que a avaliação positiva crescente se deveu à celebração dos respectivos TAGs.

---

[451] Encontra-se no Apêndice 2 uma tabela detalhada (com a relação dos municípios, relatores, número dos processos, número dos termos, assunto tratado) de todos os TAGs firmados pelo TCE/SE no período de 2014-2019, perfazendo um total de 68 procedimentos.

Quadro 4: Avaliação dos Portais da Transparência 2016-2019

| Municípios | Avaliação | | | | | |
|---|---|---|---|---|---|---|
| | 2016 | 2017.1 | 2017.2 | 2018.1 | 2018.2 | 2019 |
| Aquidabã | 4,4 | 6,9 | 8,5 | 9,4 | 8,6 | 9,7 |
| Areia Branca | 4,2 | 7,7 | 8,0 | 9,9 | 9,4 | 8,7 |
| Barra dos Coqueiros | 10,0 | 10,0 | 10,0 | 9,9 | 10,0 | 10,0 |
| Brejo Grande | 3,2 | 9,2 | 10,0 | 6,9 | 7,1 | 10,0 |
| Campo do Brito | 9,8 | 10,0 | 9,5 | 7,2 | 8,5 | 9,5 |
| Canhoba | 2,9 | 8,7 | 9,3 | 7,7 | 8,7 | 9,4 |
| Carira | 2,2 | 7,7 | 9,0 | 9,6 | 8,2 | 7,9 |
| Carmópolis | 10,0 | 7,2 | 8,5 | 5,4 | 8,4 | 9,0 |
| Cedro de São João | 7,8 | 6,3 | 5,7 | 6,9 | 6,8 | 8,8 |
| Cristinápolis | 8,5 | 8,7 | 9,5 | 10 | 10 | 8,1 |
| Cumbe | 1,6 | 6,9 | 9,1 | 8,6 | 9,1 | 7,8 |
| Estância | 10,0 | 9,3 | 9,5 | 9,3 | 9,8 | 9,3 |
| General Maynard | 9,5 | 9,2 | 9,5 | 8 | 8,8 | 5,4 |
| Ilha das Flores | 6,5 | 8,8 | 9,3 | 9 | 8,8 | 9,0 |
| Indiaroba | 8,8 | 9,0 | 9,1 | 9,9 | 9,5 | 7,5 |
| Itabi | 3,4 | 8,1 | 7,8 | 6,5 | 6,7 | 8,2 |
| Itaporanga D'Ajuda | 5,4 | 8,7 | 8,5 | 9,3 | 7,4 | 8,2 |
| Japaratuba | 3,7 | 7,6 | 8,0 | 8,9 | 7,6 | 8,8 |
| Japoatã | 8,2 | 9,3 | 9,5 | 5,3 | 0,7 | 8,1 |
| Macambira | 9,5 | 7,6 | 6,6 | 6 | 9,1 | 7,1 |
| Malhador | 9,2 | 7,0 | 8,9 | 6,1 | 8,9 | 5,0 |
| Maruim | 9,5 | 7,9 | 8,5 | 5,1 | 7,6 | 7,7 |
| Muribeca | 4,3 | 7,9 | 8,7 | 6,6 | 6 | 6,0 |
| Neópolis | 5,2 | 8,2 | 8,2 | 9,4 | 9,9 | 7,4 |
| Pacatuba | 8,9 | 9,5 | 9,5 | 9,1 | 9,4 | 6,6 |
| Pedra Mole | 9,0 | 8,3 | 8,3 | 8,4 | 9,7 | 9,2 |
| Pinhão | 2,3 | 9,4 | 9,5 | 6,9 | 7,3 | 7,4 |
| Propriá | 6,0 | 9,0 | 8,6 | 7,7 | 8,1 | 7,9 |
| Rosário do Catete | 8,7 | 9,7 | 10,0 | 7,7 | 8,8 | 9,3 |
| Santa Luzia do Itanhy | 9,8 | 9,7 | 9,5 | 4,5 | 9,2 | 8,0 |
| Santa Rosa de Lima | 0,7 | 7,2 | 6,8 | 4,9 | 6,7 | 9,3 |
| São Cristóvão | 7,2 | 9,5 | 10,0 | 10 | 8,8 | 8,8 |
| São Francisco | 7,6 | 6,8 | 8,9 | 6,3 | 5,9 | 8,6 |
| Santana de São Francisco | 2,7 | 8,0 | 7,0 | 6,7 | 7,6 | 7,8 |
| Santo Amaro das Brotas | 0,0 | 9,4 | 9,5 | 8,1 | 8,4 | 7,6 |
| Simão Dias | 7,7 | 9,3 | 10,0 | 7,4 | 7,2 | 8,9 |
| Telha | 2,4 | 7,0 | 8,8 | 7,8 | 7,5 | 7,6 |
| Tobias Barreto | 8,3 | 9,7 | 9,5 | 6,4 | 9,3 | 8,0 |
| Tomar do Geru | 8,2 | 9,4 | 9,3 | 8,5 | 7,4 | 8,8 |
| Umbaúba | 8,5 | 9,0 | 9,1 | 6,2 | 9,5 | 7,9 |

Fonte: Elaborado pela autora a partir dos dados extraídos do Portal da Transparência TCE/SE

## 6.2.1 Resultados dos TAGs em relação ao acesso à informação (Portal da Transparência)

Como método de iniciativa para examinar o grau de transparência nas gestões dos municípios, a ENCCLA[452] (Estratégia Nacional de Combate à Corrupção e à Lavagem de Dinheiro) possibilitou a verificação da consonância das informações de transparência divulgadas ou não, através da internet, em conformidade com os termos apresentados nas Leis de Transparência.

Nesta senda, o TCE/SE celebrou e celebra TAGs com diversos órgãos públicos e poderes, em prol da proteção, neste caso, do direito fundamental ao acesso à informação, decorrentes de impropriedades verificadas por meio de auditorias. Mediante ato normativo, seja resolução ou lei, disponibiliza diretrizes e orientações para a melhoria da gestão da máquina estatal e fomenta o princípio da publicidade que propicia o controle social. A divulgação de informações inerentes à gestão, através da internet, deve ocorrer em tempo real, disponibilizando dados sobre a execução orçamentária e financeira, nos termos e prazos fixados nos arts. 48 e 48-A da Lei de Responsabilidade Fiscal,[453] cuja exigência se volta a todos os municípios, independentemente do seu percentual de habitantes (*ex vi* do art. 8º, §4º, da LAI).[454]

Compete complementar que os municípios com menos de 10 mil habitantes necessitam apenas de um Serviço de Informações ao Cidadão (SIC), por meio presencial, para disponibilizar dados e informações sempre que requeridos.

O TAG foi criado com o desiderato de possibilitar o efetivo controle social, de forma que o cidadão possua o direito a acompanhar todas as informações financeiras do ente público e que conheça, analise e integre a gestão, via representação ou denúncia. Posto isso, o TCE/SE realizou a avaliação[455] do acesso à informação nos portais da

---

[452] A ENCCLA (Estratégia Nacional de Combate à Corrupção e à Lavagem de Dinheiro) é constituída por mais de 70 órgãos, dos três poderes da República, Ministérios Públicos e da sociedade civil que atuam de forma direta ou indireta, na prevenção e combate à corrupção e à lavagem de dinheiro.

[453] Lei complementar nº 101, de 4 de maio de 2000, que estabelece normas de finanças públicas voltadas para a responsabilidade na gestão fiscal e dá outras providências.

[454] O art. 8º, §4º, da Lei nº 12.527 dispõe: os Municípios com população de até 10.000 (dez mil) habitantes ficam dispensados da divulgação obrigatória na internet a que se refere o §2º, mantida a obrigatoriedade de divulgação, em tempo real, de informações relativas à execução orçamentária e financeira, nos critérios e prazos previstos no art. 73-B da Lei Complementar nº 101, de 4 de maio de 2000 (Lei de Responsabilidade Fiscal).

[455] Resolução TCE/SE nº 311/2018.

transparência dos municípios sergipanos com base na métrica elaborada pela ENCCLA.

Aqui são feitas transcrições analíticas, com base nos conteúdos dos Termos de Ajustamento de Gestão firmados com alguns municípios sergipanos, relativos aos níveis de transparência do referido Portal e seu redirecionamento para o Sistema de Transparência e Controle Social do Tribunal de Contas do Estado de Sergipe e demais itens enumerados em acordo consensual entre seus gestores e o TCE/SE.

Os municípios que firmaram o TAG para solucionar impropriedades quanto à transparência foram: Carira (processo nº 002550/2016); Itaporanga D'Ajuda (processo nº 002528/2016); Areia Branca (processo nº 2527/2016); Capela (processo nº 001929/2016); Pinhão (processo nº 002488/2016); Tomar do Geru (processo nº 002489/2016); Pedra Mole (processo nº 002549/2016); Simão Dias (processo nº 002565/2016); Tobias Barreto (processo nº 002566/2016); Macambira (processo nº 002718/2016); Pacatuba (processo nº 002359/2016); Santa Luzia do Itanhy (processo nº 002599/2016); Santo Amaro das Brotas (processo nº 002252/2016); São Cristóvão (processo nº 002253/2016); Cristinápolis (processo nº 002363/2016); Indiaroba (processo nº 002254/2016); Malhador (processo nº 002452/2016); Maruim (processo nº 002251/2016); Estância (processo nº 002249/2016); Carmópolis (processo nº 002451/2016); Umbaúba (processo nº 002250/2016); General Maynard (processo nº 002402/2016); Rosário do Catete (processo nº 002358/2016); Campo do Brito (processo nº 002490/2016); Ilha das Flores (processo nº 001880/2016); São Francisco (processo nº 001883/2016); Santana de São Francisco (processo nº 001884/2016); Aquidabã (processo nº 001885/2016); Barra dos Coqueiros (processo nº 001879/2016); Brejo Grande (processo nº 001881/2016); Canhoba (processo nº 001886/2016); Cedro de São João (processo nº 002476/2016); Cumbe (processo nº 001893/2016); Itabi (processo nº 001876/2016); Japaratuba (processo nº 001890/2016); Japoatã (processo nº 001892/2016); Muribeca (processo nº 001894/2016); Neópolis (processo nº 001887/2016); Propriá (processo nº 001891/2016); Santa Rosa de Lima (processo nº 001889/2016); e Telha (processo nº 001888/2016).

No que se refere ao Portal de Transparência, os TAGs firmados pelo TCE/SE, em regra, observaram:

1. Possuir sítio eletrônico (site) para divulgação de informações sobre transparência e inserir link para redirecionamento ao Sistema de Transparência e Controle Social do Tribunal de Contas do Estado de Sergipe;

2. Disponibilizar a gravação de relatórios em formato editável, tais como planilhas eletrônicas e texto, de modo a facilitar as análises das informações pelos cidadãos;
3. Disponibilizar ferramentas de pesquisa de conteúdo que permitam o acesso à informação;
4. Divulgar, até o décimo dia útil subsequente à data do registro contábil, informações sobre todas as receitas, incluindo natureza, valor da previsão e valor arrecadado, inclusive referente a recursos extraordinários, segregando os valores do ente por unidade orçamentária ou administrativa que realiza atos de gestão orçamentária, financeira ou patrimonial, cujo titular, em consequência, está sujeito a tomadas de contas anual;
5. Divulgar, até o décimo dia útil subsequente à data do período contábil, mês a mês e/ou por período;
   a) o valor do empenho, liquidação e pagamento;
   b) o número do correspondente processo da execução, quando for o caso;
   c) a classificação orçamentária, especificando a unidade orçamentária, a função, a subfunção, a natureza da despesa e a fonte dos recursos que financiaram o gasto;
   d) a pessoa física ou jurídica beneficiaria do pagamento, inclusive nos desembolsos de operações independentes da execução orçamentária, exceto no caso de folha de pagamento de pessoal e de benefícios previdenciários;
   e) o procedimento licitatório realizado, bem como a sua dispensa ou inexigibilidade, quando for o caso, com o número do correspondente processo; e
   f) o bem fornecido ou serviço prestado, quando for o caso.
6. Divulgar na íntegra: os editais de licitações, as atas de julgamento das licitações e os contratos e aditivos;
7. Divulgar dados referentes aos procedimentos licitatórios instaurados durante o exercício financeiro, contendo, no mínimo: modalidade, datas, valor, número/ano do edital e o objeto da licitação;
8. Divulgar a prestação de contas que encaminha ao TCE/SE (relatório de gestão, demais peças do processo e o respectivo parecer prévio emitido pelo TCE/SE, quando de sua apreciação em Pleno) do ano anterior, o Relatório Resumido de Execução Orçamentária (RREO) dos últimos 6 meses, o

Relatório de Gestão Fiscal (RGF) dos últimos 12 meses e o Relatório Estatístico contendo a quantidade de pedido de informações recebidos, atendidos e indeferidos, bem como informações genéricas sobre os solicitantes;

9. Indicar, no site, a existência de um serviço de entrega presencial de pedido de acesso à informação (SIC), com indicação do órgão, do endereço, do telefone e dos horários de funcionamento;
10. Possibilitar o envio de acesso à informação de forma eletrônica (e-SIC);
11. Possibilitar o acompanhamento posterior da solicitação de acesso à informação;
12. Facilitar o acesso à informação, deixando de exigir dos solicitantes itens de identificação desnecessários como: envio de documentos, assinatura reconhecida, declaração de responsabilidade, maioridade;
13. Disponibilizar, no site, o registro das competências e a estrutura organizacional do ente;
14. Disponibilizar, no site, endereços e telefones das respectivas unidades e horários de atendimento ao público;
15. Divulgar padrão remuneratório (remuneração bruta) dos cargos e funções (incluindo requisitados), de forma individualizada, por nome do agente público, com apresentação de tabela de remuneração;
16. Divulgar relação mensal das diárias pagas, detalhando, no mínimo, o nome do beneficiário, motivos, quantidades, valores e datas dos pagamentos;
17. Divulgar as peças orçamentárias e as informações relativas à implementação, acompanhamento e resultado dos programas, projeto e ações, bem como metas e indicadores propostos;
18. Divulgar justificativa quanto à necessidade e ao preço, bem como autorização e ratificação da contratação direta, com a respectiva publicação;
19. Divulgar, na íntegra, os convênios, os termos de parcerias e congêneres firmados, inclusive com o plano de aplicação, a especificação das etapas de cumprimento das obrigações, os repasses e atingimento das metas estipuladas, listados por ano de celebração;

20. Divulgar o valor da nota de empenho ou parcelas respectivas do auxílio ou subvenção econômica, acompanhado da respectiva prestação de contas, identificando com Cadastro de Pessoas Físicas (CPF) ou Cadastro Nacional de Pessoas Jurídicas (CNPJ) e, se for sociedade empresarial, com o nome dos sócios da pessoa jurídica beneficiada ou repassadora de recursos;
21. Divulgar o quantitativo de cargos e funções autorizados em leis, informando os providos e os vagos, bem como a relação de servidores contratados, indicando as funções e locais de lotação/exercício;
22. Disponibilizar todos os processos, finalizados e em andamento, na íntegra, desde o edital, impugnações, decisões, alterações, resultados de provas etc., até os atos de nomeações;
23. Disponibilizar toda a legislação atualizada dos últimos quatro anos, principalmente as leis estruturantes do órgão/poder respectivo, com envio obrigatório para o Sistema TCE/SE.

Verifica-se, de tal modo, que os Termos de Ajustamento de Gestão, voltados especificamente ao portal de transparência, que estão em andamento, faltando apenas a homologação do TAG pelo Tribunal Pleno, conforme já elucidado anteriormente, têm o objetivo de melhorar o nível de transparência e informações das prefeituras dos municípios sergipanos, que firmaram TAG com o TCE/SE, no que se referem aos requisitos mais recorrentes sobre o Portal da Transparência, como: receita, despesa, licitações e contratos, relatório, serviços de atendimento ao cidadão, divulgação da estrutura e forma de contato e das boas práticas de transparência para com os cidadãos e o Tribunal de Contas do Estado, no intuito de fomentar o princípio da participação popular na Administração Pública.

Nesta acepção, os Termos de Ajustamento de Gestão firmados com gestores desses municípios contribuem para aperfeiçoar a administração das prefeituras de Sergipe, pois trazem consigo o objetivo de pedagogizar o administrador público, prevenir a improbidade ou a má administração pública, estimulando o cidadão/munícipe a perquirir sobre essas ações educativas e preventivas nos autos dos processos.

Evidencie-se, quanto à transparência, que deve ser observada a Estratégia Nacional de Combate à Corrupção e à Lavagem de Dinheiro (ENCCLA), com vistas a tutelar o direito social de acesso à informação do cidadão e, no caso do TCE/SE, deve ainda ser respeitada a Resolução nº 311/2018, que consta no Anexo III desta pesquisa (página 282).

Diante do exposto, nota-se que dos 41 (quarenta e um) Termos de Ajustamento de Gestão pactuados com as prefeituras de alguns municípios de Sergipe, quanto ao Portal da Transparência, 17 (dezessete) foram concluídos, 09 (nove) não foram concluídos e 15 (quinze) ainda estão em andamento, sendo considerados como concluídos 09 (nove) por apresentarem pontuação positiva e ascendente na avaliação do Portal da Transparência do TCE/SE. Apenas 6 (seis) municípios permaneceram no mesmo patamar ou reduziram a sua nota na avaliação dos portais da transparência: Cedro de São João, São Francisco, Japoatã, Santa Rosa de Lima, Muribeca e Itabi.

Infere-se que a celebração dos Termos de Ajustamento de Gestão com estes entes contribuiu para o aumento da nota da transparência e para a mobilização dos gestores na solução dos problemas elencados, não acarretando ônus à sua administração, atingindo, desta maneira, o objetivo precípuo quanto à tutela do acesso à informação, cuja finalidade é estimular o controle social por parte do cidadão, mediante informações e dados divulgados no respectivo portal.

## 6.2.2 Resultados do TAG em relação à educação

No debate sobre a adequação e melhoria da gestão pública, cada vez mais se buscam meios para superar a administração tradicional e o gerencialismo clássico, com viés na sistemática envolta na esfera da Nova Gestão Pública.

Esse novo modelo de administração pública, direcionado pela gestão pautada em resultados quanto à modernização e ao fortalecimento da administração, através da utilização adequada de recursos, visa atingir os resultados desejados. É inegável que cabe ao Poder Público as funções de direção e execução, planejamento e análise de políticas públicas, buscando, primordialmente, o alcance de um resultado positivo decorrente de sua ação. Tais resultados devem também ser alcançados por meio dos mecanismos de controle social, decorrentes da transparência da gestão pública que possibilita conferir maior benefício para a boa aplicação do orçamento público. Com essa nova gestão pública, resta ao Poder Público a obtenção das suas finalidades, trazendo eficiência e efetividade à máquina estatal.

Nesse contexto, a política educacional, em especial a partir da década de 1990, obteve transformações, influindo na administração educacional sob os fundamentos dessa Nova Gestão Pública, visto que a "administração escolar não se faz no vazio, realizando-se, em vez disso, no seio de uma formação econômico-social, e sendo, portanto, determinada pelas forças sociais aí presentes".[456]

Com a perspectiva de uma administração educacional traçada no gerencialismo, emerge a necessidade de se obter a melhoria da qualidade no ensino, focado nos resultados da gestão escolar e na responsabilização dos gestores e docentes por tais resultados.

É cediço que os problemas da educação no Brasil não podem ser somente sanados por um único viés. Tem-se que a melhoria na gestão, através da parceria com os gestores municipais, favorece o bom gerenciamento dos recursos e dos processos escolares. O Estado, nesta conjuntura, adota a função de mediador de resultados, sujeitando as instituições de ensino a apresentarem avaliações de desempenho. Com o firmamento do TAG se viabiliza para que a Administração Pública solucione problemas inerentes à estrutura, funcionamento e, principalmente, reativação de unidades de ensino desativadas, paralisadas ou extintas.

Os municípios que firmaram TAG com o TCE/SE na área da educação foram: Boquim (processo nº 002093/2014); São Domingos (processo nº 002096/2014); Salgado (processo nº 002147/2014); Pedra Mole (processo nº 002218/2014); Pinhão (processo nº 002241/2014); Macambira (processo nº 002349/2014); Pedrinhas (processo nº 002390/2014); Itabaianinha (processo nº 000337/2015); Tomar do Geru (processo nº 002347/2014); Simão Dias (processo nº 002348/2014); Riachão do Dantas (processo nº 000003/2015); Tobias Barreto (processo nº 000202/2015); Gararu (processo nº 002451/2014); Porto da Folha (processo nº 002446/2014); Nossa Senhora das Dores (processo nº 002454/2014); Graccho Cardoso (processo nº 002450/2014); Siriri (processo nº 002455/2014); Capela (processo nº 000236/2015); Riachuelo (processo nº 002453/2014); São Miguel do Aleixo (processo nº 002447/2014); Malhada dos Bois (processo nº 002448/2014); Feira Nova (processo nº 002452/2014); Divina Pastora (processo nº 002449/2014); Laranjeiras, (processo nº 000154/2015); e Estância (processo nº 109498/2017).

Satisfatoriamente, as Prefeituras Municipais de Boquim, Itabaianinha, Salgado, Pedra Mole e Pinhão cumpriram todos os itens relacionados no TAG, restando recomendações para manutenção dos

---

[456] PARO, Vitor Henrique. *Administração escolar*: introdução crítica. 10. ed. São Paulo: Cortez, 2001. p. 123.

espaços e equipamentos e outras providências de menor complexidade, para a finalização de reformas já iniciadas em algumas escolas e a manutenção dos espaços e equipamentos, opinando pela conclusão do respectivo processo.

O município de São Domingos, por sua vez, mesmo com resultado satisfatório, ainda apresenta pendência em duas instituições de ensino. O município de Macambira registrou pendências em três desses itens: o item 1, no qual foi recomendado que houvesse a desocupação de todas as escolas, faltando apenas uma das seis autuadas; o item 2, que se reporta à programação de limpeza em cisternas e reservatórios no período que antecede as chuvas; e o item 4, que se refere à adoção de filtros de barros como solução imediata, mas recomenda-se, como solução definitiva, agilidade quanto à individualização dos pontos de fornecimento de água, com filtros acoplados. Ao município de Gararu foi imputada multa no valor de R$30.000,00 (trinta mil reais) por ausência de comprovação das correções necessárias.

Com pauta no exposto, constata-se que os Termos de Ajustamento de Gestão – que foram firmados na área educacional nos municípios aludidos – tratam, com mais recorrência, da estrutura, desativação ou paralisação do espaço escolar, equipamentos de informática, biblioteca, transporte e, principalmente, merenda escolar.

Foi percebido em percentuais que dos 25 termos firmados relativos à educação, 13 (treze) correspondem a casos concluídos (52%), 4 (quatro) a casos não concluídos (16%) e 08 (oito) correspondem a casos em andamento (32%). Os problemas ou itens mais recorrentes dos Termos de Ajustamento de Gestão foram: a) merenda escolar, cujas incongruências foram sanadas comprovadamente diante de relatórios de inspeção com fotos e documentos; b) estrutura escolar: os problemas foram solucionados ou cumpridos total ou parcialmente; c) aquisição de equipamentos de uso escolar permanentes ou de consumo: foram atendidos totalmente, parcialmente e em sua minoria, não atendidos; d) transporte escolar: a resolutividade ocorreu em todos os processos; e) indicação da destinação de uso das unidades escolares que se encontram desativadas ou paralisadas, levando-se em consideração a possibilidade de aproveitamento das creches: foram atendidas total ou parcialmente.

Os gestores dos municípios cujos TAGs foram pactuados se mobilizaram para alcançar o saneamento dos problemas diagnosticados, mostrando que este instrumento, por meio do consenso, demonstra a eficácia, a eficiência e a efetividade das Cortes de Contas.

Neste bloco foram feitas transcrições analíticas com base nos conteúdos e análises individuais dos Termos de Ajustamento de Gestão firmados com alguns municípios sergipanos no que se referem à inspeção extraordinária, com o objetivo de verificar a situação em que se encontram as escolas dos municípios em questão.

De tal modo, para uma visão mais fecunda sobre os TAG, tem-se a necessidade de um olhar estratégico quanto às suas conclusões, como se segue.

### 6.2.3 Resultados do TAG em outras áreas

Além dos blocos de transparência e de educação, o Termo de Ajustamento de Gestão foi firmado em outras áreas, entre elas, na regulamentação de verba indenizatória pelo legislativo, na regularização de pagamento dos servidores e ajustes previdenciários, na atenção básica em saúde e no reajuste da Polícia Militar.

No que corresponde ao bloco de Regulamentação de Verbas para o exercício de Atividade Parlamentar, os órgãos que firmaram o TAG foram a Assembleia Legislativa do Estado de Sergipe (ALESE) (processo nº 002199/2015) já concluído, e o CMA (processo nº 001146/2014), em andamento. No que tange ao Quadro de Pessoal, tem-se o município de Estância (processo nº 109691/2017), também em andamento.

Em relação à atenção básica em saúde, os municípios são: Capela (processo nº 000190/2017); Siriri (processo nº 068528/2016); Graccho Cardoso (processo nº 007200/2018); Feira Nova (processo nº 000187/2017); Divina Pastora (processo nº 068528/2016); São Miguel do Aleixo (processo nº 011808/2018); Porto da Folha (processo nº 012815/2018); Riachuelo (processo nº 012817/2018); Nossa Senhora das Dores (processo nº 000382/2019); Gararu (processo nº 007201/2018); Capela (processo nº 007329/2018); Laranjeiras (processo nº 000381/2019); Itabi (processo nº 008513/2018); Amparo do São Francisco (processo nº 006420/2018); Telha (processo nº 010175/2018); Santana do São Francisco (processo nº 012465/2018); Propriá (processo nº 010173/2018); Brejo Grande (processo nº 000383/2019), encontrando-se todos em andamento. O que corresponde ao município de Malhada dos Bois (processo nº 012814/2018), este se encontra concluído.

Por último, no que tange ao reajuste salarial da Polícia Militar, foi firmado TAG com o Governo do Estado de Sergipe (processo nº 004786/2019), o qual se encontra em andamento, aguardando a aprovação na Diretoria Técnica (DITEC).

## 6.3 Análise dos TAGS sob a perspectiva da estratégia e da tática

Diante do apresentado na seção anterior, suscita-se os ensinamentos de Habermas como base fundamental para a comunicação e o diálogo que entra em consonância com um dos prismas de Michel de Certeau,[457] no que se refere à comunicação ou à linguagem, o qual toma uma posição que se constitui através da palavra.

Além de ouvir o outro, Michel de Certeau[458] traz dois conceitos fundamentais na obra "A Invenção do Cotidiano: artes de fazer", que são os conceitos sobre Estratégia e Tática. Debruçar-se-á a respeito de Estratégia e Tática, neste momento, para compreensão e reflexão sobre os TAGs elencados nesta investigação.

Na ótica de Certeau,[459] a estratégia é "[...] o cálculo das relações de força que se torna possível a partir do momento em que o sujeito de querer e poder é isolável de um ambiente" sendo que essas relações de força ou poder postulam "[...] um lugar capaz de ser circunscrito como um próprio e, portanto, capaz de servir de base a uma gestão de suas relações com uma exterioridade distinta".[460]

Certeau[461] desenvolve o pensamento contemporâneo sobre *estratégia*, considerando-a um modo ou forma como o poder opera para dominar os fracos e também apresenta a *tática* como a capacidade criativa, sutil, desviante e sagaz que os homens, ou melhor, os sujeitos, têm para confrontar a lógica do forte e da autoridade do dominante. A estratégia está completamente ligada e associada à ideia de autoridade. Seja esta autoridade uma instituição, uma entidade comercial ou até mesmo um grupo de indivíduos que agem dentro de uma lógica de estratégia na qual se reconhece a ordem ou o *status* dominante da qual essa faz parte.[462]

---

[457] CERTEAU, Michel de. *A invenção do cotidiano*: artes de fazer. (Trad. Ephraim Ferreira Alves). 3. ed. Petrópolis/RJ: Editora Vozes, 1998. p. 40-47.

[458] CERTEAU, Michel de. *A invenção do cotidiano*: artes de fazer. (Trad. Ephraim Ferreira Alves). 3. ed. Petrópolis/RJ: Editora Vozes, 1998. p. 46.

[459] CERTEAU, Michel de. *A invenção do cotidiano*: artes de fazer. (Trad. Ephraim Ferreira Alves). 3. ed. Petrópolis/RJ: Editora Vozes, 1998. p. 46.

[460] CERTEAU, Michel de. *A invenção do cotidiano*: artes de fazer. (Trad. Ephraim Ferreira Alves). 3. ed. Petrópolis/RJ: Editora Vozes, 1998. p. 46.

[461] CERTEAU, Michel de. *A invenção do cotidiano*: artes de fazer. (Trad. Ephraim Ferreira Alves). 3. ed. Petrópolis/RJ: Editora Vozes, 1998. p. 46.

[462] CERTEAU, Michel de. *A invenção do cotidiano*: artes de fazer. (Trad. Ephraim Ferreira Alves). 3. ed. Petrópolis/RJ: Editora Vozes, 1998. p. 46-101.

A estratégia pode se manifestar fisicamente por seus ambientes de operação, configurando-se em leis, normas, linguagem, modo de falar e agir. O que se espera da estratégia é a adoção de uma conduta que traga melhorias consideráveis, como rentabilidade e economia,[463] o que pode ser percebido no estudo do TAG junto ao TCE/SE (ambiente, instituição ou órgão de autoridade). O TAG, como já afirmado, é um instrumento de controle externo com base no consenso, de caráter normativo, e este traz um viés de rentabilidade, como prevenção de prejuízos e economia ao erário. É justamente nesta acepção de estratégia que se sustenta a lógica da análise do TAG.

A estratégia, na visão de Certeau,[464] além de estar associada à ideia de autoridade e a uma operação de rentabilidade considerável, deve ter uma base ou estrutura sólida para que não venha a se desestruturar com facilidade ou se desagrupar facilmente, pois ela possui um modelo próprio da sua instituição, órgão ou grupo.

Quando se remete ao âmbito jurídico, tem-se que enfrentar as estratégias no plano discricionarizado e como são os métodos, sistemas, caminhos e planos para o alcance de objetivos no espaço no qual há uma competição ou predadores institucionais.

Sobre a estratégia, por exemplo, é necessário verificar se o direito, seja pela Constituição, seja pelas leis, confirmam-se, o que se diz vernacularmente de estratégia como plano de ação para o alcance de certos objetivos que, no âmbito do direito, referem-se às competências e finalidades para alcançar tudo o quanto esperado pela instituição.

Na definição de *tática*, um tanto oposta à definição de *estratégia*, Certeau[465] afirma que seria como "[...] um cálculo que não pode contar com um próprio, nem portanto contar com uma fronteira que distingue o outro como totalidade visível". Ainda para ele, a *tática* "só tem por lugar o outro. Ela aí se insinua, fragmentariamente, sem apreendê-lo por inteiro, sem poder retê-lo à distância". E diferentemente do modelo estratégico, "[...] ela não dispõe de base onde capitalizar os seus proveitos, preparar suas expansões e assegurar uma independência em face das circunstâncias".[466]

---

[463] CERTEAU, Michel de. *A invenção do cotidiano*: artes de fazer. (Trad. Ephraim Ferreira Alves). 3. ed. Petrópolis/RJ: Editora Vozes, 1998.

[464] CERTEAU, Michel de. *A invenção do cotidiano*: artes de fazer. (Trad. Ephraim Ferreira Alves). 3. ed. Petrópolis/RJ: Editora Vozes, 1998. p. 46.

[465] CERTEAU, Michel de. *A invenção do cotidiano*: artes de fazer. (Trad. Ephraim Ferreira Alves). 3. ed. Petrópolis/RJ: Editora Vozes, 1998. p. 46.

[466] CERTEAU, Michel de. *A invenção do cotidiano*: artes de fazer. (Trad. Ephraim Ferreira Alves). 3. ed. Petrópolis/RJ: Editora Vozes, 1998. p. 46.

Para o autor,[467] a *tática* funciona de um modo diferente da *estratégia*, pois os envolvidos podem ter posse dos recursos dedicados e, através da primeira, conseguem ser ágeis e flexíveis em comparação com a segunda. Toda tática se baseia numa improvisação, depende de uma economia dos presentes e não tem um caráter dominador, próprio das ações estratégicas.

A *tática* pode ser entendida como "[...] maneiras de fazer", sendo utilizada tanto por parte dos fracos "[...] vitória do 'fraco' sobre o mais 'forte'",[468] quanto pelo próprio forte com a *estratégia*, como se "[...] saíssem de órbita e se tornassem errantes"[469] de forma sútil e imperceptível.

A respeito das compreensões sobre os conceitos, pode-se realizar um comparativo em relação à administração inapropriada dos gestores, que, por vezes, utilizam táticas de forma desviante, porém, sem intenção dolosa, para com a máquina pública. Desta forma, os recursos públicos não foram aplicados, necessariamente, da forma mais adequada. Nesse contexto, foi criado o Termo de Ajustamento de Gestão como um mecanismo de consenso, com função pedagógica, preventiva e de solução de possíveis irregularidades e problemas administrativos de ordem culposa.

Quanto à distinção entre *estratégia* e *tática*, destaca-se que as estratégias são mais teóricas e abrangentes. Já as táticas se dão no curso ou no interior das estratégias, sendo concretas e particularizadas, direcionadas a esse ou àquele aspecto dentro de uma estratégia ampla e global. Decerto, a tática integra a implementação da estratégia definida.

Menciona-se que o povo, como destinatário da Administração Pública e de sua atividade administrativa, merece o melhor. Neste contexto, a eficiência é importante à qualidade intrínseca da atuação administrativa como demandante permanente de estratégias e de táticas, de uma ação sustentável, tanto na fundamentação lógica, quanto na fundamentação ética.

Ao tratar dos aspectos da estratégia e da tática de eficiência no âmbito dos Tribunais de Contas, torna-se necessário, antes de tudo, veicular tais atividades à sua matriz constitucional, compreendendo

---

[467] CERTEAU, Michel de. *A invenção do cotidiano*: artes de fazer. (Trad. Ephraim Ferreira Alves). 3. ed. Petrópolis/RJ: Editora Vozes, 1998. p. 97-102.

[468] CERTEAU, Michel de. *A invenção do cotidiano*: artes de fazer. (Trad. Ephraim Ferreira Alves). 3. ed. Petrópolis/RJ: Editora Vozes, 1998. p. 47.

[469] CERTEAU, Michel de. *A invenção do cotidiano*: artes de fazer. (Trad. Ephraim Ferreira Alves). 3. ed. Petrópolis/RJ: Editora Vozes, 1998. p. 47.

primeiro a atual Constituição brasileira. Assim, a Constituição, junto com as leis gerais e as orgânicas, bem como seus regimentos, devem servir como parâmetros de táticas, no âmbito da estratégia, balizando, de forma contínua, com o rigor conceitual das atividades do sistema das Cortes de Contas.

É inegável que o diálogo possibilita o consenso que está presente no TAG, uma importante ferramenta que pode prevenir e solucionar conflitos, garantindo o direito e a dignidade dos sujeitos que estão na questão administrativa, com o consequente benefício para a Administração Pública e a sociedade.

Interessa salientar uma característica que se encontra no pensamento de Michel de Certeau[470] e, automaticamente, refere-se ao objeto em questão: o TAG, no qual o gestor, caso concorde, assumirá um papel dialógico que poderá garantir a solução do problema, quanto aos itens apontados no termo, agindo dentro de uma lógica estratégica estabelecida pelo respectivo Tribunal de Contas.

Seguindo a linha de Michel de Certeau, o Termo de Ajustamento de Gestão tem o fito de atuar estrategicamente para a prevenção e a solução de conflitos através do consenso/diálogo. Tal termo não pode ser pensado numa conexão causal, ou seja, de causa e efeito. Não é porque o ajuste está sendo firmado com determinada instituição ou ente que o problema ou conflito será solucionado, pois existe uma correlação[471] entre a celebração do TAG pelo Tribunal de Contas e a conclusão do problema ou conflito. Existem variáveis específicas para cada caso ou processo que devem ser consideradas para o êxito ou fracasso da solução do conflito.

Advirta-se que um Termo de Ajustamento de gestão, ao final de seu prazo, será considerado concluído ou não concluído, sendo imprescindível apreciar as variáveis de cada processo ou conflito, pois elas são independentes. Tal afirmação se comprova pelo fato de alguns elementos de ajustes dos termos terem total resolutividade e outros continuarem sem atendimento. Em outras palavras, o TCE/SE

---

[470] CERTEAU, Michel de. *A invenção do cotidiano*: artes de fazer. (Trad. Ephraim Ferreira Alves). 3. ed. Petrópolis/RJ: Editora Vozes, 1998. p. 40-102.

[471] É uma relação indireta com variáveis que podem ou não ser de causa e efeito. Existe uma "correlação estatística" que é um termo comumente utilizado pelos sociólogos, principalmente Bourdieu, Passeron e Charlot, para explicar o sucesso e o fracasso de determinadas classes sociais, tendo como uma das variáveis de correlação a origem social do indivíduo. Exemplo: se o indivíduo é de classe popular, existe uma correlação estatística de que seus filhos fracassem na escola e na vida, reproduzindo o fracasso dos pais.

(órgão detentor de poder estatal), ao suscitar o TAG, age e utiliza-se de estratégias na solução consensual de conflito, de forma rigorosa e intensa, direcionadas aos gestores públicos, donde não há garantia de êxito ou fracasso, na visão de Certeau.[472]

Isso justifica que o Termo de Ajustamento de Gestão não se constitui uma ferramenta de êxito apenas na solução de conflitos ou problemas administrativos, embora seja este o seu objetivo primordial. Igualmente, não se configura num instrumento que fracassou por ter resolutividade parcial. Repita-se que é um mecanismo democrático, consensual, dialógico e normativo de controle externo que está dentro das competências e do espectro de Tribunais de Contas do Brasil e, especificamente, do Estado de Sergipe que o utiliza.

Na celebração do TAG, o mais importante é elidir problemas pontuais de uma política pública de gestão específica (mesmo que não tenha sido levado a termo em sua integralidade), pois, para a sociedade, o que importa é sempre melhorar a gestão pública.

Esses instrumentos de consenso, os TAGs, podem ser eficazes, mas não dependem somente deles a solução do conflito ou problema. Depende de algumas variáveis, a exemplo da comunicação ou do diálogo entre o TC e o administrador responsável; da inspeção e do acompanhamento do problema em questão pelo órgão fiscalizador; da disposição e do interesse do gestor do município que está em processo de ajustamento.

É necessário verificar, então, se há utilização de táticas para com os gestores de órgãos e poderes sergipanos. No que se refere ao método ordinário, os TAGs devem ser firmados de forma estratégica, uma vez que detêm a legitimidade para com os gestores, mas também podem atuar de forma tática durante o seu percurso, devendo estar sempre atentos ao momento e às circunstâncias. Dessa forma, as táticas utilizadas pelos atores envolvidos são implementadas como meio de apreender certas circunstâncias para a efetividade do TAG.

Todavia, sejam eles pactuados de forma estratégica ou com adoção de possíveis táticas, dependerão, como já dito, das variáveis que estão integradas a cada caso: disponibilidade e interesse do gestor, tempo, organização administrativa, comunicação, monitoramento e inspeção, acompanhamento das tramitações e dos pareceres do processo, que fazem parte do acordo em questão.

---

[472] CERTEAU, Michel de. *A invenção do cotidiano*: artes de fazer. (Trad. Ephraim Ferreira Alves). 3. ed. Petrópolis/RJ: Editora Vozes, 1998. p. 151-166.

Quanto à utilização dos TAGs e à sua conclusão satisfatória ou não, existe a certeza de que a estratégia é a forma predominante, ou há o uso da tática em suas caraterísticas que influenciam seus fins. Isso, porque, mesmo que a estratégia seja a medida plausível a ser tomada pelo TCE, a tática pode "[...] vencer o poder por uma certa maneira de aproveitar a ocasião".[473] E pela possibilidade de serem utilizadas táticas e não estratégias, podem ocasionar conclusão não exitosa do TAG.

Por conseguinte, analisando os TAGs desta pesquisa, tanto os concluídos quanto aqueles em andamento, vê-se que a celebração com órgãos públicos (no caso em comento – alguns municípios sergipanos) foi estratégica e, não obstante, houve a presença de táticas na consecução do procedimento (por exemplo: quanto à fixação dos prazos, quanto à iniciativa, quanto à elaboração de relatórios etc.) para o alcance de resultados satisfatórios.

Examinou-se nos TAGs ajustados com os municípios de Itabaianinha, Boquim, São Domingos, Salgado, Pedra Mole e Pinhão, o uso plausível de estratégias nos autos do processo e no acompanhamento laborioso para sua conclusão exitosa desde o início do acordo, após audiência e até a conclusão do TAG.

Nota-se nos TAGs dos municípios supracitados que os pareceres dos conselheiros tramitaram celeremente; as inspeções foram realizadas em tempo hábil e com precisão; os problemas detectados foram elencados de forma inteligível e precisa; houve comunicação constante, via ofício, dos gestores dos municípios encaminhados aos conselheiros responsáveis sobre a resolutividade dos itens do TAG junto ao TCE/SE para acompanhamento da evolução das soluções dos problemas encontrados nas inspeções. Além da clareza quanto à responsabilidade de serem atendidos todos os itens no tempo acordado, propostos pelos TAGs firmados em audiência.

Nos TAGs pactuados com os municípios de Macambira, Pedrinhas e Graccho Cardoso, aferiu-se, diante dos processos analisados e das suas tramitações, que houve aplicação estratégica de praxe do instrumento, para cada caso, diante dos problemas identificados e citados nos pontos para a resolutividade. Contudo, a plausibilidade da estratégia dependeu mais da disponibilidade e do interesse dos administradores municipais, em questão que, de início, mostraram estar dispostos a atender aos itens do TAG levados a acordo em audiência.

---

[473] CERTEAU, Michel de. *A invenção do cotidiano*: artes de fazer. (Trad. Ephraim Ferreira Alves). 3. ed. Petrópolis/RJ: Editora Vozes, 1998. p. 51.

Porém, nestes casos analisados, verificou-se no conteúdo e tramitação dos processos, que os gestores tiveram dificuldades administrativas e organizacionais para atender aos itens e/ou aos prazos elencados no TAG como critério de resolutividade, enviando ofícios com solicitação de prorrogação do tempo, justificando serem problemas organizacionais de gestão anteriores e atendendo total ou parcialmente aos itens no prazo ajustado ou mesmo fora dele. Esse é um tipo de tática utilizada pelo "[...] estatuto dos dominados (o que não quer dizer passivos ou dóceis)" usando da "[...] retórica como sendo uma tática".[474] Usando argumento, ou seja, a retórica como uma forma de convencimento para uma prática desviante, que sai da ordem da estratégia ordinária quanto ao prazo e a pontos elencados nos TAGs.

Há, ainda, processos em tramitação no TCE/SE à espera de parecer que culminam no atraso dos prazos de resolutividade do quanto firmado nos termos, entre eles resposta e/ou providências para possíveis intervenções, como, por exemplo, inspeções dos municípios em destaque. Esses tipos de ações podem se configurar no que Certeau classifica como "[...] opaca realidade de táticas locais".[475] São sutis e muitas vezes imperceptíveis, mas desviantes, podendo, provavelmente, culminar no não atendimento aos termos firmados com os órgãos jurisdicionados.

Nos TAGs – em andamento ou que já se encontram concluídos – dos municípios de Nossa Senhora das Dores, Capela, Porto da Folha, Gararu, Siriri, Carira, Cristinápolis, Indiaroba, Malhador, Macambira, Pedra Mole, Pinhão, Simão Dias, Tobias Barreto, Tomar do Geru, Maruim, Pacatuba, Santa Luzia do Itanhy, Santo Amaro das Brotas e São Cristóvão podem ser observados, após análise dos processos, que foram planejadas estratégias ordinárias e extraordinárias no que se refere a cada município, as quais visam a resolução dos problemas elencados em tempo hábil e com rentabilidade para a máquina pública. Em relação aos ainda em andamento, são verificados em seus conteúdos e nas tramitações analisadas, que os processos, em sua maioria, encontram-se em fase de resolutividade.

Não obstante, foram detectados nos municípios de Capela, Siriri e Nossa Senhora das Dores, ofícios dos gestores solicitando prorrogação

---

[474] CERTEAU, Michel de. *A invenção do cotidiano*: artes de fazer. (Trad. Ephraim Ferreira Alves). 3. ed. Petrópolis/RJ: Editora Vozes, 1998. p. 48.

[475] CERTEAU, Michel de. *A invenção do cotidiano*: artes de fazer. (Trad. Ephraim Ferreira Alves). 3. ed. Petrópolis/RJ: Editora Vozes, 1998. p. 51.

dos prazos para atendimento de itens dos TAGs, usando a retórica como tática desviante. A retórica dos gestores, através de envios de ofícios para o TCE/SE sobre os termos firmados (TAG), são razões "[...] ou ciência das maneiras de falar"[476] para convencer o outro, no qual podem ocorrer tramitações diversas do processo entre setores competentes pelos autos e o direito de resposta dos gestores, ocasionando alteração do prazo, por exemplo. Outrossim, como já aludido, o TAG, nos termos do art. 128 do Regimento Interno do TCE/SE, é improrrogável, podendo, em caráter excepcional, ser aditado uma única vez, mediante nova decisão do Pleno.

Vale reiterar que os TAGs apresentam estratégias ordinárias padronizadas para o seu ajustamento. Sem embargo, em caso de situações peculiares, automaticamente suas estratégias se adequarão ao caso em concreto. Portanto, diante da singularidade do caso e da estratégia, há a possibilidade de se adotarem táticas imperceptíveis no processo, porém os dados analisados e explicitados falam por si só, diante da rigorosidade adotada nos processos.

Certeau[477] considera, dessarte, que a tática pode ser manifestada de forma sútil e imperceptível, dentro da própria tomada de estratégia, seja nos autos, na tramitação, no acompanhamento, na fiscalização/inspeção entre outros. Igualmente, esta pesquisa não visa fazer juízo de valor diante dos TAGs firmados pelo TCE/SE, mas sim apontar que algumas táticas podem ser consideradas estratégicas e passarem a ser normatizadas, a exemplo da possibilidade de o TAG ser feito a requerimento do gestor, não previsto em normas do TCE/SE, mas adotado pelo TCE/MG, que contribui para o incremento e a democratização do uso dos TAGs.

Ademais, não deve ser levado em consideração um pensamento lógico de causa e efeito no que se refere ao firmamento do TAG, ou seja, do ajuste e da solução. Mas vale acrescentar, aqui, que essa lógica de causa e efeito não pode ser considerada exclusivamente, pois em cada caso existem singularidades que devem ser levadas em conta na sua conclusão.

Diante do exposto, constata-se que o TAG traz em seu cerne um caráter preventivo, pedagógico e de solução de conflito através do

---

[476] CERTEAU, Michel de. *A invenção do cotidiano*: artes de fazer. (Trad. Ephraim Ferreira Alves). 3. ed. Petrópolis/RJ: Editora Vozes, 1998. p. 48.
[477] CERTEAU, Michel de. *A invenção do cotidiano*: artes de fazer. (Trad. Ephraim Ferreira Alves). 3. ed. Petrópolis/RJ: Editora Vozes, 1998. p. 47.

consenso, sendo uma ferramenta que, além de auxiliar a comunidade local, tem o objetivo de assegurar a eficiência, a eficácia e a efetividade do controle externo atribuído ao Tribunal de Contas do Estado de Sergipe, tendo como desígnio tutelar direitos sociais fundamentais, como foi o caso da educação e do acesso à informação.

## 6.4 Resumo do capítulo 6

O TAG representa um importante instrumento do ativismo administrativo, na medida em que permite, por meio dos compromissos firmados no seu bojo, ir além do que a Lei literalmente dispõe, utilizando não só da Teoria dos Poderes Implícitos, mas também dos princípios gerais do direito e, no particular, daqueles que regem a Administração Pública.

Cabe apresentar os casos de adoção do TAG como um mecanismo consensual direcionado aos órgãos e poderes sujeitos à fiscalização do Tribunal de Contas do Estado de Sergipe, com o intuito de fiscalizar a boa aplicação dos recursos voltados a direitos sociais, como a educação, a transparência, a saúde, bem como corrigir caminhos da atuação dos gestores, em favor da sociedade.

O Termo de Ajustamento de Gestão é regulado pela Lei Orgânica do Tribunal de Contas do Estado de Sergipe (Lei Complementar Estadual nº 205, de 06 de julho de 2011) em seu art. 52. Já o Regimento Interno do TCE/SE, RI-TCE/SE[478] prevê, nos seus arts. 122 a 130, o procedimento para a celebração do termo, que, como já mencionado, pode ser aplicado em casos que apresentem irregularidades sanáveis na execução orçamentária, financeira, administrativa ou operacional, e em qualquer momento da instrução processual. Porém, recomenda-se que seja firmado a qualquer tempo anterior ao encerramento da instrução processual.

Cabe reafirmar que o TAG não cabe em casos que forem constatados erro grosseiro, má-fé, ou que se enquadrem como atos dolosos de improbidade administrativa, nem na renúncia de receita, que, por consequência, resulta em dano ao erário, ainda que de forma culposa.

O TAG pode ser proposto, no âmbito do TCE/SE, de forma tripartida, entre a Presidência da Corte, o Conselheiro Relator ou o

---

[478] SERGIPE. *Regimento interno do Tribunal de Contas de Sergipe, aprovado pela Resolução nº 270/2011.* Disponível em: https://www.tce.se.gov.br/Docs%20Institucional/regimento 2012.pdf. Acesso em 10 set. 2017.

Ministério Público Especial. O art. 122, §4º, do RI-TCE/SE estabelece que são partes obrigatórias do TAG: o gestor responsável, o relator, o representante do Ministério Público Especial e o representante da Auditoria.

Em relação ao seu firmamento, nos moldes do art. 52, §1º da Lei Orgânica do TCE/SE e do §5º do art. 122 do Regimento Interno do Tribunal de Contas do Estado de Sergipe (RI-TCE/SE), devem constar os seguintes elementos: identificação precisa da obrigação ajustada e da autoridade responsável pelo adimplemento da obrigação; estipulação do prazo para o cumprimento da obrigação; adesão expressa de todos os signatários às suas disposições; sanções a serem aplicadas em caso de inadimplemento da obrigação, com expressa indicação do valor da multa a ser aplicada em caso de descumprimento. Por fim, para a validade jurídica do TAG, é exigida a sua homologação pelo Plenário do Tribunal.

Na fase de execução do TAG, fica sob a responsabilidade do gestor a informação ao tribunal correspondente sobre o efetivo cumprimento dos seus termos e execução, conforme devidamente lavrado em ata, o que ocasionará na constatação de saneamento da irregularidade. Cumpre acrescentar que o TAG pode ser aplicável também em casos de controle de certames licitatórios.

Em maior parte, o termo é aplicado em decorrência das auditorias de conformidade (inspeções) e, notadamente, das auditorias operacionais, decorrendo em celeridade processual, em respeito aos princípios da eficiência, da eficácia, da efetividade e da economicidade, desejáveis no âmbito da Gestão Pública, constituindo-se, assim, em um forte instrumento de alcance dos direitos fundamentais dos administrados.

A pesquisa ainda demonstrou que a Corte de Contas sergipana vem celebrando com considerável êxito Termos de Ajustamentos de Gestão (TAGs), com o propósito de viabilizar boas práticas de administração pública. Ao longo de 5 (cinco) anos, 89 foram os termos celebrados, nos mais diversos órgãos gestores do Estado, nas áreas de melhorias das escolas, portal da transparência, regulamentação das verbas para o exercício de atividade parlamentar (VEAP), atenção básica em saúde, quadro de pessoal e reajuste da Polícia Militar.

O TAG, nesse ínterim, foi elaborado para possibilitar o efetivo controle social, de modo que o cidadão adquira o direito de acompanhar todas as informações financeiras do ente público, e que também conheça, examine e integre a gestão, seja via representação ou via denúncia.

Dessa forma, o TCE/SE realizou a avaliação do acesso à informação nos municípios sergipanos com base na avaliação dos Portais da Transparência, nos termos da métrica elaborada pela ENCCLA, sem ocasionar qualquer obstáculo a novas iniciativas implementadas por esta Corte de Contas em momento posterior.

Entre os anos de 2016 a 2018, 40 (quarenta) foram os municípios que firmaram o TAG para solucionar impropriedades quanto à transparência. Destes, 18 (dezoito) foram concluídos, 7 (sete) não foram concluídos e 15 (quinze) ainda estão em andamento, sendo considerados como concluídos 09 (nove) por apresentarem pontuação positiva e ascendente na avaliação do Portal da Transparência do TCE/SE. Isso posto, a celebração dos Termos de Ajustamento de Gestão auxiliou no crescimento da nota da transparência e na mobilização dos gestores em solucionar os problemas apresentados, sem qualquer ônus à sua administração, atingindo, desta forma, a finalidade primordial em relação à garantia do acesso à informação, cujo escopo é estimular o controle social por parte do cidadão, com informações e dados divulgados no respectivo portal.

Entre os TAGs mais firmados pela Corte de Contas sergipana estão os dos blocos de transparência e educação.

Em transparência, são 41 (quarenta e um) Termos de Ajustamento de Gestão pactuados com as prefeituras de alguns municípios de Sergipe, no que tange ao Portal da Transparência. Desses 41, 17 (dezessete) foram concluídos, 09 (nove) não foram concluídos e 15 (quinze) ainda estão em andamento, sendo considerados como concluídos 09 (nove) por apresentarem pontuação positiva e ascendente na avaliação do Portal da Transparência do TCE/SE.

Em relação à educação, dos 25 termos firmados, 13 (treze) foram concluídos (52%), 4 (quatro) não foram concluídos (16%) e 08 (oito) correspondem a casos em andamento (32%). Entre os problemas mais recorrentes dos Termos de Ajustamento de Gestão estão: a merenda escolar, cujos problemas recorrentes foram sanados e comprovados diante de relatórios de inspeção com fotos e documentos; b) a estrutura escolar: os problemas foram resolvidos total ou parcialmente; c) os equipamentos de uso escolar permanentes ou de consumo: que foram atendidos totalmente, parcialmente e, em sua minoria, não atendidos; d) o transporte escolar: a solução foi total em todos os processos; e) a indicação da destinação de uso das unidades escolares que se encontram desativadas ou paralisadas, levando-se em consideração a possibilidade de aproveitamento das creches: foram atendidas total ou parcialmente.

No mais, os termos também foram firmados nas áreas de transparência, de regulamentação de verba indenizatória pelo legislativo, de regularização de pagamento dos servidores e ajustes previdenciários, de atenção básica em saúde e de reajuste da Polícia Militar.

O consenso, sem margem de dúvidas, por meio do diálogo e do uso do TAG, torna-se uma ferramenta em prol da prevenção e solução do problema conflituoso, assegurando o direito e a dignidade dos sujeitos que integram a questão administrativa, o que resulta na consequente contribuição para a Administração Pública e para a sociedade. Na celebração do TAG, o mais importante é extinguir/diminuir problemas de gestão relativos a uma política pública específica, mesmo que este não tenha sido levado a termo em sua integralidade, uma vez que para a sociedade o interessante é ser melhor atendida pelo Estado.

CAPÍTULO 7

# PERGUNTAS E RESPOSTAS SOBRE O TERMO DE AJUSTAMENTO DE GESTÃO (TAG)

Ante os diversos questionamentos sobre a aplicabilidade e os desdobramentos dos TAGs, foi pensado em um capítulo especial, composto pelas principais perguntas e respostas concernentes ao tema. Aqui, encontram-se indagações desde a sua aplicabilidade até a sua fase final, na hipótese de o gestor não cumprir o que fora estabelecido.

**01) Qual é o papel do Tribunal de Contas no Termo de Ajustamento de Gestão?**
O Tribunal de Contas age como órgão fiscalizador e parte integrante do instrumento, a fim de garantir o real cumprimento do que for estabelecido entre o órgão de controle (TC) e seu jurisdicionado (gestores e ordenadores de despesas).

**02) Em que se diferencia um Plano de Ação de um TAG?**
O plano de ação não se confunde com o TAG. Aquele é unilateral, consta em Manual de Auditoria Governamental, oriundo da NAG 48-05 e é documento preenchido pelo gestor do órgão/entidade auditada, quando notificado. Deve explicitar medidas que deverão ser tomadas para fins de cumprimento das determinações/recomendações e/ou para dirimir problemas apresentados (e, nesta medida, o TC poderá aceitá-lo ou não). Já o TAG é uma medida de controle consensual, firmada em comum acordo entre o TC e o jurisdicionado, e, nesse sentido, o rol de obrigações que dele exsurge já consubstancia os comandos emanados pelo Tribunal de Contas respectivo (ainda que acordados com o gestor responsável), com vistas ao exato cumprimento da lei e à boa aplicação dos recursos públicos.

**03) O que é um Termo de Ajustamento de Gestão (TAG)?**
Consiste em um ajuste de vontades firmado entre o controlador e o controlado; um instrumento que tem caráter pedagógico-corretivo, preventivo e conciliador, com vistas à correção de falhas não dolosas na Administração Pública. Pedagógico-corretivo, por corrigir ações dos gestores praticadas em desacordo com os princípios da Administração Pública; preventivo, porque previne maiores custos ao erário público, evitando não apenas um processo longo, bem como corrigindo, de pronto, os desvios de gestão; e conciliador por solucionar problemas da má Administração Pública, através do consenso e não por meio de sanção. Em outras palavras: considera-se TAG um instrumento de composição prévia, que assinala prazo para o saneamento de falhas não dolosas identificadas na execução orçamentária, financeira, administrativa ou operacional de órgãos ou entidades jurisdicionadas no âmbito do Tribunal de Contas.

**04) Como pode o Tribunal de Contas chegar ao consenso e corrigir rumos da Administração Pública?**
O consenso é condição essencial para a existência de um Termo de Ajustamento de Gestão, posto que este não se impõe, mas terá que ser a resultante de um acordo de vontades entre o órgão de controle e o gestor responsável pelos atos questionados, devendo este consenso observar não só o direito literalmente, mas os princípios que envolvem o direito público, dentre eles, o da efetividade: para que as correções atendam, de forma plena, ao interesse público. No caso, o consenso deve ser alcançado via o convencimento recíproco de que as providências ajustadas são aquelas que consubstanciarão o melhor caminho para a assunção do interesse público.

**05) Qual é a finalidade dos TAGs?**
Tem como finalidade zelar pela boa prática da gestão pública, sem, a princípio, usar da coerção, valorizando e corrigindo rumos, estancando as irregularidades eventualmente detectadas, revelando-se como uma ferramenta eficaz através de ações proativas de monitoramento e acompanhamento da gestão pública por parte das Cortes de Contas, para o alcance do interesse público. Sua finalidade, portanto, é a resolução célere de falhas e irregularidades, garantindo a superação de vícios na gestão pública e assegurando a consecução do interesse público.

## 06) Quando pode ser utilizado um TAG?

Pode ser utilizado para o ajuste de qualquer falha ou vício sanável, desde que não importe renúncia indevida de receitas ou ato doloso de improbidade administrativa. Tal termo não deve tolher a competência discricionária do gestor, nem ofender a coisa julgada.

## 07) Em quais situações não é possível a assinatura do TAG?

Nos casos em que o TAG não puder gerar a regularização dos atos e procedimentos; quando houver irregularidades na execução orçamentária, financeira, administrativa ou operacional insanáveis, onde se constatar: dolo, má-fé, no caso de dano ao erário, incluídos os casos que possam configurar renúncia de receita.

## 08) É necessária a criação/autorização de uma lei especial para aplicação dos TAGs?

Não. Basta apenas uma norma infralegal, por meio de Regimento Interno ou Resolução do próprio Tribunal. Todavia, a previsão do TAG em lei fortalece o atendimento do Princípio Constitucional da Segurança Jurídica, por tal motivo, é recomendável que o TAG esteja previsto em Lei.

## 09) O TAG é um mecanismo de conciliação, mediação ou negociação?

Trata-se de um mecanismo de solução de conflitos com base na negociação, por envolver um diálogo mútuo, através de acordos conjuntos. Ao contrário da conciliação e da mediação, não existe a interferência de um terceiro, somente a presença do órgão controlador e do gestor jurisdicionado, com vistas à correção de falhas na gestão.

## 10) O que diferencia o Termo de Ajustamento de Gestão (TAG) do Termo de Ajustamento de Conduta (TAC)?

Tanto o TAC quanto o TAG são oriundos de uma mesma ideia: visam suprimir litígios e evitar procedimentos ou processos longos. O Termo de Ajustamento de Conduta, comumente utilizado pelo Ministério Público, ocorre em uma fase pré-processual, consistindo em uma técnica alternativa extrajudicial para solucionar conflitos presentes na fase do inquérito civil ou em procedimentos administrativos, que permite não apenas evitar danos, mas exigir o fiel cumprimento do ordenamento jurídico. Já o TAG é um instrumento incidental[479] nos processos dos Tribunais de Contas, que visa à resolução célere e consensual de falhas em prol do interesse público. Ambos são termos de ajustamento/compromisso firmados com os interessados, que visam à solução rápida de conflitos em sede de controle, sem a necessidade de demandar o Judiciário, o que alivia a carga de trabalho daquele Poder, redundando em economia de tempo, de recursos humanos e financeira. Logo, os dois instrumentos são complementares: semelhantes quanto aos fins, mas de conteúdos diversos quanto ao atendimento das peculiaridades dos órgãos que os manejam.

**11) O Termo de Ajustamento de Gestão pode ser utilizado no controle de sustentabilidade ecológica?**

O TAG possibilita a execução de deveres fundamentais (v.g. sociais, e meio ambiente ecologicamente equilibrado), de forma mais célere e consensual, adotando-se meios alternativos, que visam a preservar o erário e o patrimônio público, com prazos ajustados a serem cumpridos em conjunto com as demais determinações, sob pena de responsabilização. Evitando-se, assim, processo custoso e demorado que prejudicaria, sobremaneira, o meio ambiente.

**12) Qual é o fundamento legal do TAG?**

Inicialmente, do quanto extraído do Preâmbulo da Constituição da República, ou seja, através da resolução pacífica dos conflitos. Em que pese não esteja previsto expressamente na Constituição Federal de 1988, torna-se imprescindível o uso dos TAGs pelos Tribunais de Contas, fato que decorre dos Poderes Implícitos que lhes são concedidos na Carta Magna, como facilitador da concretização do ideal social, através do consenso nas decisões das Cortes de Contas, visto que na execução do controle externo, o Tribunal de Contas é responsável por estipular prazo para que órgão ou entidade sob o seu controle adote providências necessárias ao cumprimento da lei. Além disso, o atual Código de Processo Civil (CPC) brasileiro, em seu art. 174, inciso III, estabelece o termo de ajustamento de conduta, que simetricamente reforça as competências dos Tribunais de Contas

---

[479] Nos moldes do art. 123 do RI do TCE/SE: o TAG será firmado incidentalmente em qualquer momento da instrução processual. É de se destacar que o TAG pode ser um instrumento incidental em vários tipos de processos e, na maioria das vezes, acontece em Denúncias, Relatórios de Auditoria, Representações, Contratos, dentre outros tipos de processos.

quanto à utilização dos TAGs. Mais recentemente, a juridicidade dos TAGs foi consolidada com a interpretação sobre o ativismo de contas, com a Teoria dos Poderes Implícitos conferida aos TCs, com o CPC, norma de cunho geral e, por último, com a edição da Lei nº 13.655/2018, que incorporou na Lei de Introdução às Normas do Direito Brasileiro novos dispositivos de princípios gerais, dentre eles: a negociação e a transação, que devem ser seguidos em decisões advindas de órgãos públicos, como as do judiciário, as do Ministério Público e as dos Tribunais de Contas, revigorando a atribuição de controle destes últimos, dando força, assim, à constitucionalidade da figura do TAG. Desta forma, os Tribunais de Contas poderão orientar, conforme o caso, os Poderes ou órgãos a respeito de constatações e de irregularidades na administração respectiva, através da formalização do TAG, para apresentarem soluções ou saneamento de possíveis danos relativos à sua gestão, aplicando a função pedagógica de conscientizar e prevenir, dispensando até então a figura da sanção.

13) **Quais são as principais características do TAG?**
O Termo de Ajustamento de Gestão visa à adequação às exigências da lei (norma jurídica), tendo como princípios norteadores a boa-fé e a eficiência; é aplicado no momento de uma possível ameaça ao erário ou violação a princípios condutores da máquina estatal; ocorre por meio de uma negociação, cuja adesão é voluntária; sujeitos ao controle dos Tribunais de Contas, com a estipulação de obrigações e metas; possui caráter meramente preventivo e pedagógico.

14) **De quem pode ser a iniciativa para a celebração de um TAG? De quem será a competência para a sua homologação?**
No caso de Sergipe, a iniciativa cabe à Presidência (TC); ao Relator (TC); ao Ministério Público Especial (MPE) ou pode ser dar por requerimento da parte interessada.[480] Compete ao Tribunal Pleno a homologação da assinatura do TAG.

---

[480] Consoante o art. 122, *caput*, do Regimento Interno do TCE/SE. Não consta na Lei Orgânica do TCE/SE.

**15) Quem serão as partes obrigatórias no TAG?**
O gestor responsável, o Relator, o representante do Ministério Público Especial e o representante da Auditoria.[481] Frise-se que outros Tribunais de Contas não incluem o auditor como parte obrigatória, mas sim a unidade técnica de fiscalização.

**16) Quais são as partes que integram o TAG?**
De um lado, os órgãos de contas, Tribunal de Contas e Ministério Público de Contas, e de outro, o Gestor responsável, o ordenador de despesa ou aquele cuja responsabilidade foi delegada.

**17) Em qual momento processual pode ser utilizado um TAG?**
Em qualquer momento da instrução processual.

**18) E em caso de indeferimento, pelo Relator, do pedido de audiência para celebração do TAG, o que pode ser feito?**
Caso ocorra o indeferimento pelo Relator do pedido de audiência para lavratura de TAG, caberá o recurso de agravo para a Câmara respectiva, no prazo de 10 (dez) dias, contados a partir da comunicação do indeferimento do pedido.

**19) Qual é o prazo de intimação para comparecimento na audiência de celebração do TAG?**
Os participantes das discussões do TAG serão intimados da audiência com 5 (cinco) dias de antecedência da sua ocorrência, podendo tal prazo ser diminuído caso haja adesão espontânea de todas as partes envolvidas a prazo menor.

**20) Quais são os procedimentos/etapas do TAG?**
INICIATIVA: com sua aceitação pelo relator, de ofício ou contemplando o requerimento do Ministério Público de Contas, da parte interessada,[482] ou, também, por meio de ato da presidência;

---

[481] Como consta no inciso IV, §4º, art. 122 do Regimento Interno. Não obstante, na prática, apesar da legislação do TCE/SE mencionar Auditor como parte obrigatória na assinatura do TAG, após a mudança do Auditor para Conselheiro Substituto, eles não figuram efetivamente nos TAGs. Então, o rol de assinantes do TAG, além dos citados no artigo 122 do RI-TCE/SE, pode ser ampliado, na práxis, envolvendo o Analista de Controle externo, o Procurador Jurídico e o Controlador Interno, dentre outros. Questão a ser repensada pelo TCE/SE sobre a possível alteração da legislação em comento.

[482] Conforme o art. 122, caput, do Regimento Interno do TCE/SE. Não consta na Lei Orgânica do TCE/SE.

AUDIÊNCIA COM AS PARTES: o Relator ordenará os atos necessários para a realização de audiência para celebração do TAG.

AJUSTE DO TERMO: as partes que compõem o conflito serão intimadas no prazo de cinco dias de antecedência, exceto na ocorrência espontânea de aceitação de menor prazo. O Ministério Público Especial indica seu representante e o Auditor[483] (Conselheiro substituto) será escolhido mediante sorteio. Durante o procedimento, a parte interessada (gestor) pode requerer o acompanhamento de assessores. O Relator pode convidar técnicos do tribunal para integrarem a audiência de conciliação, a qual pode ser atrelada ao caráter de audiência pública, contudo, exige-se a tomada de providências necessárias para o ato. Aprovação pelo colegiado competente. Fiscalização do cumprimento. Saneamento da falha ou aplicação das sanções previstas no termo.

21) **Quais são as cláusulas essenciais (pétreas) do Termo de Ajustamento de Gestão (TAG)?**
São necessárias a identificação precisa da obrigação ajustada e da(s) autoridade(s) responsável(eis) pelo adimplemento da obrigação; a estipulação de prazo para o cumprimento da obrigação; a expressa adesão de todos os signatários; a indicação das sanções a serem aplicadas em caso de descumprimento da obrigação, com especificação expressa do valor da multa.

22) **Quais são as características do termo firmado (TAG)?**
No que se refere à constituição do compromisso de acordo entre as partes, o termo adota a razoabilidade ao estipular o prazo para execução das obrigações firmadas, através da ponderação entre a questão em concreto e o quantitativo das obrigações a serem executadas; razoabilidade e cautela em dar oportunidade para que todas as partes envolvidas possam se manifestar, mesmo que delongue a conclusão do termo, com o propósito de evitar futuros danos; efetividade do planejamento e a melhoria de uma determinada linha de ação por parte do gestor, além da eficiência na execução do que foi planejado.

---

[483] Repita-se que, na prática, apesar da legislação do TCE/SE mencionar Auditor como parte obrigatória na assinatura do TAG, após a mudança do Auditor para Conselheiro Substituto, eles não figuram efetivamente nos TAGs. Questão a ser revista pelo TCE/SE sobre a possível alteração da legislação em comento.

**23) Em que pode resultar o TAG firmado entre o controlador e o controlado?**

Resulta sempre em obrigações positivas (de fazer) ou negativas (não fazer) para o jurisdicionado/gestor, intencionando que o vício identificado pelo Tribunal de Contas seja sanado e a falha não mais se repita. Caso o TAG não seja cumprido, o processo prosseguir-se-á contra o gestor/jurisdicionado, a quem serão aplicadas as sanções devidas.

**24) Quais são os benefícios dos TAG?**

Propicia a salvaguarda da reputação do gestor de boa-fé; promove o restabelecimento da ordem jurídica e administrativa em prol da sociedade; funciona como um instrumento facilitador da execução das decisões dos TCs; propicia celeridade. Em termos médicos: realiza biópsia para evitar necropsia, ou seja, previne o dano e corrige o ato que pode ser remediado.

**25) O que acontece com o processo, após ser firmado o TAG? E caso este não seja cumprido?**

Homologado o TAG, o processo respectivo ficará sobrestado até o exaurimento do prazo para o cumprimento das matérias nele envolvidas. Quando executadas adequadamente as exigências propostas no TAG, livrar-se-á o gestor da obrigação contraída. Caso esta não seja cumprida, haverá a implementação de sanção (multa administrativa) diante da inexecução do Termo (constatado por inspeção *in loco*) e o processo original prosseguirá contra ele, com o agravante de que a celebração anterior do TAG expressa a confissão do gestor pela prática de ato contrário às leis (no aspecto formal) ou apenas irregular. Tal sanção (multa) será de acordo com os itens que não foram cumpridos no prazo estipulado. O valor da multa por item já deve estar previamente estabelecido no TAG.

**26) Como se dá a publicidade dos TAGs firmados?**

Qualquer cidadão terá acesso ao inteiro teor dos TAGs firmados. Todos os TAGs serão publicados na íntegra no Diário Oficial Eletrônico do Tribunal de Contas, podendo ser acessado no próprio Portal da Transparência. Em casos de maior repercussão, e a critério do relator, também pode ser realizada uma audiência pública para a celebração do TAG.

## 27) Quais são as contribuições do TAG para os gestores?

Contribui para a melhor ação dos gestores nas atividades administrativas, financeira-orçamentária, o que conduz ao aperfeiçoamento das políticas públicas, visando otimizar o uso dos recursos públicos em prol da coletividade, deixando de lado o viés exclusivamente punitivo.

## 28) Pode ser aplicável o TAG no controle de certames licitatórios?

Sim. Em parceria com medidas cautelares, o TAG atua com excelência para sanar falhas em processos licitatórios e promover a continuidade e a eficiência do certame, visto que, especialmente na esfera da prestação de serviços públicos, o objetivo principal da Administração Pública é sua continuidade, celeridade e eficácia. Desse modo, ele atua como um mecanismo de boa-fé e respeito à população, com caráter pedagógico, refutando o viés punitivo para elidir falhas.

## 29) Como se dá a verificação da execução de um TAG firmado?

O gestor responsável deve informar ao Tribunal sobre o cumprimento das disposições do TAG. Cumpridas as disposições do termo, tal fato será certificado nos autos e a falha respectiva será considerada sanada. Não informando o gestor a respeito do cumprimento do TAG, o Tribunal efetivará diligência *in loco* para verificar o cumprimento. Caberá multa ao gestor em face de tal omissão. O processo volta ao seu rito normal (e a falha reputa-se como sanada, se cumprido o TAG).

## 30) Quais providências podem ser tomadas para que se otimize a celebração de TAGs?

Dar visibilidade ao TAG para que a sociedade apoie a sua lavratura e conheça sua efetividade; expor o TAG como um instrumento de boa-fé e respeito à população – caráter pedagógico – retirar o viés punitivo para conseguir o saneamento da situação; utilizá-lo, sempre que possível, como forma de popularizá-lo (audiências públicas); envolver gestores, Tribunal de Contas e Ministério Público de Contas, para que todos conheçam a sua potencialidade e eficácia.

## 31) O que ocorrerá caso o gestor não aceite celebrar o TAG?

O processo seguirá seu rito normal. Os fatos serão apreciados pelo Tribunal de Contas no curso normal dos trabalhos e no subsequente julgamento dos processos de competência pelo Pleno e/ou Câmaras.

**32) E caso a irregularidade esteja em apuração no âmbito de um procedimento ainda não autuado?**
Deverá ser providenciada a autuação imediatamente após a conciliação e a efetiva lavratura do Termo de Ajustamento de Gestão.

**33) Em que consiste a audiência de assinatura do TAG?**
Trata-se de uma reunião na qual são discutidas metas e prazos propostos pelo TC e ratificados ou redimensionados conforme abordagem e justificativa do Gestor. Participam da reunião, pelo TCE: o Conselheiro Relator (que presidirá a sessão), a assessoria de gabinete, o coordenador da área técnica, o procurador do MP Contas, o auditor[484] (conselheiro substituto) além de representantes de Diretorias e Coordenadorias (DCEOS/CCI no TCE/SE), quando pertinente, bem como a(s) parte(s) gestoras interessadas e sua respectiva assessoria. Destaque-se que, segundo o §5º do art. 127 do Regimento Interno do TCE/SE, é recomendável lavrar Ata da Audiência[485] independentemente de ser firmado ou não o TAG, que será assinada pelo relator, pela parte interessada e pelo membro do Ministério Público Especial oficiante. Também poderá assinar a Ata de Audiência técnicos do TC e assessores da parte interessada jurisdicionada que participarem da audiência.

**34) O que ficará definido na Audiência do TAG?**
Ficará definida a data da 1ª Inspeção de Monitoramento, de acordo com os prazos convencionados pelas partes no TAG. Esta 1ª Inspeção deve ter como objetivo principal a instauração da Comissão de Monitoramento, formada por servidores das partes controladora e controlada, que poderão, na oportunidade, sanar dúvidas e esclarecer como ocorrerá todo o trabalho. Caso a 1ª Inspeção aconteça após o primeiro prazo firmado no TAG, a equipe do TC deverá também recepcionar os documentos comprobatórios pertinentes ao cumprimento ou não deste item/etapa.

---

[484] Reitere-se que, na prática, apesar da legislação do TCE/SE mencionar Auditor como parte obrigatória na assinatura do TAG, após a mudança da nomenclatura de Auditor para Conselheiro Substituto, em função de legislação infraconstitucional, eles não figuram efetivamente nos TAGs. Questão a ser revista pelo TCE/SE sobre a possível alteração da legislação em comento.

[485] O artigo 127, §5º do Regimento Interno do TCE/SE diz que a Ata de Audiência tem que ser feita em quaisquer circunstâncias. Entretanto, na prática, o TCE/SE não a tem lavrado.

## 35) Quando se iniciará o prazo para cumprimento do TAG?

O prazo para cumprimento será iniciado a partir da data da intimação do gestor responsável da decisão do TAG, que ocorrerá após a secretaria do Pleno gerar a decisão e publicá-la.

## 36) Como se dará a formação da equipe de monitoramento do TAG?

A Equipe de Monitoramento será formada por servidores da parte controladora (TC) e por servidores da parte controlada. O coordenador da Área/Equipe de Auditoria deverá indicar o(os) servidor(es) que comporá(ão) a equipe de monitoramento. De igual forma, o órgão controlado também fará a indicação. Outrossim, no momento da formalização/assinatura do TAG já devem constar os respectivos nomes dos servidores responsáveis.

## 37) Em relação ao TAG, como ocorrerá o seu monitoramento?

A verificação do cumprimento do TAG se dará por meio do monitoramento do TC pela unidade técnica competente.[486] A quantidade de inspeções de monitoramento está diretamente relacionada aos prazos pactuados e metas estabelecidas. Por exemplo, se foram firmados os prazos de 15, 45 e 60 dias para cumprimento de metas, serão realizadas 3 (três) inspeções de monitoramento ao final de cada etapa. A última inspeção deve ser de consolidação dos resultados. Tais resultados devem constar no Relatório e na Matriz de Resultados. Essa matriz corresponde a uma planilha simples, que traz as metas relacionadas aos prazos pactuados, juntamente com o resultado verificado ao final do TAG, com aferição das assinaturas da equipe de monitoramento e do gestor. Frise-se que os servidores do órgão controlado deverão estar atentos ao andamento do ali pactuado e ao prazo de cumprimento do TAG.

## 38) Qual é a importância da elaboração de Relatório de Inspeção do Monitoramento pelo TC?

Para cada inspeção realizada, a equipe do TC deve elaborar o respectivo Relatório de Monitoramento, com todas as evidências

---

[486] Alguns TCs indicam que os relatórios de monitoramento devem ser encaminhados periodicamente ao Conselheiro Relator. Todavia, na prática, normalmente eles já vêm conclusos para opinamento final ou citação dos interessados. O que vem ocorrendo é a comunicação entre os analistas de como está se processando o TAG, mas não é formalizado nos autos do processo. Porém, em contrário senso, recomendamos que cada passo esteja formalizado nos autos do processo.

pertinentes. Recomenda-se que cada inspeção seja realizada com *checklists*, roteiros, questionários, listas de presença, dentre outros, com registros fotográficos sempre que pertinente. Deve-se também recepcionar portarias, decretos, processos de licitação e pagamentos relativos aos itens acordados no TAG. Todos esses documentos serão incorporados como evidências no Relatório de Monitoramento. A equipe do TC, com base no Relatório de Monitoramento, deve deixar claro se o item daquele prazo foi cumprido em tempo oportuno. Ou seja, após realizados todos os passos contidos no Relatório de Monitoramento, será aferido o cumprimento ou não do TAG.

39) **Em caso de conclusão do TAG, quais serão os próximos passos?**
Uma vez comprovado o cumprimento de todas as disposições constantes da decisão que acolheu o TAG, tal fato será certificado nos autos respectivos, e a falha, vício ou irregularidade, objeto do ajuste, será, para efeito dos autos, considerado(a) sanado(a) e encaminhado(a) ao Ministério Público Especial de Contas que, se assim o entender, se manifestará pela legalidade e consequente arquivamento. Quando ocorre o cumprimento parcial, citam-se os interessados, em respeito aos Princípios Constitucionais do Contraditório e da Ampla Defesa, cabendo ao Relator analisar o caso em questão. O TAG será concluído com a elaboração do Relatório Final de Inspeção de Monitoramento.

40) **A quem se dirigirá a intimação, caso não haja ainda representante do Ministério Público Especial oficiando no processo a que se refere o TAG?**
A intimação será dirigida ao Procurador-Geral do Ministério Público Especial, que participará da audiência, vinculando-se ao processo, ou, desde já, designará um membro do parquet especial que oficie na audiência de conciliação do TAG.

41) **A parte interessada pode contar com apoio técnico na audiência de celebração do TAG? E o Tribunal de Contas?**
Como já mencionado nas questões 21 e 34, a parte interessada poderá contar na audiência com o apoio técnico de auxiliares, assessores, advogados e/ou procuradores. O Relator, a seu critério, também poderá convocar ou convidar técnicos do Tribunal ou pessoas da sociedade, de modo a enriquecer o debate em audiência pública que discutirá sobre o TAG.

## 42) Quando pode ser dada à audiência de celebração do TAG o caráter de audiência pública?

De ofício, ou a requerimento de quaisquer dos legitimados, o Relator poderá dar à audiência de conciliação o caráter de audiência pública, sendo providenciada neste caso, a estrutura e a publicidade necessárias para que representantes da sociedade civil possam acompanhá-la. Tal audiência, em algumas situações, é estritamente relevante, mormente em casos de grande repercussão social.

## 43) Quais são os princípios basilares do TAG?

A boa-fé, a eficiência, a transparência[487] e a consensualidade. Não há de se falar de TAG para o mau gestor, mas para aquele que cometeu falhas, improupriedades, sem a intenção deliberada do dolo.

## 44) Em relação ao TAG e a seus desdobramentos, a troca de gestor vale para o seu sucessor? Em outras palavras: o TAG é pessoal ou impessoal?

Em face da impessoalidade da Administração Pública, o TAG valerá também para o gestor que sucederá o anterior, a exemplo de casos de falecimento do gestor ou afastamento por ação judicial ou do Poder Legislativo. Outrossim, recomenda-se, e é razoável, para fins de responsabilização pessoal, que o TAG não ultrapasse o limite do mandato do(s) gestor(res) que firmou(aram) compromisso do TAG. E para evitar questionamentos quanto à responsabilidade do novo gestor, é recomendável que este assine Termo Aditivo ratificando o TAG firmado.

## 45) Todos os Tribunais de Contas pátrios adotaram o TAG? Em caso negativo, quais ainda não adotaram?

Nem todos os TCs adotaram o TAG até o momento. Segue tabela do panorama atual:[488]

---

[487] Nossa sugestão é a de que os TAGs firmados sejam publicados no Portal da Transparência dos órgãos (TC e jurisdicionado), bem como no Diário Eletrônico Oficial.
[488] Dados apurados no ano de 2019.

| TRIBUNAIS QUE ADOTARAM (22) | | TRIBUNAIS QUE NÃO ADOTARAM (11) |
|---|---|---|
| TCE/AC | TCE/PB | TCE/AL |
| TCE/AM | TCE/PE | TCE/BA |
| TCE/AP | TCE/PI | TCM/BA |
| TCE/CE | TCE/PR | TC/DF |
| TCE/ES | TCE/RN | TCE/PA |
| TCE/GO | TCE/RO | TCE/RJ |
| TCM/GO | TCE/RS | TCM/RJ |
| TCE/MA | TCE/SC | TCE/RR |
| TCE/MG | TCE/SE | TCE/SP |
| TCE/MS | TCE/TO | TCM/SP |
| TCE/MT | | TCU |
| TCM/PA | | |

Fonte: elaborado pela Autora.

46) **É possível o contraditório em relação a informações técnicas do não cumprimento do TAG, após o prazo final do mesmo?**
O contraditório e o direito à ampla defesa não é possível durante o curso do TAG. Estes serão concedidos com o prosseguimento do processo que estava sobrestado, após a finalização do TAG.

47) **É necessária a elaboração de ata das audiências realizadas?**
Sim. Em qualquer caso, havendo ou não assinatura de TAG, será lavrada a Ata da Audiência, que será assinada pelo Relator, pela parte interessada e pelos membros da Auditoria[489] e do Ministério Público Especial oficiantes.

---

[489] Como já aludido anteriormente: nos moldes do inciso IV, §4º, art. 122 do Regimento Interno, não obstante, na prática, apesar da legislação do TCE/SE mencionar Auditor como parte obrigatória na assinatura do TAG, após a mudança da nomenclatura de Auditor para Conselheiro Substituto, eles não figuram efetivamente nos TAGs. Então, o rol de assinantes do TAG, além dos citados no artigo 122 do RI-TCE/SE, pode ser ampliado, na práxis, envolvendo o Analista de Controle da Coordenadoria, o Procurador Jurídico e o Controlador Interno, dentre outros. Questão a ser repensada pelo TCE/SE sobre a possível alteração da legislação em comento.

48) **No caso do TCE de Sergipe, podem decorrer duas multas? Uma pela não informação do cumprimento e outra pelo descumprimento do TAG? Ou a segunda absolveria a primeira?**
Conforme o Regimento Interno, são dois casos distintos de incidência de multa,[490] uma em razão da não informação do cumprimento e a outra em razão do descumprimento, que serão imputadas de modo conjunto quando do julgamento definitivo do processo principal.

49) **Cabe aplicação do Princípio da Razoabilidade na aferição do cumprimento do TAG (a exemplo, quando cumpridos mais de 80% dos itens)?**
Sim. Cabe. O Princípio da Razoabilidade é constitucional e absolutamente aplicável ao TAG. Não se pode dizer que num TAG no qual 70% das obrigações foram cumpridas, não foi bem-sucedido. Entende-se, por consequência, que ele foi cumprido com ressalvas pela parte que não foi adimplida. Neste caso, tem que se pagar a multa proporcional pela parte não executada.

50) **Por que o TAG é pedagógico e preventivo?**
Por seu caráter pedagógico, monitora e acompanha todas as fases até a concretização do seu objeto. Assim, além de ajustar a conduta do gestor ao ordenamento jurídico, evita que a ação equivocada se torne irreversível, daí a sua atuação preventiva.

51) **O TAG necessita de monitoramento mês a mês?**
Os compromissos assumidos nos Termos de Ajuste de Gestão são monitorados regularmente pela unidade responsável para se certificar de que o gestor está efetivamente cumprindo, nos termos já dispostos, o TAG. A periodicidade será também ajustada pelas partes signatárias.

52) **Qual é o prazo máximo do TAG?**
Alguns Tribunais de Contas estabelecem prazos, a exemplo do TCE do Espírito Santo, que prevê um prazo máximo de 2 anos. Outros TCs não estipulam prazo. Portanto, nosso entendimento é de que o prazo do TAG deve ser proporcional ao objeto a ser corrigido, evidentemente, será sempre de bom alvitre que ele expire

---

[490] Consoante os §5º, §4º e caput, artigo 129 do RI do TCE/SE.

durante o prazo de mandato do gestor compromissário que assina o Termo. Entretanto, em função das correções necessárias e da sua complexidade, poderá ir além do mandato. Em suma: o prazo de um TAG não é definido por dia, mês ou ano, mas sim pela maior ou menor complexidade das ações que terão que ser promovidas para a sua realização.

### 53) É possível haver prorrogação do prazo do TAG?

Em princípio, o prazo para cumprimento do TAG é improrrogável, podendo, em caso excecionalíssimo, ser aditado uma única vez, mediante nova decisão do Pleno. Este prazo deve ser razoável para a implementação pelo gestor do que se comprometeu a fazer no TAG.

### 54) O TAG está contemplado no Marco de Medição de Desempenho dos Tribunais de Contas (MMD-TC)?

O MMD-TC (Marco de Medição do Desempenho dos Tribunais de Contas) tem o objetivo de verificar o desempenho dos Tribunais de Contas em consonância com as boas práticas internacionais e diretrizes estabelecidas pela ATRICON (Associação dos Membros dos Tribunais de Contas do Brasil). O seu alinhamento é voluntário, ao passo que possibilita identificar e alcançar boas práticas de gestão e auditoria. Neste prisma, como o TAG é um excelente instrumento que se refere ao controle para a boa aplicação dos recursos públicos (gestão e auditoria pública), está necessariamente contemplado pelo Marco de Medição dos TCs do Brasil.

### 55) Qual é a importância de se mapear a processualística do TAG?

Necessário se faz o uso de softwares que mapeiem procedimentos e processos. Com a criação de fluxogramas que auxiliem no entendimento de processos e organizem determinados setores, se propiciará o mapeamento e o atendimento do TAG, tornando-o mais simplificado e completo, reduzindo custos e acelerando os serviços. Logo, permitirá ao órgão controlador acompanhar se os objetivos estão sendo atendidos, através do passo a passo, por meio de ferramentas de TI.[491]

---

[491] O TCE/SE implementou o TAG no Sistema de Processo Eletrônico (e-TCE).

56) **Quais são os valores mínimos e máximos para celebração de TAGs relativos a Licitações?**
Para a celebração de um TAG não se leva em consideração o montante do valor, seja relativo à licitação ou não. Logo, não há limitação quanto ao valor, desde que seja para consertar equívocos/erros. O importante é corrigir a ação administrativa, independentemente do valor. Frise-se que não é possível ajustar condutas dolosas.

57) **Como o Termo de Ajustamento de Gestão atua na proteção de políticas públicas?**
Através da adoção do TAG, busca-se a correta implementação de políticas públicas que se voltem efetivamente à coletividade. De fato, as atribuições dadas aos Tribunais de Contas começam a ser efetivadas ativamente diante de questões de omissão legislativa e ineficiência de políticas públicas. Os TCs, através dos TAGs, visam, de forma indireta, atender as reais necessidades da sociedade, verificadas por meio das auditorias e inspeções. Em suma: o TAG permite o ativismo no âmbito da Administração Pública, equivalente ao ativismo judicial, ou seja, permite ao órgão controlador realizar não apenas o direito, mas atender àquilo que é a razão do direito: a justiça através de princípios administrativos.

58) **A título de exemplificação, em quais áreas a celebração de TAGs pode ser especialmente útil para a concretização e a efetividade de políticas públicas?**
Com base na experiência do Tribunal de Contas do Estado de Sergipe, as áreas de saúde, educação e transparência são particularmente promissoras e adequadas para a adoção de TAGs.

59) **O TAG pode ser um instrumento útil em épocas de incerteza como a de incidência de uma pandemia como a do coronavírus?**
Sim, porque quanto maior a urgência, a incerteza e a relevância na implementação de políticas públicas vinculadas a direitos fundamentais, mais importante será a utilização dos princípios da eficiência, da eficácia e da efetividade; e o TAG, como visto, é uma solução célere, consensual e construída com diversos olhares e saberes em prol do interesse público.

**60) Quais foram os resultados positivos percebidos pelo Estado de Sergipe ao adotar os TAGs?**

Quanto ao exame dos TAGs firmados pelo TCE/SE voltados a adequações do Portal da Transparência do órgão/ente, pode-se entender que estes funcionaram como sustentáculo ao direito de acesso à informação pelo cidadão, o que possibilitou o controle social, quando ajustou, mediante consenso com seus jurisdicionados, a obrigação de manterem portais de transparência que informem, de modo claro, toda a execução dos seus atos de gestão, sejam estes de natureza orçamentária, de movimentação de pessoal, de políticas públicas etc., contribuindo para uma boa avaliação dos portais dos respectivos municípios, tornando realidade o princípio da transparência. Na área da educação, possibilitou o reconhecimento desta como direito essencial para que a sociedade seja inclusiva, tenha cultura, desenvolvimento econômico, tecnológico e dê ao cidadão, pela qualificação adquirida no processo educacional, boas condições de trabalho, culminando com o desenvolvimento político que leva todos os cidadãos a um estado de bem-estar social. Os TAGs, ao agilizarem a solução de problemas detectados na gestão pública, através de auditorias e inspeções, por meio do consenso no campo da educação, viabilizam o atendimento às carências do ensino, contribuindo para uma melhor atuação do setor educacional, que é um dos direitos sociais mais essenciais de um povo.

**61) O que representa a adoção do TAG para os Tribunais de Contas ante os novos ditames da sociedade?**

Tendo em vista que os Tribunais de Contas estão se modernizando, aproximando-se da sociedade, dando celeridade às suas decisões, seja através de determinações, seja através do consenso, dada a utilização de estratégias e de algumas táticas para a sua consecução, pensar o controle externo apenas como aquele "que vigia e pune", como tão somente sancionador, é retroceder; é buscar a revalidação de modelos de Estado já experimentados e superados. É, por assim dizer, caminhar em linha diametralmente oposta à evolução. Este é o grande papel dos TAGs: transigir, ao invés de unicamente sancionar, permitindo aos TCs exercer o controle através do consenso, possibilitando a tutela de direitos sociais e fundamentais.

**62) Quem se pode entender como parte interessada para propor o TAG?**

Entende-se como parte interessada aquela juridicamente legitimada ao equacionamento da falha e/ou irregularidade objeto do TAG.

**63) O TAG pode ser utilizado em casos de irregularidades que culminaram danos ao erário?**

Depende. Se o fato decorreu de mero erro, inexistindo dolo ou má fé, é possível que seja firmado um TAG. Destaque-se que mesmo no caso de improbidade, desde que esta não resulte também de má fé, erro grosseiro ou dolo, é possível aplicar a mesma solução, mormente diante da LINDB (Lei nº 13.655/2018).

# CONSIDERAÇÕES FINAIS

Com as transformações na atuação do Estado e da Administração Pública, a adoção do consenso tem sido cada vez mais discutida e analisada para a solução de problemas. Neste viés foi concebido o Termo de Ajustamento de Gestão, como ferramenta de fortalecimento do exercício do controle externo, de competência dos Tribunais de Contas, tendo em vista o princípio da eficiência na Administração Pública, nos moldes da Constituição Republicana atual. Trata-se de um acordo firmado no plano das Cortes de Contas como uma proposta substitutiva à coerção administrativa voltada à correção de rumos dos atos de gestão, desde que não eivados de dolo ou má fé.

A digressão histórica que se fez nesta obra foi necessária para apresentar os modelos de democracia, e isso se deu da seguinte forma: inicialmente, transitou-se pela origem da democracia e seus modelos clássicos (a Democracia Protetora, Desenvolvimentista e a Democracia Direta). Foram considerados também os modelos democráticos contemporâneos (a Democracia Competitiva, Procedimental e Minimalista, a Democracia Pluralista, a Legal e Participativa e a Representativa), com um exame aprofundado da democracia no Brasil, apontando a evolução das Constituições, com destaque para o caráter democrático da Carta Magna de 1988.

A democracia é um veículo de pensamento que tem vida, poder e expressão. Logo, a sociedade só participa da vida governamental em sistemas democráticos. De tal sorte, foi vital perpassar sobre os modos de democracia para se entender o objetivo precípuo dos TAGs, que se alinham à solução pacífica dos conflitos, derivado do direito controlador/preventivo, próprio das Cortes de Contas.

É indubitável, nesta trilha, que os princípios democráticos não devem ser questionados, mas devem ser discutidos e aperfeiçoados, papel plenamente adequado à figura do TAG, oriundo da concepção da democracia participativa e maximalista, quando o TC "[...] poderá convocar ou convidar técnicos do Tribunal, ou pessoas da Sociedade, de modo a ampliar o debate desenvolvido na audiência pública na qual será discutido o TAG"[492] e quando "[...] de ofício, ou a requerimento de quaisquer dos legitimados, o relator poderá dar à audiência de conciliação o caráter de audiência pública", fomentando a publicidade necessária para que representantes da sociedade civil façam propostas que enriqueçam o ajuste a ser firmado.

Em outro momento, cuidou-se do ativismo como figura do Estado, cuja função deve se voltar a soluções justas e imparciais tão almejadas pela sociedade. Através de sua função jurisdicional, passou a adotar dos meios extrajudiciais de solução de conflitos que em muito auxiliaram para um avanço inquestionável nas relações processuais, com maior efetividade e celeridade, visto que estas formas de solução de litígios priorizam a informalidade e refutam o excesso de formalismo/ burocracia presentes circunstancialmente durante as fases de um processo. Sob outro prisma, no panorama do Poder Judiciário, este adquire mais agilidade com a diminuição do número de ações ajuizadas ou de sentenças conclusivas.

Cabe, então, abandonar os entraves de um Estado essencialmente positivista, adotando práticas menos formais para a análise do caso concreto, adaptando-o ou não ao uso da autocomposição para encontrar a melhor solução. Uma vez que, em tais instrumentos, devem ser utilizados critérios e procedimentos, inclusive civis, respeitando e valorando os primórdios da voluntariedade e da boa-fé entre as partes.

O termo ativismo, como outros tantos, carrega em si aspectos sócio-histórico-culturais e econômicos. Quando os indivíduos usam frequentemente a palavra ativismo, vão conferindo a ela os significados de seu contexto e vivências. Divulgam seus ideais, suas ideologias e crenças, formatando um ativismo de luta social. E exigem o cumprimento do prometido na referida Carta.

Saindo deste quadro geral exposto, este estudo tratou de olhar para a face do ativismo institucional que se estende aos três Poderes instituídos; quando dignos representantes dos interesses cidadãos, fiscalizam os atos desses três Poderes e controlam as contas públicas por meio de denúncias, representações, entre outros instrumentos, com

---

[492] Nos termos da Lei Orgânica do TCE/SE.

o escopo de que os atos de gestão sejam bem utilizados, por quem de direito e da melhor maneira, justamente para manter a paz, a harmonia e o bem-estar da população pagadora de impostos.

Foi preciso dispor sobre o ativismo judicial, seu surgimento, vantagens e desvantagens e relevância, radiografando as nuances do poder criativo do julgador, elemento essencial para o robustecimento desta pesquisa.

Quanto à teoria da separação dos Poderes, comprova-se que o ativismo judicial não a fere, desde que usado de forma razoável e apenas para suprir omissões legislativas – ausência de lei – ou omissões do Estado no real cumprimento dos princípios fundamentais insculpidos na Carta Magna, bem como na boa e efetiva aplicação das políticas públicas de interesse de todos os cidadãos. O ativismo, caso isso ocorra, torna-se elemento relevante na concretização do Estado de Direito. Significa dizer que o ativismo não busca interferir na autonomia e independência dos poderes, mas sim dar maior eficiência à atuação estatal, como um todo, na concretização de suas finalidades, para a efetivação dos preceitos constitucionais, e na garantia dos direitos individuais ou coletivos.

O princípio da separação dos Poderes, que vem de Montesquieu, é essencial ao regime democrático, eis que se se confundir quem pode elaborar a lei, com quem pode julgá-la, aplicá-la, ou a executa, o princípio democrático sucumbirá. Devem, pois, os Poderes ser independentes e autônomos, mas harmônicos entre si, cabendo ao Judiciário suprir os desencontros que ocorrem, por exemplo, entre o Executivo e o Legislativo. Em resumo, os Poderes não se encerram em si mesmos. Como convencionada foi a tripartição dos Poderes que levou a uma solução lógica para a garantia dos direitos presentes na Constituição Pátria, fato que deve garantir ao cidadão segurança e políticas sociais eficazes.

Com efeito, a Carta Magna traz em seu artigo 5º o preceito da inafastabilidade do controle jurisdicional, ao alegar que "a lei não excluirá da apreciação do Poder Judiciário lesão ou ameaça a direito", o que muito influi e contribui para a judicialização da política, na medida em que qualquer ato praticado pelos Poderes Legislativo ou Executivo pode ser questionado perante o Poder Judiciário.

A origem do ativismo judicial brasileiro se estrutura fortemente na democracia advinda do processo de redemocratização que resultou da Carta Constitucional de 1988. Essa elaboração prevê o regime democrático centrado na representação direta, através de conselhos sociais, audiências, consultas públicas etc., e indireta, quando o povo elege os seus representantes para exercerem o governo – Legislativo e Executivo.

Evidencia-se que o Supremo Tribunal Federal tem almejado, por meio de audiências públicas e da aceitação de *amicus curiae*, fornecer especial atenção aos demais segmentos da sociedade. Logo, suas decisões ganham grande relevância para promover a garantia de direitos fundamentais e satisfazer omissões dos demais Poderes, quais sejam, o Legislativo e o Executivo, principalmente no que se refere à demonstração de questões com grande repercussão social, nas quais o Parlamento não deseja se envolver para evitar qualquer prejuízo quanto à sua popularidade.

Neste viés, o ativismo judicial demonstra um ato volitivo dos membros do Judiciário em decidir ultrapassar o quanto expresso no ordenamento jurídico ordinário, em especial, interpretando a Constituição Federal através da aplicação dos princípios ali contidos, considerados expressos ou implícitos, dando-lhes contorno de normatização.

Ainda, para a efetivação das finalidades do Estado Social, requerer-se-á uma ação dos magistrados, ultrapassando o mero acolhimento da lei, abandonando a ideia do fim em si mesmo, ou seja, o formalismo dá espaço ao instrumentalismo que ordena uma conduta mais ativa do magistrado no processo, para assegurar que este seja o mais participativo possível, com a finalidade primordial de concretizar os ideais de justiça motivados por um ordenamento jurídico valorativo.

O controle não é uma carta em branco dada àqueles que fazem parte das Cortes de Contas. "A sociedade tem o direito de pedir contas a todo agente público pela sua administração" (nos moldes da Declaração dos Direitos do Homem e do Cidadão de 1789, art. XV). Diante dessa assertiva, vê-se que o controle abre um novo e largo horizonte que será moldado e, sobretudo, aplicado em favor da sociedade.

Necessário se fez, para entender a origem e a evolução dos Tribunais de Contas, um estudo dos textos constitucionais brasileiros anteriores à Carta Magna de 1988, além da forte influência de três modelos na formação das Cortes de Contas no Estado Contemporâneo: o belga, o italiano e o francês.

Decerto, das Constituições brasileiras, sobressai o fortalecimento dos Tribunais de Contas com a Constituição Federal de 1988, que conferiu a essas instituições, nos seus artigos 70 e 71, competências para irem além do exame normativo dos atos da Administração Pública, mas também o poder maior de, por iniciativa própria, através de auditorias, principalmente das operacionais, apreciarem o desempenho do gestor quanto à boa aplicação dos recursos. Desse modo, o modelo de controle expresso pela Constituição brasileira confere aos Tribunais de Contas um objetivo que ultrapassa os limites do exame da norma jurídica. Daí a razão do ativismo, resultando no dever de buscar os valores inseridos nos princípios constitucionais, diante da implementação de políticas públicas.

Não se pode olvidar que os Tribunais de Contas, na atual matriz constitucional, como previsto no art. 71, são Órgãos de Controle auxiliares do Poder Legislativo, mas independentes deste, posto que dotado de autonomia funcional, administrativa e financeira, atuando de ofício ou por provocação (art. 71, IV, e art. 74, §2º, ambos da CF/88). Podem, inclusive, atuar supletivamente nos casos de inércia do Poder Legislativo, quando este não efetive o ato de sustação de contrato, quanto às medidas cautelares relativas aos contratos administrativos, no prazo de noventa dias, nos termos do art. 71, §§1º e 2º, da CF/88.

Nesta tarefa, foi de grande valia apresentar mecanismos de controle exercidos pelos pretórios de contas com o propósito de dispor de uma solução efetiva e célere para minimizar e evitar danos à ordem jurídica e aos cofres públicos, de forma eficaz, com o fito de corrigir e consertar previamente condutas sanáveis, utilizando-se de uma metodologia pedagógica e educativa, ao invés de simplesmente punitiva.

O ativismo das Cortes de Contas, com o propósito de bem fiscalizar o erário, é um ativismo necessário, quase que obrigatório, no sentido de que tal controle seja percebido claramente pelo cidadão comum, não só quanto à eficiência e à eficácia, mas também com a finalidade de salvaguardar a democracia, o bem-estar, a felicidade dos indivíduos, a credibilidade, a respeitabilidade, o combate verdadeiro à corrupção, o auxílio à governabilidade por meio das controladorias de contas e a boa gestão das políticas públicas, no seio do Estado de Direito.

Os TCs sentiram a necessidade de tornar mais ágil a solução de desconformidades de ações de gestores e, embora não previsto em texto legal, partiram para obter soluções, mediante termos de compromisso que, caso não cumpridos, acarretariam a aplicação de sanções para os gestores inadimplentes. Isso, dentro do próprio processo de auditoria/inspeção. Essa mudança nada mais é do que uma forma de ativismo administrativo, por ser ação consensual, não oriunda estritamente da norma legal, mas sim fundada em princípios gerais de direito, privilegiando, desse modo, a justiça social.

Dessa forma, é preciso preterir o dogmatismo exagerado e adotar posturas alternativas satisfatórias extrajudiciais, com a atuação dos TCs, através dos Termos de Ajustamentos de Gestão, que, sem dúvidas, reduzirão a lentidão e o alto custo dos processos administrativos/judiciais, além de romper o paradigma burocrático e aproximar a máquina estatal do contexto social atual.

É cediço que a negociação é uma prática consensual com o fito de sanar conflitos, sem a interferência de um terceiro, sendo, neste caso, cabível na esfera administrativa. Quanto aos Tribunais de Contas, os Termos de Ajustamento de Gestão estimulam acordos de natureza democrática, com o escopo de prevenir danos futuros irremediáveis na gestão pública ou em política pública específica.

A adoção dos Termos de Ajustamentos de Gestão (em sede de Tribunais de Contas) torna-se cada vez mais real e efetiva através da evolução da estrutura estatal que visa a solução de conflitos. De um lado está o princípio da negociação, como uma prática contínua, no cotidiano social. De outro, o instituto do Termo de Ajustamento de Gestão, previsto[493] nas Leis Orgânicas, Regimentos Internos e Resoluções da maioria dos Tribunais de Contas do Brasil, e que têm objetivo idêntico, qual seja: a solução e a celeridade para evitar conflitos.

O TAG surgiu como uma ferramenta para harmonizar e promover a celeridade de decisões, a oitiva democrática dos gestores e o consenso, para evitar litígios e processos infindáveis, assegurando a adequação e a melhoria da gestão pública. Com o objetivo de prevenir ou sanar irregularidades presentes no caminho da Administração, enfraquecendo a aplicação literal e ineficiente da lei.

Foi importante desmistificar o fato de o TAG ser considerado prévia e equivocadamente como inconstitucional e ilegal, entendimento que não procede, posto que a Teoria dos Poderes Implícitos, com alicerce principiológico de cunho constitucional, arts. 70 e 71,[494] bem como legislação infraconstitucional, dá aos TCs, no uso de seu poder

---

[493] A não inclusão do TAG no bojo normativo dos Tribunais de Contas não impede a aplicação e o exercício do mesmo, em razão de mandamento constitucional implícito que legitima as Cortes de Contas para tal ajuste. Todavia, esta pesquisa manifesta-se pela previsão nos regramentos normativos dos Tribunais de Contas, eis que a sua normatização lhe conferirá maior autenticidade e segurança jurídica.

[494] CF/88: art. 71, IX – assinar prazo para que o órgão ou entidade adote as providências necessárias ao exato cumprimento da lei, se verificada ilegalidade.

de fiscalização, a fundamentação para que possam utilizar o TAG nos atos de gestão pública que redundem em erro ou até dano. Desse modo, as considerações anteriores provam a constitucionalidade da figura do TAG.

Há um vasto número de questões submetidas à deliberação dos Tribunais de Contas, no exercício do controle externo da Administração Pública, que trata do acolhimento ou não do TAG, considerado por muito tempo como prática puramente ativista. Contudo, o Código de Processo Civil, bem como a Lei Federal nº 13.655/2018, quando tratam de transação e compromisso, dão as ferramentas básicas e necessárias para a prática do TAG. Neste mesmo raciocínio, tem-se que a Lei Complementar Estadual de Sergipe, nº 205/2011 (Lei Orgânica do TCE/SE), já o havia instituído como uma ferramenta legal.

A despeito disso, o TAG, por sua própria essência, continua, em sua aplicação, sendo instrumento importante de ativismo administrativo, posto que permite, através dos compromissos firmados no seu bojo, ir além do que a Lei literalmente dispõe, cuja finalidade se volta à concretização de direitos dos cidadãos e em benefício destes, levando-se em consideração que o julgador de contas não detém o conhecimento absoluto sobre todos os fatos que circundam a Administração Pública, sejam eles de ordem técnica, científica, orçamentária etc.

Este trabalho visou trazer a lume reflexões sobre o TAG adotado por alguns Tribunais de Contas, de forma normatizada ou não, demonstrando elementos favoráveis e desfavoráveis à ideia de constitucionalidade da novel forma preventiva de controle. Como desfavorável, tem-se que é inadmissível, pelo fato de não constar expressamente na CF/88. Tal entendimento não prospera, eis que quem tem o poder de determinar (TCs), com esteio na Teoria dos Poderes Implícitos, possui o poder geral de cautela, possibilitando a concessão de medidas cautelares com o fito de resguardar a eficácia de suas decisões finais, prevenir lesão ao patrimônio público e igualmente avençar com o gestor, estabelecer prazos etc.

Relativamente ao poder-dever de cautela, urge salientar que as cautelares são medidas típicas do Poder Judiciário, mas que, por extensão e de forma atípica e inominada, são possibilitadas às Cortes de Contas, cujo raciocínio pode ser distendido, da mesma forma, aos Termos de Ajustamento de Gestão. Em conjunto com medidas cautelares, o TAG pode ser excelente para sanar vícios em processos licitatórios e propiciar sua continuidade. Lembrando que em sede de serviços públicos, o interesse primordial é a sua continuidade e excelência.

Em desfavor aos TAGs, há quem os consideram uma "perda de tempo", pois se as Cortes de Contas podem determinar a correção ou a suspensão de ato de gestão, não haveria razão de celebrar TAGs. Tal razão também não se sustenta, posto que, por um princípio de economia processual, pode, com a avença nele firmada, liquidar um processo que se alongaria no tempo e que, cumprido o ajuste, simplesmente seria arquivado. Com o TAG, ganha-se tempo e suprimem-se despesas que decorreriam do manejo de todo o processo. Este poder-dever de agir, de forma obrigatória pelo Tribunal, determinando a sustação do ato irregular ou ilegal, só existe quando a irregularidade for insanável.

Outro argumento desfavorável seria que o TAG usurparia funções do Ministério Público, eis que a este é deferido, por lei, o Termo de Ajuste de Conduta (TAC). Trata-se de argumento desarrazoado, pois o TAC e o TAG são filhos de uma mesma ideia: suprimir litígios e evitar procedimentos ou processos que geralmente são morosos e de custo elevado (por envolver servidores que, além de qualificados, custam caro à Administração Pública), corroboram com a eficiência da máquina pública.

A Legislação Constitucional ou infraconstitucional não estabeleceu que o procedimento que ajusta conduta ou gestão seja exclusivo do Ministério Público ou dos Tribunais de Contas. Ambos, no âmbito das suas competências, podem se valer deste instrumento tão valioso que elimina situação contenciosa na esfera Administrativa, sem a necessidade de demandar o Judiciário, o que alivia a carga de trabalho deste Poder, redundando em economia de tempo e de recursos humanos e financeiros. Isso posto, é de se afirmar que os dois instrumentos são complementares.

Ainda a desfavor, defendem alguns que não há meios de haver consenso entre controlador (os Tribunais de Contas) e controlados (gestores públicos), inviabilizando, deste modo, o TAG. Em resposta a esse argumento foi necessário resgatar a Teoria Habermasiana, em que na vida tudo pode ser acordado entre partes com interesses aparentemente antagônicas. É o que acontece no TAG em que o Tribunal, de forma pedagógica, suspende um processo (não o extingue) e firma com o gestor responsável um pacto, para que este, em prazo determinado, cumpra o contido no termo. Se o gestor assim o fizer, o Tribunal extinguirá o processo, dando quitação ao gestor responsável. E se este não cumprir o TAG, claro que o processo suspenso prosseguirá, aplicando-se as sanções legalmente previstas a quem cometeu o ato irregular.

Em favor dos TAGs, tem-se que eles *são instrumentos que não tolhem a competência discricionária do gestor, nem ofendem a coisa julgada*. São *garantidores da* efetividade do controle dos atos analisados e servem para ajustar qualquer falha ou vício sanável, desde que não importe renúncia indevida de receitas ou ato doloso de improbidade administrativa.

Outro aspecto relevante é a exceção ao caráter improrrogável do prazo para a execução do TAG, podendo apenas ser aditado uma vez, em nova decisão com aprovação do Tribunal Pleno. Cumpre mencionar que o termo, por ter base no consenso, exige razoabilidade e cautela em dar oportunidade para que todas as partes envolvidas possam se manifestar, mesmo que isso atrase a conclusão do termo, com o propósito de evitar futuros danos.

Neste passo, o princípio da eficiência toma lugar de destaque. Para a sustentação deste trabalho foi fundamental diferenciar efetividade, eficiência e eficácia. A *efetividade* representa o planejamento e a melhoria de uma determinada linha de ação por parte do gestor, ao passo que a *eficiência* consiste na ágil execução do que foi planejado. A eficiência não é sinônimo de eficácia, posto que administração eficaz é aquela que alcança o fim pretendido, já a administração eficiente é aquela que busca atingir o resultado almejado. A *efetividade*, por sua vez, refere-se à aptidão de determinar resultados almejados, ou seja, através de uma atuação planejada e projetada para alcançar o resultado de forma efetiva.

Enfatize-se que eficiência, eficácia e efetividade são distintas entre si, todavia, elas convergem para a otimização do atendimento do interesse público, de forma mais econômica e racional. Destarte, este trabalho conduz à certeza de que a flexibilidade dos TAGs possibilita aos TCs solucionar múltiplas questões que lhes são submetidas nas suas deliberações, de forma mais rápida e eficaz, e isso porque não apenas usam da lei, mas se valem de princípios na formatação de suas decisões.

Destaque deve ser dado aos pressupostos do TAG, quais sejam: definir precisamente a obrigação ajustada; dar visibilidade ao TAG, para que a sociedade apoie a sua lavratura e eficácia; constitui-se um instrumento de boa-fé e respeito à população – caráter pedagógico (tenta promover o saneamento da impropriedade detectada); controlar tempestivamente o cumprimento e as sanções oportunas, em caso de inadimplemento; sempre que possível, popularizá-lo, envolvendo os gestores, o Tribunal de Contas e o Ministério Público de Contas, para que todos acreditem. Se um deles não acreditar, o TAG *não será viabilizado*.

Cuidou-se, em respeito ao leitor, de apresentar um apanhado das principais ideias ao final de cada capítulo. Preocupou-se, ainda, em enumerar perguntas e respostas no último capítulo, anterior a este, no sentido de orientar e dirimir dúvidas pontuais sobre a aplicabilidade do TAG.

Da pesquisa realizada com todos os Tribunais de contas do Brasil, extrai-se que dos 33 (trinta e três) Tribunais de Contas pátrios, 11 (onze) não adotam e 22 (vinte e dois) adotam o TAG, o que demonstra que este mecanismo vem adquirindo espaço, como uma nova forma de agir e pensar das Cortes de Contas, aprimorando o controle fiscalizatório exercido por elas, além de viabilizar o fortalecimento da democracia e, consequentemente, possibilitar o bem-estar social. As respostas ao questionário revelaram um fator bastante significativo, eis que a maioria dos respondentes consideraram o TAG essencial para a tutela de direitos sociais e a ausência de regulamentação foi o fator preponderante para a não utilização do mesmo, cujas discussões sobre a sua institucionalização têm provocado naqueles TCs (TCE/Alagoas; TCE/Bahia; TCM da Bahia; TC/Distrito Federal; TCE/Pará; TCE/Rio de Janeiro; TCM/Rio de Janeiro; TCE/Roraima; TCE/São Paulo; TCM/São Paulo e o TCU) um sinal positivo para a sua futura normatização.

Em linhas gerais, este trabalho possibilitou aferir que os Termos de Ajustamento de Gestão firmados pelo TCE/SE agem em prol do direito social à educação, bem como fomentam o direito à informação, dentre outros direitos sociais. Neste contexto, a educação é direito essencial para que a sociedade seja inclusiva, tenha cultura, desenvolvimento econômico, tecnológico e dê ao cidadão, pela qualificação decorrente do processo educacional, boas condições de trabalho, culminando com o desenvolvimento político que leve todos os cidadãos a um estado de bem-estar social. E os TAGs, ao agilizarem a solução de problemas detectados na gestão pública, através de auditorias e inspeções, por meio do consenso no campo da educação, viabilizam o atendimento às carências do ensino, contribuindo para uma melhor atuação do setor educacional, que é um dos direitos sociais mais importantes de um povo.

Quanto ao exame dos TAGs firmados pelo TCE/SE voltados a adequações do Portal da Transparência do órgão/ente, pode-se entender que funcionaram também como sustentáculo do direito ao acesso à informação pelo cidadão, o que possibilitou o controle social, quando ajustou consensualmente com seus jurisdicionados, a atualização dos portais da transparência, informando, de modo inteligível, a execução dos seus atos, sejam estes de natureza orçamentária, movimentação de pessoal, políticas públicas etc., contribuindo para uma boa avaliação dos portais dos respectivos municípios, conforme Quadro 4, onde foi apresentada uma avaliação dos Portais da Transparência no período 2016-2019, tornando realidade o princípio da transparência.

A existência do TAG justifica-se, também, pelo fato deste conferir à sociedade melhor conhecimento do que são os TCs e a sua essencialidade para o controle das contas públicas, elemento basilar para que o Estado Democrático de Direito se torne mais evidente e, a partir desse conhecimento, mais se afirme a essencialidade da cidadania para que os direitos da sociedade sejam cada vez mais respeitados através da simbiose: Tribunal de Contas, cidadão e fiscalização dos atos públicos.

Os Tribunais de Contas estão se modernizando cada vez mais e aproximando-se da sociedade, dando celeridade às suas decisões, seja através de determinações, seja através do consenso (desde que o caso permita), dada a utilização de estratégias e de algumas táticas para a sua consecução, nos moldes da Teoria Certeauniana. Pensar o controle externo apenas como aquele "que vigia e pune", como tão somente sancionador, é retroceder; é buscar a revalidação de modelos de Estado já experimentados e superados. É, por assim dizer, caminhar em linha diametralmente oposta à evolução. Este é o grande papel dos TAGs: transigir ao invés de unicamente sancionar, permitindo aos TCs exercer o controle através do consenso, possibilitando a melhor tutela de direitos sociais e fundamentais.

# POSFÁCIO

*Quando um homem assume uma função pública, deve considerar-se propriedade do público.*
(Thomas Jefferson)

*A prosperidade ou a ruína de um estado depende da moralidade de seus governantes.*
(Thomas More)

*Ninguém quer o bem público que não está de acordo com o seu.*
(Jean-Jacques Rousseau)

Conheci a Professora Patrícia Verônica Nunes Carvalho Sobral de Souza em evento jurídico realizado no Estado de Sergipe. Já se passou, desde então, uma década de uma convivência fraterna e edificante. Durante este período, pude acompanhar a sua formação acadêmica, através dos estudos, investigações e trabalhos científicos, desenvolvidos no âmbito do Programa de Pós-Graduação em Direito da Universidade Federal da Bahia.

O vasto currículo da Autora demonstra o seu inegável compromisso com a excelência e a diversidade de sua trajetória profissional:

Pós-Doutora em Direito e Doutora em Direito Público pela Universidade Federal da Bahia; Doutora em Educação e Mestra em Direito Público pela Universidade Federal de Sergipe; Especialista em Combate à corrupção pela Faculdade Estácio; Especialista em Direito do Estado e Direito Municipal pela Universidade para o Desenvolvimento do Estado e da Região do Pantanal; Especialista em Direito Civil e Processo Civil pela Universidade Tiradentes; Especialista em Auditoria Contábil pela Universidade Federal de Sergipe; Professora Titular de Graduação e Pós-Graduação da Universidade Tiradentes; Líder do Grupo de Pesquisa em Direito Público, Educação Jurídica e Direitos Humanos; Diretora do Tribunal de Contas do Estado de Sergipe; Membro da Academia Sergipana de Educação, da Academia Sergipana de Letras, da Academia Sergipana de Ciências Contábeis, da Academia Itabaianense de Letras e do Instituto Histórico e Geográfico de Sergipe; Membro da Associação Sergipana de Imprensa; Advogada, Jurista, Contadora e Jornalista.

Toda esta experiência e conhecimento encontram-se materializados nesta magnífica Obra, fruto de uma consistente pesquisa descritivo-exploratória, lastreada na sistematização de expressivo acervo bibliográfico-documental e na análise minudente da casuística do Tribunal de Contas do Estado de Sergipe, em conformidade com as mais rigorosas regras de metodologia do trabalho científico.

Como sustenta a Autora, o Termo de Ajustamento de Gestão se apresenta como um acordo celebrado no plano das Cortes de Contas, que oferece uma proposta substitutiva à coerção administrativa para a correção de rumos dos atos do gestor público, desde que não inquinados pelo dolo ou pela má fé.

Após discorrer sobre os modelos clássicos de democracia – Protetora, Desenvolvimentista e Direta – e os seus paradigmas contemporâneos – Competitiva, Procedimental e Minimalista, Pluralista, Legal, Participativa e Representativa, a Posfaciada situa o Termo de Ajustamento de Gestão como um acordo de natureza democrática, que oportuniza a solução pacífica dos conflitos, com o escopo de prevenir danos futuros irremediáveis na gestão estatal ou mesmo na execução de política pública específica.

Posteriormente, ao tratar do controverso fenômeno do ativismo no Brasil, resultante do processo de redemocratização política, a Autora sustenta que a nova ordem constitucional promoveu o fortalecimento dos Tribunais de Contas, enquanto órgãos de controle auxiliares do Poder Legislativo, mas independentes, dotados, portanto, de autonomia funcional, administrativa e financeira, atuando de ofício ou por provocação.

Segundo a Posfaciada, a Constituição Federal de 1988 atribuiu a estas instituições competências para irem além da mera apreciação normativo-formalista dos atos administrativos, contemplando a prerrogativa de realizar o exame axiológico-substancial do desempenho do gestor público, no tocante à correta aplicação dos recursos da coletividade.

De acordo com a Professora Patrícia Verônica Nunes Carvalho Sobral de Souza, o ativismo das Cortes de Contas se revela necessário, a fim de que a fiscalização externa da Administração Pública seja percebida pelo cidadão, não somente quanto à eficiência gerencial, mas também quanto à finalidade de salvaguardar a democracia, o bem-estar, a dignidade humana, a credibilidade, o combate à corrupção, a governabilidade e a boa gestão das políticas públicas, para minimizar e evitar danos à ordem jurídica e ao erário público, com o fito de reformar condutas dos gestores públicos, utilizando-se de uma metodologia pedagógica e educativa, ao invés de simplesmente punitiva.

Para ela, torna-se fundamental superar o dogmatismo exagerado e adotar posturas alternativas, de cunho extrajudicial, com a atuação dos Tribunais de Contas, através dos Termos de Ajustamentos de Gestão, com o fito de reduzir a lentidão e o alto custo dos processos administrativos e judiciais, suplantando o paradigma burocrático e aproximando a máquina estatal da realidade social.

Na visão da Posfaciada, o Termo de Ajustamento de Gestão desponta como uma ferramenta para harmonizar e promover a celeridade de decisões, a oitiva democrática dos gestores e o consenso, para evitar litígios e processos infindáveis, assegurando a adequação e a melhoria da gestão pública, com o objetivo de prevenir ou sanar irregularidades presentes no caminho da Administração, enfraquecendo a aplicação literal e ineficiente da lei.

A Autora sustenta a plena juridicidade do Termo de Ajustamento de Gestão, pois, segundo ela, a Teoria dos Poderes Implícitos, com amparo nos arts. 70 e 71 da Lei Maior, confere aos Tribunais de Conta, no uso de seu poder de fiscalização, a fundamentação para que possam utilizar tal instrumento consensual na fiscalização dos atos de gestão pública que redundem em erro ou até dano, sem prejuízo do suporte dado por marcos legislativos infraconstitucionais às transações e aos compromissos, a exemplo do Código de Processo Civil e da Lei Federal nº 13.655/2018.

Como bem refere a Posfaciada, o Termo de Ajustamento de Gestão afigura-se um instrumento de ativismo administrativo, posto que permite, através dos compromissos firmados, superar a literalidade dos diplomas legais, tendo em vista a concretização de direitos dos cidadãos, pois o julgador de contas não detém o conhecimento absoluto a respeito dos obstáculos enfrentados pela Administração Pública.

Após desconstruir os argumentos contrários à celebração do Termo de Ajustamento de Gestão, a Autora posiciona-se em favor de sua utilização, enquanto instrumentos que não tolhem a competência discricionária do gestor, nem ofendem a coisa julgada, além de garantidores da efetividade do controle dos atos analisados e úteis para ajustar qualquer falha ou vício sanável, desde que não importe renúncia indevida de receitas ou ato doloso de improbidade administrativa, possibilitando aos Tribunais de Conta o equacionamento dos problemas da gestão pública, de forma mais célere e eficaz.

Em suma, a Autora demonstra a necessidade de repensar a gestão pública no ordenamento jurídico pátrio, afirmando o caráter pedagógico do Termo de Ajustamento de Gestão como prática preventiva ou saneadora de irregularidades, possibilitando a recomposição, a reorganização administrativa e a real concretização de políticas públicas em prol dos cidadãos.

Feitas estas singelas considerações, só me resta registrar a minha imensa e sincera gratidão pelas demonstrações constantes de amizade dadas por Patrícia e pelo seu estimado esposo, Carlos Alberto Sobral de Souza, ilustre Conselheiro do Tribunal de Contas do Estado de Sergipe, pessoas que, independentemente das numerosas titulações, distinções honoríficas e funções públicas exercidas, primam pela humildade, lealdade, sinceridade, cordialidade e altruísmo, qualidades que constituem a mais valiosa riqueza de qualquer ser humano.

Como todo Posfácio projeta também um olhar para o futuro ou uma antecipação do porvir, ressalto ainda a satisfação e o orgulho pela recente aprovação da Patrícia Verônica Nunes Carvalho Sobral de Souza, em concorrida seleção do Pós-Doutorado Internacional em Direito e Novas Tecnologias, oferecido pela prestigiada Università degli Studi Mediterranea di Reggio Calabria, exortando-a para que aprofunde as reflexões constantes no presente Livro neste novo ciclo acadêmico, agora em solo estrangeiro, à luz das exigências do governo eletrônico e da virtualização da gestão pública, aceleradas no contexto atual da Pandemia.

Parabéns, Professora Patrícia Verônica Nunes Carvalho Sobral de Souza!

Eis aqui mais uma brilhante contribuição doutrinária de sua lavra, que, seguramente, honra as letras jurídicas de Sergipe e do Brasil, descortinando novas fronteiras para a ciência jurídica e para o exercício da cidadania no Estado Democrático de Direito!

Que Nossa Senhora Aparecida continue a iluminar você, querida amiga, bem como toda a tua abençoada família!

Salvador/Bahia, 29 de agosto de 2020.

**Ricardo Maurício Freire Soares**
Pós-Doutor em Direito pela Università degli Studi di Roma La Sapienza, Università degli Studi di Roma Tor Vergata e Università del Salento. Doutor em Direito pela Università del Salento/Universidade de São Paulo. Doutor em Direito Público e Mestre em Direito Privado pela Universidade Federal da Bahia. Professor dos Cursos de Graduação e Pós-Graduação em Direito da Universidade Federal da Bahia e da Faculdade Baiana de Direito. Professor-visitante em diversas Instituições do Brasil e Exterior. Membro da Academia de Letras Jurídicas da Bahia. Membro do Instituto dos Advogados Brasileiros. Membro do Instituto dos Advogados da Bahia. Membro do Instituto Geográfico e Histórico da Bahia. Advogado, Palestrante e Autor de diversas obras jurídicas.
E-mail: ric.mauricio@ig.com.br
Instagram: @professoricardomauricio.

# REFERÊNCIAS

ALVES, Francisco Sérgio Maia. O ativismo na atuação jurídico-administrativa do Tribunal de Contas da União: estudo de casos. *Revista de Informação Legislativa*, Brasília, v. 53, n. 209, p. 303-328, jan./mar. 2016.

AMADO GOMES, Carla; Domingo FARINHO, Miguel Soares; PEDRO, Ricardo. *Arbitragem e Direito Público*. Lisboa: AAFDL, 2018.

ANDRADE, Maria Margarida de. *Introdução à metodologia do trabalho científico*: elaboração de trabalhos na graduação. 10. ed. São Paulo: Atlas, 2010.

ARISTÓTELES. *A política*. (Trad. Nestor Silveira Chaves; Supervisão editorial Jair Lot Vieira). Bauru: Edipro, 1995.

ARROYO, Miguel González. Educação de jovens-adultos: um campo de direitos e de responsabilidade pública. *In*: SOARES, Leôncio; GIOVANETTI, Maria Amélia G. C.; GOMES, Nilma Lino (Orgs.). Diálogos na educação de jovens e adultos. Belo Horizonte: Autêntica, 2005.

ASSEMBLEIA NACIONAL (França). *Declaração dos Direitos do Homem e do Cidadão*. 1789. Disponível em: http://pfdc.pgr.mpf.gov.br/atuacao-e-conteudos-de-apoio/legislacao/direitoshumanos/declar_dir_homem_cidadao.pdf. Acesso em 15 jan. 2017.

BARROS, Aidil de Jesus Paes de; LEHFELD, Neide Aparecida de Souza. *Projeto de pesquisa*. Petrópolis – RJ: Vozes, 2011.

BARROSO, Luís Roberto. *A dignidade da pessoa humana no Direito Constitucional contemporâneo*: a construção de um conceito jurídico à luz da jurisprudência mundial. Belo Horizonte: Fórum, 2016.

BARROSO, Luís Roberto. *Constituição, democracia e supremacia judicial*: direito e política no Brasil contemporâneo. 2015. Disponível em http://www.oab.org.br/editora/revista/revista_11/artigos/constituicaodemocraciaesupre maciajudicial.pdf. Acesso em 25 out. 2015.

BARROSO, Luís Roberto. Constituição, democracia e supremacia judicial: direito e Política no Brasil contemporâneo. *In*: FELLET, André Luiz Fernandes; PAULA, Daniel Giotti de; NOVELINO, Marcelo (Org.). *As novas faces do ativismo judicial*. 2. ed. Salvador: Jus Podivm, 2013.

BELO HORIZONTE. Tribunal de Contas de Minas Gerais. Decreto nº 12.634, de 22 de fevereiro de 2007 (Revogado pelo Decreto nº 14.564/2011). Dispõe sobre procedimentos de controle interno no âmbito da administração direta e indireta do município de Belo Horizonte, e dá outras providências. *Diário Oficial da União*, Belo Horizonte, 22 fev. 2007. Disponível em: https://leismunicipais.com.br/a/mg/b/belo-horizonte/

decreto/2007/1264/12634/decreto-n-12634-2007-dispoe-sobre-procedimentos-de-controle-interno-no-ambito-da-administracao-direta-e-indireta-do-municipio-de-belo-horizonte-e--da-outras-providencias. Acesso em 10 set. 2017.

BERNARDES, Márcio de Souza; MONTEIRO, Manuela Cabral. Movimento ambientalista as novas mídias: ativismo ambiental na internet para a proteção jurídica do meio. *Anais 1º Congresso Internacional de Direito e Contemporaneidade – Mídias e Direitos da Sociedade em rede*. 30-31 mai., 01 jun. Santa Maria- RS: Universidade Federal de Santa Maria, 2012.

BICKEL, Alexander Mordecai. *The Least Dangerous Branch*: the Supreme Court at the Bar of Politics. 2 ed. New Haven and London: Yale University Press, 1986.

BOBBIO, Norberto. *A era dos direitos*. (Trad. Carlos Nelson Coutinho). São Paulo: Campus, 2010.

BOBBIO, Norberto. *Locke e o direito natural*. Trad. Sérgio Bath. Brasília: Edunb, 1997.

BONAVIDES, Paulo. *A Constituição aberta*. 3. ed. São Paulo: Malheiros, 2004.

BONAVIDES, Paulo. *Teoria Constitucional da democracia participativa*: por um Direito Constitucional de luta e resistência. Por uma nova hermenêutica. Por uma repolitização da legitimidade. São Paulo: Malheiros, 2001.

BORBA, Joselita Napuceno. Repensando o termo de ajustamento de conduta (TAC): vicissitudes de sua desconstituição. *Revista LTr – legislação do trabalho e Previdência Social*, São Paulo, v. 76, n. 11, p. 1.299-1.307, nov. 2012.

BRASIL. Constituição politica do Imperio do Brazil, de 25 de março de 1824. Manda observar a Constituição Política do Imério, oferecida e jurada por Sua Magestade o Imperador. *Coleção de Leis do Imperio do Brasil*. Rio de Janeiro, 22 abr. 1824. Disponível em: http://www.planalto.gov.br/ccivil_03/constituicao/constitui%C3%A7ao24.htm. Acesso em 05 set. 2017.

BRASIL. Constituição da República dos Estados Unidos do Brasil, de 16 de julho de 1934. Nós, os representantes do povo brasileiro, pondo a nossa confiança em Deus, reunidos em Assembléia Nacional Constituinte para organizar um regime democrático, que assegure à Nação a unidade, a liberdade, a justiça e o bem-estar social e econômico, decretamos e promulgamos a seguinte. *Diário Oficial da União*, Rio de Janeiro, 16 jul. 1934, republicado em 19 dez. 1935. Disponível em: http://www.planalto.gov.br/ccivil_03/constituicao/constituicao34.htm. Acesso em 05 set. 2017.

BRASIL. Constituição dos Estados Unidos do Brasil, de 10 de novembro de 1937. *Diário Oficial da União*, Rio de Janeiro, 10 nov. 1937, republicado em 19 nov. 1937. Disponível em: http://www.planalto.gov.br/ccivil_03/constituicao/constituicao37.htm. Acesso em 07 set. 2017.

BRASIL. Constituição dos Estados Unidos do Brasil, de 18 de setembro de 1946. *Diário Oficial da União*, Rio de Janeiro, 19 set. 1946, republicado em 15 out. 1946. Disponível em: http://www.planalto.gov.br/ccivil_03/constituicao/constituicao46.htm. Acesso em 07 set. 2017.

BRASIL. Constituição da República Federativa do Brasil de 1967. *Diário Oficial da União*, Brasília, 24 jan. 1967. Disponível em: http://www.planalto.gov.br/ccivil_03/constituicao/constituicao67.htm. Acesso em 07 set. 2017.

BRASIL. *Constituição Federal do Brasil (1988)*. São Paulo: Revista dos Tribunais, 2010a.

BRASIL. Emenda Constitucional nº 1, de 17 de outubro de 1969. Edita o novo texto da Constituição Federal de 24 de janeiro de 1967. *Diário Oficial da União*, Brasília, 20 out. 1969, retificado em 21 out. 1969, republicado em 30 out. 1969.

BRASIL. Instituto Nacional de Geografia e Estatística (IBGE). Pesquisa Nacional Amostras de Domicílios, realizadas pelo IBCE. *Indicadores sobre crianças e adolescentes*. Brasil 1991-1996. Brasília/Rio de Janeiro: Unicef/IBGE, 2010.

BRASIL. Instituto Nacional de Geografia e Estatística (IBGE). *Pesquisa nacional por amostra de domicílio – PNAD*: Síntese de indicadores. Rio de Janeiro, 2015.

BRASIL. Lei Complementar nº 101, de 4 de maio de 2000. Estabelece normas de finanças públicas voltadas para a responsabilidade na gestão fiscal e dá outras providências. *Diário Oficial da União*, Brasília, 05 mai. 2000. Disponível em: http://www.planalto.gov.br/ccivil_03/Leis/LCP/Lcp101.htm. Acesso em 02 fev. 2018.

BRASIL. Lei Complementar nº 131, de 27 de maio de 2009. Acrescenta dispositivos à Lei Complementar nº 101, de 4 de maio de 2000, que estabelece normas de finanças públicas voltadas para a responsabilidade na gestão fiscal e dá outras providências, a fim de determinar a disponibilização, em tempo real, de informações pormenorizadas sobre a execução orçamentária e financeira da União, dos Estados, do Distrito Federal e dos Municípios. *Diário Oficial da União*, Brasília, 28 mai. 2009. Disponível em: http://www.planalto.gov.br/CCivil_03/leis/LCP/Lcp131.htm. Acesso em 02 fev. 2018.

BRASIL. *Lei de Diretrizes e Bases da Educação Nacional. Lei nº 9.394/96*. Brasília: Ministério da Educação, 1996.

BRASIL. Lei Federal nº 8.069 de 13 de julho de 1990. Dispõe sobre o Estatuto da Criança e do Adolescente e dá outras providências. *Diário Oficial da União*, Brasília, 16 jul. 1990, retificado em 27 set. 1990. Disponível em: http://www.planalto.gov.br/Ccivil_03/leis/L8069.htm. Acesso em 10 set. 2017.

BRASIL. Lei nº 10.257, de 10 de julho de 2001. Regulamenta os arts. 182 e 183 da Constituição Federal, estabelece diretrizes gerais da política urbana e dá outras providências. *Diário Oficial da União*, Brasília, 11 jul. 2001, retificado em 17 jul. 2001. Disponível em: http://www.planalto.gov.br/ccivil_03/leis/leis_2001/l10257.htm. Acesso em 10 mai. 2018.

BRASIL. Lei nº 12.527, de 18 de novembro de 2011. Regula o acesso a informações previsto no inciso XXXIII do art. 5º, no inciso II do §3º do art. 37 e no §2º do art. 216 da Constituição Federal; altera a Lei nº 8.112, de 11 de dezembro de 1990; revoga a Lei nº 11.111, de 5 de maio de 2005, e dispositivos da Lei nº 8.159, de 8 de janeiro de 1991; e dá outras providências. *Diário Oficial da União*, Brasília, 18 nov. 2011. Disponível em: http://www.planalto.gov.br/ccivil_03/_ato2011-2014/2011/lei/l12527.htm. Acesso em 02 fev. 2018.

BRASIL. Lei nº 13.105, de 16 de março de 2015. Código de Processo Civil. *Diário Oficial da União*, Brasília, 17 mar. 2015. Disponível em: http://www.planalto.gov.br/ccivil_03/_ato2015-2018/2015/lei/l13105.htm. Acesso em 29 abr. 2018.

BRASIL. Lei nº 13.655, de 25 de abril de 2018. Inclui no Decreto-Lei nº 4.657, de 4 de setembro de 1942 (Lei de Introdução às Normas do Direito Brasileiro), disposições sobre segurança jurídica e eficiência na criação e na aplicação do direito público. *Diário Oficial da União*, Brasília, 26 abr. 2018. Disponível em: http://www.planalto.gov.br/ccivil_03/_ato2015-2018/2018/lei/L13655.htm. Acesso em 27 abr. 2018.

BRASIL. Lei nº 7.347 de 24 de julho de 1985. Disciplina a ação civil pública de responsabilidade por danos causados ao meio-ambiente, ao consumidor, a bens e direitos de valor artístico, estético, histórico, turístico e paisagístico e dá outras providências. *Diário Oficial da União*, Brasília, 25 jul. 1985. Disponível em: http://www.planalto.gov.br/CCivil_03/leis/L7347orig.htm. Acesso em 05 set. 2017.

BRASIL. Lei nº 8.078, de 11 de setembro de 1990. Dispõe sobre a proteção do consumidor e dá outras providências. *Diário Oficial da União*, Brasília, 12 set. 1990, retificado em 10 jan. 2007. Disponível em: http://www.planalto.gov.br/ccivil_03/Leis/L8078.htm. Acesso em 10 set. 2017.

BRASIL. Lei nº 9.784 de 29 de janeiro de 1999. Regula o processo administrativo no âmbito da Administração Pública Federal. *Diário Oficial da União*, Brasília, 01 fev. 1999, retificado em 11 mar. 1999. Disponível em: http://www.planalto.gov.br/Ccivil_03/leis/L9784.htm. Acesso em 10 set. 2017.

BRASIL. Supremo Tribunal Federal. *Acórdão nº MS 26547/DF, de 23 de maio de 2007*. Relator: Ministro Celso de Mello. Publicação: DJ 29.05.2007. Disponível em: http://www.stf.jus.br/portal/processo/verProcessoAndamento.asp?numero=26547&classe=MS&origem=AP&recurso=0&tipoJulgamento=M. Acesso em 29 jun. 2018.

BRASIL. Supremo Tribunal Federal. *Acórdão nº MS 24510/DF, de 19 de novembro de 2003*. Relatora: Ministra Ellen Gracie. Julgamento: 19.11.2003. Disponível em: http://www.stf.jus.br/arquivo/informativo/documento/informativo330.htm. Acesso em 29 jun. 2018.

BRASIL. Supremo Tribunal Federal. *Acórdão nº MS 35.410/DF, de 15 de dezembro de 2017*. Relator: Ministro Alexandre de Moraes. Julgamento: 15.12.2017. Disponível em: http://www.stf.jus.br/portal/jurisprudencia/listarJurisprudencia.asp?s1=%28%28MS+E+MORAES+E+DJE%2D018%29%2835410%2ENUME%2E+OU+35410%2EDMS%2E%29%29+NAO+S%2EPRES%2E&base=baseMonocraticas&url=http://tinyurl.com/r967zul. Acesso em 06 de jul. 2020.

BRASIL. Supremo Tribunal Federal. *Acórdão nº RE 729744/MG, de 10 de agosto de 2016*. Reclamante: Ministério Público Federal. Relator: Ministro Gilmar Mendes. Julgamento: 10.08.2016. Publicação: 23 ago. 2017. Disponível em: https://jurisprudencia.stf.jus.br/pages/search/sjur371855/false. Acesso em 06 jul. 2020.

BRASIL. Supremo Tribunal Federal. *Acórdão nº RE 848826/DF, de 10 de agosto de 2016*. Relator: Min. Gilmar Mendes, Julgamento: 10.08.2016. Disponível em: https://jurisprudencia.stf.jus.br/pages/search/sjur371855/false. Acesso em 06 jul. 2020.

BRASIL. Tribunal de Contas da União. Lei nº 8.443, de 16 de julho de 1992. Dispõe sobre a Lei Orgânica do Tribunal de Contas da União e dá outras providências. *Diário Oficial da União*, Brasília, 17 jul. 1997, retificado em 22 abr. 1993. Disponível em: http:// http:// www.planalto.gov.br/ccivil_03/leis/L8443.htm. Acesso em 25 ago. 2017.

BRASIL. Tribunal de Contas da União. Regimento Interno do Tribunal de Contas da União. *Boletim do Tribunal de Contas da União Especial*, Brasília, 2015.

CALAMANDREI, Piero. *Derecho procesal civil*: estudios sobre el proceso civil. (Trad. Santiago Sentis Melendo). Buenos Aires: Ediciones Juridicas, 1973.

CALAMANDREI, Piero. *Direito processual civil*. (Trad. Luiz Abezia e Sandra Drina Fernandez Barbiery). Campinas: Bookseller, 1999. v. I.

CALAMANDREI, Piero. *El Proceso Civil*. (Trad. Santiago Sentis Melendo). Buenos Aires: Lavalle, 1961.

CAMPOS, Carlos Alexandre de Azevedo. *Dimensões do ativismo Judicial do Supremo Tribunal Federal*. Rio de Janeiro: Forense, 2014.

CANOTILHO, José Joaquim Gomes. *Direito Constitucional e Fundamentos da constituição*. 7. ed. Coimbra: Edições Almedina, 2010.

CANOTILHO, José Joaquim Gomes; MOREIRA, Vital. *Fundamentos da Constituição*. Coimbra: Coimbra Editora, 1991.

CARMONA, Carlos Alberto. *Arbitragem e processo*. 2. ed. rev. atual. e amp. São Paulo: Editora Atlas, 2004.

CARNEIRO, Paulo Cezar Pinheiro. *A Proteção dos Direitos Difusos através do compromisso de ajustamento de conduta previsto na Lei que Disciplina a Ação Civil Pública*. Tese aprovada no 9º Congresso Nacional do Ministério Público, em Salvador, 1992.

CARVALHO FILHO, José dos Santos. *Ação Civil Pública*: comentários por artigo. 3. ed. Rio de Janeiro: Lumen Juris, 2001.

CARVALHO FILHO, José dos Santos. *Manual de Direito Administrativo*. São Paulo: Atlas, 2014.

CARVALHO, José Murilo de. *Cidadania no Brasil*: o longo caminho. 12. ed. Rio de Janeiro: Civilização Brasileira, 2009.

CASTELLS, Manuel. *A Sociedade em rede*. São Paulo: Paz e Terra, 2000.

CASTILHO, Celso Thomas. *Slave Emancipation and Transformations in Brazilian political citizenship*. Pittsburgh: University of Pittsburgh Press, 2010.

CASTRO, José Ricardo Parreira de. *Ativismo de Contas*: controle das Políticas Públicas pelos Tribunais de Contas. 164f. Dissertação (Mestrado em Direito e Políticas Públicas) – Programa de Pós-graduação em Direito e Políticas Públicas, Universidade Federal do Estado do Rio de Janeiro, Rio de Janeiro, 2015. Disponível em: http://www2.unirio.br/unirio/ccjp/ppgdpp/defesas-de-dissertacao/dissertacoes-concluidas-em-2015/201cativismo-de-contas201d-2013-controle-das-politicas-publicas-pelos-tribunais-de-contas/view. Acesso em 11 set. 2017.

CAVALCANTE FILHO, João Trindade. *Teoria geral dos direitos fundamentais*. 2011. Disponível em: http://www.stf.jus.br/repositorio/cms/portaltvjustica/portaltvjusticanoticia/anexo/joao_trindadade__teoria_geral_dos_direitos_fundamentais.pdf /. Acesso em 05 set. 2017.

CAZUZA; ISRAEL, George; ROMERO, Nilo. *Ideologia*. Rio de Janeiro: Philips, 1988.

CERTEAU, Michel de. *A invenção do cotidiano*: artes de fazer. (Trad. Ephraim Ferreira Alves). 3. ed. Petrópolis/RJ: Editora Vozes, 1998.

CHARLOT, Bernard. *A mistificação pedagógica*: realidades sociais e processos ideológicos na teoria da educação. (Trad. Maria José do Amaral Ferreira). São Paulo: Cortez, 2013.

CHAUÍ, Marilena. Cultura e democracia. In: Crítica y emancipación. *Revista latinoamericana de Ciencias Sociales*, Buenos Aires: CLACSO, a. 1, n. 1, jun. 2008. Disponível em: http://bibliotecavirtual.clacso.org.ar/ar/libros/secret/CyE/cye3S2a.pdf. Acesso em 02 dez. 2017.

CHIOVENDA, Giuseppe. *Instituições de direito processual civil*. São Paulo: Bookseller, 1965. v. II.

CORDEIRO, Karine da Silva. *Direitos Fundamentais Sociais – Dignidade da Pessoa Humana e o Mínimo Existencial. O Papel do Poder Judiciário*. Porto Alegre: Livraria do Advogado, 2012.

CUMPRI, Marcos Luiz. *Contribuições ao estudo da ambiguidade da linguagem*: uma proposta linguístico-educacional. 250f. Tese (Doutorado em linguística e Língua Portuguesa). Universidade Estadual Paulista, Faculdade de Ciências e Letras, 2012.

CUNDA, Daniela Zago Gonçalves da. O papel prescritivo da opinião pública para as correntes democráticas procedimentalistas. *In*: LIMA, Luiz Henrique; SARQUIS, Alexandre Manir Figueiredo (Coord.). *Processos de controle externo*: estudos de ministros e conselheiros substitutos dos Tribunais de Contas. Belo Horizonte: Fórum, 2019.

CUNDA, Daniela Zago Gonçalves da. *Controle de sustentabilidade pelos Tribunais de Contas*. 2016, 321f. Tese (Doutorado) – Faculdade de Direito, PUCRS. Porto Alegre, 2016.

CUNHA JÚNIOR, Dirley da. *Curso de Direito Constitucional*. Salvador: Ed. Juspodivm, 2016.

CUNNINGHAM, Frank. *Teorias da democracia*: uma introdução crítica. (Trad. Delamar José Volpato Dutra). São Paulo: Artmed, 2009.

DAHL, Robert Alan. *Sobre a democracia*. (Trad. Beatriz Sidou). Brasília: Editora Universidade de Brasília, 2016.

DAMATTA, Roberto. *A casa & a rua*: espaço, cidadania, mulher e morte no Brasil. 5 ed. Rio de Janeiro: Ed. Rocco, 1997.

DELGADO, Maurício Godinho. Arbitragem, mediação e comissão de conciliação prévia no direito do trabalho brasileiro. *Revista Ltr*, São Paulo, v. 66, n. 6, jun. 2002.

DHNET. *Declaração de Direitos de Virgínia*. Williamsburg, 12 jun. 1776. Disponível em: http://www.dhnet.org.br/direitos/anthist/dec1776.htm. Acesso em 15 jan. 2018.

DIDIER JÚNIOR, Fredie. *Curso de Direito Processual Civil*: introdução ao direito processual civil, parte geral e processo de conhecimento. 17. ed. Salvador: Ed. Jus Podivm, 2015. v. 1.

FERNANDES, Jorge Ulisses Jacoby. *Tribunais de Contas do Brasil*: jurisdição e competência. 2. ed. Belo Horizonte: Fórum, 2008.

FERRAZ, Luciano. Termo de Ajustamento de Gestão (TAG): do sonho à realidade. *Revista Brasileira de Direito Público – RBDP*, Belo Horizonte, a. 08, n. 31. out./dez. 2010.

FERREIRA FILHO, Manoel Gonçalves. *Aspectos do direito constitucional contemporâneo*. São Paulo: Editora Saraiva, 2012.

FREIRE, Paulo. *Educação como prática de liberdade*. Rio de Janeiro: Paz e Terra, 2010.

FREIRE, Paulo. *Educar para transformar*: fotobiografia. São Paulo: Mercado Cultural, 2005.

FREITAS, Juarez. Direito administrativo não adversarial: a prioritária solução consensual de conflitos. *RDA – Revista de Direito Administrativo*, Rio de Janeiro, v. 276, p. 25-46, set./dez. 2017. Disponível em: http://bibliotecadigital.fgv.br/ojs/index.php/rda/article/view/72991. Acesso em 05 out. 2018.

FREUD, Sigmund. *Malaise dans la civilisation*. Paris: PUF, 1971.

GIL, Antônio Carlos. *Como elaborar projeto de pesquisa*. 5. ed. São Paulo: Atlas, 2010.

GOUGH, John Wiedenhoft. A separação de poderes e a soberania. *In*: SANTOS, Célia Nunes Galvão Quirino dos; SADEK, Maria Tereza. *O pensamento político clássico*: Maquiavel, Hobbes, Locke, Rousseau. 2. ed. São Paulo: Martins Fontes, 2003.

GRAU, Eros Roberto. *Por que tenho medo dos juízes*: a interpretação/aplicação do direito e os princípios. 8. ed. São Paulo: Malheiros, 2017.

GRAU, Eros Roberto. *Sobre a prestação Jurisdicional. Direito Penal*. São Paulo: Malheiros, 2010.

GUSMÃO, Paulo Dourado de. *Introdução ao Estudo do Direito*. Rio de Janeiro: Forense, 2010.

HABERMAS, Jürgen. *Teoria do agir comunicativo*: racionalidade da ação e racionalização social. (Trad. Paulo Astor Soethe). São Paulo: WMF Martins Fontes, 2012. v. 1.

HABERMAS, Jürgen. *Verdade e Justificação*: ensaios filosóficos. (Trad. Milton Camargo Mota). São Paulo: Edições Loyola, 2004.

HABERMAS, Jürgen. *Direito e Democracia*: entre facticidade e validade. (Trad. Flávio Beno Siebeneichler). Rio de Janeiro: Tempo Brasileiro, 1997c.

HABERMAS, Jürgen. Justiça e Legislação sobre o papel e a legitimidade da jurisdição constitucional. *In*: HABERMAS, Jürgen. *Direito e democracia*: entre facticidade e validade. (Trad. Flávio Beno Siebeneichler). Rio de Janeiro: Tempo Brasileiro, 1997a. v. 1.

HABERMAS, Jürgen. *Teoria de la acción comunicativa I – Racionalidad de la acción y racionalización social*. Madri: Taurus, 1997b.

HABERMAS, Jürgen. *The theory of communicative action. Lifeworld and sistem*: a critique of functionalist reason. Boston: Beacon Press, 1987. v. 2.

HABERMAS, J. Três modelos normativos de democracia, *Revista Lua Nova*, n. 36, 1995.

HAYEK, Friedrich August von. *New Studies in Philosophy, Politics, Economics and the History of Ideas*. Londres: Routledge and Kegal Paul, 1978.

HELD, David. *Modelos de Democracia*. 1. ed. (Trad. Alexandre Sobreira Martins). Belo Horizonte: Paidéia, 1987.

HOMERCHER, Evandro. *A Lei de Acesso às Informações Públicas*. 2011. Disponível em: http://www1.tce.rs.gov.br/portal/page/portal/tcers/publicacoes/artigos/B2CBF12DDB136242E04010AC3C020346. Acesso em 02 fev. 2018.

ITÁLIA. Corte dei Conti. *Site da Corte de Contas italiana*. 2017. Disponível em: http://www.corteconti.it/. Acesso em 05 set. 2017.

KELSEN, Hans. *Teoria pura do direito*. (Trad. João Baptista Machado). São Paulo: Martins Fontes, 1999.

KMIEC, Keenan Douglas. The Origin and Current Meanings of Judicial Activism. *California Law Review*, v. 92, 2004.

KOERNER, Andrei. Ativismo Judicial? Jurisprudência constitucional e política no STF pós-88. *Novos estudos – CEBRAP*, São Paulo, n. 96, jul. 2013.

KOERNER, Andrei. O ativismo judicial como problema intelectual e político nos Estados Unidos: uma análise crítica. *Lua Nova*, São Paulo, n. 99, p. 233-255, 2016.

LEITE, Luciano Ferreira. *Interpretação e discricionariedade*. São Paulo: RCS, 2008.

LENZA, Pedro. *Direito Constitucional Esquematizado*. São Paulo: Método, 2012.

LIMA, Luiz Henrique. *Controle externo*: teoria, jurisprudência e mais de 500 questões. 4. ed. Rio de Janeiro: Elsevier, 2011.

LOCKE, John. *Segundo Tratado sobre o Governo Civil e outros escritos*: ensaio sobre a Origem, os Limites e os Fins Verdadeiros do Governo Civil. (Trad. Magda Lopes e Marisa Lobo da Costa). Petrópolis: Vozes, 2003.

MACEDO, Elaine Harzheim; BRAUN, Paola Roos. Jurisdição segundo Giuseppe Chiovenda versus jurisdição no paradigma do processo democrático de Direito: algumas reflexões. *ANIMA – Revista Eletrônica do Curso de Direito das Faculdades OPET*, Curitiba PR, a. VI, n. 12, jul./dez. 2014. Disponível em: http://www.anima-opet.com.br/pdf/anima12/ANIMA-12-JURISDICAO-SEGUNDO-GIUSEPPECHIOVENDA-versus-JURISDICAO-PARADIGMA-DO-PROCESSO-DEMOCRATICO-DIREITO.pdf. Acesso em 01 dez. 2016.

MACHADO, Edinilson Donisete. *Ativismo Judicial*: limites institucionais democráticos e constitucionais. 1. ed. São Paulo: Letras Jurídicas, 2011.

MACPHERSON, Crawford Brough. *The life and times of liberal democracy*. Oxford: Oxford University Press, 1977.

MANCUSO, Rodolfo de Camargo. *Interesses difusos*: conceito e legitimação para agir. 3. ed. São Paulo: Editora Revista dos Tribunais, 1994.

MARX, Karl Heinrich; ENGELS, Friedrich. *Manifesto do partido comunista*. Rio de Janeiro: Paz e Terra, 1979.

MAZZILLI, Hugo Nigro. *A defesa dos interesses difusos em juízo*. 12. ed. São Paulo: Saraiva, 2001.

MEDEIROS, Fabrício Juliano Mendes. *Separação de poderes*: de doutrina liberal a princípio constitucional. Brasília, a. 45, n. 178, p. 195- 205, abr./jun. 2008.

MILL, John Stuart. *Considerações sobre o governo representativo*. São Paulo: Escala, 2006.

MONTEIRO, Lorena Madruga; MOURA, Joana Tereza Vaz de; LACERDA, Alan Daniel Freire. Teorias da democracia e a práxis política e social brasileira: limites e possibilidades. *Revista Sociologias*, Porto Alegre, a. 17, n. 38, p. 156-191, jan./abr. 2015.

MONTESQUIEU, Charles-Louis de Secondat. *O Espírito das Leis*. (Trad. Jean Melville). Brasil: Martin Claret, 2006.

MORAIS, José Luis Bolzan; SPENGLER, Fabiana Marion. *Mediação e arbitragem*: alternativas à Jurisdição. 2. ed. Porto Alegre: Livraria do Advogado, 2008.

MOTTA, Carlos Pinto Coelho. Licitações e contratos: jurisdição dos Tribunais de Contas e aplicação de penalidades. *XI Congresso Nacional do Ministério Público de Contas – AMPCOM*, Goiânia, 19-21 de nov. 2008.

NASCIMENTO, Aline Trindade do; WEIERS, Karine Schultz Weiers. Considerações sobre o ativismo judicial no Brasil. *Revista Eletrônica Direito e Política, Programa de Pós-Graduação Stricto Sensu em Ciência Jurídica da UNIVALI*, Itajaí, v. 12, n. 1, p. 293-311, 2017.

NEGRELLY, Leonardo Araújo. O ativismo Judicial e seus limites frente ao estado democrático. *Anais do XIX Encontro Nacional do CONPEDI*, Fortaleza, 09-12 jun. 2010. Disponível em: http://www.publicadireito.com.br/conpedi/manaus/arquivos/anais/fortaleza/3684.pdf. Acesso em 22 jul. 2017.

NOZICK, Robert. *Anrchy, State and Utopia*. Oxford: Basil Blackwell, 1974.

OLIVEIRA, Rafael Tomaz de. A jurisdição constitucional entre a judicialização e o ativismo: percursos para uma necessária diferenciação. *In*: Simpósio Nacional de Direito Constitucional da Abdconst. Curitiba, 2012. *Anais eletrônicos do X Simpósio Nacional de Direito Constitucional da ABDConst*. Curitiba: ABDConst, 2013. Disponível em: http:// http:// www.abdconst.com.br/anais2/JurisdicaoRafael.pdf. Acesso em 03 ago. 2017.

ONU. *Pacto Internacional sobre os direitos econômicos, sociais e culturais*. 1966. Disponível em: http://www.unfpa.org.br/Arquivos/pacto_internacional.pdf. Acesso em 08 jul. 2020.

ORIGEM DA PALAVRA. Site de Etimologia. *Militância*. 2017. Disponível em: http://origemdapalavra.com.br/site/?s=milit%C3%A2ncia. Acesso em 22 jul. 2017.

PARO, Vitor Henrique. *Administração escolar*: introdução crítica. 10. ed. São Paulo: Cortez, 2001.

PASSOS, José Joaquim Calmon de. *Direito, poder, justiça e processo*: julgando quem nos julgam. Rio de Janeiro: Forense, 1999.

PATEMAN, Carole. *Participação e Teoria Democrática*. (Trad. Luiz Paulo Rouanet). Rio de Janeiro: Paz e Terra, 1992.

PATEMAN, Carole. *The problem of political obligation*: a critique of liberal theory. Cambridge: Polity Press, 1985.

PATEMAN, Carole. *Participation and Democratic Theory*. Cambridge: Cambridge University Press, 1970.

PENSADOR. *Nelson Mandela*. 2018. Disponível em: https://www.pensador.com/frase/NTcwMzA0/. Acesso 05 jul. 2018.

PENSADOR. *William Shakespeare*. 2018. Disponível em: https://www.pensador.com/frase/MzI2NQ/. Acesso 05 jul. 2018.

PLATÃO. *A República*. (Trad. Enrico Corvisieri). São Paulo: Nova Cultural, 2004.

POULANTZAS, Nicos. *Rèperes, hier et aujourd'hui*: textes sur l'État. Paris: Maspero, 1980.

RAMOS, Elival da Silva. *Ativismo judicial*: parâmetros dogmáticos. 2. ed. São Paulo: Saraiva, 2015.

RAUPP, Mauricio Santos. *Ativismo Judicial*: características e singularidades. Do voluntarismo à concretização de direitos. 1. ed. Rio de Janeiro: Lumen Juris, 2016.

REESE-SCHÄFER, Walter. *Compreender Habermas*. (Trad. Vilmar Schneider). 3. ed. Petrópolis. RJ: Editora Vozes, 2010.

RIO DE JANEIRO. Tribunal de Contas do Município do Rio de Janeiro. *Manual de auditoria governamental*. Rio de Janeiro: TCMRJ, 2017.

RODRIGUES, Geisa de Assis. *Ação civil pública e termo de ajustamento de conduta*: teoria e prática. 1. ed. Rio de Janeiro: Forense, 2002.

RODRIGUEZ, José Rodrigo. *Como decidem as cortes?*: para uma crítica do direito (brasileiro). Rio de Janeiro: FJV, 2013.

SAMPAIO, Francisco José Marques. *Negócio jurídico e direitos difusos e coletivos*. Rio de Janeiro: Lumen Juris, 1999.

SANTOS, Boaventura de Sousa. *Renovar a teoria crítica e reinventar a emancipação social*. São Paulo: Boitempo, 2007.

SARLET, Ingo Wolfgang. *A eficácia dos direitos fundamentais*. Porto Alegre: Livraria do Advogado, 2006.

SCHUMPETER, Joseph. *Capitalismo, Socialismo e Democracia*. (Trad. Ruy Jungmann). Rio de Janeiro: Fundo de Cultura, 1961.

SCIELO. *Scientific Eletronic Library Online*. Disponível em: http://www.scielo.br/scielo.php?script=sci_home&lng=pt&nrm=iso. Acesso em 01 dez. 2016.

SENA, Adriana Goulart de. Formas de resolução de conflitos e acesso à justiça. *Rev. Trib. Reg. Trab. 3ª Reg.*, Belo Horizonte, v. 46, n. 76, p. 93-114, jul./dez. 2007. Disponível em: http://www.trt3.jus.br/escola/download/revista/rev_76/Adriana_Sena.pdf. Acesso em 30 nov. 2016.

SERGIPE. *Nova Legislação do Tribunal de Contas do Estado de Sergipe*. 1. ed. Aracaju: CL, 2011.

SERGIPE. *Regimento interno do Tribunal de Contas de Sergipe, aprovado pela Resolução nº 270/2011*. Disponível em: https://www.tce.se.gov.br/Docs%20Institucional/regimento2012.pdf. Acesso em 10 set. 2017.

SERGIPE. Tribunal de Contas do Estado de Sergipe. *Institui a Lei Orgânica do Tribunal de Contas do Estado de Sergipe, e dá providências correlatas*. Lei Complementar Estadual nº 205, de 06 de julho de 2011. Disponível em: https://www.tce.se.gov.br/Docs%20Institucional/Lei_organica.pdf. Acesso em 10 set. 2017.

SIEYÈS, Emmanuel Joseph. *Exposição refletida dos direitos do homem e do cidadão*. Rio de Janeiro: Lumen Juris, 2008.

SILVA FILHO, Antônio José Carvalho da. Primórdios da jurisdição. *Academia Brasileira de Direito Processual Civil*, [s.d]. Disponível em: http://www.abdpc.org.br/abdpc/artigos/primordios%20da%20jurisdicao%20antonio%20jose%20carvalho%20da%20silva%20filho.pdf. Acesso em 01 dez. 2016.

SILVA, José Afonso da. *Aplicabilidade das normas constitucionais*. São Paulo: Malheiros, 2010.

SILVA, José Afonso da. *Curso de Direito Constitucional Positivo*. São Paulo: Malheiros, 2006.

SILVA, Lucas Gonçalves da; SILVA, Luciana Aboim Machado Gonçalves da; CERQUEIRA, Ermelino Costa. O papel prescritivo da opinião pública para as correntes democráticas procedimentalistas. *In*: SILVA, Lucas Gonçalves da; LIMA, Martonio Mont'alverne Barreto; ALBUQUERQUE, Newton de Menezes (Orgs.). *Teoria da Democracia*. Rio de Janeiro: Lumen Juris, 2015.

SIMÕES, Bruna Carvalho Alves. A evolução do constitucionalismo. *Conteúdo Jurídico*, Brasília-DF, 13 mar. 2014. Disponível em: http://www.conteudojuridico.com.br/?artigos&ver=2.47359&seo=1. Acesso em 01 ago. 2018.

SIQUEIRA, Dirceu Pereira; PICCIRILLO, Miguel Belinati. Direitos fundamentais: a evolução histórica dos direitos humanos, um longo caminho. *In*: *Âmbito Jurídico*, Rio Grande, v. XII, n. 61, fev. 2009.

SOARES, Ricardo Maurício Freire. *O princípio constitucional da dignidade da pessoa humana*. São Paulo: Saraiva, 2010.

SOBRAL DE SOUZA, Patrícia Verônica Nunes Carvalho. É possível mediação em sede de Tribunais de Contas? *In*: SILVA, Luciana Aboim Machado Gonçalves da (Org.). *Mediação de conflitos*. São Paulo: Atlas, 2013.

SOBRAL DE SOUZA, Patrícia Verônica Nunes Carvalho. O Perfil Constitucional dos Tribunais de Contas: evolução e histórico. *In*: COELHO NETO, Ubirajara (Org.). *Temas de Direito Constitucional*: estudos em homenagem ao Prof. Osório de Araújo Ramos Filho. Aracaju: Ubirajara Coelho Neto Editor, 2012.

SORJ, Bernardo; FAUSTO, Sergio (Orgs.). *Ativismo Político em tempos de internet*. São Paulo: Edições Plataforma Democrática, 2016.

SOUZA, Maria Carmen. *Curso de processo legislativo básico*. Brasília: Gráfica do Senado, 2008.

TASSINARI, Clarissa. *Jurisdição e ativismo judicial*: limites da atuação do judiciário. Porto Alegre: Livraria do Advogado Editora, 2013.

TATE, C. Neal; VALLINDER, Torbjörn. *The global expansion of judicial power*. New York: New York University Press, 1995.

TEIXEIRA, Andréia Patrícia Vieira. Poder Judiciário e economia: uma vinculação necessária. *In*: *XXI ERED/ERAJU*. Encontro Regional de Estudantes de Direito – Encontro Regional de Assessoria Jurídica Universitária, 2010.

TEIXEIRA, José Horácio Meirelles. *Curso de Direito Constitucional*. São Paulo: Forense Universitária, 1991.

UBIRAJARA, Eduardo. *Guia de Orientação*. Aracaju: FANESE, 2013.

VIEIRA, Oscar Vilhena. Supremocracia. *Revista Direito GV – legislação do trabalho e Previdência Social*, São Paulo, v. 4, n. 2, p. 441-464, jul./dez. 2008.

VILLA, Marco Antônio. *A história das constituições brasileiras*. São Paulo: Leya, 2011.

WAMBIER, Teresa Arruda Alvim (Coord.) *et al*. *Breves comentários ao novo Código de Processo Civil*. 2. ed. São Paulo: Revista dos Tribunais, 2016.

WARAT, Luis Alberto. *Surfando na pororoca*: ofício do mediador. (Coordenadores: Orides Mezzaroba, Arno Dal Ri Júnior, Aires José Rover, Cláudia Servilha Monteiro). Florianópolis: Fundação Boiteux, 2004.

WEBER, Max. *Economy and Society*. Berkeley: University of California Press, 1978. v. 2.

YIN, Robert K. *Estudo de caso*: planejamento e métodos. (Trad. Ana Thorell. Revisão técnica Cláudio Damacena). 4. ed. Porto Alegre: Bookman, 2010.

# APÊNDICE A

## QUESTIONÁRIO PARA OS TCs QUE NÃO ADOTARAM O TAG

## DADOS DOS RESPONDENTES/SERVIDORES DOS TCs

**1) Sexo**

Masculino ( ) Feminino ( )

**2) Cargo que ocupa no TCE**

a) Presidente/Conselheiro/Conselheiro-substituto/Procurador ( )
b) Superintendente/Secretário/Diretor ( )
e) Cargo Técnico ( )

**3) Área de Formação Acadêmica**

a) Área Jurídica ( )
b) Área Técnica ( )
c) Áreas Jurídicas e Técnica ( )
c) Outras Áreas ( )

# DADOS ESPECÍFICOS SOBRE A NÃO ADOÇÃO DO TAG

1) **Qual o seu conhecimento sobre os procedimentos e funções do TAG (Termo de Ajustamento de Gestão)?**

   a) Pouco ( )
   b) Razoável ( )
   c) Compreendo muito bem em quais situações o TAG pode ser utilizado ( )

2) **Qual o seu posicionamento diante dos argumentos favoráveis e contrários a utilização do TAG como controle consensual da administração?**

   a) Contra ( )
   b) A favor ( )

3) **A instituição tem adotado o TAG como controle consensual da administração?**

   a) Sim ( )
   b) Não ( )

4) **Houve ou há discussão, minimamente, de interesse desta Corte de Contas ou do Ministério Público de Contas quanto a implantação do TAG nesta instituição?**

   a) Sim, em discussão ( )
   b) Sim, já discutido e no aguardo de regulamentação ( )
   c) Sim, já discutido e não será adotado ( )
   d) Não ( )
   e) Outra opinião ( )

5) Sabe-se que este Tribunal de Contas ainda não adotou o instituto do TAG. Qual a razão da não implantação do TAG, como forma de controle consensual?

a) A instituição ainda não colocou em pauta o tema ( )
b) A adoção está em andamento ( )
c) Não há interesse por Parte da Administração Superior ( )
d) Ausência de regulamentação ( )
d) Outros Motivos ( )

6) Que outro meio consensual a instituição utiliza, já que o TAG não foi normatizado?
a) Audiência Pública ( )
b) Transação ( )
c) Plano de ação ( )
d) Nenhum meio consensual, apenas a Medida Cautelar ( )

7) Você acredita que o TAG visa tutelar direitos sociais fundamentais e converge em benefício da Coletividade, mormente quanto ao direito à Saúde, à Educação e ao acesso à Informação?
a) Sim ( )
b) Não ( )
c) Outra opinião ( )

# APÊNDICE B

Quadro 5: Compilado dos Tribunais de Contas que adotaram o TAG por (Leis, Resoluções e Regimento) e os que não o utilizam

| TCEs E TCMs COM/SEM TAG – ATRAVÉS DE LEI ORGÂNICA/REGIMENTO/RESOLUÇÃO/MANUAL | | |
|---|---|---|
| | TCE | TCM/TCMs |
| 1-<br>Acre | Lei Orgânica do Tribunal de Contas do Estado do Acre Lei Complementar Estadual nº 38, de 27 de dezembro de 1993. Art. 106-A. Acrescido pela Lei Complementar n° 259, de 29 de janeiro de 2013. | - |
| 2-<br>Alagoas | Não adotou até o ano de 2019 | - |
| 3-<br>Amapá | Resolução Normativa nº 172/2017/TCE-AP | - |
| 4-<br>Amazonas | Inciso XXVII acrescentado pelo artigo 1° da Lei Complementar nº 120, de 13 de junho de 2013. Art, 42 – A e 42 – B. | - |
| 5-6<br>Bahia | Não adotou até o ano de 2019 | Não adotou até o ano de 2019 |
| 7-<br>Ceará | Lei Orgânica do Tribunal de Contas do Estado do Ceará nº 12.509, de 06 de dezembro de 1995, acrescido pela lei nº 16.819, de 08 de janeiro de 2019. | - |
| 8-<br>Distrito Federal | Não adotou até o ano de 2019 | - |
| 9-<br>Espírito Santo | Resolução TC nº 261, de 4 de junho de 2013. Art. 1º, § 4º, inciso XXXVIII e Art. 14. | - |
| 10-11<br>Goiás | A Lei n. 16.168, de 11 de dezembro de 2007, que trata da Lei Orgânica do Tribunal de Contas do Estado de Goiás (TCE-GO), foi alterada pela Lei n. 17.260, de 26 de janeiro de 2011, que se limitou a implantar, no art. 110-A, o Termo de Ajustamento de Gestão. | Lei nº 15.958, de 18 de janeiro de 2007, art. 44-A, acrescido pela Lei nº 19.990, de 22-01-2018 |
| 12-<br>Maranhão | Resolução TCE/MA nº 296, de 20 de junho de 2018. | - |
| 13-<br>Mato Grosso | Lei Complementar n. 486, de 7 de janeiro de 2013, que trouxe alterações em sua Lei Orgânica (Lei Complementar n. 269, de 22 de janeiro de 2007), conforme inc. XIX, do art. 1º. Artigos 42-A, 42-B e 42-C. | - |
| 14-<br>Mato Grosso do Sul | Lei Complementar nº 160, de 2 de janeiro de 2012. art. 25-a. | - |

*(continua)*

*(conclusão)*

| TCEs E TCMs COM/SEM TAG – ATRAVÉS DE LEI ORGÂNICA/REGIMENTO/RESOLUÇÃO/MANUAL | | |
|---|---|---|
| 15-<br>Minas Gerais | Lei Complementar n. 120, de 15 de dezembro de 2011 – que dispõe sobre a organização do Tribunal de Contas –, incluindo os arts. 93-A e 93-B na Lei Complementar Estadual n. 108, de 17 de janeiro de 2008 | - |
| 16-17<br>Pará | Não adotou até o ano de 2019 | Regimento Interno TCM/PA Ato Nº 16/2013. Título VI Arts. 147 a 158 |
| 18-<br>Paraíba | Resolução TCE/PB nº 05/2007 | - |
| 19-<br>Paraná | Lei complementar 194 – 13 de abril 2016. Art. 1º do §5º. | - |
| 20-Pernambuco | Lei Estadual nº 12.600, de 14 de junho 2004, acrescentado pela Lei 14.725 de 09 de julho de 2012. Art. 48-A. Resolução nº 02/2015 | - |
| 21-<br>Piauí | Resolução TCE/PI nº 10, de 07 de abril de 2016. | - |
| 22-23<br>Rio de Janeiro | Não adotou até o ano de 2019 | Não adotou até o ano de 2019 |
| 24-<br>Rio Grande do Norte | A Lei Complementar nº 464, de 5 de janeiro de 2012. Art. 122. | - |
| 25-<br>Rio Grande do Sul | Regimento Interno - Resolução TCE/RS nº 1028/2015 | |
| 26-Rondônia | Resolução nº 246/2017/TCE-RO | |
| 27-Roraima | Não adotou até o ano de 2019 | - |
| 28-<br>Santa Catarina | Resolução nº TC-137/2017, que determina a remessa de Projeto de Lei à Assembleia Legislativa para incluir na Lei Orgânica nº 202/2000 os arts. 36-A e 36-B | - |
| 29-30<br>São Paulo | Não adotou até o ano de 2019 | Não adotou até o ano de 2019 |
| 32-<br>Sergipe | Lei Complementar nº 205, de 6 de julho de 2011. Art. 1º inciso XXVIII. | - |
| 33-<br>Tocantins | Instrução Normativa – TCE /TO nº 1/2019, de 15 de maio de 2019. | - |
| 34-<br>TCU | Não adotou até o ano de 2019 | |
| Total | 18 | 2 |

Fonte: elaborado pela Autora.

APÊNDICE C

## LISTA GERAL DE TAGs FIRMADOS PELO TCE/SE (2014-2019)

| Nº de Ordem | Órgão Gestor | Processo / Ano | Relatório de Inspeção | TAG | Quantidade de Itens/ Unidades | Atendidos | Não atendidos | Decisão/ Multa | Em Andamento | Relator | CCI |
|---|---|---|---|---|---|---|---|---|---|---|---|
| 1 | Boquim | 002093/2014 | Relatório de Inspeção Especial nº 06/2014 | Melhoria nas Escolas | 05 | 05 | | Decisão nº 19.068/2015 - REGULAR | - | Maria A. G. Marinho | 6ª |
| 2 | São Domingos | 002096/2014 | Relatório de Inspeção Especial nº 05/2014 | Melhoria nas Escolas | 21 | 16 | 05 | Decisão nº 30.103/2016 - REGULAR | - | Maria A. G. Marinho | 6ª |
| 3 | Salgado | 002147/2014 | Relatório de Inspeção Especial nº 29/2015 | Melhoria nas Escolas | 08 | 08 | | Decisão nº 19.148/2015 - REGULAR com recomendações. | - | Maria A. G. Marinho | 6ª |
| 4 | Pedra Mole | 002218/2014 | Relatório de Inspeção Especial nº 11/2014 | Melhoria nas Escolas | 06 | 06 | | Decisão nº 19.260 - REGULAR com recomendações. | - | Maria A. G. Marinho | 6ª |
| 5 | Pinhão | 002241/2014 | Relatório de Inspeção Especial nº 07/2014 | Melhoria nas Escolas | 08 | 08 | | Decisão nº 19.129/2015 - REGULAR | - | Maria A. G. Marinho | 6ª |
| 6 | Macambira | 002349/2014 | Relatório de Inspeção Especial nº 08/2014 | Melhoria nas Escolas | 04 | 01 | 03 | Decisão nº 19.191/2015 - REGULAR com ressalvas e Multa de R$ 3.000,00. | - | Maria A. G. Marinho | 6ª |
| 7 | Pedrinhas | 002390/2014 | Relatório de Inspeção Especial nº 17/2014 | Melhoria nas Escolas | 06 | 01 | 05 | Decisão nº 19.450/2016 - Regular com Ressalvas e multa de R$ 3.000,00. | - | Maria A. G. Marinho | 6ª |
| 8 | Itabaianinha | 000337/2015 | Relatório de Inspeção Especial nº 19/2014 | Melhoria nas Escolas | 06 | 06 | | Decisão nº 31.139/2017 - REGULAR | - | Maria A. G. Marinho | 6ª |
| 9 | Tomar do Geru | 002347/2014 | Relatório de Inspeção Especial nº 16/2014 | Melhoria nas Escolas | 05 | 01 | 04 | Decisão nº 34.710/2019 – IRREGULAR e Multa de R$ 4.500,00 | - | Maria A. G. Marinho | 6ª |

*(continua)*

| Nº de Ordem | Órgão Gestor | Processo / Ano | Relatório de Inspeção | TAG | Quantidade de Itens/ Unidades | Atendidos | Não atendidos | Decisão/ Multa | Em Andamento | Relator | CCI |
|---|---|---|---|---|---|---|---|---|---|---|---|
| 10 | Simão Dias | 002348/2014 | Relatório de Inspeção Especial nº 13/2014 | Melhoria nas Escolas | 05 | 04 | 01 | Decisão nº 19.450/2016 - Regular com Ressalvas e multa de R$ 1.500,00. | - | Maria A. G. Marinho | 6ª |
| 11 | Riachão do Dantas | 000003/2015 | Relatório de Inspeção Especial nº 18/2015 | Melhoria nas Escolas | 06 | 02 | 04 | - | 1 | Maria A. G. Marinho | 6ª |
| 12 | Tobias Barreto | 000202/2015 | Relatório de Inspeção Especial nº 20/2014 | Melhoria nas Escolas | 08 | 03 | 05 | | 1 | Maria A. G. Marinho | 6ª |
| 13 | Gararu | 002451/2014 | Relatório de Inspeção Especial nº 02/2014 | Melhoria nas Escolas | 03 | | | Decisão nº 20.653/2019 –Arquivado por existência de vício insanável. | - | Susana M. F. A. Freitas | 1ª |
| 14 | Porto da Folha | 002446/2014 | Relatório de Inspeção Especial nº 03/2014 | Melhoria nas Escolas | 03 | | | Decisão nº 29.363/2018 - Regular com Ressalvas e multa de R$ 1.240,67. | - | Susana M. F. A. Freitas | 1ª |
| 15 | Nossa Senhora das Dores | 002454/2014 | Relatório de Inspeção Especial nº 15/2014 | Melhoria nas Escolas | 03 | | | | 1 | Susana M. F. A. Freitas | 1ª |
| 16 | Graccho Cardoso | 002450/2014 | Relatório de Inspeção Especial nº 04/2014 | Melhoria nas Escolas | 15 | 06 | 08 | Decisão nº 28.913/2015 - Irregularidade e multa de R$ 30.000,00. | - | Susana M. F. A. Freitas | 1ª |
| 17 | Siriri | 002455/2014 | Relatório de Inspeção Especial nº 16/2014 | Melhoria nas Escolas | 11 | | | | 1 | Susana M. F. A. Freitas | 1ª |
| 18 | Carira | 002550/2016 | Relatório de Inspeção – DCEOS | Portal de Transparência | 23 | | | | 1 | Susana M. F. A. Freitas | 1ª |
| 19 | Capela | 000236/2015 | Relatório de Inspeção Especial nº 13/2014 | Melhoria nas Escolas | 03 | 06 | 06 | | 1 | Susana M. F. A. Freitas | 1ª |
| 20 | Itaporanga D'Ajuda | 002528/2016 | Relatório de Inspeção – DCEOS | Portal de Transparência | 23 | | | Decisão nº 20.655/2019 – Pleno – Arquivado por exitência de vício insanável | | Susana M. F. A. Freitas | 1ª |
| 21 | Areia Branca | 002527/2016 | Relatório de Inspeção – DCEOS | Portal de Transparência | 23 | | | Decisão nº 20.610/2019 –Arquivado por existência de vício insanável | | Susana M. F. A. Freitas | 1ª |

(continua)

APÊNDICE C  317

| Nº de Ordem | Órgão Gestor | Processo / Ano | Relatório de Inspeção | TAG | Quantidade de Itens/ Unidades | Atendidos | Não atendidos | Decisão/ Multa | Em Andamento | Relator | CCI |
|---|---|---|---|---|---|---|---|---|---|---|---|
| 22 | Capela | 001929/2016 | Relatório de Inspeção – DCEOS | Portal da Transparência | 23 | 20 | 03 | | 1 | Maria A. G. Marinho | 6ª |
| 23 | Riachuelo | 002453/2014 | Relatório de Inspeção Especial nº 17/2014 | Melhoria nas Escolas | 03 | | | Decisão nº 33.863 –Cumprimento satisfatório | | Susana M. F. A. Freitas | 1ª |
| 24 | São Miguel do Aleixo | 002447/2014 | Relatório de Inspeção Especial nº 10/2014 | Melhoria nas Escolas | 03 | | | Decisão nº 28.914/2016 –Aplicação de multa R$ 30.000,00 | | Susana M. F. A. Freitas | 1ª |
| 25 | Malhada dos Bois | 002448/2014 | Relatório de Inspeção Especial nº 12/2014 | Melhoria nas Escolas | 03 | | | Decisão nº 34.264/2019 – Aplicação de Multa de R$ 3.000,00 | | Susana M. F. A. Freitas | 1ª |
| 26 | Feira Nova | 002452/2014 | Relatório de Inspeção Especial nº 01/2014 | Melhoria nas Escolas | 11 | 09 | 02 | | 1 | Susana M. F. A. Freitas | 1ª |
| 27 | Divina Pastora | 002449/2014 | Relatório de Inspeção Especial nº 14/2014 | Melhoria nas Escolas | 03 | | | Decisão nº 34.084 –Cumprimento Total | | Susana M. F. A. Freitas | 1ª |
| 28 | Pinhão | 002488/2016 | Relatório de Inspeção – DCEOS | Portal de Transparência | 23 | 23 | 00 | | 1 | Carlos P. de Assis | 5ª |
| 29 | Tomar do Geru | 002489/2016 | Relatório de Inspeção – DCEOS | Portal de Transparência | 23 | 19 | 04 | Decisão nº 33.089 –Regular com ressalva | - | Carlos P. de Assis | 5ª |
| 30 | Pedra Mole | 002549/2016 | Relatório de Inspeção - DCEOS | Portal de Transparência | 23 | 20 | 03 | Decisão nº 32.059/2018 – Segunda Câmara – IRREGULAR com Multa R$ 9.000,00 | | Carlos P. de Assis | 5ª |
| 31 | Simão Dias | 002565/2016 | Relatório de Inspeção - DCEOS | Portal de Transparência | 23 | 21 | 02 | Decisão nº 32.016/2018 - Cumprida | | Carlos P. de Assis | 5ª |
| 32 | Tobias Barreto | 002566/2016 | Relatório de Inspeção - DCEOS | Portal de Transparência | 23 | 23 | | Decisão nº 34.354 –IRREGULAR com Multa R$ 9.000,00 | | Carlos P. de Assis | 5ª |
| 33 | Macambira | 002718/2016 | Relatório de Inspeção - DCEOS | Portal de Transparência | 23 | | | | 1 | Carlos P. de Assis | 5ª |
| 34 | Pacatuba | 002359/2016 | Relatório de Inspeção - DCEOS | Portal de Transparência | 23 | | | Decisão nº 20.255/2019 –Regular com ressalva | - | Carlos A. S. de Souza | 2ª |

(continua)

| Nº de Ordem | Órgão Gestor | Processo / Ano | Relatório de Inspeção | TAG | Quantidade de Itens/ Unidades | Atendidos | Não atendidos | Decisão/ Multa | Em Andamento | Relator | CCI |
|---|---|---|---|---|---|---|---|---|---|---|---|
| 35 | Santa Luzia do Itanhy | 002599/2016 | Relatório de Inspeção - DCEOS | Portal de Transparência | 23 | X | | Decisão nº 20.233/2019 –Cumprimento total | - | Carlos A. S. de Souza | 2ª |
| 36 | Santo Amaro das Brotas | 002252/2016 | Relatório de Inspeção - DCEOS | Portal de Transparência | 23 | | | Decisão nº 20.254/2018 –IRREGULAR com multa R$ 45.000,00 | - | Carlos A. S. de Souza | 2ª |
| 37 | São Cristóvão | 002253/2016 | Relatório de Inspeção - DCEOS | Portal de Transparência | 23 | X | | Decisão nº 20.219 – Plenário | - | Carlos A. S. de Souza | 2ª |
| 38 | Cristinápolis | 002363/2016 | Relatório de Inspeção - DCEOS | Portal de Transparência | 23 | 23 | | Decisão nº 20.221 - Plenário | - | Carlos A. S. de Souza | 2ª |
| 39 | Indiaroba | 002254/2016 | Relatório de Inspeção - DCEOS | Portal de Transparência | 23 | 23 | | Decisão nº 20.220 - REGULAR | - | Carlos A. S. de Souza | 2ª |
| 40 | Malhador | 002452/2016 | Relatório de Inspeção - DCEOS | Portal de Transparência | 23 | 23 | | Decisão nº 20.256/2018 - Cumprimento Total | - | Carlos A. S. de Souza | 2ª |
| 41 | Maruim | 002251/2016 | Relatório de Inspeção - DCEOS | Portal de Transparência | 23 | | | Decisão nº 20.202/2018 - Regular | - | Carlos A. S. de Souza | 2ª |
| 42 | ALESE | 002199/2015 | - | Regulamentação das Verbas para o Exercício de Atividade Parlamentar - VEAP | 01 | 01 | | Decisão nº 19.461/2016 - CUMPRIDA | - | Carlos A. S. de Souza | 2ª |
| 43 | Estância | 002249/2016 | Relatório de Inspeção – DCEOS | Portal de Transparência | 23 | 23 | | Decisão nº 29.072/2017 - REGULAR | - | Carlos A. S. de Souza | 2ª |
| 44 | Carmópolis | 002451/2016 | Relatório de Inspeção – DCEOS | Portal de Transparência | 23 | 23 | | Decisão nº 29.044/2017 - REGULAR | - | Carlos A. S. de Souza | 2ª |
| 45 | Umbaúba | 002250/2016 | Relatório de Inspeção – DCEOS | Portal de Transparência | 23 | | | Decisão nº 29.769 - REGULAR | - | Carlos A. S. de Souza | 2ª |
| 46 | General Maynard | 002402/2016 | Relatório de Inspeção – DCEOS | Portal de Transparência | 23 | | | Decisão nº 29.813 - REGULAR | - | Carlos A. S. de Souza | 2ª |

*(continua)*

| Nº de Ordem | Órgão Gestor | Processo / Ano | Relatório de Inspeção | TAG | Quantidade de Itens/ Unidades | Atendidos | Não atendidos | Decisão/ Multa | Em Andamento | Relator | CCI |
|---|---|---|---|---|---|---|---|---|---|---|---|
| 47 | Rosário do Catete | 002358/2016 | Relatório de Inspeção – DCEOS | Portal de Transparência | 23 | | | Decisão nº 20.203/2018 - Cumprimento Total | - | Carlos A. S. de Souza | 2ª |
| 48 | Campo do brito | 002490/2016 | Relatório de Inspeção - DCEOS | Portal de Transparência | 23 | 22 | 01 | Decisão nº 20.222/2018- REGULAR | - | Carlos A. S. de Souza | 2ª |
| 49 | CMA | 001146/2014 | Relatório de Inspeção Especial nº 52/2014 | Regulamentação das Verbas para o Exercício de Atividade Parlamentar - VEAP | 01 | 01 | | Decisão nº 20.835 - Arquivamento | 1 | Carlos P. de Assis | 5ª |
| 50 | Capela | 000190/2017 | Relatório de Inspeção nº 45/2016 | Atenção básica em Saúde | 04 | | | | 1 | Maria A. G. Marinho | 6ª |
| 51 | Laranjeiras | 000154/2015 | Relatório de Inspeção Especial nº 11/2014 | Melhoria das Escolas | 03 | | | | 1 | Carlos P. de Assis | 5ª |
| 52 | Ilha das Flores | 001880/2016 | Relatório de Inspeção - DCEOS | Portal de Transparência | 23 | 21 | 02 | | 1 | Luiz A. C. Ribeiro | 3ª |
| 53 | São Francisco | 001883/2016 | Relatório de Inspeção - DCEOS | Portal de Transparência | 23 | 20 | 03 | | 1 | Luiz A. C. Ribeiro | 3ª |
| 54 | Santana de São Francisco | 001884/2016 | Relatório de Inspeção - DCEOS | Portal de Transparência | 23 | 11 | 12 | | 1 | Luiz A. C. Ribeiro | 3ª |
| 55 | Aquidabá | 001885/2016 | Relatório de Inspeção - DCEOS | Portal de Transparência | 23 | 15 | 08 | | 1 | Luiz A. C. Ribeiro | 3ª |
| 56 | Barra dos Coqueiros | 001879/2016 | Relatório de Inspeção - DCEOS | Portal de Transparência | 23 | 23 | - | Decisão nº 31.111/2017 - REGULAR | | Luiz A. C. Ribeiro | 3ª |
| 57 | Brejo Grande | 001881/2016 | Relatório de Inspeção - DCEOS | Portal de Transparência | 23 | 13 | 10 | | 1 | Luiz A. C. Ribeiro | 3ª |
| 58 | Canhoba | 001886/2016 | Relatório de Inspeção - DCEOS | Portal de Transparência | 23 | | | | 1 | Luiz A. C. Ribeiro | 3ª |
| 59 | Cedro de São João | 002476/2016 | Relatório de Inspeção - DCEOS | Portal de Transparência | 23 | | | | 1 | Luiz A. C. Ribeiro | 3ª |
| 60 | Cumbe | 001893/2016 | Relatório de Inspeção - DCEOS | Portal de Transparência | 23 | 14 | 09 | | 1 | Luiz A. C. Ribeiro | 3ª |

*(continua)*

| Nº de Ordem | Órgão Gestor | Processo / Ano | Relatório de Inspeção | TAG | Quantidade de Itens/ Unidades | Atendidos | Não atendidos | Decisão/ Multa | Em Andamento | Relator | CCI |
|---|---|---|---|---|---|---|---|---|---|---|---|
| 61 | Itabi | 001878/2016 | Relatório de Inspeção - DCEOS | Portal de Transparência | 23 | | | Decisão nº 30.273/2019 - Descumprimento - Ausência de Multa | - | Luiz A. C. Ribeiro | 3ª |
| 62 | Japaratuba | 001890/2016 | Relatório de Inspeção - DCEOS | Portal de Transparência | 23 | 15 | 08 | Decisão nº 30.541/2019 - Descumprimento. Aplicação de multa | - | Luiz A. C. Ribeiro | 3ª |
| 63 | Japoatã | 001892/2016 | Relatório de Inspeção - DCEOS | Portal de Transparência | 23 | 20 | 01 | Decisão nº 30.339/2019 - Descumprimento. Afastamento da Multa | | Luiz A. C. Ribeiro | 3ª |
| 64 | Muribeca | 001894/2016 | Relatório de Inspeção - DCEOS | Portal de Transparência | 23 | 13 | 10 | Decisão nº 21.183 -Violação ao devido processo legal. Extinção | | Luiz A. C. Ribeiro | 3ª |
| 65 | Neópolis | 001887/2016 | Relatório de Inspeção - DCEOS | Portal de Transparência | 23 | 16 | 07 | | 1 | Luiz A. C. Ribeiro | 3ª |
| 66 | Propriá | 001891/2016 | Relatório de Inspeção - DCEOS | Portal de Transparência | 23 | 19 | 04 | Decisão TC 21.246 – Extinção do processo sem julgamento do mérito | | Luiz A. C. Ribeiro | 3ª |
| 67 | Santa Rosa de Lima | 001889/2016 | Relatório de Inspeção - DCEOS | Portal de Transparência | 23 | | | | 1 | Luiz A. C. Ribeiro | 3ª |
| 68 | Telha | 001888/2016 | Relatório de Inspeção - DCEOS | Portal de Transparência | 23 | 12 | 11 | | 1 | Luiz A. C. Ribeiro | 3ª |
| 69 | Estância | 109498/2017 | Relatório de Inspeção nº 08/2017 | Melhoria nas escolas | 28 | | | | 1 | Susana M. F. A. Freitas | 1ª |
| 70 | Estância | 109691/2017 | Relatório de Inspeção nº 09/2017 | Quadro de pessoal | 18 | | | | 1 | Susana M. F. A. Freitas | 1ª |
| 71 | Siriri | 068528/2016 | RAO nº 1/2018 | Atenção básica m Saúde | 11 | - | - | - | | Maria A. G. Marinho | 6ª |

*(continua)*

| Nº de Ordem | Órgão Gestor | Processo / Ano | Relatório de Inspeção | TAG | Quantidade de Itens/ Unidades | Atendidos | Não atendidos | Decisão/ Multa | Em Andamento | Relator | CCI |
|---|---|---|---|---|---|---|---|---|---|---|---|
| 72 | Graccho Cardoso | 007200/2018 | RAO nº 6/2018 | Atenção básica em Saúde | 11 | - | - | - | 1 | Maria A. G. Marinho | 6ª |
| 73 | Feira Nova | 000187/2017 | RAO nº 24/2016 | Atenção básica em Saúde | 11 | - | - | - | 1 | Maria A. G. Marinho | 6ª |
| 74 | Divina Pastora | 068528/2016 | RAO nº 03/2018 | Atenção básica em Saúde | 11 | - | - | - |  | Maria A. G. Marinho | 6ª |
| 75 | São Miguel do Aleixo | 011808/2018 | RAO nº 12/2018 | Atenção básica em Saúde | 11 | 09 | 02 |  | 1 | Maria A. G. Marinho | 6ª |
| 76 | Malhada dos Bois | 012814/2018 | RAO nº 08/2018 | Atenção básica em Saúde | 12 | 12 |  | Decisão nº 33.440 – REGULAR |  | Maria A. G. Marinho | 6ª |
| 77 | Porto da Folha | 012815/2018 | RAO nº 10/2018 | Atenção básica em Saúde | 11 | 06 | 05 |  | 1 | Maria A. G. Marinho | 6ª |
| 78 | Riachuelo | 012817/2018 | RAO nº 11/2018 | Atenção básica em Saúde | 12 |  |  | Decisão nº 34.712 – REGULAR |  | Maria A. G. Marinho | 6ª |
| 79 | Nossa Senhora das Dores | 000382/2019 | RAO nº 09/2018 | Atenção básica em Saúde | 12 | 12 |  | Decisão nº 31.853- REGULAR |  | Maria A. G. Marinho | 6ª |
| 80 | Gararu | 007201/2018 | RAO nº 05/2018 | Atenção básica em Saúde | 12 | 12 |  | Decisão nº 31.852- REGULAR |  | Maria A. G. Marinho | 6ª |
| 81 | Capela | 007329/2018 | RAO nº 02/2018 | Atenção básica em Saúde | 11 | 11 | 00 |  | 1 | Maria A. G. Marinho | 6ª |
| 82 | Laranjeiras | 000381/2019 | RAO nº 07/2018 | Atenção básica em Saúde | 12 | 05 | 07 |  | 1 | Maria A. G. Marinho | 6ª |
| 83 | Itabi | 008513/2018 | RAO nº 15/2018 | Atenção básica em Saúde | 18 | 08 | 10 |  | 1 | Carlos A. S. de Souza | 2ª |
| 84 | Amparo do São Francisco | 006420/2018 | RAO nº 03/2018 | Atenção básica em Saúde | 12 | 12 |  |  | 1 | Carlos A. S. de Souza | 2ª |
| 85 | Telha | 010175/2018 | RAO nº 16/2018 | Atenção básica em Saúde | 18 | 18 |  |  | 1 | Carlos A. S. de Souza | 2ª |
| 86 | Santana do São Francisco | 012465/2018 | RAO nº 25/2018 | Atenção básica em Saúde | 17 | 09 | 08 |  |  | Carlos A. S. de Souza | 2ª |
| 87 | Propriá | 010173/2018 | RAO nº 17/2018 | Atenção básica em Saúde | 16 |  |  |  | 1 | Carlos A. S. de Souza | 2ª |

*(continua)*

(conclusão)

| Nº de Ordem | Órgão Gestor | Processo / Ano | Relatório de Inspeção | TAG | Quantidade de Itens/ Unidades | Atendidos | Não atendidos | Decisão/ Multa | Em Andamento | Relator | CCI |
|---|---|---|---|---|---|---|---|---|---|---|---|
| 88 | Brejo Grande | 000383/2019 | RAO nº 28/2018 | Atenção básica em Saúde | 20 | | | | 1 | Carlos A. S. de Souza | 2ª |
| 89 | Governo de Sergipe | 004786/2019 | Medida Cautelar nº 20.384/2019 | Reajuste da Polícia Militar – Sana irregularidades apontadas no Processo TC nº 004786/2019, com previsão de compensação do montante | 01 | | | | 1 | Carlos A. S. de Souza | 2ª |

Fonte: elaborado pela Autora.

# ANEXOS

# ANEXO A

# MODELO DE TERMO DE AJUSTAMENTO DE GESTÃO

**ESTADO DE SERGIPE**
**TRIBUNAL DE CONTAS**

**TERMO DE AJUSTAMENTO DE GESTÃO**

Processo TC/SE n° 0000/2015

O **Tribunal de Contas do Estado de Sergipe**, neste ato representado pelo Conselheiro Carlos Alberto Sobral de Souza e pelo Auditor Rafael Sousa Fonsêca; e o **Ministério Público Especial**, neste ato representado pelo Procurador João Augusto Bandeira de Mello; celebram junto à Assembleia Legislativa do Estado de Sergipe, representada pela seu Presidente Luciano Bispo de Lima e seu Primeiro Secretário Jeferson Andrade, doravante denominado **COMPROMITENTE**, o presente **TERMO DE AJUSTAMENTO DE GESTÃO**, com base nas considerações e cláusulas a seguir delineadas.

Considerando que a administração pública deve pautar seus atos observando os princípios constitucionais aplicáveis ao direito administrativo, em especial os da legalidade, moralidade, impessoalidade, economicidade, eficiência, transparência e publicidade;

Considerando que, nos termos dos arts. 70 e 75 da Constituição Federal, combinado com o art. 67 da Constituição do Estado de Sergipe, cabe ao Tribunal de Contas do Estado de Sergipe o dever de zelar pelo bom desempenho operacional das entidades e órgãos públicos;

Considerando que deve ser incentivada a utilização de mecanismos de controle consensual, que possibilitem, a um só tempo, a composição rápida de litígios e o célere saneamento de falhas administrativas existentes;

Considerando que de acordo com o art. 52 da Lei Complementar Estadual nº 205, de 06 de julho de 2011, o Tribunal pode, de forma alternativa ou cumulativa às providências mencionadas nos arts. 50 e 51, celebrar com a autoridade competente, para o desfazimento e/ou saneamento do ato ou negócio

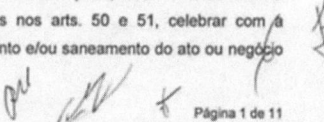

**ESTADO DE SERGIPE**
**TRIBUNAL DE CONTAS**

**TERMO DE AJUSTAMENTO DE GESTÃO**

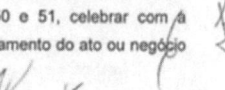

Processo TC/SE nº 0000/2015

O **Tribunal de Contas do Estado de Sergipe**, neste ato representado pelo Conselheiro Carlos Alberto Sobral de Souza e pelo Auditor Rafael Sousa Fonsêca; e o **Ministério Público Especial**, neste ato representado pelo Procurador João Augusto Bandeira de Mello; celebram junto à Assembleia Legislativa do Estado de Sergipe, representada pelo seu Presidente Luciano Bispo de Lima e seu Primeiro Secretário Jeferson Andrade, doravante denominado **COMPROMITENTE**, o presente **TERMO DE AJUSTAMENTO DE GESTÃO**, com base nas considerações e cláusulas a seguir delineadas.

Considerando que a administração pública deve pautar seus atos observando os princípios constitucionais aplicáveis ao direito administrativo, em especial os da legalidade, moralidade, impessoalidade, economicidade, eficiência, transparência e publicidade;

Considerando que, nos termos dos arts. 70 e 75 da Constituição Federal, combinado com o art. 67 da Constituição do Estado de Sergipe, cabe ao Tribunal de Contas do Estado de Sergipe o dever de zelar pelo bom desempenho operacional das entidades e órgãos públicos;

Considerando que deve ser incentivada a utilização de mecanismos de controle consensual, que possibilitem, a um só tempo, a composição rápida de litígios e o célere saneamento de falhas administrativas existentes;

Considerando que de acordo com o art. 52 da Lei Complementar Estadual nº 205, de 06 de julho de 2011, o Tribunal pode, de forma alternativa ou cumulativa às providências mencionadas nos arts. 50 e 51, celebrar com a autoridade competente, para o desfazimento e/ou saneamento do ato ou negócio

**ESTADO DE SERGIPE**
**TRIBUNAL DE CONTAS**

**TERMO DE AJUSTAMENTO DE GESTÃO**

Processo TC/SE nº 0000/2015

**Cláusula II:** O Projeto de Lei de que trata a Cláusula I deverá instituir as "verbas indenizatórias", atualmente regulamentadas pela Resolução nº 05/2008, alterada pela Resolução nº 09/2014, e Resolução nº 06/2008, alterada pela Resolução nº 10/2014, contendo em seu bojo a possibilidade de utilização, em caráter exclusivo, para ressarcimento das seguintes despesas:

I – contratação de serviços de consultoria e assessoria na área jurídica, de engenharia (incluindo perícia técnica), de agricultura, meio ambiente, recursos naturais renováveis e não renováveis, economia, orçamento, finanças públicas, bem como de pessoa jurídica comprovadamente especializada, em especial em "marketing", para o apoio ao Deputado, que se afigurem necessários à defesa e desempenho do exercício das atividades parlamentares, trabalhos técnicos, pesquisas socioeconômicas, cuja comprovação deve ser feita mediante relatório ou laudo técnico elaborado pelo prestador dos serviços;

II – combustíveis, lubrificantes, peças e manutenção de veículos automotores que sirvam ao Deputado Estadual no exercício da atividade parlamentar:

a) neste caso o ressarcimento somente deve ser efetuado se forem apresentadas as Notas Fiscais mencionando os números dos cupons, ou estes, e identificação dos veículos (placa);

b) o preço do combustível deve ser compatível com o preço médio de mercado divulgado no site da Agência Nacional do Petróleo, Gás Natural e Bicombustíveis – ANP;

**ESTADO DE SERGIPE**
**TRIBUNAL DE CONTAS**

**TERMO DE AJUSTAMENTO DE GESTÃO**

Processo TC/SE n° 0000/2015

III – telefonia fixa e móvel:

a) a despesa com telefonia fixa e móvel compreende o reembolso de contas telefônicas de comprovada responsabilidade do Deputado: as faturas relativas aos telefones instalados nos imóveis funcionais e os gastos com as linhas de celulares utilizadas pelo Parlamentar;

IV – passagens aéreas, quando o objeto da viagem for para o desempenho da atividade parlamentar, desde que devidamente comprovada com o cartão de embarque ou a passagem aérea;

V – serviços postais, vedada a aquisição de selos;

VI – locação de veículos automotores, cujo preço para a locação deve ser compatível com o preço médio de mercado para o tipo/marca/modelo/ano do veículo contratado, o que deve ser apurado em pesquisa realizada com, no mínimo, 03 (três) locadoras de veículos conceituadas e que atuem no Estado de Sergipe, limitando aos valores da tabela de preços aprovada pela Mesa Diretora;

a) o veículo automotor locado deverá pertencer à pessoa jurídica prestadora do serviço, fato que se comprovará mediante apresentação de cópia do Certificado de Registro e Licenciamento de Veículo – CRLV, sem prejuízo da exigência de documentação complementar por parte do órgão técnico competente.

**ESTADO DE SERGIPE**
**TRIBUNAL DE CONTAS**

**TERMO DE AJUSTAMENTO DE GESTÃO**

VII – serviços de táxi, pedágio e estacionamento;

VIII – locação de imóvel para funcionamento de escritório de apoio à atividade parlamentar, bem como despesas inerentes à sua manutenção, inclusive condomínio, observado o preço de mercado;

IX - contratação de serviços de gráfica para divulgação das atividades parlamentares, observada, em todo o caso, a legislação pertinente. O pedido de ressarcimento deve vir acompanhado de amostra do material impresso, sendo que o preço para a contratação de serviços deve ser compatível com o preço médio de mercado, que deve ser apurado em pesquisa realizada com, no mínimo, 03 (três) gráficas conceituadas e que atuem no Estado de Sergipe;

X - aquisição ou locação de "software" para utilização pelo respectivo Gabinete ou escritório de apoio à atividade parlamentar;

XI – acesso à internet, assinatura de publicações, de TV a cabo ou similar, aquisição de jornais, revistas, periódicos, para o Gabinete ou escritório de apoio à atividade parlamentar;

XII – locação de móveis e equipamentos para serem utilizados no exercício da atividade parlamentar;

XIII - contratação de serviços de segurança pessoal privada, fornecidos por empresa especializada.

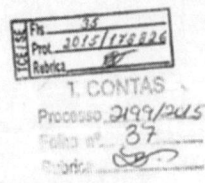

**ESTADO DE SERGIPE**
**TRIBUNAL DE CONTAS**

**TERMO DE AJUSTAMENTO DE GESTÃO**

a) as despesas com contratação de serviços de consultoria e assessoria de que trata o inciso I do "caput" deste artigo, ficam limitadas em até 70% (setenta por cento) do valor mensal da VEAP e de cada uma das despesas dos demais incisos em até 30% (trinta por cento) da referida verba.

b) não é admitida a utilização da VEAP para ressarcimento de despesas relativas a bens fornecidos ou serviços prestados por pessoa física, empresa ou entidade da qual o proprietário ou detentor de qualquer participação seja o Deputado ou parente seu até o terceiro grau.

c) é permitida a divulgação de campanhas educativas e das atividades parlamentares desenvolvidas pelo Deputado Estadual, sempre respeitada a legislação eleitoral, vedada a contratação de serviços de comunicação e "marketing" para outros tipos de divulgação;

d) a Verba para o Exercício da Atividade Parlamentar não pode ser utilizada ou empregada para fins de aquisição de materiais ou produtos classificados como permanentes.

**Cláusula IV:** A VEAP deve ser concedida mensalmente, mediante requerimento padrão de Pedido de Ressarcimento de Despesa, constantes do Anexo Único desta Lei, dirigida ao Presidente da Assembleia Legislativa.

§1º O requerimento de ressarcimento, a que se refere o "caput" deste artigo, deve ser apresentado pelo Deputado Estadual, acompanhado do(s) seguinte(s) documento(s):

**ESTADO DE SERGIPE**
**TRIBUNAL DE CONTAS**

**TERMO DE AJUSTAMENTO DE GESTÃO**

I - nota fiscal e/ou fatura, segundo a natureza da operação, emitida dentro da sua validade, admitindo-se recibo comum acompanhado da declaração de isenção de emissão de documento fiscal, com citação do fundamento legal;

II - recibo devidamente assinado, do qual deve constar nome e endereço completos do prestador de serviço, número de inscrição no Cadastro de Pessoas Físicas (CPF), e número do Registro Geral (RG) com indicação do respectivo órgão expedidor, comprovação de pagamento da Taxa de Localização e Funcionamento (TLF), Certidão Negativa de Débito da Municipalidade, vinculada ao prestador do serviço e, ainda, a discriminação da despesa, quando se tratar de pagamento a pessoa física;

III - prova de regularidade de tributos de competência da União, Estados e Municípios, na forma exigida na legislação pertinente, bem como Certidão Negativa de Débitos Trabalhistas e Certificado de Regularidade do FGTS-CRF, referentes ao prestador dos serviços ou fornecedor do material, em primeira via ou cópia autenticada, emitidas antes do pagamento da despesa pelo Deputado;

§2º Os documentos referidos nos incisos I e II do § 1º, deste artigo, devem ser originais, em primeira via, em nome do Deputado Estadual, emitido pela pessoa jurídica ou pela pessoa física que prestou o serviço ou forneceu o material ou produto, e devem estar:

I - devidamente atestados pelo Deputado Estadual que estiver no exercício do mandato, dando conta da efetiva prestação do serviço ou do real

**ESTADO DE SERGIPE**
**TRIBUNAL DE CONTAS**

**TERMO DE AJUSTAMENTO DE GESTÃO**

Processo TC/SE n° 0000/2015

recebimento do material ou produto, responsabilizando-se o parlamentar pela veracidade e autenticidade da documentação apresentada;

II - isentos de rasuras, acréscimos, emendas ou entrelinhas;

III - datados, contendo discriminação detalhada, por item de serviços prestados, ou de material ou produto adquirido ou fornecido, não sendo permitidas generalizações ou abreviaturas que possam inviabilizar ou prejudicar a perfeita identificação da natureza da despesa.

§3º O requerimento de ressarcimento, referido neste artigo, acompanhado da respectiva documentação, deve ter a seguinte tramitação:

I - ser dirigido ao Presidente da Assembleia Legislativa (Alese);

II – em seguida encaminhado à Diretoria Geral, entre o primeiro e o último dia útil do mês subsequente ao que se referir a despesa, observado o mês de competência da verba;

III – a seguir enviado ao órgão de controle interno para fins de análise e pronunciamento, exclusivamente quanto à sua regularidade fiscal e contábil.

**Cláusula V:** O ressarcimento da VEAP fica condicionado ao pronunciamento emitido pelo órgão de Controle Interno, na seguinte forma:

**ESTADO DE SERGIPE**
**TRIBUNAL DE CONTAS**

**TERMO DE AJUSTAMENTO DE GESTÃO**

I- no caso do pronunciamento emitido ser pelo não ressarcimento, o requerimento deve ser devolvido ao Presidente da Alese, para as providências devidas;

II- no caso do pronunciamento favorável ou favorável com ressalva, pelo ressarcimento, o requerimento deve ser encaminhado ao Presidente da Alese, para autorização do ressarcimento.

**Cláusula VI:** A Assembleia Legislativa deve elaborar um demonstrativo com as despesas referentes à "verba indenizatória" e publicá-lo no sítio do Portal da Transparência do Poder Legislativo Estadual até o décimo dia útil do mês subsequente ao ressarcimento das despesas.

**Cláusula VII:** O Presidente da Assembleia Legislativa de Sergipe compromete-se a apresentar ao Conselheiro Relator, até o dia **30 de novembro de 2015**, a Lei de que trata o presente Termo devidamente aprovada e publicada nos meios oficiais, sob pena de revogação do sobrestamento previsto no §4º do art. 128 do Regimento Interno quanto à matéria discutida neste instrumento.

**Cláusula VIII:** O Presidente da Assembleia Legislativa de Sergipe compromete-se a colher junto à 2ª Coordenadoria de Controle e Inspeção certidão de inteiro cumprimento deste TAG e juntá-la ao relatório final, que deverá ser entregue até data final aprazada na Cláusula VII.

**Cláusula X:** O descumprimento de quaisquer cláusulas do presente Termo de Ajustamento de Gestão - TAG acarretará responsabilização na seguinte forma:

**ESTADO DE SERGIPE**
**TRIBUNAL DE CONTAS**

**TERMO DE AJUSTAMENTO DE GESTÃO**

Processo TC/SE nº 0000/2015

I – aplicação de multa pessoal ao Presidente e ao Primeiro Secretário da Assembleia Legislativa no valor de R$ 20.000,00 (vinte mil reais);

II - a conduta faltosa do COMPROMITENTE poderá ensejar a rejeição das contas do respectivo período e seguintes, sem prejuízo das demais previsões regimentais aplicáveis.

**Cláusula XI:** O presente Termo de Ajustamento de Gestão somente terá validade a partir de sua homologação pelo Pleno do Tribunal de Contas do Estado de Sergipe e produzirá seus efeitos **a partir de 1º de dezembro de 2015**, vigorando por tempo indeterminado e vinculando, inclusive, as administrações futuras.

**Parágrafo único.** Os prazos previstos neste instrumento são improrrogáveis, podendo, em caráter excepcional, ser aditados uma única vez, mediante nova decisão do Pleno.

**Cláusula XII:** A assinatura deste Termo implica na inteira anuência às suas disposições e na renúncia ao direito de recorrer contra as obrigações aqui pactuadas, permanecendo a regular análise dos processos já existentes quanto aos aspectos verificados pela equipe técnica, se houver.

**Cláusula XIII:** As comunicações, a qualquer título, trocadas entre a Coordenadoria e a Assembleia Legislativa de Sergipe terão validade como prova nos autos, desde que admitidas e juntadas por ordem do Conselheiro.

**ESTADO DE SERGIPE**
**TRIBUNAL DE CONTAS**

## TERMO DE AJUSTAMENTO DE GESTÃO

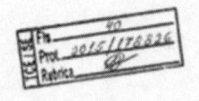

Processo TC/SE nº 0000/2015

Assim, estando em acordo o Tribunal de Contas do Estado de Sergipe, por meio de seus representantes, o Ministério Público Especial, por meio do Procurador que esta subscreve e o COMPROMITENTE acima identificado, vai o presente Termo de Ajustamento de Gestão por todos devidamente assinado, em 03 vias de igual teor.

Aracaju, 26 de outubro de 2015.

Luciano Bispo de Lima
Presidente da Assembleia Legislativa do Estado de Sergipe

Jeferson Andrade
Primeiro Secretário da Assembleia Legislativa do Estado de Sergipe

Carlos Alberto Sobral de Souza
Conselheiro

Rafael Sousa Fonsêca
Auditor

João Augusto Bandeira de Mello
Procurador

ANEXO B

# LEI ORGÂNICA E REGIMENTO INTERNO DO TCE/SE
## (ARTIGOS RELATIVOS AO TAG)

Tribunal de Contas do Estado de Sergipe

# NOVA LEGISLAÇÃO
## DO TRIBUNAL DE CONTAS DO ESTADO DE SERGIPE

1ª Edição

Aracaju

CL EDITORA

2011

## TCE SE
**Tribunal de Contas do Estado de Sergipe**

Palácio "Governador Albano Franco"
Av. Conselheiro João Evangelista Maciel Porto, s/n°
Centro Administrativo "Governador Augusto Franco" - Bairro Capucho
(79) 3216-4300 - CEP 49080-904 - Aracaju/SE - Brasil
www.tce.se.gov.br

### Conselheiros

Presidente
**MARIA ISABEL CARVALHO NABUCO d'ÁVILA**

Vice-Presidente
**CARLOS ALBERTO SOBRAL DE SOUZA**

Corregedor-Geral
**REINALDO MOURA FERREIRA**

**CARLOS PINNA DE ASSIS**
**CLÓVIS BARBOSA DE MELO** - Ouvidor
**ULICES DE ANDRADE FILHO**
**LUIZ AUGUSTO CARVALHO RIBEIRO**

Auditores
**RAFAEL SOUSA FONSÊCA**
**FRANCISCO EVANILDO DE CARVALHO**
**ALEXANDRE LESSA LIMA**

Ministério Público Especial
Procurador-Geral
**JOÃO AUGUSTO DOS ANJOS BANDEIRA DE MELLO**

Procuradores
**CARLOS WALDEMAR RESENDE MACHADO**
**JOSÉ SÉRGIO MONTE ALEGRE**

Subprocuradores
**EDUARDO SANTOS ROLEMBERG CÔRTES**
**LUIS ALBERTO MENESES**

Diretor Administrativo
**PETRÔNIO BARROS**

Diretor Técnico
**JOSÉ RAIMUNDO ARAÚJO**

Diretor de Controle Externo de Obras e Serviços
**GENTIL TAVARES FILHO**

Coordenador Jurídico
**MARCUS ANTÔNIO BEZERRA SOBRAL**

Copyright © 2011 – Tribunal de Contas do Estado de Sergipe
TODOS OS DIREITOS RESERVADOS DESTA EDIÇÃO RESERVADOS AO TRIBUNAL DE CONTAS DO ESTADO DE SERGIPE.

Comissão Especial de Atualização da Estrutura Legal e Normativa do TCE/SE
Conselheiro Clóvis Barbosa de Melo – Presidente
Procurador João Augusto dos Anjos Bandeira de Mello
Auditor Francisco Evanildo de Carvalho
José Raimundo Araújo – Diretor Técnico
Marcus Antônio Bezerra Sobral – Coordenador Jurídico
Patrícia Verônica Nunes Carvalho Sobral de Souza
Eleonaldo Soares Santos

Projeto Gráfico
CL Editora Ltda.
cleditora@gmail.com

Diagramação e Editoração Eletrônica
Carlos Alberto de Souza – DRT/MG 1.599
Lúcia Andrade – DRT/SE 1.093

Impressão: Gráfica J. Andrade

```
Dados Internacionais de Catalogação na Publicação (CIP)
       (Câmara Brasileira do Livro, SP, Brasil)

       do Estado de Sergipe, Tribunal de Contas
         Nova legislação do Tribunal de Contas do Estado
       de Sergipe. -- 1. ed. -- Aracaju : CL Editora, 2011.

         ISBN 978-85-64495-01-2

         1. Administração pública - Sergipe 2. Prestação
       de contas - Sergipe 3. Sergipe. Tribunal de Contas
       do Estado I. Título.


11-13632                           CDD-352.430981814

       Índices para catálogo sistemático:

       1. Sergipe : Contas anuais : Nova legislação :
            Administração pública    352.430981814
```

**LEI COMPLEMENTAR N°. 205**
*DE 06 DE JULHO DE 2011*

medidas previstas no §1° do art. 43, podendo, ainda, determinar a tomada de contas especial do responsável.

Art. 52. O Tribunal pode, de forma alternativa ou cumulativa às providências mencionadas nos arts. 50 e 51, celebrar com a autoridade competente, para o desfazimento e/ou saneamento do ato ou negócio jurídico impugnado, Termo de Ajustamento de Gestão – TAG, conforme disposto neste artigo, no Regimento Interno e na legislação correlata.

§ 1° O Termo de Ajustamento de Gestão deve conter, dentre outras cláusulas pertinentes:

I – a identificação precisa da obrigação ajustada e da autoridade responsável pelo adimplemento da obrigação;

II – a estipulação do prazo para o cumprimento da obrigação;

III – a expressa adesão de todos os signatários às suas disposições;

IV – as sanções a serem aplicadas em caso de inadimplemento da obrigação, especificando-se expressamente o valor da multa a ser aplicada em caso do seu descumprimento.

§ 2° A iniciativa de proposição do TAG cabe à Presidência, ao Conselheiro-Relator ou ao Ministério Público Especial.

§ 3° A assinatura do TAG acarreta a renúncia ao direito de questionar as suas disposições perante o Tribunal de Contas do Estado de Sergipe.

§ 4° É obrigatória a audiência e efetiva participação do Ministério Público Especial e da Auditoria em todas as fases do procedimento administrativo para a celebração do TAG.

§ 5° A celebração de TAG não pode implicar, de nenhuma forma, em renúncia de receitas pertencentes ao Erário.

§ 6° Não cabe a celebração de TAG para atos e/ou situações que configurem ato doloso de improbidade administrativa.

§ 7° Uma vez observadas todas as disposições do TAG, pode ser dada quitação ao gestor responsável tanto quanto ao seu cumprimento, como quanto ao saneamento da falha que ensejou a sua lavratura.

## LEI COMPLEMENTAR Nº. 205
### DE 06 DE JULHO DE 2011

§ 8º Para a validade jurídica do TAG é essencial a sua homologação pelo Plenário do Tribunal.

### CAPÍTULO V
### DA INTERVENÇÃO DO ESTADO NOS MUNICÍPIOS

**Art. 53.** O Tribunal de Contas do Estado de Sergipe, mediante representação ao Governador do Estado, deve solicitar intervenção em Município, quando:

I – a dívida fundada deixar de ser paga, sem motivo de força maior, por dois anos consecutivos;

II - não forem prestadas as contas exigidas em lei;

III – não houver sido aplicado o mínimo exigido pela Constituição Estadual, da receita resultante de impostos, compreendida a proveniente de transferências, na manutenção e desenvolvimento do ensino e/ou em ações e serviços públicos de saúde.

**Parágrafo único.** No caso de intervenção do Estado no Município, o interventor deve prestar contas de sua administração à Câmara Municipal e ao Tribunal, na forma estabelecida para o Prefeito Municipal.

### CAPÍTULO VI
### DA DENÚNCIA E DA REPRESENTAÇÃO

**Art. 54.** Qualquer cidadão, pessoa jurídica, partido político, associação ou sindicato é parte legítima para denunciar irregularidades ou ilegalidades perante o Tribunal de Contas do Estado de Sergipe.

§ 1º A denúncia deve ser formalizada por escrito, em linguagem clara e objetiva, conter o nome legível, a qualificação e o endereço do denunciante, e, sempre que possível, vir acompanhada de indícios probatórios acerca das irregularidades praticadas pelo administrador ou responsável a que explicitamente se refira.

§ 2º Nos processos de denúncia, a ação do Tribunal de Contas deve restringir-se à apuração do fato denunciado, fundamentando-se na documentação disponível no Tribunal de Contas ou coletada *in loco* e na legislação vigente à época do fato.

## Regimento Interno do Tribunal de Contas do Estado de Sergipe

**TÍTULO I - NATUREZA, SEDE, JURISDIÇÃO E COMPETÊNCIA (art. 1º)**

**TÍTULO II - COMPOSIÇÃO E ORGANIZAÇÃO (arts. 2º a 40)**
CAPÍTULO I - COMPETÊNCIA DO TRIBUNAL PLENO (art. 3º)
CAPÍTULO II - COMPETÊNCIA E COMPOSIÇÃO DAS CÂMARAS (art. 4º)
CAPÍTULO III - COMPETÊNCIA DA PRESIDÊNCIA, DA VICE-PRESIDÊNCIA E DA CORREGEDORIA- GERAL (arts. 5º a 12)
 Seção I – Presidência
 Seção II – Vice-Presidência
 Seção III – Corregedoria-Geral
CAPÍTULO IV - ELEIÇÃO E POSSE DO PRESIDENTE, DO VICE-PRESIDENTE E DO CORREGEDOR-GERAL (art. 13)
CAPÍTULO V – OUVIDORIA (arts. 14 a 16) CAPÍTULO VI – CONSELHEIROS (arts. 17 a 30)
 Seção I - Compromisso, Posse e Exercício Seção II - Substituições
 Seção III – Férias e Licenças
 Seção IV – Relator
CAPÍTULO VII – AUDITORES (arts. 31 e 32)
CAPÍTULO VIII - MINISTÉRIO PÚBLICO ESPECIAL (arts. 33 a 35)
CAPÍTULO IX - SERVIÇOS TÉCNICOS E ADMINISTRATIVOS (arts. 36 e 37)
CAPÍTULO X - ESCOLA DE CONTAS CONSELHEIRO JOSÉ AMADO DO NASCIMENTO (arts. 38 a 40)

**TÍTULO III - FUNCIONAMENTO DO PLENÁRIO E DAS CÂMARAS (arts. 41 a 73)**
CAPÍTULO I - DISPOSIÇÕES GERAIS (arts. 41 a 49)
 Seção I - Sessões
 Seção II - Quorum
 Seção III – Ordem do dia
CAPÍTULO II - ORDEM DOS TRABALHOS (arts. 50 a 69)
 Seção I – Disposições Gerais Seção II – Disposições Especiais
CAPÍTULO III – DELIBERAÇÕES (arts. 70 a 73)

**TÍTULO IV - INCIDENTE DE INCONSTITUCIONALIDADE, INCIDENTE DE UNIFORMIZAÇÃO E SÚMULA DE JURISPRUDÊNCIA (arts. 74 a 80)**
CAPÍTULO I - INCIDENTE DE INCONSTITUCIONALIDADE (art. 74)
CAPÍTULO II - INCIDENTE DE UNIFORMIZAÇÃO (art. 75)
CAPÍTULO III - SÚMULA DE JURISPRUDÊNCIA (arts. 76 a 80)

**TÍTULO V - TOMADA E PRESTAÇÃO DE CONTAS (arts. 81 a 117)**
CAPÍTULO I – DISPOSIÇÕES GERAIS (arts. 81 a 98)
 Seção I – Prazos de Remessa de Contas Seção II - Decisões
CAPÍTULO II - CONTAS DO GOVERNADOR E DOS PREFEITOS (arts. 99 a 105)
CAPÍTULO III - CONTAS ANUAIS DAS MESAS DAS CÂMARASMUNICIPAIS (arts. 106 a 113)
CAPÍTULO IV - CONTAS DE ENTIDADES DE DIREITO PRIVADO (arts. 114 a 117)

**TÍTULO VI – PROCEDIMENTOS ESPECIAIS (arts. 118 a 162)**
CAPÍTULO I - AUTO DE INFRAÇÃO (arts. 118 a 121)
CAPÍTULO II - TERMO DE AJUSTAMENTO DE GESTÃO (arts. 122 a 130) CAPÍTULO III – MEDIDAS CAUTELARES (arts. 131 a 134)
CAPÍTULO IV – DESTAQUE (arts. 135 a 137)
CAPÍTULO V – CONSULTAS (arts. 138 a 144)
CAPÍTULO VI – DENÚNCIA E REPRESENTAÇÃO (arts. 145 a 152)

CAPÍTULO VII – PROCEDIMENTO EM CASO DE DÉBITO (arts.153 a 156) CAPÍTULO VIII – INTERVENÇÃO (art. 157)
CAPÍTULO IX – AUDITORIAS OPERACIONAL E DE ENGENHARIA (arts. 158 a 162)
    Seção I – Auditoria Operacional
    Seção II – Auditoria de Engenharia

**TÍTULO VII – CONTAGEM DE PRAZOS E COMUNICAÇÕES EXTERNAS DOS ATOS PROCESSUAIS (arts. 163 a 183)**
CAPÍTULO I - CONTAGEM DOS PRAZOS (arts. 163 a 165)
CAPÍTULO II - COMUNICAÇÕES EXTERNAS DOS ATOS PROCESSUAIS (arts. 166 a 183)

**TÍTULO VIII – DIÁRIO OFICIAL ELETRÔNICO (arts. 184 a 191)**
CAPÍTULO I – DISPOSIÇÕES GERAIS (arts. 184 a 190)
CAPÍTULO II – ASSINATURA ELETRÔNICA (art. 191)

**TÍTULO IX - RECURSOS, RESCISÓRIA, EXECUÇÃO DAS DECISÕES, SANÇÕES E ARQUIVAMENTO DOS AUTOS (arts. 192 a 234)**
CAPÍTULO I – RECURSOS (arts. 192 a 206)
    Seção I - Recurso de Reconsideração
    Seção II - Embargos de Declaração Seção III - Agravo
        Subseção I - Agravo contra decisão monocrática Subseção II - Agravo contra decisão Colegiada
    Seção IV - Pedido de Reexame
CAPÍTULO II – RESCISÓRIA (arts. 207 a 213)
CAPÍTULO III - EXECUÇÃO DAS DECISÕES (arts. 214 a 2 20)
CAPÍTULO IV – SANÇÕES (arts. 221 a 228)
CAPÍTULO V – ARQUIVAMENTO DOS AUTOS (arts. 229 a 234)

**TÍTULO X – REFORMA DO REGIMENTO (arts. 235 a 237)**

**TÍTULO XI - DISPOSIÇÕES FINAIS E TRANSITÓRIAS (arts. 238 a 247)**

**Regimento Interno do Tribunal de Contas do Estado de Sergipe**

II – a multa a ser aplicada;

III – a ordem de citação do responsável para pagar a multa ou apresentar defesa.

**Parágrafo único.** Quando o auto de infração for lavrado em decorrência de pedido da equipe de inspeção ou do Ministério Público Especial, tal pedido será anexado ao auto lavrado.

**Art. 120.** O pagamento da multa constante do processo de auto de infração importa no reconhecimento da falha e na procedência do auto respectivo.

**Parágrafo único.** Não sendo paga a multa constante do auto de infração, o processo seguirá o seu rito de instrução, com a apreciação da eventual defesa, parecer do Ministério Público Especial e julgamento pela Câmara onde tenha assento o Relator.

**Art. 121.** Os autos de infração julgados procedentes, após o seu trânsito em julgado, serão considerados para efeito de apreciação das contas do exercício.

**CAPÍTULO II**
**TERMO DE AJUSTAMENTO DE GESTÃO**

**Art. 122.** Por iniciativa da Presidência, do Relator, do Ministério Público Especial, ou a requerimento da parte interessada poderá ser formalizado Termo de Ajustamento de Gestão (TAG), instrumento de composição prévia, com vista à assinalação de prazo para o saneamento de falhas identificadas na execução orçamentária, financeira, administrativa ou operacional de órgãos ou entidades jurisdicionadas do Tribunal de Contas do Estado de Sergipe.

§1° A assinatura do TAG somente é permitida para o equacionamento de falhas ou irregularidades sanáveis, sendo o mesmo incabível p ara vícios em que se constate má-fé, dolo do gestor ou que revelem, em tese, improbidade administrativa.

§2° No caso do controle de irregularidades que importem em dano ao erário, a assinatura do TAG, em nenhuma hipótese, pode resultar em diminuição do valor do débito ou glosa regularmente apurados.

§3° Entende-se como parte interessada aquela juridicamente legitimada ao equacionamento da falha e/ou irregularidade objeto do TAG.

§4° Serão partes obrigatórias do TAG:

I – o gestor responsável;

I' - o Relator;

III – o representante do Ministério Público Especial; e

IV – o representante da Auditoria.

§ 5° O Termo de Ajustamento de Gestão deve conter, dentre outras cláusulas pertinentes:

I – a identificação precisa da obrigação ajustada e da autoridade responsável pelo adimplemento da obrigação;

II – a estipulação do prazo para o cumprimento da obrigação;

III – a expressa adesão de todos os signatários às suas disposições;

IV – as sanções a serem aplicadas em caso de inadimplemento da obrigação, especificando-se expressamente o valor da multa a ser aplicada em caso do seu descumprimento.

**Art. 123.** O TAG será firmado incidentalmente em qualquer momento da instrução processual.

**Parágrafo único.** Caso a irregularidade sobre a qual verse a proposta de TAG esteja em apuração no âmbito de procedimento ainda não autuado, deverá ser providenciada a autuação imediatamente após a conciliação e efetiva lavratura do Termo de Ajustamento de Gestão.

**Art. 124.** De ofício, ou acatando proposta de quaisquer dos legitimados, o Relator ordenará as providências necessárias à audiência de conciliação visando ao TAG.

**Parágrafo único.** Do indeferimento pelo Relator do pedido de audiência para lavratura de TAG, caberá o recurso de agravo para a Câmara respectiva, no prazo de 10 (dez) dias contados a partir da comunicação do indeferimento do pedido.

**Art. 125.** A audiência realizar-se-á na sede do Tribunal de Contas do Estado de Sergipe, com a presença do Relator, da parte interessada, do membro do Ministério Público Especial no processo e do representante da Auditoria.

**Art. 126.** Os participantes das discussões do TAG serão intimados da audiência de que trata o artigo anterior com 5 (cinco) dias de antecedência, podendo tal prazo ser diminuído caso haja adesão espontânea de todas as partes envolvidas a prazo menor.

§1° Caso não haja ainda representante do Ministério Público Especial oficiando no processo a que se refere o TAG, a intimação será dirigida ao Procurador-Geral do Ministério Público Especial, que irá pessoalmente à audiência, vinculando-se ao processo, ou, desde já, designará o membro do *parquet* especial que nele oficiará e na audiência de conciliação do TAG.

§2° O representante da Auditoria será escolhido mediante sorteio.

§3° A parte interessada poderá contar na audiência com o apoio técnico de auxiliares, assessores, advogados e/ou procuradores.

§4° O Relator, a seu critério, poderá convocar ou convidar técnicos do Tribunal ou pessoas da Sociedade, de modo a enriquecer o debate desenvolvido na audiência na qual será discutido o TAG.

**Regimento Interno do Tribunal de Contas do Estado de Sergipe**

§5° De ofício, ou a requerimento de quaisquer dos legitimados, o Relator poderá dar à audiência de conciliação o caráter de audiência pública; e neste caso, será providenciada a estrutura e publicidade necessárias para que representantes da sociedade civil possam acompanhá-la.

Art. 127. Conciliadas as disposições para o saneamento da falha, e estando concordes o Relator, o gestor responsável, a Auditoria e o Ministério Público Especial quanto ao prazo assinalado, será lavrado o competente Termo de Ajustamento de Gestão, que será por todos assinado e levado à apreciação do Tribunal Pleno.

§1° O Termo de Ajustamento de Gestão devidamente lavrado nos termos deste Regimento será levado a conhecimento e apreciação do Egrégio Plenário até no máximo de duas sessões subsequentes à sua lavratura.

§2° A assinatura do TAG importa em reconhecimento da falha pela parte interessada e renúncia expressa ao seu direito de discuti-la administrativamente no âmbito do Tribunal de Contas do Estado de Sergipe.

§3° A assinatura do TAG pelos membros do Ministério Público Especial e da digna Auditoria significa sua adesão às cláusulas do documento, e será considerada como pronunciamento favorável à decisão Plenária que eventualmente chancele o Termo de Ajustamento, nos termos do art. 128 deste Regimento.

§4° A assinatura do TAG implica em renúncia ao direito de recorrer da decisão Plenária que eventualmente a acolha.

§5° Em qualquer caso, havendo ou não assinatura de TAG, será lavrada a ata da audiência, que será assinada pelo Relator, pela par te interessada e pelos membros da Auditoria e do Ministério Público Especial oficiantes.

§6° Em não havendo conciliação, o processo seguirá o rito normal regimentalmente previsto.

Art. 128. Homologado o TAG pelo Pleno, suas disposições serão objeto de decisão interlocutória, que encampará todas as obrigações a justadas, assim como os prazos conciliados e as cominações em caso de descumprimento.

§1° O gestor responsável será intimado da decisão de que trata este artigo, correndo o prazo para cumprimento a partir da data da intimação.

§2° O prazo para cumprimento do TAG é, em princípio, improrrogável, podendo, em caráter excepcional, ser aditado uma única vez, mediante nova decisão do Pleno.

§3° O relator da decisão será o mesmo que participo u da lavratura do TAG.

§4° Homologado o TAG, o processo respectivo ficará sobrestado até o exaurimento do prazo para o cumprimento das matérias nele envolvidas.

§5° Rejeitado o TAG pelo Pleno, este restará sem nenhum efeito, e voltará o processo ao seu rito normal.

Regimento Interno do Tribunal de Contas do Estado de Sergipe

**Art. 129.** Exaurido o prazo assinalado, deverá a parte interessada signatária do TAG informar a esta Corte acerca do efetivo cumprimento de todas as disposições discriminadas no Termo de Ajuste, chancelado pela decisão do Pleno.

§1º Uma vez comprovado o cumprimento de todas as disposições constantes da decisão que acolheu o TAG, tal fato será certificado nos autos respectivos, e a falha, vício ou irregularidade objeto do ajuste será, para efeito dos autos, considerada sanada.

§2º Em caso de descumprimento das disposições da decisão que acolheu o TAG, além das cominações cabíveis por confronto a decisão deste Tribunal, a falha, vício e/ou irregularidade será considerada não sanada, fato que poderá ensejar, conforme o caso, a ilegalidade da despesa em análise ou a irregularidade das contas respectivas.

§3º Caso o gestor responsável não efetive a providência ordenada no art. 128, deverá o Tribunal realizar inspeção *in loco* com vista a verificar o cumprimento ou não da decisão que acolheu o TAG.

§4º O descumprimento da obrigação prevista no *caput* deste artigo ensejará multa administrativa nos termos do art. 93, inciso IX, da Lei Complementar Estadual nº 205, de 06 de julho de 2011.

§5º A multa pelo descumprimento da decisão que acolheu o TAG, bem como aquela prevista no parágrafo anterior, serão imputadas quando do julgamento definitivo do processo principal.

**Art. 130.** Para fins da verificação do artigo anterior, a Diretoria Técnica manterá controle informatizado de todos os TAGs firmados e chancelados por decisões deste Tribunal, como assim dos seus respectivos prazos de cumprimento.

## CAPÍTULO III
## MEDIDAS CAUTELARES

**Art. 131.** O Tribunal, em caso de urgência, sempre que verificado fundado receio de grave lesão ao Erário, ao patrimônio público, ao exercício do controle externo, ou a direitos individuais deve expedir, de ofício, ou mediante provocação, as medidas cautelares necessárias ao resguardo da efetividade da decisão final a ser prolatada.

§1º O processo em que for deferida cautelar terá tramitação preferencial, e deverá ser finalizada sua instrução, salvo justificativa expressa nos autos, no prazo máximo de 90 (noventa) dias, contados a partir do seu deferimento.

§2º A deliberação pela expedição de cautelares é de competência do Pleno do Tribunal.

§3º Excepcionalmente, durante o recesso do Tribunal, ou em caso de extrema urgência, a medida cautelar poderá ser adotada monocraticamente pela Presidência do Tribunal, que submeterá a matéria à deliberação do Pleno na primeira sessão subsequente.

**Art. 132.** Estando caracterizados os seus pressupostos, a expedição de medidas cautelares prescinde da oitiva do gestor responsável.

ANEXO C

# RESOLUÇÃO TCE/SE SOBRE O PORTAL DA TRANSPARÊNCIA
## RESOLUÇÃO Nº 311 DE 17 DE MAIO DE 2018

*Dispõe sobre a disponibilização de dados e informações nos Portais da Transparência das Unidades Jurisdicionadas e estabelece os procedimentos de fiscalização, avaliação e sanções pelo Tribunal de Contas do Estado de Sergipe, e dá outras providências.*

**O TRIBUNAL DE CONTAS DO ESTADO DE SERGIPE**, no uso das atribuições que lhe são conferidas pelo artigo 1º, inciso XXIII, da Lei Complementar 205/2011; artigo 3º, inciso I do Regimento Interno;

**CONSIDERANDO** ser direito fundamental do cidadão o acesso à informação pública e a importância dessa divulgação para a efetividade do controle externo e social;

**CONSIDERANDO** a competência dos Tribunais de Contas para fiscalizar o cumprimento das normas da Lei Complementar nº 101/2000, especialmente quanto à transparência da gestão fiscal e alterações introduzidas pela Lei Complementar nº 131/2009 e Lei nº 12.527/2011;

**CONSIDERANDO** a edição da Resolução nº 05/2016 pela Associação dos Membros dos Tribunais de Contas do Brasil (ATRICON), tendo como referência mínima, para avaliação e fiscalização de portais de transparência, a métrica definida pela Estratégia Nacional de Combate à Corrupção e à Lavagem de Dinheiro (ENCCLA);

**CONSIDERANDO** as Normas Internacionais das Entidades Fiscalizadoras Superiores (ISSAI 21), da INTOSAI, no que se refere às boas práticas de transparência e accountability, especialmente o princípio 3;

**CONSIDERANDO** que o adimplemento das exigências relativas à obrigatoriedade de transparência das informações públicas, constitui condição para o Ente receber transferências voluntárias;

**CONSIDERANDO** a necessidade de padronizar e regulamentar os critérios para fiscalização e avaliação do cumprimento da legislação da transparência a cargo do Tribunal de Contas do Estado de Sergipe.

**RESOLVE:**

**Art. 1º** Os Poderes, Órgãos e Entidades da administração direta e indireta, autárquica e fundacional, as empresas públicas e sociedades de economia mista dos municípios e do Estado de Sergipe são obrigados a disponibilizar dados e informações da execução contábil, orçamentária, financeira e patrimonial, em tempo real, para o cumprimento do princípio da transparência pública, em seus respectivos portais da transparência, na forma estabelecida nesta Resolução.

§1º A transparência da gestão pública contempla aspectos da gestão fiscal assim como aqueles relativos ao acesso a informações de interesse público ou geral, disponibilizadas pelas unidades jurisdicionadas.

§2º Aplicam-se as disposições desta Resolução, no que couber, às entidades privadas sem fins lucrativos que recebam, para realização de ações de interesse público, recursos públicos diretamente do orçamento ou mediante subvenções sociais, contratos de gestão, termos de parceria, convênios, acordos, ajustes ou outros instrumentos congêneres, relativamente à parcela dos recursos públicos recebidos e à sua destinação, sem prejuízo das prestações de contas a que estejam legalmente obrigadas, nos termos do art. 2º, parágrafo único, da Lei Federal de Acesso à Informação nº 12.527/2011.

## CAPÍTULO I
## DISPOSIÇÕES PRELIMINARES

**Art. 2º** Para o disposto nesta Resolução considera-se:
I – Sítio Oficial: página da unidade jurisdicionada na Internet, com domínio do tipo governamental (gov.br, leg.br, jus.br, mp.br) ou do tipo organização (org.br) exclusivamente para os casos previstos no §2º do art. 1º.
II - Portal da Transparência: seção própria dentro do sítio oficial da unidade jurisdicionada ou sítio virtual específico que concentre todas as informações pertinentes à transparência pública;
III - Métrica: forma de mensuração que serve para avaliar aspectos da transparência pública, com pontuação por critérios e itens, tendo como referência mínima os padrões exigidos pela ENCCLA;
IV – Matriz de Fiscalização TCE/SE: conjunto de critérios mínimos que devem constar no portal da transparência das unidades jurisdicionadas e que são objetos de fiscalização e avaliação, atualizada periodicamente com ampla divulgação através de orientações técnicas do TCE/SE;
V – Transparência Ativa: expressa a disponibilização sistêmica e tempestiva, pela unidade jurisdicionada, de dados e informações em seu Portal de Transparência, na forma do art. 1º desta Resolução, independentemente de requerimentos e solicitações de qualquer origem;
VI – Transparência Passiva: expressa a disponibilidade de meios para que o usuário obtenha informações de interesse público ou geral, não divulgadas de imediato no portal da transparência;
VII – Boas Práticas de Transparência: expressam um conjunto de medidas implementadas pela administração pública em atendimento ao princípio da transparência pública;
VIII – Serviço de Informação ao Cidadão (SIC): serviço a ser criado e mantido pela unidade jurisdicionada, nos termos do art. 9º, I, da Lei Federal nº 12.527/2011, mediante o qual será assegurado o acesso a informações de interesse público ou geral não disponibilizadas diretamente no Portal da Transparência;
IX – Sistema Eletrônico para recebimento e gerenciamento dos pedidos de acesso à informação (e-SIC): vertente eletrônica do SIC, que deverá estar disponível em seção específica dentro do sítio oficial da unidade jurisdicionada e atender aos requisitos definidos nesta Resolução.

**Art. 3º** Fica expressamente proibido o redirecionamento de sítios oficiais de domínio do tipo governamental, definidos no inciso I do art. 2º, para sítios de domínio do tipo comercial (com.br) ou similares, caracterizando redirecionamento em cascata que dificultam o acesso dos órgãos de controle e do público em geral aos portais de transparência.

CAPÍTULO II
TRANSPARÊNCIA ATIVA

**Art. 4º** As unidades jurisdicionadas deverão disponibilizar em seus Portais da Transparência, independentemente de requerimentos e solicitações, de forma sistêmica e em tempo real, informações e dados relativos a:
I – Estrutura Organizacional;
II – Receita;
III – Despesa;
IV - Licitações e Contratos;
V – Relatórios;
VI – Recursos Humanos;
VII – Outras informações a respeito de qualquer ato que implique geração de despesa ou decréscimo patrimonial;
VIII- Seção específica para exibição de respostas às dúvidas mais frequentes da sociedade;
IX – Seção específica para divulgação de informações solicitadas via SIC e e-SIC que possam ser de interesse coletivo ou geral;
X – Instruções de navegação e glossário de termos técnicos com o objetivo de facilitar o manuseio, a pesquisa, a consulta e o entendimento das informações;
XI – Notas explicativas: esclarecimentos relativos às situações que podem gerar dúvidas do usuário sobre o conteúdo da informação e da sua procedência.

Parágrafo Único. O Portal de Transparência deverá possibilitar o acompanhamento das séries históricas das informações publicadas, mantendo disponíveis os dados referentes aos exercícios anteriores e aos registros mais recentes.

## CAPÍTULO III
## TRANSPARÊNCIA PASSIVA

**Art. 5º** As unidades jurisdicionadas deverão proporcionar os meios para que o usuário obtenha informações de interesse público ou geral, não disponibilizadas diretamente no Portal de Transparência.

§1º São meios a serem disponibilizados para o atendimento do caput:
I – Serviço de Informação ao Cidadão (SIC);
II – Sistema Eletrônico para recebimento e gerenciamento dos pedidos de acesso à informação (e-SIC).
III – Ouvidoria

§2º É vedado à unidade jurisdicionada condicionar a concessão das informações de interesse público ou geral à apresentação dos motivos determinantes do pedido ou a exigências de identificação do usuário que inviabilizem a solicitação.

§3º A unidade jurisdicionada deverá autorizar ou conceder o acesso imediato à informação disponível em prazo não superior a 20 (vinte) dias, prorrogável por mais 10 (dez) dias, mediante justificativa expressa, da qual será cientificado o requerente.

§4º O serviço de busca e fornecimento da informação é gratuito.

## CAPÍTULO IV
## BOAS PRÁTICAS DE TRANSPARÊNCIA

**Art. 6º** As unidades jurisdicionadas deverão implementar e manter, em processo de melhoria contínua, um conjunto de medidas que facilitem os aspectos visuais, tecnológicos e de acessibilidade do sitio oficial e do portal da transparência.

## CAPÍTULO V
## DA FISCALIZAÇÃO E AVALIAÇÃO

**Art. 7º** A fiscalização e avaliação dos portais da transparência são de competência e responsabilidade técnica da Diretoria de Controle Externo de Obras e Serviços - DCEOS, através da Coordenadoria de Auditoria Operacional - CAOP.

§1º A fiscalização dos portais da transparência dar-se-á a qualquer tempo, sem aviso prévio.

§2º A fiscalização e avaliação somente poderá ser realizada por analistas de controle externo do quadro de servidores efetivos do TCE/SE.

**Art. 8º** A fiscalização e avaliação dos portais da transparência serão realizadas com base na Matriz de Fiscalização do TCE/SE e do seu resultado será formado o índice da transparência.

§1º A matriz de fiscalização é composta de critérios, classificados nas categorias de transparência ativa, transparência passiva e boas práticas de transparência.

§2º O índice referido no caput será calculado pelo somatório da pontuação atribuída a cada critério atendido.

§3º A matriz de fiscalização e suas eventuais alterações, ampliações e melhorias serão objetos de ampla divulgação através de orientações técnicas desta Corte de Contas.

**Art. 9º** Para fins de classificação quanto à qualidade do portal da transparência, serão considerados os seguintes níveis de resultado:
I – elevado: maior ou igual a 90%
II – satisfatório: maior ou igual a 70% e menor ou igual a 89,9%
III – deficiente: maior ou igual a 40% e menor ou igual a 69,9%
IV – crítico: igual ou maior a 0% e menor ou igual a 39,9%

Parágrafo Único. Os percentuais limites dos níveis de resultado poderão ser alterados mediante ato da presidência desta Corte, mediante estudos técnicos da DCEOS.

**Art. 10** Os resultados das avaliações, provenientes das fiscalizações, nos termos dos arts. 7º e 8º, serão divulgados duas vezes por ano, através do Quadro de Indicadores, no ranking da transparência, disponível no sitio eletrônico do TCE (www.tce.se.gov.br).

**Art. 11** As ocorrências de inacessibilidade do sitio e/ou do portal da transparência assim como a indisponibilidade dos critérios referenciados no §1º do art. 7º, verificadas nos momentos da fiscalização do portal da transparência das unidades jurisdicionadas serão objetos de registro na matriz de fiscalização e de aviso de alerta através do serviço de mensageria do Sistema de Acompanhamento de Gestão de Recursos da Sociedade – SAGRES.

**Art. 12** Após a divulgação dos resultados das fiscalizações, nos termos do §1º do art. 7º, fica estabelecido prazo de dez dias, para protocolo no TCE/SE, de eventuais pedidos de revisão pelas unidades jurisdicionadas.

Parágrafo único. Os pedidos de revisão serão analisados no âmbito do ciclo de fiscalizações imediatamente seguinte ao resultado questionado, cuja divulgação será realizada nos termos do art. 10.

## CAPÍTULO VI
## PROCEDIMENTOS DE INSTRUÇÃO PROCESSUAL E SANÇÕES

**Art. 13** Fica estabelecido que o resultado das fiscalizações das unidades jurisdicionadas cujos índices de transparência sejam menores que o nível satisfatório, conforme gradação do art. 9º, será objeto de autuação como processo em prosseguimento ao devido rito processual, mediante Relatório de Auditoria.

§1º A DCEOS encaminhará aos Conselheiros Relatores relatórios individualizados das unidades descritas no caput deste artigo, devidamente protocolados, assim como relatórios consolidados das respectivas áreas de controle e inspeção.

§2º Os ritos processuais a que se referem o caput deverão tramitar com o máximo de agilidade à deliberação desta Corte de Contas, a exemplo de pronunciamentos singulares pelos respectivos Conselheiros Relatores e da fixação de prioridade de apreciação dos processos que versam sobre a fiscalização do cumprimento da legislação da transparência pública, nos termos do art. 5º da Resolução ATRICON nº 05/2016, preservando-se o contraditório e direito à ampla defesa.

**Art. 14** Persistindo as inconsistências de desobediência ao princípio da transparência, caracterizam-se como falhas graves, para as quais ficam estabelecidas as seguintes sanções:

I – multa de R$3.000,00 por critério de transparência desobedecido, conforme matriz de fiscalização, em virtude da previsão imposta pelo §6º, alínea III, do art. 93 da Lei Complementar nº 205/2011;
II – motivação para a rejeição de contas do respectivo exercício financeiro, em desobediência ao §3º, inciso II do art. 99 e art. 100 do Regimento Interno do TCE/SE e art. 43, inciso III, alíneas a) e e) da Lei Complementar nº 205/2011;
III – encaminhamento de procedimento junto ao Ministério Público do Estado de Sergipe por improbidade administrativa, em face de violação ao artigo 11, inciso IV da Lei nº 8.429/92 e desobediência ao princípio da transparência pública;
IV – Registro diretamente das inconsistências no portal SICONV do Ministério do Planejamento, Orçamento e Gestão, cujo efeito é a interdição das transferências voluntárias, nos temos do art. 73-C da Lei Complementar nº 101/2000.

Parágrafo Único. O registro das inconsistências no portal SICONV, nos termos do inciso IV, será oficializado ao Ministério do Planejamento, Orçamento e Gestão, enquanto o TCE/SE não estiver habilitado para executá-lo diretamente.

## CAPÍTULO VII
## DISPOSIÇÕES FINAIS

**Art. 15.** Caberá a Diretoria de Modernização e Tecnologia, o apoio a implementação de projetos e rotinas de melhorias tecnológicas na fiscalização e avaliação dos portais da transparência, em conjunto com a Diretoria de Controle Externo de Obras e Serviços.

**Art. 16.** As situações não previstas nesta Resolução serão resolvidas por decisão da Presidência do Tribunal de Contas do Estado de Sergipe, ouvidas as áreas técnicas envolvidas.

**Art. 17.** O Tribunal de Contas do Estado de Sergipe poderá instituir certificação às unidades jurisdicionadas com as melhores avaliações durante o exercício financeiro.

**Art. 18.** Esta Resolução entrará em vigor na data de sua publicação, revogando-se as disposições em contrário.

Aracaju, Sala das Sessões do TRIBUNAL DE CONTAS DO ESTADO DE SERGIPE, em 17 de maio de 2018.

Conselheiro **ULICES DE ANDRADE FILHO**
Presidente

Conselheiro **CARLOS ALBERTO SOBRAL DE SOUZA**
Vice-Presidente

Conselheira **MARIA ANGÉLICA GUIMARÃES MARINHO**
Corregedora-Geral

Conselheiro **CARLOS PINNA DE ASSIS**

Conselheiro **LUIZ AUGUSTO CARVALHO RIBEIRO**

Conselheira **SUSANA MARIA FONTES AZEVEDO FREITAS**

Conselheiro Substituto **ALEXANDRE LESSA LIMA**

ANEXO D

# ORIENTAÇÃO TÉCNICA Nº 01/2019

**TCESE**
TRIBUNAL DE CONTAS
DO ESTADO DE SERGIPE

**DIRETORIA TÉCNICA**
**DIRETORIA DE CONTROLE EXTERNO DE OBRAS E SERVIÇOS**

### ORIENTAÇÃO TÉCNICA nº 01/2019

No uso de sua competência voltada ao planejamento técnico operacional aliado à necessidade de orientar às unidades jurisdicionadas no tocante ao cumprimento aos princípios da publicidade (art. 37 da Constituição Federal) e da transparência pública, em particular às Leis Complementares 101/2000 – Responsabilidade Fiscal (LRF) e 131/2009 - Transparência e Lei nº 12.527/2011 – Acesso à Informação (LAI) e à disponibilidade de dados e informações nos portais da transparência regulamentada através da **Resolução TCE/SE nº 311/2018**, o Tribunal de Contas do Estado de Sergipe – TCE/SE, através da Diretoria Técnica e da Diretoria de Controle Externo de Obras e Serviços, **vem se posicionar através da presente Orientação Técnica para estabelecer procedimentos e divulgar a métrica que servirá de base para as fiscalizações e avaliações dos portais:**

1. O Tribunal de Contas do Estado de Sergipe – TCE/SE fiscalizará os portais das unidades jurisdicionadas a qualquer tempo, sem aviso prévio, em virtude de que os dados e informações devem estar sempre disponíveis, atualizados e acessíveis para a população em geral;

2. Fica expressamente proibido o redirecionamento de sítios oficiais de domínio do tipo governamental para sítios de domínio do tipo comercial (com.br) ou similares, caracterizando redirecionamento em cascata que dificultam o acesso dos órgãos de controle e do público em geral aos portais de transparência.

3. A fiscalização e avaliação dos portais da transparência são de competência e responsabilidade técnica da Diretoria de Controle Externo de Obras e Serviços - DCEOS, através da Coordenadoria de Auditoria Operacional – CAOP, cujo atendimento para dúvidas será através do e-mail transparencia@tce.se.gov.br;

4. A fiscalização dar-se-á mediante a análise de critérios pré-estabelecidos e consolidados nas métricas anexas (matriz de fiscalização), que têm como

**DIRETORIA TÉCNICA**
**DIRETORIA DE CONTROLE EXTERNO DE OBRAS E SERVIÇOS**

referência básica a métrica da Estratégia Nacional de Combate à Corrupção e à Lavagem de Dinheiro (ENCCLA), acrescidos de itens considerados relevantes pelo TCE/SE;

5. No âmbito dos Municípios, é obrigatória a disponibilização de dados e informações em portais de transparência das Prefeituras, Câmaras e Institutos de Previdência Municipais (ou Fundos de Previdência ou ainda similares, conforme disposto na Orientação Técnica n° 02/2018);

6. No caso do Município de Aracaju, capital do Estado, tornar-se-á obrigatória, a partir de 01/07/2019, a disponibilização de dados e informações nos portais da transparência das unidades da Administração Indireta, além do Instituto de Previdência do Município, conforme Estrutura Administrativa disposta na Lei Municipal n° 119/2013, ou outra que venha a substituí-la: **EMURB, EMSURB, SMTT, FUNCAJU e FUNDAT.**

7. No âmbito do Estado, é obrigatória a disponibilização de dados e informações em portais de transparência individualizados, conforme Estrutura Administrativa disposta na Lei n° 8.496/2018 (Poder Executivo) e na Constituição Estadual para os demais Órgãos e Poderes:

- Secretarias, Órgãos e Poderes do Estado, cujos critérios estão descritos na métrica conforme Anexo I.

- Autarquias, Fundações Públicas, Instituto de Previdência, Empresas Dependentes, Independentes, Fundações Públicas de Direito Privado e Agências, cujos critérios estão descritos na métrica conforme Anexo II.

8. Obrigatoriedade do cumprimento por parte das empresas públicas e sociedades de economia mista, dos requisitos de transparência exigidos no art. 8° da Lei n° 13.303/2016 (Lei das Estatais).

**DIRETORIA TÉCNICA**
**DIRETORIA DE CONTROLE EXTERNO DE OBRAS E SERVIÇOS**

9. Não é necessária a disponibilização de dados e informações em portais da transparência individualizados para Fundos Municipais e Estaduais, Secretarias Municipais e Autarquias Municipais*, desde que os dados e informações dessas unidades estejam disponíveis nos portais das unidades jurisdicionadas do Ente, Poder ou Órgão centralizador (Prefeitura, Câmara Municipal, Secretaria de Estado, Órgão ou Poder do Estado).

*Exceção – Institutos Municipais de Previdência (desde maio/2018) e unidades da Administração Indireta do Município de Aracaju a partir de 01/07/2019 (ver item 6).

10. Notas Explicativas devem ser utilizadas para detalhar, explicar e esclarecer informações, evitando-se expressões genéricas do tipo "Sem Movimento", que podem suscitar dúvidas nas consultas.

Exemplo 1: No caso de pagamento de diárias (item 4.3 da matriz/métrica) em que não sejam emitidas passagens aéreas, é preciso justificar, através de nota explicativa, como foi realizado o deslocamento do servidor beneficiário.

Exemplo 2: No caso de disponibilização de receitas das Câmaras Municipais, Secretarias de Estado e similares, é preciso esclarecer, através de nota explicativa e disponibilizar as informações relativas a todos os repasses do Executivo (Tesouro Municipal/Estadual) ao Poder Legislativo/Unidade Gestora, que refletem os ingressos de recursos.

Exemplo 3: No caso de repasses ou transferências de recursos financeiros (despesas) relativos a convênios, termos de parceria, colaboração, entre outros instrumentos, é preciso esclarecer, através de nota explicativa e disponibilizar as informações relativas a todos os repasses.

11. Os critérios deverão ser atendidos na íntegra, cujo pleno atendimento gera pontuação para a unidade jurisdicionada, mas o atendimento parcial ou o não atendimento não geram pontuação.

Exemplo 1: Anexo I – Receita:

## DIRETORIA TÉCNICA
### DIRETORIA DE CONTROLE EXTERNO DE OBRAS E SERVIÇOS

Item 3.1 - Há informações sobre a receita nos últimos 12 meses, incluindo natureza, valor de previsão e valor arrecadado, permitindo a consulta dos valores mensais e acumulados. No caso das Câmaras Municipais, Secretarias de Estado e unidades similares devem apresentar notas explicativas contendo os repasses do Tesouro.

Análise - caso o portal da transparência da unidade jurisdicionada apresente a receita com natureza e valor arrecadado, mas não apresente o valor da previsão, não contará pontos, tendo em vista que será considerado que não atendeu.

Exemplo 2: Anexo I - Diárias e passagens:

Item 4.3 - Há divulgação de diárias e passagens por nome de favorecido, constando data, destino, cargo, valores e motivo da viagem?

Análise - caso o portal da transparência da unidade jurisdicionada apresente a data, destino, cargo, mas não apresente os valores e/ou o motivo da viagem ou qualquer outro aspecto previsto, não contará pontos, tendo em vista que será considerado que **não** atendeu.

12. Quanto aos relatórios fiscais (RGF e RREO), destaca-se a obrigatoriedade de disponibilização de todos os seus anexos, devendo estes estar compatíveis com a legislação pertinente.

13. Em virtude da dificuldade de contato com as unidades jurisdicionadas, constatada nas últimas fiscalizações dos portais de transparência, solicita-se a imediata revisão e atualização dos números de telefone informados nos sites oficiais.

14. A métrica/matriz de fiscalização é composta de categorias de transparência ativa, passiva e boas práticas de transparência;

**TRANSPARÊNCIA ATIVA**

**DIRETORIA TÉCNICA**
**DIRETORIA DE CONTROLE EXTERNO DE OBRAS E SERVIÇOS**

15. A transparência ativa indica que as unidades jurisdicionadas deverão disponibilizar em seus portais da transparência, independentemente de requerimentos e solicitações, de forma sistêmica e em tempo real, informações e dados relativos ao sítio oficial, estrutura organizacional, receita, despesa, licitações e contratos, relatórios e recursos humanos, conforme descritos nos itens de 1 a 7 da métrica/matriz anexa;

Exemplo: Anexo I - item 2 da métrica/matriz – Estrutura Organizacional - o portal de transparência deve apresentar as seguintes informações:

| 2. ESTRUTURA ORGANIZACIONAL |
| --- |
| 2.1 Apresenta informações sobre (de cada secretaria, órgão ou unidade descentralizada): |
| 2.1.1 Estrutura organizacional? |
| 2.1.2 Registro de competências? |
| 2.1.3 Identificação dos dirigentes das unidades? |
| 2.1.4 Endereço, telefone e horário de atendimento das unidades? |
| 2.1.5 Publica, de forma clara e nominal, a Legislação do Ente/Poder/Órgão (Lei Orgânica – Município (PM), Regimento (Câmara Municipal), Regimento (Poderes do Estado), Lei da Estrutura Administrativa, Plano Plurianual - PPA, Lei de Diretrizes Orçamentárias - LDO, Lei Orçamentária Anual - LOA). No caso da Administração Indireta, devem publicar Lei de Criação/Autorização, Estatuto ou Regimento e Lei de Estrutura Administrativa. |

16. Os itens da Transparência Ativa são considerados obrigatórios e a constatação de ausência, de qualquer um deles, poderá ser alvo de questionamentos, alertas, comunicações processuais e outros procedimentos do TCE, inclusive autuação de processo, mesmo quando o índice de transparência total da unidade fiscalizada for considerado satisfatório (acima da nota 7,0);

17. É vedada a divulgação de descontos pessoais como empréstimos, pensões alimentícias e nomenclaturas similares quando da disponibilização da remuneração dos servidores (folha de pagamento).

**TRANSPARÊNCIA PASSIVA**

### DIRETORIA TÉCNICA
### DIRETORIA DE CONTROLE EXTERNO DE OBRAS E SERVIÇOS

18. As unidades jurisdicionadas deverão proporcionar os meios para que o usuário/qualquer cidadão obtenha informações de interesse público ou geral, não disponibilizadas diretamente no Portal da Transparência, através do Serviço de Informações ao Cidadão (SIC) e Serviço Eletrônico de Informações ao Cidadão (e-SIC), conforme descritos nos itens 8 e 9 da métrica/matriz anexa;

Exemplo: itens 8 e 9 - Serviço de Informações ao Cidadão/Pessoa Jurídica e Serviço Eletrônico de Informações ao Cidadão/Pessoa Jurídica– o portal deverá apresentar as seguintes informações e dispositivos:

| 8. SERVIÇO DE INFORMAÇÕES AO CIDADÃO/PESSOA JURÍDICA - SIC |
|---|
| 8.1 Funcionamento de SIC físico/presencial? |
| 8.2 Há indicação do órgão? |
| 8.3 Há indicação de endereço? |
| 8.4 Há indicação de telefone? |
| 8.5 Há indicação dos horários de funcionamento? |
| **9. SERVIÇO ELETRÔNICO DE INFORMAÇÕES AO CIDADÃO/PESSOA JURÍDICA e-SIC** |
| 9.1 Há possibilidade de envio de pedidos de informação de forma eletrônica (e-SIC)? |
| 9.2 Apresenta possibilidade de acompanhamento posterior da solicitação? |
| 9.3 A solicitação por meio do e-SIC é simples, ou seja, sem a exigência de itens de identificação do requerente que dificultem ou impossibilitem o acesso à informação, tais como: envio de documentos, assinatura reconhecida, declaração de responsabilidade, maioridade? |
| 9.4 Proporciona a notificação via e-mail e/ou outro canal acerca da tramitação e da resposta à solicitação? |
| 9.5 Relatório estatístico contendo a quantidade de pedidos de informação recebidos, atendidos e indeferidos, bem como informações genéricas sobre os solicitantes? |
| 9.6 O Ente/Poder/Órgão dispõe de ouvidoria? |

19. Os órgãos e entidades devem assegurar, às pessoas físicas e jurídicas, o cadastro de solicitações no e-SIC mediante procedimentos objetivos e ágeis, que não dificultem ou impeçam o acesso à informação, incorporando, por simetria, as boas práticas estabelecidas no art. 2º do Decreto Federal nº 7.724/2012, assim como no art. 10 da Lei nº 12.527/2011, arts. 48 §1º inciso II e

**DIRETORIA TÉCNICA**
**DIRETORIA DE CONTROLE EXTERNO DE OBRAS E SERVIÇOS**

48-A da Lei nº 101/2000 (LRF) e arts. 5º, inciso XXXIII e 216 § 2º da Constituição Federal.

**BOAS PRÁTICAS DE TRANSPARÊNCIA**

20. O Tribunal de Contas do Estado de Sergipe exigirá das unidades jurisdicionadas a comprovação de segurança dos sítios oficiais (HTTPS) através de certificação expressa (item 11) e informação sobre a quitação da folha de pagamento conforme modelo indicativo (Anexo III)

21. As unidades jurisdicionadas deverão implementar e manter, em processo de melhoria contínua, um conjunto de medidas que facilitem os aspectos visuais, tecnológicos e de acessibilidade do sítio oficial e do portal da transparência, conforme descritos nos itens específicos da métrica/matriz anexa;

Exemplo:
Anexo I - item 14 – Boas Práticas de Transparência – o portal deverá apresentar as seguintes informações e dispositivos:

> 14. Permite a acessibilidade de conteúdo para pessoas portadoras de necessidades especiais tais como aumento da fonte e contraste?

**OUTRAS OBSERVAÇÕES**

22. Para fins de classificação quanto à qualidade do portal da transparência, serão considerados os seguintes níveis de resultado:

I – elevado: maior ou igual a 90%
II – satisfatório: maior ou igual a 70% e menor ou igual a 89,9%
III – deficiente: maior ou igual a 40% e menor ou igual a 69,9%
IV – crítico: igual ou maior a 0% e menor ou igual a 39,9%

23. As ocorrências de inacessibilidade do sítio e/ou do portal da transparência assim como a indisponibilidade dos critérios serão objetos de aviso de alerta através do serviço de mensageria do Sistema de

**DIRETORIA TÉCNICA**
**DIRETORIA DE CONTROLE EXTERNO DE OBRAS E SERVIÇOS**

Acompanhamento de Gestão de Recursos da Sociedade – SAGRES, devendo a unidade jurisdicionada, através dos servidores designados, acompanhar rotineiramente sua caixa de mensagens.

24. As publicações relativas aos pontos 2.1.5 (Anexo I) e 2.1.6 (Anexo II) deverão obedecer à natureza do Ente/Poder/Órgão, devendo as Leis e respectivos Anexos estar acessíveis e com identificação clara e nominal, através de arquivo ou link.

---
**ANEXO I**
2.1.5 Publica, de forma clara e nominal, a Legislação do Ente/Poder/Órgão (Lei Orgânica - Município (PM), Regimento (Câmara Municipal), Regimento (Poderes do Estado), Lei da Estrutura Administrativa, Plano Plurianual - PPA, Lei de Diretrizes Orçamentárias - LDO, Lei Orçamentária Anual - LOA). No caso da Administração Indireta, devem publicar Lei de Criação/Autorização, Estatuto ou Regimento e Lei de Estrutura Administrativa.

---
**ANEXO II**
2.1.6 Publica, de forma clara e nominal, a legislação interna como: Lei de Criação/Autorização, Estatuto/Regimento, Lei de Estrutura Administrativa, PPA, LDO e LOA, Carta Anual (inc. I,II, III, IV, VII e VIII art. 8º da Lei 13.303/2016 para empresas públicas e sociedades de mista).

---

**Exemplo:**
Prefeituras – PPA, LDO, LOA, Lei Orgânica Municipal, Lei de Estrutura Administrativa.
Câmaras Municipais - PPA, LDO, LOA, Lei Orgânica Municipal, Regimento Interno, Lei de Estrutura Administrativa.
Poderes Estaduais - Regimento Interno e Lei de Estrutura Administrativa.
Secretarias Estaduais - PPA, LDO, LOA do Estado e Lei de Estrutura Administrativa da Secretaria.
Autarquias, Fundações e Empresas Públicas – PPA, LDO, LOA, Lei da Estrutura Administrativa, Estatuto ou Regimento (no que couber).

**DIRETORIA TÉCNICA**
**DIRETORIA DE CONTROLE EXTERNO DE OBRAS E SERVIÇOS**

25. As Prefeituras, Câmaras, Órgãos e Poderes Estaduais devem apresentar, de forma clara e identificada, o Estatuto dos Servidores e Estatuto do Magistério com seus respectivos Planos de Cargos e Salários e, nos casos em que haja Regime Próprio de Previdência, sua lei de Criação.

26. Os resultados das fiscalizações serão divulgados no sitio www.tce.se.gov.br, através da opção "Consultas", em seguida "Resultado de Avaliações – Portais".

27. Quanto à solicitação dos pedidos de revisão, **estes restritos às Unidades Jurisdicionadas**, os protocolos devem ser encaminhados ao TCE/SE e cadastrados como "PEDIDO DE REVISÃO DO PORTAL DE TRANSPARÊNCIA".

28. Recomenda-se que as informações sejam apresentadas de forma clara e simples, de modo que possibilite ao cidadão o acesso ao conteúdo em três cliques, atendendo ao princípio da usabilidade.

29. Na data da publicação desta Orientação, revoga-se a Orientação Técnica nº 02/2018.

Aracaju, 07 de março de 2019.

**Patrícia Verônica Nunes Carvalho Sobral de Souza**
**Diretora Técnica**

**Ana Stella Barreto Rollemberg Porto**
**Diretora de Controle Externo de Obras e Serviços**

Documento 002854/2019
página 11 da peça unificada

FOLINF - Nº 100/2019
DITEC - DIRETORIA TÉCNICA
página 10

Estado de Sergipe
TRIBUNAL DE CONTAS
Diretoria de Controle Externo de Obras e Serviços
Coordenadoria de Auditoria Operacional
ANEXO I

**Métrica/Matriz de Fiscalização da Transparência Pública**
(Referência mínima: métrica da ENCCLA)
ADMINISTRAÇÃO DIRETA - Prefeituras, Câmaras Municipais, Secretarias, Órgãos e Poderes do Estado

| IDENTIFICAÇÃO DA UNIDADE JURISDICIONADA | | | | | | |
|---|---|---|---|---|---|---|
| Data da avaliação | | | | | | |
| Unidade Jurisdicionada | | | | | | |
| Responsável (Gestor) | | | | | | |
| Nº de habitantes (Contagem da população IBGE) | | | | | | |
| Site da unidade jurisdicionada | | | | | | |
| Período auditado | | | | | | |
| PONTO AVALIADO | FUNDAMENTO | RESPOSTA (sim ou não) | OBSERVAÇÕES | PONTUAÇÃO MÁXIMA | | |
| | | | | Índice da Transparência | % | Pontos |
| **TRANSPARÊNCIA ATIVA** | | | | | | |
| **1. SÍTIO OFICIAL** | | | | 2 | 2% | 0,2 |
| 1.1 A unidade jurisdicionada possui informações sobre Transparência na internet? | (Art. 48, II, da LC 101/00; Art. 8º, §2º, da Lei 12.527/11) | | | 1 | 1% | 0,1 |
| 1.2 O Site contém ferramenta de pesquisa de conteúdo que permita o acesso à informação? | (Art. 8º, §3º, I, da Lei 12.527/11) | | | 1 | 1% | 0,1 |
| **2. ESTRUTURA ORGANIZACIONAL** | | | | 7 | 7% | 0,7 |
| 2.1 Apresenta informações sobre (de cada secretaria, órgão ou unidade descentralizada) | | | | | | |
| 2.1.1 Estrutura organizacional? | (Art. 8º, §1º, inciso I, Lei 12.527/11) | | | 1 | 1% | 0,1 |
| 2.1.2 Registro de competências? | | | | 1 | 1% | 0,1 |
| 2.1.3 Identificação dos dirigentes das unidades? | | | | 1 | 1% | 0,1 |
| 2.1.4 Endereço, telefone e horário de atendimento das unidades? | | | | 1 | 1% | 0,1 |
| 2.1.5 Publica, de forma clara e nominal, a Legislação do Ente/Poder/Órgão (Lei Orgânica - Município (PM), Regimento (Câmara Municipal), Regimento (Poderes do Estado), Lei da Estrutura Administrativa, Plano Plurianual - PPA, Lei de Diretrizes Orçamentárias - LDO, Lei Orçamentária Anual - LOA). No caso da Administração Indireta, devem publicar Lei de Criação/Autorização, Estatuto ou Regimento e Lei de Estrutura Administrativa. | | | | 3 | 3% | 0,3 |
| **3. RECEITA** | | | | 10 | 10% | 1 |
| 3.1 Há informações sobre a receita nos últimos 12 meses, incluindo natureza, valor de previsão e valor arrecadado, permitindo a consulta dos valores mensais e acumulados. No caso das Câmaras Municipais, Secretarias de Estado e unidades similares devem apresentar notas explicativas contendo os repasses do Tesouro. | (Art. 48-A, inciso II, da LC 101/00; art. 7º, inciso II, do Decreto 7.185/10) | | | 10 | 10% | 1 |
| **4. DESPESA** | | | | 17 | 17% | 1,7 |
| 4.1 As despesas apresentam dados dos últimos 12 meses, contendo: | | | | | | |
| 4.1.1 Valor do empenho | (Art. 7º, inc. I, alíneas "a" e "b", do Decreto nº 7.185/2010) | | | 2 | 2% | 0,2 |
| 4.1.2 Valor da liquidação | | | | 2 | 2% | 0,2 |
| 4.1.3 Valor do Pagamento | | | | 2 | 2% | 0,2 |
| 4.1.4 Favorecido | | | | 1 | 1% | 0,1 |
| 4.2 Há divulgação em tempo real da Ordem Cronológica de pagamentos organizada por: Fonte de Recurso, Nº e data da NE, nome do credor, valor da liquidação e Nº, vencimento e data do pagamento? | Art. 5º da Lei 8666/93 | | | 3 | 3% | 0,3 |
| 4.3 Há divulgação de Diárias e passagens por nome de favorecido, constando data, destino, cargo, valores e motivo da viagem? | Art. 8º, §1º, III, da Lei 12.527/11 e Resolução TCE 297 de 11/08/2016 | | | 5 | 5% | 0,5 |
| 4.4 Há registro dos repasses ou transferências de recursos financeiros, tais como, convênios, termos de parceria, colaboração, entre outros instrumentos? Notas explicativas devem esclarecer detalhes. | Art. 8º, §1º, inciso II, da Lei nº 12.527/2011 | | | 2 | 2% | 0,2 |
| **5. LICITAÇÕES E CONTRATOS** | | | | 15 | 15% | 1,5 |
| 5.1 O ente divulga as seguintes informações concernentes a procedimentos licitatórios com dados dos últimos 12 meses? | (Art. 8º, §1º inc. IV, da Lei 12.527/2011 e Art. 7º, inc. I, alínea "e", do Decreto nº 7.185/2010) | | | | | 0 |
| 5.1.1 Modalidade | | | | 1 | 1% | 0,1 |
| 5.1.2 Data | | | | 1 | 1% | 0,1 |
| 5.1.3 Valor | | | | 1 | 1% | 0,1 |
| 5.1.4 Numeração do edital | | | | 1 | 1% | 0,1 |
| 5.1.5 Objeto | | | | 1 | 1% | 0,1 |
| 5.1.6 Íntegra dos editais de licitação | | | | 3 | 3% | 0,3 |
| 5.1.7 Resultado dos editais de licitação (vencedor e suplentes) | | | | 3 | 3% | 0,3 |
| 5.1.8 Contratos na íntegra | | | | 3 | 3% | 0,3 |
| 5.2 Apresenta relação das inexigibilidades | | | | 1 | 1% | 0,1 |
| **6. RELATÓRIOS** | | | | 10 | 10% | 1 |
| 6.1 O site apresenta: | | | | | | |
| 6.1.1 As prestações de contas (relatório de gestão) do ano anterior? | (Art. 48, caput, da LC 101/00; Art. 30, III, da Lei 12.527/11) | | | 2 | 2% | 0,2 |
| 6.1.2 Relatório Resumido da Execução Orçamentária (RREO) dos últimos 12 meses? | | | | 3 | 3% | 0,3 |
| 6.1.3 Relatório de Gestão Fiscal (RGF) dos últimos 12 meses? | | | | 3 | 3% | 0,3 |
| 6.2 O Site possibilita a gravação de relatórios em diversos formatos eletrônicos, abertos e não proprietários, tais como planilhas e texto (CSV), de modo a facilitar a análise das informações? | (Art. 8º, §3º, II, da Lei 12.527/11) | | | 2 | 2% | 0,2 |
| **7. RECURSOS HUMANOS** | | | | 14 | 14% | 1,4 |
| 7.1 Apresenta a estrutura de cargos, informando o número de cargos efetivos e comissionados, preenchidos e vagos? | | | | 2 | 2% | 0,2 |
| 7.2 [illegible] | | | | | | |

| Item | | | | Pontos | % | Nota |
|---|---|---|---|---|---|---|
| 7.3 Divulga folha de pagamento contendo servidores efetivos, ativos, detentores de cargos comissionados e funções de confiança, contratados e, quando for o caso, dos inativos, com indicação das datas de admissão, instrução e exoneração, com a denominação dos respectivos cargos, emprego e/ou funções, da carga horária semanal e da lotação? Obs.: É vedada a divulgação de descontos pessoais como empréstimos, pensões alimentícias e nomenclaturas similares quando da disponibilização da remuneração dos servidores (ficha de pagamento). | cf. arts. 37, caput princípio da publicidade e da moralidade e 3., 6º e 8º da LF nº. 131, Art. 7º, §2º, VI, do Decreto 7.724/2012 e Decisão STF PE com Agravo APE 652777 | | | 10 | | |
| **TRANSPARÊNCIA PASSIVA** | | | | | | |
| **8. SERVIÇO DE INFORMAÇÕES AO CIDADÃO/PESSOA JURÍDICA - SIC** | | | | 9 | 9% | 0,9 |
| 8.1 É funcionamento do SIC fisico/presencial? | | | | 2 | 2% | 0,2 |
| 8.2 Há indicação do órgão? | | | | 2 | 2% | 0,2 |
| 8.3 Há indicação de endereço? | Art. 9º, §1º, I, c/c Art. 9º, I, da Lei 12.527/11 | | | 2 | 2% | 0,2 |
| 8.4 Há indicação de telefone? | | | | 1 | 1% | 0,1 |
| 8.5 Há indicação dos horários de funcionamento? | | | | 1 | 1% | 0,1 |
| **9. SERVIÇO ELETRÔNICO DE INFORMAÇÕES AO CIDADÃO/PESSOA JURÍDICA - e-SIC** | | | | 10 | 10% | 1 |
| 9.1 Há possibilidade de envio de pedidos de informação de forma eletrônica (e-SIC)? | (Art. 10º, §2º, da Lei 12.527/11) | | | 2 | 2% | 0,2 |
| 9.2 Apresenta possibilidade de acompanhamento posterior da solicitação? | (Art. 9º, I, alínea "b" e Art. 10º, §2º da Lei 12.527/11) | | | 2 | 2% | 0,2 |
| 9.3 A solicitação por meio do e-SIC é simples, ou seja, sem a exigência de itens de identificação do requerente que dificultem ou impossibilitem o acesso à informação, tais como envio de documentos, assinatura reconhecida, declaração de responsabilidade, materiais? | (Art. 10º, §1º, da Lei 12.527/11) | | | 2 | 2% | 0,2 |
| 9.4 Proporciona a notificação via e-mail e/ou outro canal acerca da tramitação e da resposta à solicitação? | (Art. 9º, I, alínea "b" e "c" e Art. 10º, §2º da Lei 12.527/11) | | | 1 | 1% | 0,1 |
| 9.5 Relatório estatístico contendo a quantidade de pedidos de informação recebidos, atendidos e indeferidos, bem como informações genéricas sobre os solicitantes? | (Art. 45, caput, da LC 101/00, Art. 30, III, da Lei 12.527/11) | | | 2 | 2% | 0,2 |
| 9.6 O Ente/Poder/Órgão dispõe de ouvidoria? | | | | 1 | 1% | 0,1 |
| **BOAS PRÁTICAS DE TRANSPARÊNCIA** | | | | | | |
| BOAS PRÁTICAS DE TRANSPARÊNCIA | | | | 7 | 7% | 0,7 |
| 10. Há resposta a perguntas frequentes? | Art. 8º, §1º, inciso VI, da Lei nº 12.527/2011 | | | 1 | 1% | 0,1 |
| 11. Há mecanismo no site que garanta expressamente a segurança do sítio oficial (https)? | Art. 8º da Lei nº 12.527/2011 | | | 1 | 1% | 0,1 |
| 12. Há informação sobre a data e a hora da última atualização de dados, a fim de atestar a atualização em tempo real das informações no site? | Art. 48, inciso II, da Lei 101/2000 c/c Art. 8º, §3º, inciso VI, da Lei nº 12.527/2011. | | | 1 | 1% | 0,1 |
| 13. Há informação sobre a quitação da folha de pagamento mensal, a partir do exercício financeiro de 2018, com dados referentes à unidade gestora, data e valores líquidos (conforme modelo indicado na Orientação Técnica). | Princípio da transparência | | | 2 | 2% | 0,2 |
| 14. Permite a acessibilidade de conteúdo para pessoas portadoras de necessidades especiais tais como aumento da fonte e contraste? | Art. 8º, § 3º, inciso VIII, da Lei nº 12.527/2011. | | | 1 | 1% | 0,1 |
| 15. Evitar plataforma de acesso ao diário oficial do Ente (município ou Estado) do sítio eletrônico do Poder/Órgão? | Princípio da transparência | | | 1 | 1% | 0,1 |
| **TOTAL** | | | | 100 | 100% | 10 |

*Observação: No caso de análise com mais de um item, somente será pontuado se todos os itens estiverem disponibilizados no portal da Transparência da unidade.

| CONSIDERAÇÕES DA EQUIPE TÉCNICA | |
|---|---|
| Comentários Livres | |
| Equipe de avaliação | Aline Lima, Edenildes Santana, Ricardo Santana, Solange Barros e Vanessa Reis |
| Coordenador de Auditoria Operacional | Fernando Monteiro Marcelino |
| Diretora de Controle Externo de Obras e Serviços | Ana Stella Barreto Rottemberg Porto |

TCESE

Estado de Sergipe
TRIBUNAL DE CONTAS
Diretoria de Controle Externo de Obras e Serviços
Coordenadoria de Auditoria Operacional
ANEXO II

TCESE

**Métrica/Matriz de Fiscalização da Transparência Pública**

(Referência mínima: métrica da ENCCLA)

ADMINISTRAÇÃO INDIRETA - Autarquias, Fundações Públicas, Institutos de Previdência, Empresas Dependentes, Independentes, Fundações Públicas de Direito Privado e Agências

| IDENTIFICAÇÃO DA UNIDADE JURISDICIONADA | |
|---|---|
| Data da avaliação | |
| Unidade Jurisdicionada | |
| Responsável/Gestor | |
| Site da unidade jurisdicionada | |
| Período auditado | |

| PONTO AVALIADO | FUNDAMENTO | RESPOSTA (sim ou não) | OBSERVAÇÕES | PONTUAÇÃO MÁXIMA | | |
|---|---|---|---|---|---|---|
| | | | | Índice de Transparência | % | Pontos |
| **TRANSPARÊNCIA ATIVA** | | | | | | |
| **1. SÍTIO OFICIAL** | | | | 2 | 2% | 0,2 |
| 1.1 A unidade jurisdicionada possui informações sobre Transparência na internet? | (Art. 48, II, da LC 101/00; Art. 8º, §2º, da Lei 12.527/11) | | | 1 | 1% | 0.1 |
| 1.2 O Site contém ferramenta de pesquisa de conteúdo que permita o acesso à informação? | (Art. 8º, §3º, I, da Lei 12.527/11) | | | 1 | 1% | 0.1 |
| **2. ESTRUTURA ORGANIZACIONAL** | | | | 8 | 8% | 0,8 |
| 2.1 Apresenta informações sobre: | | | | | | |
| 2.1.1 Estrutura organizacional? | (Art. 8º, §1º, inciso I, Lei 12.527/11) | | | 1 | 1% | 0.1 |
| 2.1.2 Registro de competências? | | | | 1 | 1% | 0,1 |
| 2.1.3 Identificação, com currículo resumido, dos dirigentes da entidade? | | | | 1 | 1% | 0.1 |
| 2.1.4 Endereço, telefone e horário de atendimento das unidades? | | | | 1 | 1% | 0,1 |
| 2.1.5 Composição dos Conselhos de Administração e Fiscal (ou equivalentes)? | | | | 1 | 1% | 0.1 |
| 2.1.6 Publica, de forma clara e nominal, a legislação interna como: Lei de Criação/Autorização, Estatuto/Regimento, Lei de Estrutura Administrativa, PPA, LDO e LOA, Carta Anual (inc. I, II, III, IV, VII e VIII art. 8º da Lei 13.303/2016 para empresas públicas e sociedades de mista)? | | | | 3 | 3% | 0.3 |
| **3. RECEITA** | | | | 10 | 10% | 1 |
| 3.1 Há informações sobre a receita nos últimos 12 meses, incluindo natureza, valor de previsão e valor arrecadado, permitindo a consulta dos valores mensais e acumulados? No caso de unidades beneficiárias de repasses do Executivo, devem apresentar notas explicativas contendo os repasses do Tesouro. | (Art. 48-A, inciso II, da LC 101/00; art. 7º, inciso II, do Decreto 7.185/10) | | | 10 | 10% | 1 |
| **4. DESPESA** | | | | 17 | 17% | 1,7 |
| 4.1 As despesas apresentam dados dos últimos 12 meses, contendo: | | | | | | |
| 4.1.1 Número do processo de despesa ou nota de empenho | (Art. 7º, inc. I, alíneas "a" e "b", do Decreto nº 7.185/2010) | | | 2 | 2% | 0.2 |
| 4.1.2 Nome do Credor/Favorecido com CPF ou CNPJ | | | | 2 | 2% | 0.2 |
| 4.1.3 Valor da Despesa | | | | 2 | 2% | 0.2 |
| 4.1.5 Relação mensal de beneficiários e valores dos jetons dos Conselhos de Administração e Fiscal | | | | 1 | 1% | 0.1 |
| 4.2 Há divulgação em tempo real da Ordem Cronológica de pagamentos organizada por Fonte de Recurso, Nº e data da NE, nome do credor, valor da liquidação e NF, vencimento e data do pagamento? | Art. 5º da Lei 8.666/93 | | | 3 | 3% | 0.3 |
| 4.3 Há divulgação de Diárias e passagens por nome de favorecido, constando data, destino, cargo, valores e motivo da viagem? | (Art. 8º, §1º, III, da Lei 12.527/11 e Resolução TCE [illegible]) | | | 5 | 5% | 0.5 |
| 4.4 Há registro dos repasses ou transferências de recursos financeiros, tais como, convênios, termos de parceria, colaboração, entre outros instrumentos? Notas explicativas devem esclarecer detalhes. | Art. 8º, §1º, inciso II, da Lei nº 12.527/2011 | | | 2 | 2% | 0.2 |
| **5. LICITAÇÕES E CONTRATOS** | | | | 15 | 15% | 1,5 |
| 5.1 O ente divulga as seguintes informações concernentes a procedimentos licitatórios com dados dos últimos 12 meses? | | | | | | |
| 5.1.1 Modalidade | (Art. 8º, §1º inc. IV, da Lei 12.527/2011 e Art. 7º, inc. I, alínea "e", do Decreto nº 7.185/2010) | | | 1 | 1% | 0.1 |
| 5.1.2 Data | | | | 1 | 1% | 0.1 |
| 5.1.3 Valor | | | | 1 | 1% | 0.1 |
| 5.1.4 Numeração do edital | | | | 1 | 1% | 0.1 |
| 5.1.5 Objeto | | | | 1 | 1% | 0.1 |
| 5.1.6 Íntegra dos editais de licitação | | | | 1 | 1% | 0.1 |
| 5.1.7 Resultado dos editais de licitação (vencedor e aufoperte) | | | | 1 | 1% | 0.1 |
| 5.1.8 Contratos na íntegra | | | | 1 | 1% | 0.1 |
| 5.2 Apresenta relação das inexigibilidades | | | | 1 | 1% | 0.1 |
| **6. RELATÓRIOS** | | | | 10 | 10% | 1 |
| 6.1 O site apresenta: | | | | | | |
| 6.1.1 As prestações de contas do ano anterior (Demonstrações Financeiras - Lei 4320/64 Lei 6404/76, quando se aplicar, e relatório de gestão/relatório anual de administração) e observância de inc. III, V, VI e IX da Lei 13.303/2016 (empresas públicas e sociedades de economia mista)? | (Art. 48, caput, da LC 101/00; Art. 30, II, da Lei 12.527/11) | | | 3 | 3% | 0.3 |
| 6.1.2 Composição do Capital Social? | | | | 1 | 1% | 0.1 |
| 6.1.3 Balancetes Mensais? | | | | 4 | 4% | 0.4 |
| 6.2 O Site possibilita a gravação de relatórios em diversos formatos eletrônicos, abertos e não proprietários, tais como planilhas e texto (CSV), de modo a facilitar a análise das informações? | (Art. 8º, §3º, II, da Lei 12.527/11) | | | 2 | 2% | 0.2 |
| **7. RECURSOS HUMANOS** | | | | 14 | 14% | 1,4 |
| 7.1 Apresenta a estrutura de cargos, informando o número de cargos efetivos e comissionados/funções, preenchidos e vagos? | | | | 2 | 2% | 0.2 |
| 7.2 Divulga quadro remuneratório dos cargos efetivos, comissionados/funções e eletivos, composto por todos os vencimentos básicos e/ou subsídios? | [illegible] | | | 2 | 2% | 0.2 |

# ANEXO D

| | | | | | | |
|---|---|---|---|---|---|---|
| 7.3 Divulga folha de pagamento contendo servidores efetivos, ativos, detentores de cargo comissionados e funções de confiança, contratados e, quando for o caso, dos inativos, com indicação das datas de admissão, inativação e exoneração, com a denominação dos respectivos cargos, empregos e/ou funções, da carga horária semanal e da lotação? Obs.: É vedada a divulgação de descontos pessoais como empréstimos, pensões alimentícias e nomenclaturas similares quando da disponibilização da remuneração dos servidores (folha de pagamento). | | | | 10 | | |
| **TRANSPARÊNCIA PASSIVA** | | | | | | |
| **8. SERVIÇO DE INFORMAÇÕES AO CIDADÃO/PESSOA JURÍDICA - SIC** | | | | 5 | 5% | 0.5 |
| 8.1 Funcionamento do SIC Nãopresencial? | | | | 2 | 2% | 0.2 |
| 8.2 Há indicação do titular? | | | | 2 | 2% | 0.2 |
| 8.3 Há indicação de endereço? | | | | 1 | 1% | 0.1 |
| 8.4 Há indicação de telefone? | | | | 1 | 1% | 0.1 |
| 8.5 Há indicação dos horários de funcionamento? | | | | 1 | 1% | 0.1 |
| **9. SERVIÇO ELETRÔNICO DE INFORMAÇÕES AO CIDADÃO/PESSOA JURÍDICA e-SIC** | | | | 10 | 10% | 1 |
| 9.1 Há possibilidade de envio de pedidos de informação de forma eletrônica (e-SIC)? | | | | 2 | 2% | 0.2 |
| 9.2 Apresenta possibilidade de acompanhamento posterior da solicitação? | | | | 2 | 2% | 0.2 |
| 9.3 A solicitação por meio do e-SIC é simples, ou seja, sem a exigência de itens de identificação do requerente que dificultam ou impossibilitam o acesso à informação, tais como envio de documentos, assinatura reconhecida, declaração de responsabilidade, maioridade? | | | | 2 | 2% | 0.2 |
| 9.4 Proporciona a notificação via e-mail e/ou outro canal acerca da tramitação e da resposta à solicitação? | | | | 1 | 1% | 0.1 |
| 9.5 Relatório estatístico contendo a quantidade de pedidos de informação recebidos, atendidos e indeferidos, bem como informações genéricas sobre os solicitantes? | | | | 2 | 2% | 0.2 |
| 9.6 A Entidade dispõe de ouvidoria? | | | | 1 | 1% | 0.1 |
| **BOAS PRÁTICAS DE TRANSPARÊNCIA** | | | | | | |
| **BOAS PRÁTICAS DE TRANSPARÊNCIA** | | | | 6 | 6% | 0.6 |
| 10. Há resposta a perguntas frequentes? | | | | 1 | 1% | 0.1 |
| 11. Há mecanismo no site que garanta expressamente a segurança do sítio (https)? | | | | 1 | 1% | 0.1 |
| 12. A informação sobre a data e a hora da última atualização de dados, a fim de atestar a atualização em tempo real das informações no site? | | | | 1 | 1% | 0.1 |
| 13. Há informação sobre a quitação da folha de pagamento mensal, a partir do exercício financeiro de 2016, com dados referentes à data e valores líquidos (conforme modelo indicado na Orientação Técnica). | | | | 2 | 2% | 0.2 |
| 14. Permite a acessibilidade de conteúdo para pessoas portadoras de necessidades especiais tais como aumento de fonte e contraste? | | | | 1 | 1% | 0.1 |
| **TOTAL** | | | | 100 | 100% | 10 |

(*Observação: No caso de critérios com mais de um item, somente será pontuado se todos os itens estiverem disponibilizados no portal da Transparência da entidade.)

**CONSIDERAÇÕES DA EQUIPE TÉCNICA**
Comentários Livres

| Equipe de avaliação | Aline Lima, Edenildes Santana, Ricardo Santana, Solange Barros e Vanessa Reis |
|---|---|
| Coordenador de Auditoria Operacional | Fernando Monteiro Marcelino |
| Diretora de Controle Externo de Obras e Serviços | Ana Stella Barreto Rollemberg Porto |

**DIRETORIA TÉCNICA**
**DIRETORIA DE CONTROLE EXTERNO DE OBRAS E SERVIÇOS**

### ANEXO III

**Informação sobre a quitação da Folha de Pagamento – Exercício 2019**
(Item 13 da Métrica/Matriz de Fiscalização)

As folhas de pagamento foram quitadas conforme quadro abaixo:

| Mês de Referência | Unidade Gestora | Data do Pagamento | Valor Líquido |
|---|---|---|---|
| Janeiro | | | |
| Fevereiro | | | |
| Março | | | |
| Abril | | | |
| Maio | | | |
| Junho | | | |
| Julho | | | |
| Agosto | | | |
| Setembro | | | |
| Outubro | | | |
| Novembro | | | |
| Dezembro | | | |

**Observações:**

1. Relacionar todas as unidades gestoras, caso os pagamentos das folhas sejam realizados separadamente.
2. Este Modelo é um indicativo das informações mínimas que devem estar disponíveis para população.

Esta obra foi composta em fonte Palatino Linotype, corpo 10
e impressa em papel Offset 75g (miolo) e Supremo 250g (capa)
pela Gráfica Paulinelli, em Belo Horizonte/MG.